Dietz Berlin / Theorie

Andreas Arndt

Hegel in Marx

Studien zur dialektischen Kritik und zur Theorie der Befreiung

Dietz Berlin

Bibliografische Informationen der Deutschen Nationalbibliothek.
Die Deutsche Nationalbibliothek verzeichnet diese Publikation in der Deutschen Nationalbibliografie; detaillierte bibliografische Daten sind im Internet über http://dnb.dnb.de abrufbar.

Gefördert von der Rosa-Luxemburg-Stiftung

1. Auflage 2023

Franz-Mehring-Platz 1, 10243 Berlin

Lektorat: TEXT-ARBEIT/Stephan Lahrem
Gestaltung: Andreas Homann
Satz: Kerstin Davies
Druck und Bindung: Interpress Budapest
Printed in Hungary
ISBN 978-3-320-02407-9

ANDREAS ARNDT, geb. 1949, war zuletzt Professor für Philosophie an der Theologischen Fakultät der Humboldt-Universität zu Berlin und ist ständiger Gastprofessor an der Georgischen Technischen Universität Tbilissi. Er ist Ehrenvorsitzender der Internationalen Hegel-Gesellschaft und u.a. Mitglied des internationalen wissenschaftlichen Beirats der »Marx-Engels-Gesamtausgabe« (MEGA²). Letzte Buchveröffentlichungen u.a. »Geschichte und Freiheitsbewusstsein. Zur Dialektik der Freiheit bei Hegel und Marx« (2015); »Freiheit« (2019); »Die Sache der Logik. Begriff und Realität bei Hegel« (2023).

Inhalt

III Befreiung

IV Hegel-Marxismus

Anhang

Vorwort

MARX WAR, ANDERS ALS VIELE seiner Generation, ursprünglich nicht von der hegelschen Schule beeindruckt und eingenommen. Nur widerwillig und nach längeren inneren Kämpfen näherte er sich der hegelschen Philosophie, worüber er in einem Brief an den Vater vom November 1837 Auskunft gibt: »Während meines Unwohlseins hatte ich Hegel von Anfang bis Ende, sammt den meisten seiner Schüler kennen gelernt. Durch mehre Zusammenkünfte mit Freunden in Stralow, gerieth ich in ein Doctorklubb, worunter einige Privatdocenten und mein intimster der Berliner Freunde, Dr. Rutenberg. Hier im Streite offenbarte sich manche widerstrebende Ansicht und immer fester kettete ich mich selbst an die jetzige Weltphilosophie, der ich zu entrinnen gedacht.«[1] Begeisterung spricht nicht aus diesen Zeilen. Vermutlich war es, zumal im Milieu der Berliner Junghegelianer, von Anfang an ein kritisches Verhältnis, das Marx Hegel gegenüber pflegte. Marx ist daher nur auf sehr bedingte Weise als Hegelianer anzusehen. Wohl aber bekannte er sich, noch im »Kapital«, »offen als Schüler jenes großen Denkers«.[2]

Marx war ein gegenüber dem Lehrer (den er nur aus dessen Schriften und durch dessen unmittelbare Schüler kennen konnte) kritischer Schüler, aber zugleich verdankte er ihm nach eigenem Bekunden offenbar viel. Was genau, ist allerdings schwer zu ermitteln und beschäftigt die Interpreten bis heute, ohne dass es darauf eine allgemein akzeptierte Antwort gibt. Dabei scheint, nimmt man Marx beim Wort, die Antwort klar zu sein: Hegel sei Idealist, er, Marx, Materialist; er habe Hegels Dialektik daher auf eine andere, materialistische Grundlage gestellt und so ihren rationellen Kern bewahrt. Diese Einlassung wirft allerdings mehr Fragen auf, als sie beantwortet. Was genau ist dieser »rationelle Kern«? Wie lässt er sich überhaupt von der hegelschen Grundlage trennen? Was meint »Materialismus« bei Marx, der ja nicht der »alte«, anschauende Materialismus sein soll? Und wie soll die Dichotomie Materialismus/Idealismus Hegel gegenüber greifen, wenn Hegel sie im Rahmen seiner Philosophie für obsolet

1 An Heinrich Marx, 10./11.11.1837, in: Karl Marx/Friedrich Engels: Gesamtausgabe, Berlin 1975ff. [MEGA²], Bd. III/1, S. 17.

2 MEGA², Bd. II/8, S. 55.

erklärt? Es sind grundlegende *philosophische* Fragen, die sich mit Marx' Einlassungen zu Hegel verbinden, und Marx hat sie nicht beantwortet. Das wiederum liegt auch daran, dass Marx sich seit seinem Abschied von der Philosophie in der »Deutschen Ideologie« um philosophische Grundlegungsfragen nicht mehr bekümmert hat. Die Bezugnahmen auf Hegel erfolgen im Rahmen seines Projekts einer Kritik der politischen Ökonomie, also einer empirisch gerichteten besonderen Wissenschaft. Für Hegel wäre dies ein Bestandteil der Realphilosophie gewesen, näher der Philosophie des objektiven Geistes, und diese Philosophie wäre systematisch (auf eine hier nicht näher zu erörternde Weise) an die »Wissenschaft der Logik« zurückgebunden. Marx klammert genau diese Reflexion aus. Er übernimmt, meist experimentell, Denkbestimmungen aus der »Wissenschaft der Logik«, die er im Kontext der Kritik der politischen Ökonomie zum Einsatz bringt, ohne darüber Auskunft zu geben, wie und weshalb diese nach seiner Auffassung auf idealistischer Grundlage gewonnenen Bestimmungen überhaupt übernommen werden können. Mehr noch: Weil Marx die Theorieebene der »Wissenschaft der Logik« – abgesehen von dem Vorwurf, Hegel verselbstständige den Denkprozess und mache ihn unter dem Label »Idee« zu einem eigenen Subjekt[3] – gar nicht eigens thematisiert, entgeht auch die Differenz von »Logik« und Realphilosophie bei Hegel seinem Blick. Zahlreiche Bemerkungen von Marx, wie zum Beispiel die zu den »Grenzen der Dialektik«, legen nahe, dass er der Auffassung war, Hegel wolle die logischen Bestimmungen unmittelbar auf die Realität applizieren. Mir scheint dies der Kern des marxschen Missverständnisses in Bezug auf Hegels Philosophie zu sein.

Marx' Position als Schüler Hegels seinem Lehrer gegenüber bleibt in einer Art von Halbdunkel. Allein von Marx und seinen Texten aus lässt sich dies nach meiner Überzeugung nicht aufhellen, denn die blinden Flecken in seinen Hegel betreffenden Stellungnahmen sind zu groß. Das beeinträchtigt, um es hier deutlich zu sagen, jedoch in keiner Weise die wissenschaftliche Leistung von Marx, die sich eben in der – wenn auch fragmentarisch gebliebenen – Kritik der politischen Ökonomie niederschlägt und nicht in einem philosophisch gerichteten Gegenentwurf zu Hegel. Innerhalb des Kontextes von Marx' Theorie ist es auch völlig legitim, Denkfiguren von Hegel experimentell zu entleihen und diese Anleihen wissenschaftlich zu überprüfen, ohne sich auf die Begründungsebene bei Hegel selbst näher einzulassen. Ein Problem bereitet dieser Umgang erst dann, wenn, wie es seit über 100 Jahren der Fall ist, Marx eine philosophische Alternative zu Hegel, eine materialistische Dialektik, zugeschrieben wird. Dies muss aufgrund der Quellenlage ebenso bezweifelt werden wie die Behauptung, Marx habe eine in sich geschlossene, einheitliche Weltanschauung begründet.

3 Vgl. dazu unten das Kapitel »Das Problem der Dialektik«.

Angesichts dieser Lage möchte ich nicht danach fragen, ob Marx eine Alternative zu Hegel bereitgestellt hat (und, wenn ja, welche), sondern wie viel Hegel in Marx eigentlich steckt. Tatsächlich ist ja Marx mit Hegel, trotz seiner zum großen Teil völlig anders gelagerten Interessen, nie wirklich fertig geworden und nicht von ihm losgekommen. Er war nicht Hegelianer in einem prägnanten Sinne, aber eben doch Schüler Hegels, dem viele grundlegende Denkfiguren seines Lehrers vertraut und zum Teil selbstverständlich geworden waren. Dies betrifft vor allem zwei große Problemkomplexe, die im Untertitel des vorliegenden Buches benannt werden: das Verfahren der dialektischen Kritik und das Freiheitsverständnis. Marx' Verständnis von Kritik folgt weitgehend dem hegelschen Programm. Es geht nicht darum, der Realität einen seinsollenden Zustand gegenüberzustellen, sondern darum, das, was ist, auf den Begriff zu bringen. Das Begreifen dessen, was ist, ist Kritik des Bestehenden insofern, als es zugleich zeigt, wo Begriff und Realität auseinanderfallen, das heißt sich Widersprüche in der Realisierung immanenter Zwecke bestehender Systeme zeigen. So zeigt Marx' Kritik der politischen Ökonomie, dass in der kapitalistischen Ökonomie Gebrauchswert- und Tauschwertseite der Ware in widersprüchliche Verhältnisse treten bis hin dazu, dass der auch für den Verwertungsprozess notwendige Stoffwechselprozess unter den Bedingungen einer tauschwertbasierten Produktionsweise nicht ohne massive Friktionen realisiert werden kann. In diesem Sinne erklärte Marx bereits 1858: »Die Arbeit, um die es sich zunächst handelt, ist Kritik der Ökonom[ischen] Categorien, od[er], if you like, das System der bürgerlichen Oekonomie kritisch dargestellt. Es ist zugleich Darstellung des Systems u[nd] durch die Darstellung Kritik desselben.«[4] Dabei zeichnet sich Marx' Verständnis von System dadurch aus, dass er die im engeren Sinne ökonomische Problematik in einem weiten Horizont behandelt, der deren Geschichte – sowohl die Dogmen- als auch die Realgeschichte – sowie die für das Verständnis von ökonomischen Prozessen relevanten Disziplinen (z.B. die Agrikulturchemie) mit einbezieht. Es handelt sich dabei von Hegel aus gesehen um ein totalisierendes Verfahren, das mit der Dialektik der Negativität identisch ist. Es löst scheinbar fixe Bestimmungen und abstrakte Identitäten des Verstandesdenkens auf und macht sie zu Momenten eines Gedankenkonkretums, bei Marx: des Ganzen der kapitalistischen Produktionsweise.[5] Marx hat diese Dialektik

4 An Lassalle, 22.2.1858, in: MEGA², Bd. III/9, S. 72.

5 Diesen Grundzug der Dialektik hat Georg Lukács in »Geschichte und Klassenbewußtsein« völlig zu Recht hervorgehoben: »Diese dialektische Totalitätsbetrachtung, die sich scheinbar so stark von der unmittelbaren Wirklichkeit entfernt [...], ist in Wahrheit die einzige Methode, die Wirklichkeit gedanklich zu reproduzieren und zu erfassen. Die konkrete Totalität ist also die eigentliche Wirklichkeitskategorie.« (Georg Lukács: Geschichte und Klassenbewußtsein, Neuwied/Berlin 1968 (Werke, Bd. 2), S. 181.

der Negativität in vielerlei Hinsicht virtuos gehandhabt, aber, vor allem im Blick auf Hegel, nur unzureichend ausdrücklich gemacht.

Der zweite Problemkomplex, das Freiheitsverständnis von Marx, hat in der Forschung und Diskussion bisher vergleichsweise nur sehr wenig Aufmerksamkeit gefunden, was sicherlich auch daran liegt, dass Marx hier die Bezüge auf Hegel fast vollständig ausgeblendet hat.[6] Tatsächlich lässt sich jedoch zeigen, dass er dem hegelschen Konzept der Freiheitsgeschichte – die Entwicklung hin zu immer größeren individuellen Freiheiten – nicht nur folgt, sondern auch die Beschränkung individueller Freiheiten durch sachliche Abhängigkeiten im Kapitalismus zum Maßstab seiner Kritik macht. Weit entfernt davon, die gesellschaftlichen Individuen in imaginäre Kollektive aufzuheben, geht es ihm vielmehr darum, die Bedingungen einer Gesellschaft zu bestimmen, in der die freie Entwicklung eines jeden Bedingung für die freie Entwicklung aller ist, wie es schon im »Manifest der Kommunistischen Partei« (1848) heißt.[7] Das Reich der Freiheit, wie Marx es konzipiert, ist daher auch in erster Linie das Reich selbstbestimmter Tätigkeit jenseits gesellschaftlicher Notwendigkeiten.

Die hier versammelten Aufsätze behandeln diese Themen in den Abschnitten zwei und drei; vorangestellt sind drei Abhandlungen, die Marx' Auseinandersetzung mit den Junghegelianern zum Thema haben und die deutlich machen, dass Marx in dieser intellektuellen Bewegung von Anfang an eigene Positionen vertritt, die zum Teil näher an Hegel als an denen seiner Adepten liegen. Den Schluss bilden vier Aufsätze, die exemplarisch die Auseinandersetzung mit Hegel innerhalb des marxistischen Diskurses behandeln. Alle hier wieder veröffentlichten Abhandlungen wurden gegenüber den Erstdrucken überarbeitet; zum Teil nur formal, gelegentlich auch inhaltlich, um Präzisierungen einzufügen, Doppelungen zu vermeiden und in seltenen Fällen auch, um Thesen zu korrigieren, die meinen jetzigen Auffassungen nicht mehr entsprechen. Ein Kapitel (»Das Problem der Dialektik«) wurde vollständig neu verfasst.

Meine Zweifel an den bisherigen Interpretationen des Verhältnisses von Marx zu Hegel hatte ich erstmals vor gut zehn Jahren öffentlich gemacht[8] und seither versucht, es in einer Reihe von Abhandlungen neu zu bestimmen, die den Kern des vorliegenden Buches ausmachen. Die Revision der marxschen Hegel-Kritik ging einher mit dem Bemühen, die hegelsche Philosophie jenseits dieser Kritik neu zu lesen und vor allem das systematische Verhältnis der »Wissenschaft der Logik« zur Realphi-

6 Vgl. Andreas Arndt: Geschichte und Freiheitsbewusstsein. Zur Dialektik der Freiheit bei Hegel und Marx, Berlin 2015.

7 Vgl. Karl Marx/Friedrich Engels: Werke, Berlin 1956ff. [MEW], Bd. 4, S. 482.

8 Vgl. Andreas Arndt: Karl Marx. Versuch über den Zusammenhang seiner Theorie, 2. Aufl., Berlin 2012, S. 258ff.

losophie in den Mittelpunkt zu stellen. Mein Buch mit Abhandlungen zu dieser Thematik ist daher mit dem vorliegenden Band thematisch eng verbunden und beide ergänzen sich wechselseitig.[9] – Ingo Stützle vom Karl Dietz Verlag hat mich bewogen, die vorliegende Sammlung zusammenzustellen und das Vorhaben mit Rat und Tat unterstützt, wofür ihm herzlich gedankt sei. Stephan Lahrem gilt ein besonderer Dank für sein sorgfältiges und kenntnisreiches Lektorat. Die Rosa-Luxemburg-Stiftung hat den Druck des Buches gefördert, wofür an dieser Stelle ebenfalls herzlich gedankt sei.

BERLIN, IM JUNI 2023
ANDREAS ARNDT

9 Andreas Arndt: Die Sache der Logik. Begriff und Realität bei Hegel, Hamburg 2023.

I —— Marx und die Junghegelianer

Unmittelbarkeit

Zur Karriere eines Begriffs in Feuerbachs und Marx' Bruch mit der Spekulation

»DER HEGELSCHEN PHILOSOPHIE fehlt *unmittelbare Einheit, unmittelbare Gewißheit, unmittelbare Wahrheit«.*[1] Feuerbachs Diktum in den »Vorläufigen Thesen zur Reformation der Philosophie« (1842) bringt, so scheint es, seine Hegel-Kritik auf den Punkt. An der Kategorie der Unmittelbarkeit jedenfalls scheiden sich die Geister der Interpreten. Während die einen, wie zum Beispiel Karl Löwith und Alfred Schmidt, Feuerbachs Berufung auf sinnliche Unmittelbarkeit affirmieren und darin den gelungenen Ausbruch aus der verselbstständigten Spekulation sehen, halten andere – wie Hans-Georg Gadamer und Erich Thies – dagegen, dieser Ausbruch scheitere *theoretisch*, da in der Theorie die unvermittelte Unmittelbarkeit schon immer in die vermittelnde Bewegung der Reflexion aufgehoben sei.[2] Beide Auffassungen kommen darin überein, in der Kategorie »Unmittelbarkeit« den entscheidenden Abstoß von Hegel zu suchen und Unmittelbarkeit im feuerbachschen und Vermittlung bzw. Reflexion im hegelschen Sinne als Alternative zu behandeln, eine Alternative, die Löwith zu einer epochalen stilisiert, indem er auch noch den materialistischen Arbeitsbegriff von Marx unter das idealistische Konzept der absoluten Reflexion bei Hegel verrechnet.[3]

Dagegen soll im Folgenden gezeigt werden, dass der Begriff der Unmittelbarkeit das Dilemma reflektiert, mit den begrifflichen Mitteln der Spekulation den Auszug aus der Spekulation bewerkstelligen zu wollen. Das Konzept der Unmittelbarkeit als *unvermittelter* ist negativ fixiert auf die hegelsche Theorie der *Vermittlung* der Unmittelbarkeit und verdankt sich der Kritik der spekulativen Vermittlung in der »Wissenschaft der Logik« und der »Phänomenologie des Geistes« (1). Die Gegenüberstellung von unvermittelter Unmittelbarkeit und Vermittlung im Denken soll eine positionelle Neubestimmung des Verhältnisses von Denken und Sein

1 Ludwig Feuerbach: Gesammelte Werke, hg. v. Werner Schuffenhauer, Berlin 1969ff. [FGW], Bd. 9, S. 247.

2 Karl Löwith: Vermittlung und Unmittelbarkeit bei Hegel, Marx und Feuerbach, in: Ludwig Feuerbach, hg. v. Erich Thies, Darmstadt 1976, S. 135–164; Alfred Schmidt: Emanzipatorische Sinnlichkeit, München/Zürich 1988, S. 185ff.; Hans-Georg Gadamer: Wahrheit und Methode, Tübingen 1960, S. 324ff.; Erich Thies: Philosophie und Wirklichkeit, in: Feuerbach, hg. v. E. Thies, S. 431–482.

3 Löwith: Vermittlung und Unmittelbarkeit, S. 148.

im Sinne eines sensualistisch-materialistischen Erkenntnisprinzips zum Ausdruck bringen; die *begriffliche* Durchführung dieser Position aber erliegt der negativen Fixierung der *begrifflichen Mittel* auf das Kritisierte. Sie erneuert wesentliche Bestimmungen der hegelschen Theorie der Vermittlung dort, wo sie reale Vermittlungsprozesse außerhalb des theoretischen Verhaltens thematisiert. Das Konzept der Vermittlung als kommunikativer Praxis-Struktur im Ich-Du-Verhältnis rehabilitiert entgegen den positionellen Abgrenzungen das Kritisierte im Bereich der Sinnlichkeit selbst (2). Die positionellen Voraussetzungen, auf die der Begriff der unvermittelten Unmittelbarkeit verweist, können theoretisch erst dann zureichend zur Geltung gebracht werden, wenn sie nicht unter diesem Titel fixiert, sondern in einer Theorie *gegenständlicher Vermittlung* expliziert werden. In dieser Hinsicht sind Affirmation und Kritik Feuerbachs durch Marx bis 1845 und die marxsche Kritik an der hegelschen Theorie der Vermittlung als Seiten eines einheitlichen Theoriebildungsprozesses zu verstehen, in dem der von Feuerbach mit spekulativen Mitteln eingeleitete Bruch mit der Spekulation allererst realisiert wird (3).

(1) Die negative Fixierung auf die hegelsche Philosophie hat Feuerbach im Anschluss an die eingangs zitierte Passage der »Vorläufigen Thesen« selbst deutlich formuliert. Die wahre Unmittelbarkeit als die »unmittelbare, sonnenklare, truglose Identifikation des [...] entäußerten Wesens des Menschen *mit* dem Menschen kann nicht auf positivem Wege, kann nur als die *Negation* der Hegelschen Philosophie aus ihr abgeleitet, kann überhaupt *nur begriffen* nur *verstanden* werden, wenn sie *als die totale Negation* der spekulativen Philosophie begriffen wird, ob sie gleich die *Wahrheit* derselben ist. Alles steckt zwar in der Hegelschen Philosophie, aber immer zugleich mit seiner *Negation*, seinem *Gegensatze*«.[4] Worin besteht nun diejenige totale Negation, die gleichwohl das Negierte in seiner inneren Wahrheit erst zum Vorschein bringt?

Bereits das Fragment »Zweifel«, von Feuerbach auf 1827/28 datiert, setzt die Kritik an der hegelschen identitätsphilosophischen Bestimmung des Verhältnisses des Denkens zum Sein durch den Rückgang auf ein unmittelbares Dasein außerhalb der Logik an: »die Logik geht nur deswegen in die Natur über, weil das denkende Subjekt außer der Logik ein unmittelbares Dasein, eine Natur vorfindet und vermöge seines unmittelbaren, d.i. natürlichen Standpunkts dieselbe anzuerkennen gezwungen ist. Gäbe es keine Natur, nimmermehr brächte die unbefleckte Jungfer Logik eine aus sich hervor«.[5]

Diese Notiz, deren theoretischer Kontext mit Feuerbachs frühen philosophischen Arbeiten eher zu erahnen als zu erschließen ist, bedeutet indes

4 FGW, Bd. 9, S. 247.

5 FGW, Bd. 10, S. 155f.

nicht die Formulierung der Kategorie »Unmittelbarkeit« als Alternative zur hegelschen Philosophie; wohl aber bildet diese Kategorie den Kristallisationskern der folgenden Hegel-Kritik. Eine *Alternative* bedeutet diese Kategorie schon deshalb nicht, weil Feuerbach sich sehr wohl bewusst ist, dass sie konstitutiv für den Gang der hegelschen »Wissenschaft der Logik« ist, die in dem Übergang von der unvermittelten Unmittelbarkeit in die Vermittlung und von dieser in die wiederhergestellte vermittelte Unmittelbarkeit nicht nur exemplarisch, sondern methodisch leitend zum Ausdruck kommt. Die Kategorie der Unmittelbarkeit ist daher in Feuerbachs Hegel-Kritik von Anfang an zweideutig: sie bezeichnet einerseits dasjenige, wovon Hegel ihm zufolge unzulässig abstrahiert, andererseits dasjenige, was den Startpunkt der hegelschen »Logik« bildet und deren Bewegung strukturiert.

Feuerbachs Notizen »Zur Kritik der Hegelschen Philosophie« (1839) formulieren die Zweideutigkeit seiner Hegel-Kritik im Rahmen eines Programms: Sie stellen die Voraussetzungslosigkeit des reinen, spekulativen Denkens dem Mittel-Charakter der logischen Bewegung des Begriffs (die sogleich auch mit der Bewegung in der »Phänomenologie des Geistes« identifiziert wird) entgegen. Die logische Darstellung ist sprachlich vermittelte Darstellung des Gedankens und als solche hat sie nur »die Bedeutung eines Mittels«,[6] das heißt, sie ist selbst wesentlich vermittelte und vermittelnde Bewegung, die das Denken als »eine *unmittelbare* Tätigkeit«, das heißt *»Selbsttätigkeit«*,[7] mitteilbar macht und sich in ständiger Rücksicht auf die vorausgesetzte Spontaneität des Verstandes als der Quelle des selbsttätigen Denkens vermittelt. Sie ist Demonstration als Vermittlung der Vernunft-Allgemeinheit mit dem Verstand.

In diesem Sinne wertet Feuerbach die Aufhebung der Darstellung in die absolute Idee: »Die absolute Idee nimmt ja selbst ihren Vermittlungsprozeß in sich zurück, faßt den Prozeß *in sich zusammen*, hebt die Realität der Darstellung auf [...] Am Schlusse führt daher die ›Logik‹ uns auf *uns selbst* zurück, auf den innern Erkenntnisakt; das vermittelnde, darstellende Wissen wird *unmittelbares* Wissen«.[8] Vom Standpunkt des Verstandes aus, den die rein logische Form Feuerbach zufolge schon immer als heimlichen Dialogpartner voraussetzt, ist die »Wissenschaft der Logik« daher »nicht Zweck *an sich*; denn sonst hätte ich keinen andern Lebenszweck, als die ›Logik‹ immerfort zu lesen«;[9] ihr »Endzweck« ist vielmehr der »Erkenntnisakt des andern«.[10]

6 FGW, Bd. 9, S. 32.

7 Ebd., S. 27.

8 Ebd., S. 26.

9 Ebd.

10 Ebd., S. 32. In diesem Sinne »demonstriert« Feuerbach die Logik in seinen Erlanger Vorlesungen; vgl. Andreas Arndt, Metafizik ve metafizik Eleştirisi. Ludwig Feuerbach'ın Mantık ve Metafizik Üzerine Erlangen'da Verdiği Dersler Hakkında Notlar/Metaphysik und Metaphysikkritik. Anmerkungen zu Ludwig Feuerbachs Erlanger Vorlesungen über Logik und Metaphysik, in: Bir Arada. Das Zwischen. In-Between. Festschrift für Önay Sözer Armağanı, Istanbul 2013, S. 463–492.

»Unmittelbarkeit«, so lässt sich diesen Ausführungen entnehmen, ist als reine Spontaneität oder Selbsttätigkeit Zweck an sich, das heißt, ihr Charakter entspricht dem der aristotelischen Figur der *Praxis*; die Vermittlung dagegen hat ihren Zweck außer sich in einem *anderen*, das sie selbst nicht ist; ihr Charakter entspricht daher dem der aristotelischen *Poiesis*. Zwar ist die Demonstration oder Vermittlung auch »für *sich selbst* zugleich Zweck [...] – wie denn jedes Mittel zugleich Zweck sein muß«,[11] aber dieses Für-sich-Zweck-Sein betrifft die Form der Darstellung, den künstlerischen Charakter des Systems, das als Ganzes unter der Bedingung steht, dem Endzweck der Darstellung angemessen zu sein. Insofern ist das Für-sich-selbst-Zweck-Sein der Darstellung nur relativer Zweck, nicht Zweck an sich.

Hegels Fehler besteht nun für Feuerbach darin, relativen Zweck und Endzweck zu identifizieren; er machte »die Form zum Wesen, das Sein des Gedankens für andere zum Sein an sich, den *relativen Zweck* zum *Endzweck*«.[12] Diese Identifikation hat Folgen für die Struktur des Systems: Es gewinnt den Charakter der Unmittelbarkeit der Vernunft, die sich den Verstand als ihre Voraussetzung schon immer eingemeindet hat und sich daher als universelle Teleologie behaupten kann. »Das System sollte gleichsam die Vernunft selbst sein, die unmittelbare Tätigkeit in die mittelbare rein aufgehen, die Darstellung *nichts voraussetzen* [...] Das Hegelsche System ist die *absolute Selbstentäußerung* der Vernunft«.[13]

Hegels Voraussetzung ist für Feuerbach die unmittelbare Gewissheit der absoluten Idee, die darum »als die *Idee in ihrer Unmittelbarkeit*« – *das Sein* – an den Anfang der »Logik« gestellt wird; der Beweis oder die »Vermittlung der absoluten Idee« sei daher nur »formell«,[14] das heißt, die Vermittlung ist unter dieser Perspektive keine wirkliche Vermittlung, sondern die Entwicklung des in der Unmittelbarkeit des Anfangs unmittelbar vorausgesetzten Resultats. Feuerbachs Argumentation läuft in diesem Zusammenhang darauf hinaus, der hegelschen »Wissenschaft der Logik« geradezu einen Überschuss an Unmittelbarkeit zuzuschreiben. Sie setze die Vermittlung unmittelbar identisch mit der Unmittelbarkeit, das heißt, sie betrachtet das Mittel als Zweck an und für sich und nicht als relativen Zweck unter der Dominanz des von außerhalb gesetzten Zwecks.

Der *Überschuss an Unmittelbarkeit* aber ist in Feuerbachs Augen zugleich ein *Mangel an wahrer Unmittelbarkeit*, denn die Unmittelbarkeit als universell-teleologische Struktur der logischen Form ist erschlichen durch eine »Gewalttat, durch einen transzendenten Akt, einen *unmittelbaren Bruch* mit der wirklichen Anschauung. Die Hegelsche Philosophie

11 FGW, Bd. 9, S. 32.

12 Ebd., S. 33.

13 Ebd.

14 Ebd., S. 41.

trifft [...] daher der Vorwurf eines *unvermittelten* Bruches mit der sinnlichen Anschauung, der Vorwurf der *unmittelbaren* Voraussetzung der Philosophie«.[15] Hier ist der Überschuss an falscher Unmittelbarkeit auf den Begriff gebracht als – in letzter Konsequenz – *unmittelbarer Bruch mit der wahren, das heißt sinnlichen Unmittelbarkeit.* Mit anderen Worten: Die spekulative Darstellung setzt an die Stelle der wahren Unmittelbarkeit (deren theoretischer Status freilich noch erklärungsbedürftig ist) die Unmittelbarkeit der Darstellung oder Vermittlung, das heißt, sie macht die Unmittelbarkeit zu einem von der Vermittlung oder der Reflexion Gesetzten, indem sie sich unmittelbar voraussetzt. Das aber heißt: Die Unmittelbarkeit wird nicht *als Unmittelbarkeit* begriffen, sondern unmittelbar mit der Vermittlung identifiziert. Das ihr vorausliegende Nichtidentische wird zum Moment der Reflexion und in diese aufgehoben. So kann Feuerbach auch die Zurücknahme der Vermittlung im Resultat der »Logik« nicht als Rückkehr zur wahren Unmittelbarkeit verstehen (»Zwar [sic!] nimmt Hegel im Resultat den Vermittlungsprozeß zurück«[16]), sondern sieht darin eher den Versuch, die Vermittlung unmittelbar vorauszusetzen und damit zu verabsolutieren. Der scheinbare Überschuss an Unmittelbarkeit erweist sich aus dieser Perspektive als Verabsolutierung der Vermittlung, das heißt als Mangel an Unmittelbarkeit.

In diesem Sinne heißt es in den »Vorläufigen Thesen zur Reformation der Philosophie« (1842), Hegels Philosophie »identifiziert zwar wieder, was sie trennt, aber nur auf eine selbst wieder *trennbare, mittelbare* Weise«.[17] Die Rückkehr zur Unmittelbarkeit in der vermittelten Unmittelbarkeit als Unmittelbarkeit der Vermittlung, so kann dieser Hinweis verstanden werden, bedeutet nicht die Affirmation der wahren Unmittelbarkeit, denn sie betrifft nicht unmittelbar den Bereich des Endlichen. Vielmehr bleibt die Entgegensetzung im Endlichen *für das Endliche* in der Aufhebung in das Absolute bestehen und es bleibt in der Entgegensetzung gegen das Absolute; aber auch das Absolute selbst bleibt trennbare, vermittelte Einheit und ist nicht die wahre Unmittelbarkeit im Gegensatz gegen die Vermittlung. Auf diesem Gegensatz zu bestehen und die Unmittelbarkeit, in hegelscher Terminologie, mit dem Bereich des endlichen Geistes zu identifizieren heißt für Feuerbach, die Negation der hegelschen Philosophie zu vollziehen. Die »unmittelbare, sonnenklare, truglose Identifikation des durch die Abstraktion vom Menschen entäußerten Wesens des Menschen *mit* dem Menschen kann nicht auf positivem Wege, kann nur als die *Negation* der Hegelschen Philosophie aus ihr abgeleitet« werden.[18]

15 Ebd., S. 42.

16 Ebd., S. 33.

17 Ebd., S. 247

18 Ebd.

Feuerbachs Argumentation hängt an positionellen Vorentscheidungen, die die Auffassung des logischen Prozesses als Vermittlung zum vorausgesetzten Verstand und allgemeiner das Verhältnis von Denken und Sein betreffen. In dieser Hinsicht ist seine Hegel-Kritik keine immanente Kritik. Die Durchführung dieser Kritik aber bedient sich der Mittel der hegelschen Philosophie, das heißt, sie fasst sie als das auf, was die »Wissenschaft der Logik« für Feuerbach immer schon ist: nicht die Darstellung eines sich panlogisch realisierenden Endzwecks der absoluten Vernunft, sondern Mittel zur Mitteilung des Denkens zu sein. Das bedeutet einerseits, dass Feuerbach – wie er es auch ausdrücklich formuliert – den logischen Prozess unter die Bedingung der Endlichkeit stellt; indem er ihn zugleich als Vermittlungsprozess auszeichnet, heißt dies, dass sich ihm die Entgegensetzung von Endlichkeit (= Vermittlung, Reflexion) und Unmittelbarkeit als unendlicher, weil in sich unvermittelter Selbstbeziehung erneuert, ein Gegensatz, der historisch den theoretischen Ausgangspunkt der hegelschen Reflexionstheorie bezeichnet. Die Unmittelbarkeit gewinnt in dieser Hinsicht zunächst die Bedeutung des als präreflexiv von der Reflexion nicht Gesetzten, der *für* die Vermittlung unmittelbaren Voraussetzung. Andererseits aber spaltet Feuerbach den Begriff der Unmittelbarkeit als theoretisches Mittel von der hegelschen Theorie der Vermittlung ab und stattet ihn mit der Bestimmung aus, die ihm bei Hegel in der subjektiven Telos-Realisation der logischen Idee zukommt: Zweck an sich, das heißt nicht Unmittelbarkeit *für* eine endliche, begrenzte Vermittlung, sondern an und für sich unmittelbar zu sein.

Aus dieser doppelten Bewegung der Kritik, die die positionelle Grundlage der Kritik mit den Bestimmungen des Kritisierten ausstattet und insofern behaupten kann, totale Negation und zugleich Wahrheit der hegelschen Philosophie zu sein, ergibt sich die Doppelbödigkeit und Zweideutigkeit der feuerbachschen Kritik an Hegel. Wenn Feuerbach in den »Vorläufigen Thesen« verkündet, alles stecke in der hegelschen Philosophie, aber behaftet mit seinem Gegensatze,[19] so besteht sein Verfahren darin, den immanenten Gegensatz in den äußeren von Unmittelbarkeit und Vermittlung aufgelöst zu haben, worin sich aber dann die spekulative Problematik ihrer Vermittlung, die Hegel zu seiner Theorie der Reflexion trieb, erneuert als Gegensatz des Denkens gegen die sinnliche Unmittelbarkeit, ein Gegensatz, der unmittelbar, als *unvermeidlicher* (nicht unvermittelter[20]) Bruch mit der sinnlichen Anschauung zu vermitteln ist durch die »Erzeugung der Philosophie aus der Nichtphilosophie«.[21]

19 Ebd.

20 Ebd., S. 42.

21 Ebd.

(2) Die von Feuerbach intendierte Negation der hegelschen Philosophie zielt auf einen anderen Typus von Philosophie, der die spekulative Voraussetzung der Voraussetzungslosigkeit des logischen Prozesses bei Hegel hinter sich lässt. In diesem Selbstverständnis der reformierten Philosophie ist eine Position zum Ausdruck gebracht, die den logischen Prozess an Voraussetzungen bindet, die von ihm nicht gesetzt sind. Sofern der logische Prozess *a limine* mit der Vermittlung identifiziert wird, gilt diese Voraussetzung als unvermittelte Unmittelbarkeit. Damit aber reproduziert Feuerbach *begrifflich* die frühidealistisch-romantische Entgegensetzung von Unmittelbarkeit und Reflexion, die auch in der Unterscheidung der *theoretischen Mittel* der Philosophie, ihrer »Werkzeuge« bzw. »Organe« zum Ausdruck kommt.

»Die Anschauung gibt nur das mit der *Existenz unmittelbar identische*, das Denken das durch die *Unterscheidung*, die *Absonderung* von der Existenz *vermittelte* Wesen.«[22] Dem Begriff der Anschauung werden weiterhin konnotiert: Negation des Denkens, Nicht-Ich, Bestimmtsein durch den Gegenstand, Herz; dem Denken: Ich, Bestimmen des Gegenstandes, Kopf. Wird die Reihe dieser Entgegensetzungen durchbuchstabiert, so zeigt sich, dass das Herz als das sensualistische Prinzip gegenüber der Vermittlung des Denkens das vom Denken nicht Gesetzte als Voraussetzung des Denkens bezeichnet. In diesem Zusammenhang ist Feuerbachs Kritik am Anfang der hegelschen »Wissenschaft der Logik« zu verstehen als Kritik am Setzen einer Unmittelbarkeit durch das Denken im Denken, die nichts weiter als die Unmittelbarkeit bzw. Voraussetzungslosigkeit des Denkens bezeichnet. Feuerbach bestreitet den Gedanken einer absoluten Vermittlung, in der das Vorausgesetzte des Vermittlungsprozesses als von der Vermittlung selbst gesetzte Voraussetzung erscheint und die Relate des Vermittlungsprozesses in diesen vollständig als interne Momente aufgehen. Feuerbachs Begriff der Unmittelbarkeit steht in diesem Zusammenhang dafür, das mit der Vermittlung nicht Identische als deren Voraussetzung zu fixieren, das heißt als Unmittelbarkeit im Sinne des von der Vermittlung nicht Gesetzten.

Auf der Ebene der begrifflichen Mittel jedoch erscheint die unvermittelte Unmittelbarkeit in der Anschauung selbst als Mittel in der unmittelbaren Beziehung auf, das heißt als Vermittlung mit ihrem Substrat. Die Unmittelbarkeit erhält hier nicht allein die Bedeutung der Antithese oder Negation der Vermittlung im Denken, ist nicht bloß negativer Begriff als das vom Denken Un-vermittelte, sondern erhält eine positive Bedeutung als eine von der Reflexion getrennte, aparte Sorte der Selbstvermittlung. Sie wird von der Unmittelbarkeit *für* ein bestimmtes, das heißt endliches Denken zur Unmittelbarkeit *an sich* als »unmittelbarer, sonnenklarer,

22 Ebd.

trugloser Identifikation«. Das Subjekt dieser Einheit ist der Mensch, »der *ist* und *sich weiß* als das selbstbewußte Wesen der Natur, als das Wesen der Geschichte, als das Wesen der Staaten, als das Wesen der Religion – der Mensch, der *ist* und *sich weiß* als die *wirkliche* (nicht imaginäre) *absolute Identität* aller Gegensätze und Widersprüche«;[23] dieser Mensch ist »der *Grund* und *Boden* des Fichteschen Ichs, [...] der Leibnizschen Monade, [...] des Absoluten«.[24]

Diese Gleichsetzung von unvermittelter Unmittelbarkeit und absoluter Identität lässt sich indessen weder begrifflich noch im Blick auf Feuerbachs Positionen halten. Entweder wäre absolute Identität eine präreflexive, nichtrelationale Identität (wie z.B. bei Fichte, Schelling und in der Frühromantik[25]), oder sie wäre vermittelte Unmittelbarkeit im Sinne der hegelschen Identität der Identität und des Unterschieds. In der ersten Bedeutung wäre sie zwar unvermittelte Unmittelbarkeit, könnte aber die internen Relationen des sinnlichen Seins nicht mehr erfassen; in der zweiten Bedeutung könnte sie dies, wäre aber nicht mehr unvermittelte Unmittelbarkeit. Der feuerbachsche Begriff der Unmittelbarkeit hat seine strategische begriffliche Funktion darin, das Sein als Voraussetzung der denkenden Vermittlung dieser vorauszusetzen; er versagt aber als begriffliches Mittel dann, wenn es darum geht, die gegenständliche Vermittlung im »Sein« zum Thema zu machen, wie es dadurch erfordert ist, dass Feuerbach die Unmittelbarkeit des Seins in der hegelschen »Logik« als Bestimmungslosigkeit kritisiert, das wahre Sein daher als bestimmtes, in sich unterschiedenes, konkretes begreifen will.

Das Denken der spekulativen Philosophie, so heißt es im § 24 der »Grundsätze einer Philosophie der Zukunft« (1843), »bestimmt im Unterschiede *von sich*, als der Tätigkeit des Vermittelns, das Sein als das *Unmittelbare, nicht Vermittelte.*«[26] Diese Unmittelbarkeit bedeutet aber nichts weiter als die Bestimmungslosigkeit des reflexionslogischen Substrats, an dem die Reflexion die Bestimmung setzt;[27] sie ist die bloße Abstraktion von aller Bestimmtheit und somit nur Produkt des Denkens. Die Unmittelbarkeit des *Seins* als der Ausgangskategorie der hegelschen »Logik« ist daher ebensowenig wahre Unmittelbarkeit wie das Sein wahres Sein ist, nämlich, in Feuerbachs Worten, »*Dasein, Fürsichsein, Realität, Existenz, Wirklichkeit, Objektivität*«;[28] das Sein ist »*so verschieden als die Dinge, welche sind*«.[29]

23 Ebd., S. 259f.

24 Ebd., S. 262.

25 Vgl. dazu Andreas Arndt: Dialektik und Reflexion. Zur Rekonstruktion des Vernunftbegriffs, Hamburg 1994, S. 73–144.

26 FGW, Bd. 9, S. 303.

27 Vgl. ebd., S. 305, § 26.

28 Ebd.

29 Ebd., § 27.

Wie aber wird diese Objektivität so gegeben, dass sie in ihrem inneren Reichtum als konkrete Totalität erscheint und nicht nur als Grenzbestimmung der Reflexion? Feuerbach beantwortet diese Frage im Sinne des »Widerstandsarguments in der Erkenntnistheorie« dadurch, dass die Objektivität dort gegeben wird, »wo meine Selbsttätigkeit – wenn ich vom Standpunkt des Denkens ausgehe – an der Tätigkeit eines andern Wesens ihre *Grenze* – Widerstand findet«.[30] Wird hier einerseits die Grenze als das gefasst, was von der Vermittlung nicht gesetzt ist (der rationelle *positionelle* Kern der Argumentation), so wird andererseits die Vermittlung auf das theoretisch aneignende Verhalten zum Objekt eingeschränkt und das Objekt selbst als tätiges Wesen, das heißt als Subjekt, ausgegeben, und zwar als Subjekt, das mit dem sich theoretisch verhaltenden, denkend-vermittelnden wesentlich identisch ist; es ist »der Begriff des *Objekts* überhaupt vermittelt durch den Begriff des Du, des *gegenständlichen Ich*«.[31] Die kommunikative Situation des Verhältnisses von Ich und Du wird damit zum Paradigma jeder Vermittlung im »Sein« als *gegenständlicher Vermittlung.*

An dieser Schaltstelle seiner Argumentation vollzieht Feuerbach bewusst eine Umkehrung innerhalb eines durch die spekulative Philosophie vorgegebenen Formulars: »Nicht dem Ich, sondern dem Nicht-Ich in mir, um in der Sprache Fichtes zu reden, ist ein Objekt, d.i. andres Ich, gegeben; denn nur da, wo ich aus einem Ich in ein Du umgewandelt werde, wo ich leide, entsteht die Vorstellung einer *außer mir seienden* Aktivität, d.i. Adjektivität. Aber nur durch den Sinn ist Ich *nicht* Ich«.[32] Mit anderen Worten: Die Beziehung des Ich auf das Andere ist nicht die Beziehung des Ich auf ein Nicht-Ich, also auf ein bloß negativ in Relation zum Ich bestimmtes, von dem das Ich bestimmt wird, sondern auf das Andere als ein Ich, dessen Bestimmen des ersten Ich, an oder in diesem Ich das Nicht-Ich als wesentliche Bestimmung, nämlich Bestimmbarkeit des Ich setzt. Das Andere ist ein wesentlich positives, selbsttätiges, bestimmendes Ich. Indem aber auch das erste Ich ein solches positives ist, so sind die Relate des Verhältnisses austauschbar: Nicht-Ich und Ich, Bestimmtwerden und Bestimmen, Subjekt und Objekt, Ich und Du sind wesentlich ein und dasselbe.

Die nächste Konsequenz dieser Umkehrung ist die Ersetzung des Ich als Selbstbewusstsein durch das Ich als Totalität seiner Leiblichkeit: »*Ich bin ein wirkliches, ein sinnliches Wesen,* der *Leib gehört zu meinem Wesen; ja der Leib in seiner Totalität ist mein Ich, mein Wesen selber.*«[33] *Leib* steht hier für die Sinnlichkeit des Ich, die Sinnlichkeit aber ist das »Geheimnis

30 Ebd., S. 316, § 33.
31 Ebd.
32 Ebd.
33 Ebd., S. 320, § 37.

des *unmittelbaren* Wissens«,[34] das heißt das Wissen dessen, »was *keines Beweises bedarf,* was *unmittelbar für sich spricht und einnimmt,* unmittelbar die Affirmation, daß es ist, nach sich zieht – das *schlechthin entschiedene, schlechthin Unzweifelhafte, das Sonnenklare*«.[35]

Diese Unmittelbarkeit sinnlicher Gewissheit ist als die Wahrheit der Erkenntnis das immanente Telos jedes Erkenntnisprozesses und somit ist die »*sich vermittelnde* Wahrheit [...] die noch *mit ihrem Gegensatze behaftete* Wahrheit«.[36] Das bedeutet: Die Vermittlung ist das Aufzuhebende, zu Negierende, und dadurch nicht der wahre Anfang der Philosophie. Der wahre Anfang ist die Unmittelbarkeit der sinnlichen Gewissheit oder der Anschauung als Anschauung eines Unmittelbaren. Die Notwendigkeit des Durchgangs durch die Vermittlung besteht darin, dass das sinnliche Unmittelbare nicht »das *sich von selbst Verstehende* sei«, denn die Anschauung richtet sich zuerst auf die Vorstellung und Fantasie als die schon gedanklich transformierte sinnliche Unmittelbarkeit und die »Aufgabe der Philosophie, der Wissenschaft überhaupt besteht daher *nicht* darin, von den *sinnlichen, d.i. wirklichen,* Dingen *weg,* sondern *zu ihnen hin zu kommen*«.[37] Die Rückkehr zur unvermittelten Unmittelbarkeit durch die Negation der Vermittlung kehrt zu dem zurück, was die Voraussetzung der in der ersten Anschauung verselbstständigten Vorstellung und Fantasie war. Wo diese Rückkehr in der Anschauung als unmittelbarer sinnlicher Gewissheit vollzogen wird, nämlich in der »*sinnlichen Anschauung des Menschen vom Menschen*« ist die Identität von Subjekt und Objekt, die im Selbstbewusstsein nur abstrakter Gedanke ist, in »*Wahrheit* und *Wirklichkeit*« erreicht.[38]

Nun behauptet Feuerbach, sich damit namentlich von der hegelschen Philosophie abgesetzt zu haben, deren Grundsatz laute: »›Alles ist vermittelt‹ [...]. Aber *wahr* ist etwas nur, wenn es nicht mehr ein Vermitteltes, sondern Unmittelbares ist.«[39] Zwar sagt Hegel im Gegenteil, dass Unmittelbarkeit und Vermittlung untrennbare Bestimmungen seien und sich die Vermittlung dadurch, dass sie sich mit sich identisch mache, in die Unmittelbarkeit aufhebe.[40] Wenn Feuerbach, dem dies zweifellos bekannt war, bei Hegel dennoch allein die Vermittlung gelten lässt, so deshalb, weil er der vermittelten Unmittelbarkeit Hegels die wahre Unmittelbarkeit als unvermittelte gegenüberstellt. Damit allerdings liefert er sich der Problematik

34 Ebd., S. 321, § 39.

35 Ebd.

36 Ebd.

37 Ebd., S. 325, § 44.

38 Ebd., S. 323, § 42.

39 Ebd., S. 321, § 39.

40 In der »Wissenschaft der Logik« heißt es dazu, dass es »Nichts *gibt,* nichts im Himmel oder in der Natur oder im Geiste oder wo es sey, was nicht ebenso die Unmittelbarkeit enthält, als die Vermittlung« (Georg Wilhelm Friedrich Hegel: Gesammelte Werke, Hamburg 1968ff. [GW], Bd. 21, S. 54). Folgerichtig gilt Hegel das Zugrundegehen der Vermittlung zugleich als der Grund, »aus dem das Unmittelbare hervorgeht« (GW, Bd. 11, S. 326).

aus, wie denn die unvermittelte Unmittelbarkeit überhaupt in die Vermittlung so eingehen kann, dass sie als immanentes Telos des Vermittlungsprozesses die Rückkehr zur Unmittelbarkeit als dessen Wahrheit setzen kann.

In diesem Zusammenhang ist der Rekurs auf das Formular der fichteschen Wissenschaftslehre in vielerlei Hinsicht erhellend. Mit Fichte setzt Feuerbach eine der Reflexion entzogene, unvermittelte Unmittelbarkeit voraus, und in dieser Hinsicht entspricht auch die sinnliche Anschauung bei Feuerbach einer intellektuellen Anschauung. Tatsächlich aber zeigt sich sofort, dass Feuerbach die Struktur des fichteschen Formulars nicht einfach beibehalten und es lediglich mit anderen Begriffen füllen kann, denn als der Reflexion entzogene Unmittelbarkeit konnte Fichtes absolutes Ich den Übergang in die Reflexion nicht begründen und es konnte ebenso wenig aus der Vermittlung von Ich und Nicht-Ich wiederhergestellt werden, sondern nur als vorausgesetztes, virtuelles Ziel eines unendlichen Progresses den Trieb auf die Wiederherstellung unvermittelter Identität motivieren. Genau dies war der Hauptpunkt der hegelschen Kritik an der systematischen Struktur der Wissenschaftslehre, deren Intention Feuerbach insoweit teilt, als er aus der Vermittlung im Endlichen die Rückkehr zur unvermittelten Unmittelbarkeit erzeugen will.

Dieser Schritt über Fichte hinaus könnte ihm dadurch als gerechtfertigt erscheinen, dass er an die Stelle des Nicht-Ich ein anderes Ich als Du setzt, das mit dem Ich schon immer wesentlich identisch ist. Diese Lösung indes ist keine andere als die hegelsche, denn wenn im Zusammengehen von Ich und Du die wesentliche Identität beider Relate wiederhergestellt wird, so heißt das, dass sich in der Vermittlung und durch die Vermittlung die Vermittlung in die Unmittelbarkeit aufhebt. Dieser Konsequenz meint Feuerbach dadurch zu entgehen, dass er die wahre, sinnliche Unmittelbarkeit von der hegelschen Unmittelbarkeit unterscheidet, die nichts anderes bedeute als die Abstraktion des Denkprozesses von der sinnlichen Gewissheit. Dies führt aber nur dazu, dass Feuerbach, wenn auch weitgehend unausdrücklich, zwei Vermittlungsebenen unterscheidet: Vermittlung im Denken und *gegenständliche* Vermittlung, denn auf der Ebene der als unvermittelte Unmittelbarkeit eingeführten Sinnlichkeit finden selbst Vermittlungsprozesse statt, deren wesentlicher und paradigmatischer der von Ich und Du ist. »Die Gemeinschaft des Menschen mit dem Menschen ist das erste Prinzip und Kriterium der Wahrheit und Allgemeinheit. Die Gewißheit selbst von dem Dasein anderer Dinge außer mir ist für mich vermittelt durch die Gewißheit von dem Dasein eines andern Menschen außer mir. Was ich allein sehe, daran zweifle ich; was der andere auch sieht, das erst ist gewiß.«[41] Die sinnliche Unmittelbarkeit, so lässt sich resümieren, ist sinnlich vermittelte Unmittelbarkeit.

41 FGW, Bd. 9, S. 324, § 42.

Es mag pedantisch erscheinen, Feuerbach diese terminologischen Inkonsistenzen vorzuhalten, sind sie doch Ausdruck einer Position, die sich darum bemüht, das anthropologische Prinzip des Gattungsallgemeinen nicht gegenüber den Individuen zu verselbstständigen: »Das Wesen des Menschen ist nur in der Gemeinschaft, in der *Einheit des Menschen mit dem Menschen* enthalten – eine Einheit, die sich aber nur auf die *Realität* des *Unterschieds* von Ich und Du stützt.«[42] Mit dieser Position zugleich gibt Feuerbach freilich den Anspruch auf, die Philosophie der Zukunft als in sich konsistentes, *begrifflich* einheitliches System zu begründen, denn die Erhebung der Anthropologie zur Universalwissenschaft[43] bedeutet die Rückkehr auf den »natürlichen Standpunkt« des Menschen, den »Standpunkt der *Unterscheidung* in *Ich* und *Du, Subjekt* und *Objekt*«, und dies sei der »*absolute Standpunkt*, folglich auch der *Standpunkt der Philosophie*«.[44] Verabsolutierung des Unterschieds aber heißt für Feuerbach: Dualismus als Prinzip der Philosophie: »Der Mensch ist [...] kein identisches und einfaches, sondern wesentlich ein *dualistisches* [...] Wesen [...]. Die Philosophie als der Ausdruck des menschlichen Wesens ist daher [...] wesentlich *dualistisch*.«[45]

Dieser Dualismus bezieht sich zunächst auf das Formalprinzip der Philosophie, das heißt auf die Gegenüberstellung von unvermittelter sinnlicher Unmittelbarkeit (= Herz) und denkender Vermittlung (= Kopf), die nur durch die Selbigkeit des Gegenstandes, das heißt durch die Anerkennung der unvermittelten Unmittelbarkeit als des Unvordenklichen durch das Denken zur Einheit gebracht werden können.[46] Diese formale Trennung von Unmittelbarkeit und Vermittlung erweist sich indessen als Ausdruck einer massiven Verlegenheit, die positionelle Voraussetzung mit begrifflichen Mitteln durchzuführen und anders als bloß durch die negative Fixierung des Gegensatzes zur Spekulation zu sichern. Tatsächlich nämlich will Feuerbach keineswegs einen Dualismus zweier Reiche *sui generis* installieren, der sinnlichen Welt und der übersinnlichen Welt des Denkens, sondern »diese *Unterschiede fallen innerhalb des Gebiets der Sinnlichkeit selbst*«.[47] Der Ursprung des Denkens oder der Ideen ist daher im Bereich des Sinnlichen selbst zu suchen, nämlich in der kommunikativen Gemeinschaft der Individuen: »Nur durch Mitteilung, nur aus der Konversation des Menschen mit dem Menschen entspringen die Ideen.«[48] Dies hat zur Konsequenz, dass auf der Ebene der Sinnlichkeit

42 Ebd., S. 339, § 61.
43 Vgl. ebd., S. 337, § 55.
44 Ebd., § 57.
45 Ebd., S. 338, § 58.
46 Ebd., § 59.
47 Ebd., S. 325, § 43.
48 Ebd., S. 324, § 42.

die »*wahre* Dialektik« als »*Dialog zwischen Ich und Du*«[49] verortet wird, das heißt aber: als In-sich-vermittelt-Sein der wahren, unvermittelten Unmittelbarkeit, eine Vermittlung, die gleichzeitig die Vermittlung des Denkens vermittelt.

Diese Dialektik sucht sich der hegelschen Bewegung der absoluten Reflexion dadurch zu entziehen, dass sie mit dem anthropologisch fundierten Dialogprinzip auf der Unhintergehbarkeit der realen Entgegensetzungen beharrt und den Gedanken einer »*unmittelbare*[n] *Einheit entgegengesetzter* Bestimmungen«[50] abweist, das heißt, sie weist die hegelsche Theorie des Widerspruchs zurück, durch die der Unterschied als Einheit der Einheit und des Gegensatzes in den Grund als vermittelter Unmittelbarkeit zurückgeht. In der Wirklichkeit seien die entgegengesetzten Bestimmungen durch einen *terminus medius*, den Gegenstand oder das Subjekt der Gegensätze, verbunden und könnten darin als widerspruchsfrei vereinigt nur in der Zeit gedacht werden.[51] Das Subjekt dieser Einheit aber ist »das *wirkliche und ganze Wesen des Menschen*«.[52]

Sofern dieses Subjekt nur in der Einheit des Unterschieds von Ich und Du enthalten ist und realisiert werden kann, geht dieses Subjekt aus den kommunikativen Handlungen der endlichen Individuen erst hervor. Andererseits fungiert es als Voraussetzung dieser kommunikativen Vermittlung und ist ihr insofern unmittelbar vorausgesetzt. Diese Unmittelbarkeit kommt eben darin zum Ausdruck, dass Feuerbach das Wesen des Menschen zum Subjekt hypostasiert und mit Bestimmungen ausstattet, die in der Tat dem Absoluten der hegelschen Philosophie zukommen. Die »*Einheit des Menschen mit dem Menschen*« als das »höchste und letzte Prinzip der Philosophie« ist der Grund aller wesentlichen Verhältnisse als »*Weisen dieser Einheit*« und bedeutet die »*Einheit* von zwei sich wesensgleichen Wesen«.[53] Diese Einheit des Wesens ist als die wesentliche Einheit die wesentliche Unmittelbarkeit oder diejenige Unmittelbarkeit, in der sich die Vermittlung mitsamt ihren Relaten als identisch setzt. Nur sofern dieser Unmittelbarkeit der Charakter des Wesens zukommt, kann sie als das wesentliche Subjekt gefasst werden, das direkt in die Bestimmungen des Absoluten übersetzbar ist: »die *Einheit von Ich und Du – ist Gott*«.[54]

In der Konsequenz dieser Auffassung, die das Allgemeine zum Subjekt hypostasiert, liegt es aber, die hegelsche Theorie absoluter Reflexion für den Bereich der Sinnlichkeit, der als der der unvermittelten Unmittelbarkeit gerade von ihr ferngehalten werden sollte, zu affirmieren. Indem

49 Ebd., S. 339, § 64.

50 Ebd., S. 329, § 47.

51 Vgl. ebd., S. 329, § 48: »Das Mittel, *entgegengesetzte* oder *widersprechende Bestimmungen ohne Widerspruch* in einem und demselben Wesen zu *vereinigen*, ist nur – die *Zeit*.«

52 Ebd., S. 333, § 51.

53 Ebd., S. 340, § 65.

54 Ebd., S. 339, § 62.

das Gattungsallgemeine als Subjekt unmittelbar vorausgesetzt wird, wird es ebenso unmittelbar als von der Vermittlung gesetztes vorausgesetzt oder es ist ebensosehr die Unmittelbarkeit wie auch die Vermittlung, eine Unmittelbarkeit, die aus der Vermittlung hervorgeht. Im Ergebnis ist die Negation der hegelschen Philosophie, die doch total sein sollte, preisgegeben und lediglich das Subjekt des Vermittlungsprozesses ausgetauscht worden, auch wenn einige der feuerbachschen Abgrenzungen dagegen weiterhin positionelle Vorbehalte geltend machen, wie zum Beispiel die Kritik der hegelschen Theorie des Widerspruchs. Tatsächlich ließe sich auch hier zeigen, dass Feuerbach gezwungen wäre, diese Theorie zu reproduzieren, wenn er sich gefragt hätte, was die unmittelbare Darstellung des vorausgesetzten Unmittelbaren als Totälität der Unterschiede und die Zurücknahme dieser Unterschiede in die wesentliche Identität des Unmittelbaren begrifflich bedeuten. Die Trennung von unvermittelter Unmittelbarkeit und denkender Vermittlung gilt somit nur für das Verhältnis des Seins zum Denken, das heißt, sie ist eine Abstraktion des Denkens, das sich in dieser Entgegensetzung bewegt. Für den gegenständlich-sinnlichen Bereich hingegen gilt die Einheit von Unmittelbarkeit und Vermittlung, was auf der einen Seite bedeutet: die Restituierung des hegelschen Begriffs der Unmittelbarkeit, und auf der anderen Seite: die Restituierung der hegelschen Theorie der Vermittlung durch ihre Übersetzung in die Praxis-Struktur kommunikativen Handelns. Die Fixierung der Unmittelbarkeit gegenüber der Vermittlung kann keine Position in Abgrenzung zu Hegel begründen und theoretisch einsichtig machen.

(3) Einen anderen Weg geht Marx, wobei hier nicht der Entwicklungsprozess der marxschen Theorie in seiner Komplexität nachgezeichnet werden kann und soll. Ebenso wenig soll das Verhältnis Marx' zu Feuerbach und Hegel umfassend zum Thema gemacht werden. Es geht vielmehr darum, die *begrifflichen* Konsequenzen deutlich zu machen, die Marx aus seiner Auseinandersetzung mit Feuerbach und Hegel für den Status des Begriffs »Unmittelbarkeit« zieht. Dabei sind Marx' Kritik an Hegel einerseits und seine Affirmation und Kritik der feuerbachschen Philosophie andererseits als einander wechselseitig bedingende Momente zu verstehen. Soweit die Hegel-Kritik des jungen Marx in theoretisch ausdrücklicher Form überliefert ist, ist sie in Kenntnis der feuerbachschen Religionskritik und Kritik an der hegelschen Philosophie formuliert und bezieht sich mehr oder weniger ausdrücklich auf diese. Das bedeutet aber umgekehrt nicht, dass Marx' Auseinandersetzung mit Hegel ausschließlich von Feuerbach bestimmt ist oder ihm die wesentlichsten Einflüsse verdankt; so wissen wirzum Beispiel, dass Marx sich bereits 1839 mit Hegels »Logik« und vor allem der Theorie des Widerspruchs kritisch aus-

einandersetzte.[55] In der Auseinandersetzung mit Hegel und Feuerbach fließen Motive und Positionen unterschiedlicher Herkunft zusammen und gewinnen Gestalt in dem Versuch einer eigenständigen Kritik und Überwindung der spekulativen Philosophie.

Innerhalb dieses Prozesses gehen, was Feuerbach betrifft, Affirmation und Kritik vielfach ineinander über. Deutlich tritt dies in den sogenannten »Pariser Manuskripten« von 1844 hervor, wo einerseits die Kritik der Nationalökonomie ihre theoretische Basis bei Feuerbach findet – namentlich in den »Thesen zur Reform der Philosophie« und den »Grundsätzen einer Philosophie der Zukunft«[56] –, andererseits aber Feuerbach in wesentlichen Punkten kritisiert wird, wie zum Beispiel der unvermittelten Entgegensetzung von spekulativer Philosophie und sinnlicher Unmittelbarkeit.[57] Dies ist umso bemerkenswerter, als die »Pariser Manuskripte« in vielfacher Hinsicht als Höhepunkt des marxschen »Feuerbach-Kults« gelten können. Zu fragen ist demnach, worin der strategische Einsatz feuerbachscher Theoreme bei Marx bis zur »Deutschen Ideologie« besteht und auf welcher von Feuerbach abweichenden positionellen und theoretischen Grundlage dieser Einsatz erfolgt, sodass Affirmation und Kritik – wenn auch mit wechselnder Intensität und innerhalb sich entwickelnder Argumentationszusammenhänge – schon immer zusammengehören.

An Hegel kritisiert Marx in dem Kreuznacher Manuskript »Zur Kritik des Hegelschen Staatsrechts« (1843) den Versuch, reale Widersprüche zu vermitteln, die seiner Auffassung nach gar nicht vermittelt werden können und müssen. Marx' Auseinandersetzung mit Hegel in dieser Frage entzündet sich an der Anmerkung zum § 302 der »Grundlinien der Philosophie des Rechts«, wo es heißt, es gehöre »zu den wichtigsten logischen Einsichten, daß ein bestimmtes Moment, das als im Gegensatze stehend die Stellung eines Extrems hat, es dadurch *zu seyn* aufhört und *organisches* Moment ist, daß es zugleich *Mitte* ist«. Und Hegel fügt hinzu, dass, wenn der Gegensatz so nicht bloßer Schein wäre, sondern »substantieller Gegensatz«, der Staat als die Sphäre der Wirklichkeit dieses Gegensatzes im Untergang begriffen wäre.[58] Der Gegensatz, von dem hier die Rede ist, ist das politisch-ständische Element als »Extrem« der *empirischen Allgemeinheit* in seinem Verhältnis zur empirischen Einzelheit des monarchischen Prinzips.

Marx nimmt dies zum Anlass einer prinzipiellen Kritik an Hegels »Logik«: »Hegel faßt überhaupt den *Schluß* als Mitte, als ein *Mixtum Compositum*«; die Mitte sei »das hölzerne Eisen, der vertuschte Gegensatz zwi-

55 Vgl. die Briefe Bruno Bauers an Marx vom 11.12.1839 und vom 31.3.1841 (in: Karl Marx/Friedrich Engels: Gesamtausgabe, Berlin 1975ff. [MEGA²], Bd. III/1, S. 336 u. 354); zum Zusammenhang Arndt: Karl Marx, S. 18f.

56 Vgl. MEGA², Bd. I/2, S. 275f. u. 326.

57 Ebd., S. 277.

58 GW, Bd. 14,1, S. 251.

schen Allgemeinheit und Einzelnheit«.[59] Hegels logische Vermittlung im Vernunftschluss, wonach die Extreme (*Obersatz und Untersatz*) zugleich Extrem und Mitte sind und die Mitte zugleich Extrem, also alle Glieder des Schlusses – das Einzelne, das Allgemeine und das Besondere – gleichwertig sind, bedeutet für Marx eine »Absurdität der Vermittlung«.[60] Dagegen setzt er: »Wirkliche Extreme können nicht mit einander vermittelt werden, eben weil sie wirkliche Extreme sind. Aber sie bedürfen auch keiner Vermittelung, denn sie sind entgegengesezten Wesens. Sie haben nichts mit einander gemein, sie verlangen einander nicht, sie ergänzen einander nicht. Das eine hat nicht in seinem eigenen Schoos die Sehnsucht, das Bedürfniß, die Anticipation des andern.«[61]

Festzuhalten ist, dass Marx hier von »realen« Gegensätzen handelt, in denen die Extreme einander äußerlich sind. Dies bestreitet auch Hegel grundsätzlich nicht.[62] Die Figur, dass Einzelnes, Besonderes und Allgemeines austauschbar sind, gehört in die »Wissenschaft der Logik« und charakterisiert die absolute Selbstbezüglichkeit des Begriffs.[63] In der Realität ist sie daher, Hegel zufolge, gar nicht vorzufinden, da der Begriff dort immer nur gebrochen und sich selbst äußerlich erscheint. Hier zeigt sich bereits, dass Marx seine Hegel-Kritik weitgehend darauf gründet, dass er den Unterschied der »Wissenschaft der Logik« zur Realphilosophie verschleift. Der Einwand, dass Hegel in der Realphilosophie – hier: in der Rechtsphilosophie – einen Widerspruch überspielt, ist kein Einwand in Bezug auf die »Logik«, sondern ist auf der Ebene der Realwissenschaft zu diskutieren.

Aber auch wenn Marx' Kritik im Blick auf Hegel falsch adressiert ist, so zeigt sie doch, dass er einen anderen Weg als Feuerbach geht, indem er die gegenständliche Vermittlung in der Realität zum Thema macht und diese der Logik nicht als (sinnliche) Unmittelbarkeit abstrakt entgegensetzt. Marx stimmt dabei mit der im § 47 der »Grundsätze einer Philosophie der Zukunft« von Feuerbach formulierten These überein, dass eine unmittelbare Einheit entgegengesetzter Bestimmungen für reale Entgegensetzungen nicht mit Anspruch auf Realitätsgehalt gedacht werden kann. Er setzt die Einheit der Extreme aber nicht, wie Feuerbach, in einen *terminus medius* als *Subjekt* der Gegensätze, sondern weist diese Hypostasierung eines umfassenden Subjekts (die Feuerbach ungewollt wieder in hegelsche Bahnen lenkt) prinzipiell zurück.

59 MEGA², Bd. I/2, S. 93.

60 Ebd., S. 97.

61 Ebd.

62 Vgl. Andreas Arndt: Das Verhältnis der Wissenschaft der Logik zur Realphilosophie bei Hegel, in: Philosophie als Wissenschaft, hg. v. Nora Schleich mit Simone Cavallini u.a., Hildesheim u.a. 2021, S. 199–209.

63 Vgl. Andreas Arndt: Wer denkt absolut? Die absolute Idee in Hegels »Wissenschaft der Logik«, in: Revista Eletrônica Estudos Hegelianos 16 (2012), S. 22–33; http://ojs.hegelbrasil.org/index.php/reh/article/view/93/76.

Daraus folgt für den Begriff der Unmittelbarkeit, dass die Vorstellung einer *unvermittelten* Unmittelbarkeit endgültig verabschiedet wird. Sie ist nur die Vorstellung des abstrakten Gegensatzes zur Vermittlung. »Unmittelbarkeit« ist vielmehr ein Reflexionsbegriff; er bezeichnet dasjenige, was von der Reflexion nicht gesetzt wird und ihr insofern als un-vermittelt vorausliegt, ohne indes *an sich* unvermittelt zu sein. Das heißt, der Begriff der Unmittelbarkeit ist als Reflexionsbegriff *wesentlich negativ*. Der Begriff der Unmittelbarkeit ist, Marx zufolge, in jeder emphatischen Bedeutung, sei es als unvermittelter im Sinne Feuerbachs oder als vermittelter im Sinne Hegels, aus dem Arsenal theoretischer Mittel zu tilgen, die für die Erfassung und Darstellung von Realprozessen tauglich sind. Er bezeichnet negativ das von der Reflexion nicht Gesetzte, das jeweils bestimmten Vermittlungsprozessen vorausliegt und als ein empirisch Gegebenes erscheint.[64]

64 Vgl. ausführlicher Andreas Arndt: Unmittelbarkeit, 2. Aufl., Berlin 2013.

Religion bei Hegel und Marx

DIE ENTZAUBERUNG DER WELT in der Moderne hat auch die Welt der religiösen Vorstellungen betroffen. Historische Kritik und Entmythologisierung haben sie von einer handfest geglaubten Realität zu etwas Geistigem gemacht. Bertolt Brecht hat diesen Prozess in seinem Stück »Die Mutter« durch den Mund seiner Heldin Pelagea Wlassowa wie folgt beschrieben: »In meiner Jugend glaubten alle Leute noch fest daran, daß er [Gott; A.A.] irgendwo im Himmel säße und aussähe wie ein alter Mann. Dann kamen die Flugzeuge und in den Zeitungen stand, daß auch am Himmel neuerdings alles meßbar ist. [...] Dagegen hört man jetzt oft die Ansicht, er sei wie eine Art Gas, nirgends und doch überall. Aber als man dann las, aus was die Gase alles bestanden, war Gott nicht darunter [...]. So war er immer dünner geworden und hat sich sozusagen verflüchtigt. Jetzt liest man mitunter, er sei überhaupt nur eine geistige Bezeichnung, und das ist doch sehr verdächtig.«[1]

Was aber heißt es überhaupt, Religion als Geist zu bestimmen? Und wo, so ist zu fragen, findet der Geist seinen Ort? Ich möchte dem in vier Schritten nachgehen. Erstens ist zu fragen: Wohin mit den religiösen Vorstellungen? Ich beantworte diese Frage im Blick auf Kant und Hegel (1). Zweitens: Mit Hegel ist der Ort der Religion im Geist, genauer: im Selbstverhältnis des Geistes als absolutem Geist, zu bestimmen (2). Drittens: Das religiöse Prinzip; unterliegt jedoch der Verweltlichung; dies ist sozusagen die Kehrseite der Vergeistigung bei Hegel, eine der Religion selbst einwohnende Dialektik der Säkularisierung (3). Viertens: Marx greift dies, in Fortsetzung des hegelschen Programms auf, indem er die Kritik der Religion im Weltlichwerden der Philosophie vollenden will (4).

(1) Wenn Brechts Heldin sagt, der Gegenstand der Religion habe sich zu einem Geistigen verflüchtigt, dann meint sie – und mit ihr der Autor –, er sei ein Ideologem, das heißt etwas, das bloßer Schein sei, eine Illusion des Bewusstseins. Indessen – das wussten Feuerbach, Marx und wohl auch Brecht – solche Illusionen des Bewusstseins haben eine Grundlage und

1 Bertolt Brecht: Gesammelte Werke, Bd. 2: Stücke 2, Frankfurt a. M. 1967, S. 882f.

sind so etwas wie ein notwendiger Schein; in der »Deutschen Ideologie« heißt es hierzu: »Auch die Nebelbildungen im Gehirn der Menschen sind nothwendige Sublimate ihres materiellen, empirisch konstatirbaren, & an materielle Voraussetzungen geknüpften Lebensprozesses.«[2] Der Geist der Religion bzw. die Religion als Geist ist daher kein Gespenst, das man einfach wegscheuchen kann, sondern Bestandteil der menschlichen Realität, der in seiner Notwendigkeit verstanden werden muss.

Aufklärung auf diesem Gebiet kann daher nicht bedeuten, den Schein als bloßes Blendwerk zu kritisieren, das mit einer täuschenden Absicht in Verkehr gebracht wurde, von betrügerischen Priestern etwa, die dem Volk Narkotika verabreichen wollen, um es ruhig zu stellen. In dieser Hinsicht steht die Aufklärung über Religion in einer bemerkenswerten Parallele zur transzendentalen Dialektik in Kants »Kritik der reinen Vernunft«. Kant unterscheidet hier zwischen einer betrügerischen, sophistischen Dialektik einerseits und einer zwar täuschenden, aber notwendigen Dialektik, der transzendentalen Dialektik, andererseits. Die sophistische Dialektik beruht auf einem absichtsvollen Gespinst in sich widersprüchlicher Aussagen, die transzendentale Dialektik führt notwendig auf Formen des Widerspruchs. Dies beruht zwar auf einer Täuschung, die jedoch auch dann noch besteht, wenn man weiß, wie sie zustande kommt. Es handelt sich, so Kant, um eine »*Illusion*, die gar nicht zu vermeiden ist, so wenig als wir es vermeiden können, daß uns das Meer in der Mitte nicht höher scheine, wie an dem Ufer, [...] oder, noch mehr, so wenig selbst der Astronom verhindern kann, daß ihm der Mond im Aufgange nicht größer scheine, ob er gleich durch diesen Schein nicht betrogen wird.«[3]

Die Kritik des Scheins, so lässt sich dem entnehmen, kommt mit der Aufklärung über Religion darin überein, dass sie auch über das Zustandekommen der Vorstellungen muss aufklären können und von diesen nicht einfach abstrahieren darf. Dass es um diese Vorstellungen in philosophischer Hinsicht misslich steht, hatte Kant in seiner Kritik der vormaligen Metaphysik gezeigt. Gott, das Unbedingte oder Absolute, könne – wie die anderen metaphysischen Gegenstände, das heißt Welt und Seele – im strengen Sinne gar nicht vorgestellt werden, weil er kein Gegenstand der Erfahrung sei. Der Versuch, Gott denkend zu bestimmen, und sogar der Versuch, ihn bloß als existierend zu denken, sei daher zum Scheitern verurteilt. Zum einen sei Dasein kein reales Prädikat, zum anderen seien auch die Bestimmungen, die man ihm traditionell sonst beilege, nicht haltbar. Letzteres zeigt Kant vor allem in seinem Aufsatz »Über das Mißlingen aller philosophischen Versuche in der Theodicee« (1791). Die Prädikate der Heiligkeit, Gütigkeit und Gerechtigkeit ließen sich im Blick

2 Karl Marx/Friedrich Engels: Gesamtausgabe, Berlin 1975ff. [MEGA²], Bd. I/5, S. 136.

3 Immanuel Kant: Kritik der reinen Vernunft, 2. Aufl. 1787, in: Immanuel Kant: Werke, Bd. 3, Berlin 1968, S. 236 (KrV B, S. 353f.).

auf die Erfahrung nicht bewahrheiten. Was übrig bleibe, sei allein eine moralische Gesinnung, an die ein Gottesglaube anknüpfen könne, die aber keineswegs aus dem Gottesglauben entspringe.[4] Dass wir gleichwohl geneigt sind, umgekehrt zu verfahren und den Inhalt der Religion zu vergegenständlichen, liegt nach Kant daran, dass unsere Vernunft überhaupt geneigt ist, das subjektiv Erzeugte zu objektivieren und für die »Bestimmung der Dinge an sich selbst«[5] zu halten – wie eben bei der Höhe des Meeres oder der Größe des Mondes.

Hegel knüpft kritisch an Kant an, wobei beides zu betonen ist: das Anknüpfen *und* die Kritik. In seiner »Enzyklopädie der philosophischen Wissenschaften im Grundrisse« behandelt er im Rahmen eines hinführenden »Vorbegriffs« zur Wissenschaft der Logik auch das Verfahren der vormaligen, von Kant gestürzten Metaphysik. Indem sie den Denkbestimmungen ganz selbstverständlich eine objektive Gültigkeit zusprach, kam sie mit dem unbefangenen Alltagsbewusstsein überein und ist in dieser Hinsicht für Hegel auch nicht etwas Vergangenes. Der Fehler besteht ihm zufolge darin, dass der vormaligen Metaphysik das Absolute oder Gott als etwas Feststehendes, als das Subjekt eines Urteils, gilt, dem Prädikate beigelegt werden: »Es wurde nicht untersucht, ob solche Prädicate an und für sich etwas Wahres seyen, noch ob die Form des Urtheils Form der Wahrheit seyn könne.«[6]

Letzteres leugnet Hegel, da die Form des Urteils für ihn aus Gründen, auf die weiter einzugehen hier nicht der Ort ist, einseitig ist und das Absolute nicht angemessen zu thematisieren vermag.[7] Aber auch die Prädikate »sind für sich ein *beschränkter* Inhalt, und zeigen sich schon als der *Fülle der Vorstellung* [...] nicht angemessen und sie keineswegs erschöpfend«.[8] So bleibe – und dies ist *auch* auf Kant gemünzt – »für den *Begriff* [Gottes; A.A.], wie ihn der Verstand nimmt, am Ende nur die leere Abstraction des unbestimmten *Wesens* [...], das todte Product der modernen Aufklärung«, und die »*Eigenschaften*, da sie doch bestimmte und verschiedene seyn sollen, sind eigentlich in dem abstracten Begriffe der reinen Realität, des unbestimmten Wesens untergegangen«.[9] Grundlage der Prädikate, um die es eigentlich zu tun ist, die aber auf diesem Wege nicht eingeholt werden kann, ist die *Vorstellung* Gottes, die einerseits von subjektiver Beimischung nicht frei ist, andererseits insofern unbestimmt bleibt, wie das Subjekt ja erst durch Prädikate bestimmt werden soll. Dieser Versuch, so Hegels Pointe, endet in der Bestimmungslosigkeit, eben

4 Immanuel Kant, Werke, Bd. 8, Berlin 1968, S. 267.

5 Kant, Kritik der reinen Vernunft, S. 236 (KrV B, S. 353).

6 Georg Wilhelm Friedrich Hegel: Gesammelte Werke, Hamburg 1968ff. [GW], Bd. 20, S. 71, § 28, Erläuterung.

7 Vgl. Hegels Lehre vom Begriff, Urteil und Schluss, hg. v. Andreas Arndt, Christian Iber und Günter Kruck, Berlin 2006.

8 GW, Bd. 20, S. 71, § 29, Erläuterung.

9 Ebd., S. 74, § 36, Erläuterung.

in der leeren Abstraktion, welche die Vorstellungen als unreflektierte Voraussetzungen gleichgültig liegen lässt.

Was wir hier vor uns haben, ist eine Verflüchtigung des Gottesgedankens zu einer leeren Abstraktion, der die vielfältigen Vorstellungen dessen, was Gott sei, unvermittelt gegenüberstehen. Kant hat zwar deutlich machen können, warum wir uns das Unbedingte oder Gott aufgrund der Verfasstheit unseres Erkenntnisvermögens überhaupt als etwas gleichsam Objektives vorstellen. Die Kritik dieser Vergegenständlichung holt jedoch die Vorstellungswelt der Religion nicht ein, denn im Gegenstand der Religion finden die Vorstellungen sich nicht wieder. Kant stellt für Hegel den Gipfel dieses Prozesses insofern dar, als er die Möglichkeit einer begrifflichen Erkenntnis Gottes überhaupt bestreitet und ihn allein als Postulat der praktischen Vernunft noch philosophisch am Leben erhält. Hegel dagegen geht es um eine Vermittlung von Vorstellung und Begriff. Das bedeutet: Der Begriff muss die religiösen Vorstellungen dadurch einholen, dass er sie in sich »aufhebt«. Aufhebung im hegelschen Sinne meint: die Vorstellungen in ihrer Selbstständigkeit und in ihrem unmittelbaren Wahrheitsanspruch zu negieren, sie zugleich aber auch auf einer höheren Stufe ihrem wahren Gehalt nach aufzubewahren. Die Vermittlung von Vorstellung und Begriff im hegelschen Sinne hat also die Aufhebung der Religion in Philosophie zur Folge. Die Philosophie spricht aus, was die Religion in Wahrheit ist.

(2) Religion ist Selbstverhältnis des Geistes. In diesen lapidaren Satz ließe sich Hegels Religionsphilosophie zusammenfassen, aber das wäre, mit Hegel zu sprechen, nur das *caput mortuum* des lebendigen Gedankenvollzugs, ohne den das Resultat nichts ist. Zwei Fragen sind hier zunächst zu beantworten: Was ist »Geist«? Und was ist ein »Selbstverhältnis« des Geistes? In aller Kürze: Geist ist, entgegen manchen englischen Übersetzungen, nicht *spirit*, lat. *spiritus*, hat also mit Spiritualismus (dem klassischen Gegensatz zum Materialismus) nichts zu tun, sondern Geist ist Hegels Verdeutschung für lat. *mens*, also Bewusstsein (im weitesten Sinne). Für Hegel ist Bewusstsein qua Geist eine Seinsweise, ein Dasein also, das auf ein anderes Dasein bezogen ist. Geist ist Dasein der Idee wie auch Natur Dasein der Idee ist,[10] und Geist ist Geist nur als aus der Natur herkommend[11] und die Natur als selbstständig voraussetzend.[12] Geist ist immer relational zu denken im Verhältnis zur Natur; es gibt bei Hegel – dies muss nachdrücklich betont werden – keinen Monismus des Geistes.[13] Hegel vertritt vielmehr einen Monismus der Idee, aber diese Idee

10 GW, Bd. 12, S. 236.

11 GW, Bd. 20, S. 381f., § 381.

12 Vgl. ebd., § 383.

13 So auch Hans Friedrich Fulda: Georg Wilhelm Friedrich Hegel, München 2003, S. 168.

ist, gemäß der »Wissenschaft der Logik, der sich *als Methode* selbst erfasst habende Begriff, das heißt, die Idee hat keine selbstständige Existenz gegenüber Natur und Geist, sondern sie existiert nur in Natur und Geist als ihren Daseinsweisen.[14] Idee ist die Relationalität und Prozessualität von Natur und Geist selbst in ihrer Einheit. Für das Selbstverhältnis des Geistes, die zweite Frage, bedeutet dies, dass der Geist in kein unmittelbares Selbstverhältnis treten kann, sondern nur vermittelt durch Anderes. Anders gesagt: Der Geist ist nicht fähig, aus seiner Relationalität, auch nicht aus seinem Verhältnis zur Natur, herauszutreten. Wenn er sich rein auf sich selbst zu beziehen scheint, dann ist dies nur ein Produkt der Abstraktion und beruht nach Hegel auf der Möglichkeit des Geistes, »von allem Äußerlichen und seiner eigenen Äußerlichkeit, seinem Dasein selbst [zu] abstrahieren«.[15] Das Selbstverhältnis des Geistes besteht also darin, dass der Geist ein Bewusstsein dessen gewinnt, was er *als* Geist ist, nämlich Daseinsweise der Idee zu sein.

Was bedeutet es nun, dass Religion Selbstverhältnis des Geistes ist? Zunächst: Geist als Bewusstsein ist selbstverständlich nicht allein intentional auf ein Sein gerichtet, sondern zugleich auch immer Reflexion auf sich selbst: in der Reflexion auf den Erkenntnisakt, in der Mitteilung, in der Antizipation und Bewertung von Zwecken usw. In diesem Sinne ist das Selbstverhältnis des Geistes integraler Bestandteil allen Erkennens und Handelns. Kant hatte dies in die berühmte Formel vom »Ich denke, welches alle Vorstellungen muss begleiten können« gebracht. Für das religiöse Bewusstsein heißt das nach Hegel: Es ist weder einseitig objektiv das Wissen eines Gegenstandes, das heißt Gottes, noch ist es nur subjektiv das Wissen unserer Beziehung auf ein X, welches wir Gott nennen. Religiöses Bewusstsein ist für Hegel beides: ebenso subjektiv wie objektiv. Damit richtet sich Hegel sowohl gegen traditionelle dogmatische Vorstellungen, die Gott als ein gegenständliches Gegenüber ansehen, als auch gegen die subjektivitätstheoretische Auffassung, die Religiosität zum Inhalt der Religion selbst macht, wobei er vor allem an Schleiermacher und dessen »Reden über die Religion« denkt.

Umgekehrt gilt aber auch, was oft übersehen wird, dass der subjektive Aspekt für Hegel seine Berechtigung hat: »Daß heutigentags so wenig von Gott gewußt und bei seinem objektiven Wesen sich aufgehalten, desto mehr aber von Religion, d.i. dem Inwohnen desselben in der subjektiven Seite, gesprochen und sie, nicht die Wahrheit als solche gefordert wird, enthält wenigstens diese richtige Bestimmung, daß Gott als Geist in seiner Gemeinde aufgefaßt werden muß.«[16] So ist die Religion »ebensosehr als vom Subjekte ausgehend und in demselben sich befindend als

14 Vgl. GW, Bd. 12, S. 236.

15 GW, Bd. 20, S. 382, § 382.

16 Ebd., S. 542, § 554.

objektiv von dem absoluten Geiste ausgehend zu betrachten, der als Geist in seiner Gemeinde ist.«[17]

Die Sprengkraft von Hegels Auffassung liegt darin, dass er Gott selbst als Geist fasst und ihn mit dieser Bestimmung in das Selbstverhältnis des Geistes einträgt. In der Einleitung zur »Religionsphilosophie«-Vorlesung von 1827 heißt es hierzu: »Dem filosofischen Begriff nach ist Gott Geist, konkret, und, wenn wir näher fragen, was Geist ist, [...] so ist Geist dieß: sich zu manifestiren, für den Geist zu seyn. Der Geist ist für den Geist, und zwar nicht nur auf äußerliche zufällige Weise, sondern er ist nur in sofern Geist, als er für den Geist ist; dieß macht den Begriff des Geistes selbst aus. Der Geist Gottes ist in seiner Gemeine, um es mehr theologisch auszudrücken, Gott ist wesentlich, insofern er in seiner Gemeine ist.«[18] Soweit das Zitat aus einer studentischen Nachschrift. Es besteht jedoch kein Zweifel, dass der Nachschreiber Hegels Gedanken korrekt wiedergibt. Die Formel, Gott sei Geist für den Geist in seiner Gemeinde, lässt sich vielfach belegen. Ihre Pointe tritt schlagend hervor, wenn man den Anfangs- und Schlusssatz des Zitats zusammen liest: Gott ist Geist, er ist Geist aber nur für den Geist in seiner Gemeinde, das heißt, Gott *ist* nur im geistigen Verhältnis der Gemeinde.

Nun ist dieses Selbstverhältnis des Geistes das Selbstverhältnis Gottes ebenso wie das Selbstverhältnis der Menschen zueinander als Glieder der Gemeinde – und darüber hinaus das Verhältnis der Menschen zu Gott und Gottes zu den Menschen. Die hier aufgezählten Verhältnisse sind aber allesamt Momente ein und desselben geistigen Selbstverhältnisses. Die Einheit dieser Momente betont Hegel in seinen »Vorlesungen über die Beweise vom Daseyn Gottes« wie folgt: »Der Gegenstand, die Gemeinschaft Gottes und des Menschen mit einander, ist eine Gemeinschaft des Geistes mit dem Geiste [...] Daß der Mensch von Gott weiß, ist nach der wesentlichen Gemeinschaft ein gemeinschaftliches Wissen, – d.i. der Mensch weiß nur von Gott insofern Gott im Menschen von sich selbst weiß, dies Wissen ist Selbstbewußtseyn Gottes, aber ebenso ein Wissen desselben vom Menschen, und dieß Wissen Gottes vom Menschen ist Wissen des Menschen von Gott. Der Geist des Menschen, von Gott zu wissen, ist nur der Geist Gottes selbst.«[19]

Es lohnt sich, dieses Zitat auszubuchstabieren, denn es enthält die Quintessenz der hegelschen Religionsphilosophie. Nicht nur das Wissen des Menschen von Gott und Gottes von dem Menschen sind unauflöslich ineinander verschränkt, sondern beide auch mit dem Selbstbewusstsein Gottes. Diese Denkfigur ist charakteristisch für Hegel. Bereits in der »Phänomenologie des Geistes« kommt der Weltgeist, der die »unge-

17 Ebd.
18 GW, Bd. 29,2, S. 10.
19 GW, Bd. 18, S. 302.

heure Arbeit der Weltgeschichte«, unternimmt, um »das Bewußtseyn über sich« zu erreichen,[20] nur dadurch zu diesem Bewusstsein, dass die besonderen menschlichen Individuen sich die Resultate dieser Arbeit bewusst aneignen; dies sei, so betont Hegel, »ebensosehr nichts anderes, als daß der allgemeine Geist oder die Substanz sich ihr Selbstbewußtseyn gibt«.[21] Das heißt, der allgemeine Geist kommt in der erkennenden Tätigkeit der besonderen Individuen zum Selbstbewusstsein, und nur dort. So ist Gott als Geist nicht außerhalb der Gemeinschaft mit dem Menschen, denn er ist Geist nur als Geist für den Geist. Und so hat Gott Bewusstsein und Selbstbewusstsein nicht außerhalb dieser Gemeinschaft, sondern nur im Bewusstsein des Menschen. Wenn der Geist des Menschen, von Gott zu wissen, zugleich der Geist Gottes selbst ist, und, wie Hegel betont, »ebenso« ein Wissen Gottes von den Menschen, dann ist das religiöse Verhältnis im Kern ein Selbstverhältnis des Menschen.

Die Religion hat ihren Ort demnach im menschlichen Geist und nur dort sind auch ihre Gegenstände zu verorten. *Im* menschlichen Geist, sofern die menschlichen Individuen Träger des geistigen Selbstverhältnisses sind. Dies gilt, der »Wissenschaft der Logik« zufolge, auch für die absolute Idee als absolute Methode: Es gibt hier außer *unserem* Denken kein anderes Denken, in das die Methode fallen und zu dem wir hinzutreten könnten. Die Methode »*ist* dieses Wissen selbst«, nämlich »unser Wissen«, wie Hegel eindeutig sagt.[22] Der Begriff begreift sich nur in unserem Denken. Das, was Hegel das Absolute nennt, ist der Vollzug des geistigen Selbstverhältnisses in uns, in unserem theoretischen und praktischen Verhalten zur »Welt«. Absolut ist etwas, das nicht von Anderem abhängt, das heißt die Struktur der Selbstbezüglichkeit, dass Geist für den Geist ist. Insofern ist die Religion eine Gestalt des absoluten Geistes, also eine geistige Formation, in der sich der Geist über sich selbst verständigt. Da dieser Geist nicht irgendwo haust, sondern nur im Vollzug des geistigen Lebens der Menschen Dasein hat, ist Religion eine Form der Selbstverständigung des menschlichen Geistes oder des Selbstbewusstseins der Menschheit.

Dies, das muss ausdrücklich betont werden, darf nicht so missverstanden werden, als ob es um die Selbstverständigung der Einzelnen über ihre individuelle Subjektivität ginge oder als ob es im Belieben des Einzelnen stände, auf welche Weise der Geist sich über sich verständigen soll. Der Einzelne ist für Hegel subjektiver Geist, der sich, wenn er sich über die Bedingungen seines individuellen geistigen Lebens verständigt, als Moment eines umfassenden Ganzen verstehen muss: der Totalität gesellschaftlicher, politischer und rechtlicher Strukturen, also dessen, was Hegel den objektiven Geist nennt, sowie der Totalität kultureller Strukturen und

20 GW, Bd. 9, S. 25f.

21 Ebd., S. 25.

22 GW, Bd. 12, S. 238; Hervorhebung von mir.

Traditionen, in denen sich der menschliche Geist als solcher zu erfassen versucht, also dessen, was Hegel den absoluten Geist nennt: Kunst, Religion und Philosophie. Beides, objektiver und absoluter Geist, sind dem Einzelnen gegenüber objektive Strukturen, in die er auch dann verflochten ist und die ihn auch dann bestimmen, wenn er sich dessen nicht bewusst ist. Zu diesen geistigen Strukturen, die wesentlich geschichtlich verfasst sind, trägt der Einzelne zwar bei und nur Individuen können die geistigen Verhältnisse als solche vollziehen, sie stehen jedoch nicht in der Verfügung der Einzelnen. Für die Religion heißt das: Sie ist für die Individuen auch die Verständigung über die Endlichkeit ihres Daseins im Verhältnis zur Allgemeinheit und Unendlichkeit des Geistes als solchen.

(3) Die religionsphilosophische Bestimmung, dass Gott Geist für den Geist in seiner Gemeinde sei, besagt auch, dass das Medium der Selbstverständigung des Geistes in der Religion die Vorstellungswelt im Rahmen kultischer, das heißt symbolischer Handlungen sei, welche das religiöse Leben der Gemeinde prägen. Die religiösen Vorstellungen, wie roh und selbst barbarisch sie uns auch in vergangenen Kulten erscheinen mögen, haben für Hegel daher in jedem Falle die Würde eines Erwachens des menschlichen Geistes zu sich. Die Religionsphilosophie ist daher ihrem Inhalt nach eine umfassende Religionsgeschichte, deren Gang unter dem Gesichtspunkt der Selbstverständigung des menschlichen Geistes über sich rekonstruiert wird. Damit holt die Aufklärung über Religion die religiösen Vorstellungen selbst ein und versteht sie als Medien der Aufklärung. Die Religion bekommt Hegel zufolge ihren geistigen Inhalt nicht erst durch die Philosophie von außen andemonstriert, sondern sie ist selbst geistiger Natur als Selbstverhältnis des (absoluten) Geistes. Sie hat damit, wie noch zu erläutern sein wird, einen vernünftigen Inhalt.

An dieser Stelle ist kurz darauf einzugehen, was Vorstellung für Hegel eigentlich bedeutet. Bekanntlich, ich sagte es ja schon, unterscheidet Hegel drei Formen oder Gestalten des absoluten Geistes, die jeweils ihre eigene Geschichte haben und in deren geschichtlicher Entwicklung zusammengenommen schließlich der menschliche Geist zum Bewusstsein seiner selbst kommt. Den drei Gestalten – Kunst, Religion und Philosophie – sind verschiedene Medien der geistigen Verständigung zugeordnet: der Kunst die Anschauung, der Religion die Vorstellung und der Philosophie der Begriff. Hegel schreibt die Gestalten des Geistes demnach in die klassische Trias der Intellektualisierung bzw. Vergeistigung ein, der Verarbeitung von Anschauungen (des sinnlich Einzelnen) zu Vorstellungen (allgemeinen Bildern) und schließlich zu Begriffen.

Hegel versteht die Vorstellung als erinnerte Anschauung, die damit unabhängig von der Veranlassung der einzelnen sinnlichen Anschauung dem Subjekt verfügbar ist, aber noch nicht eine Denkbestimmung, also einen Begriff, darstellt. Die Vorstellung ist gegenüber dem Begriff demnach zwar ein geistiges Medium *sui generis*, aber für Hegel eben doch defizitär, sofern ihr als erinnerte Anschauung Sinnlichkeit anhängt, was die Möglichkeit dieses Mediums einschränkt, nichtsinnliche Sachverhalte angemessen zu thematisieren. Wozu es die Vorstellung in der Religion bringt, ist die Ausbildung einer symbolischen Welt, die auf Verhältnisse jenseits des Vorstellbaren deutet und daher vom begreifenden Denken auf ihren Vernunftgehalt hin interpretiert werden muss. Tatsächlich haben Kunst und Religion für Hegel keinen anderen Gehalt als die Vernunft selbst, aber nur im Begriff als dem ihr eigentümlichen Medium vermag sich die Vernunft adäquat zu erfassen. Die Vernunft ist also in der Kunst und Religion ebenso wie in der Philosophie und, da alle drei Partialgeschichten des absoluten Geistes Bestandteil der Weltgeschichte sind, auch in der Weltgeschichte überhaupt, aber sie erfasst sich als das, was sie selbst ist, auf adäquate Weise nur im Begriff, und das heißt: in der Philosophie.

In dieser Geschichtlichkeit der Vernunft, deren Bestandteil die Religionsgeschichte ist, liegt aber mehr als nur ein Vergeistigungs- bzw. Intellektualisierungsprozess des Religiösen hin zum philosophischen Begriff. Dass die Philosophie fähig ist, den Vernunft-Inhalt der Geschichte insgesamt und in den Partialgeschichten des Geistes zu erfassen, ist selbst ein geschichtliches Produkt: Der Geist gelangt erst *post festum* zum Bewusstsein seiner selbst, wie – um Hegels Bild aus der Vorrede zur »Rechtsphilosophie« zu zitieren – die Eule der Minerva, die erst in der Dämmerung ihren Flug beginnt.[23] Die ganze Arbeit der Weltgeschichte ist hierfür Voraussetzung und nicht nur die abgeschiedene Arbeit der Philosophie, denn Philosophie ist, wie es ebenfalls in der Vorrede heißt, »*ihre Zeit in Gedanken erfaßt*«.[24] Diese umfassende Geschichtlichkeit der Vernunft bedeutet, dass die Vernunft auf allen ihren geschichtlichen Entwicklungsstufen sich nur in dem Maße erfassen kann, wie sie sich auch realisiert hat, das heißt geschichtliche Wirklichkeit geworden ist. Dass der Geist, wie ich es vorhin aus der »Religionsphilosophie«-Vorlesung von 1827 zitiert habe, sich manifestieren müsse, hat *auch* die Bedeutung, dass der Geist sich der »Welt« einbildet. Die Entwicklung des Geistes ist also nicht nur der Prozess der Sublimierung hin zum philosophischen Begriff und schließlich zur absoluten Idee, sondern zugleich ein Prozess der Säkularisierung, des Weltlichwerdens geistiger – auch religiöser – Prinzipien.

Diese Denkfigur, das muss hier vorausgreifend unterstrichen werden, liefert das, wie Walter Jaeschke zu Recht hervorhebt, »beharrlich ignorierte« Modell der junghegelianischen Diskurse über das Weltlichwerden und die Verwirklichung der Philosophie.[25] Worum es dabei geht, ist die Freiheit,

23 GW, Bd. 14,1, S. 16.

24 Ebd., S. 15.

25 Walter Jaeschke: Hegel-Handbuch, Stuttgart/Weimar 2003, S. 502.

denn es geht in der Geschichte nach Hegel um nichts anderes: »Die Weltgeschichte ist der Fortschritt im Bewußtseyn der Freiheit«.[26] Die höchste Erkenntnis der Philosophie, die Bestimmung der absoluten Idee als absoluter Methode, ist nichts anderes als der vollendete Begriff der Freiheit.

In dem Manuskript seiner »Einleitung« zu den »Vorlesungen über die Philosophie der Weltgeschichte« von 1830/31 beschreibt Hegel den Säkularisierungsprozess in eindringlichen Worten, weshalb hier ein längeres Zitat gestattet sei: »Erst die *germanischen Nationen* sind im Christenthum zum Bewußtseyn gekommen, daß der Mensch als Mensch frey, die Freyheit des Geistes seine eigenste Natur ausmacht; diß Bewußtseyn ist zuerst in der Religion, in der innersten Region des Geistes aufgegangen; aber diß Princip auch in das weltliche Wesen einzubilden, diß war eine weitere Aufgabe, welche zu lösen und auszuführen eine schwere, lange Arbeit der Bildung erfodert. Mit der Annahme der christlichen Religion hat z.B. nicht unmittelbar die Sclaverey [aufgehört], noch weniger ist damit sogleich in den Staaten die Freyheit herrschend, sind die Regierungen und Verfassungen auf eine vernünftige Weise organisirt, auf das Princip der Freyheit gegründet worden. Diese *Anwendung* des Princips auf die Wirklichkeit, die Durchdringung, Durchbildung des weltlichen Zustands durch dasselbe ist der lange Verlauff, welcher die Geschichte selbst.«[27]

In den religionsphilosophischen Ausführungen von 1827 zur vollendeten Religion, das heißt dem Christentum, spricht Hegel dementsprechend von der »*Realisierung des Geistigen der Gemeine* zur allgemeinen Wirklichkeit«, welche eine »entwickelte Weltlichkeit« einschließt, »das Reich Gottes, die Gemeine, hat so ein Verhältniß zum Weltlichen. [...] Für diese Weltlichkeit sind die Prinzipe vorhanden in diesem Geistigen, das Prinzip, die Wahrheit für das Weltliche ist das Geistige.«[28]

Im Prozess der Verweltlichung müsse, so die »Rechtsphilosophie«, »das Geistliche die Existenz seines Himmels zum irdischen Diesseits und zur gemeinen Weltlichkeit« degradieren, »das Weltliche dagegen sein abstractes Fürsichseyn zum Gedanken und dem Principe vernünftigen Seyns und Wissens, zur Vernünftigkeit des Rechts und Gesetzes« hinaufbilden.[29] Der Verweltlichung des Geistigen korrespondiert die Vergeistigung des Weltlichen, das zur Vernunft erhoben wird.

Die Religion findet ihren Ort somit im Geist, sofern der Geist zugleich das Prinzip des Weltlichen ist. Sofern Religion Bestandteil der Freiheitsgeschichte und Religion selbst nichts anderes als das geschichtliche Bewusstwerden der Freiheit im Medium der Vorstellung ist, ist ihr die Säkularisierung selbst eingeschrieben, ihr Himmel wird irdisches Dies-

26 GW. Bd. 18, S. 153.

27 Ebd.

28 GW, Bd. 29,2, S. 224f.

29 GW, Bd. 14,1, S. 281.

seits. Dies wiederum ist mit eine Voraussetzung dafür, dass die Philosophie das Prinzip der Freiheit im Begriff abschließend und gültig zum Bewusstsein bringen kann. Das Weltlichwerden der Religion ist aber, jedenfalls nach Hegels Auffassung, nicht ihr Verlust. Zwar gilt: Indem die Philosophie die religiöse Vorstellung in den Begriff aufhebt, also Aufklärung über die Religion betreibt, empfängt zwar »die Religion ihre Rechtfertigung, vom denkenden Bewußtseyn aus«, zugleich aber gilt auch: »Die unbefangne Frömmigkeit bedarf dessen nicht; sie nimmt die Wahrheit als Autorität auf, und empfindet die Befriedigung, Versöhnung vermittelst dieser Wahrheit.«[30]

(4) Die bisherigen Ausführungen haben die Kluft zwischen Hegel und der hegelschen Linken weitgehend eingeebnet oder doch zumindest eine Brücke zwischen ihnen gebaut. Dies betrifft nicht nur das Modell der Realisierung des Prinzips als Weltlichwerden der Religion, das ich zuletzt behandelt habe. Es betrifft auch den Begriff der Religion selbst. Die Einteilung der hegelschen Schule in eine hegelsche »rechte« und »linke« erfolgte ja nicht mit Blick auf die Stellung der hegelschen Philosophie zu Gesellschaft und Staat, wie oft geglaubt wird, sondern diese Zuschreibung verwandte David Friedrich Strauß in der religionsphilosophischen Debatte, die um die Christlichkeit und Nichtchristlichkeit der hegelschen Religionsauffassung im orthodoxen Sinne geführt wurde. Die von David Friedrich Strauß, Bruno Bauer und Ludwig Feuerbach forcierte Entmythologisierung des Christentums hatte gute Argumente, sich auf Hegel zu berufen. Bruno Bauer konnte zum Beispiel 1841 anonym eine Camouflage mit dem Titel »Die Posaune des jüngsten Gerichts über Hegel den Atheisten und Antichristen« publizieren, welche weitgehend eine Collage von Hegel-Zitaten war, in denen die Religion als menschliches Selbstverhältnis gedeutet wurde. Und auch Ludwig Feuerbachs »Wesen des Christentums«, ebenfalls 1841 erschienen, ist zwar gewiss eine Radikalisierung und Zuspitzung der hegelschen Religionsphilosophie, übernimmt aber im Kern deren Grundfigur, dass Religion als geistiges Selbstverhältnis des Menschen aufzufassen sei, als Verhältnis zu seinem Gattungswesen, wie Feuerbach das nennt, was bei Hegel »Gemeinde« heißt.

Feuerbachs Radikalisierung besteht darin, dass er die Religion partiell als Unvernunft angreift und damit Hegels Programm, die Religion für vernünftig zu erklären, unterläuft. Dies geschieht auf zweierlei Weise. Zum einen sieht Feuerbach in den kultischen Handlungen eine illusorische Versöhnung des Subjekts mit der Wirklichkeit am Werke. Im Gebet etwa meine das einzelne Subjekt, sich unmittelbar an eine allgemeine Macht wenden zu können, um persönliche Verhältnisse zu beeinflussen.

30 GW, Bd. 29,2, S. 229.

Dies ist für Feuerbach ein falsches Selbstbewusstsein des Menschen insofern, als es die Vermittlung mit Gattung und Natur unterläuft. Zum Zweiten sei Religion Unvernunft in Gestalt der Theologie, welche das Wesen der Religion, das Selbstverhältnis des Menschen, dogmatisch zu kaschieren versuche und damit manifeste Widersprüche produziere. Was das Erste betrifft, so würde Hegel dem ohne Weiteres zustimmen: Religion bedeutet keine unmittelbare Versöhnung für den Einzelnen, sondern versöhnt ihn nur durch die vermittelte Einsicht, dass er Moment eines übergreifenden geistigen Lebensvollzugs der Menschheit ist. Auch das Zweite würde Hegel schwerlich leugnen: EDogmatik als Verstandesmetaphysik, welche sich an die Vorstellungswelt klammert und nicht auf das Begreifen zielt, würde auch ihm unvernünftig erscheinen. Auch Feuerbachs »Schlußanwendung« im letzten Kapitel seines Werkes »Das Wesen des Christentums« könnte er unterschreiben: »Unser Verhältnis zur Religion ist [...] kein *nur verneinendes*, sondern ein *kritisches* [...] Die Religion ist das erste Selbstbewußtsein des Menschen. Heilig sind die Religionen, eben weil sie die Überlieferungen des ersten Bewußtseins sind.«[31]

In seinem Aufsatz »Zur Kritik der Hegelschen Rechtsphilosophie«, der 1844 in den von ihm und Arnold Ruge herausgegebenen »Deutsch-Französischen Jahrbüchern« erschien, hat Karl Marx gleich zu Beginn dekretiert: »Für Deutschland ist die *Kritik der Religion* im Wesentlichen beendigt, und die Kritik der Religion ist die Voraussetzung aller Kritik.«[32] Angesichts der rasanten Beschleunigung der Religionskritik seit 1839, in der ein Überbietungsdiskurs vorherrschte, in dem jeweils die jüngst vorangegangene Kritik als verkappt religiös denunziert wurde, ist zu fragen, auf welchen Stand der Kritik Marx sich bezieht. Die Formulierungen, die Marx wählt, um den Standpunkt der Religionskritik zu charakterisieren, sind offenbar von Feuerbach geprägt: »Das Fundament der irreligiösen Kritik ist: Der *Mensch macht die Religion*, die Religion macht nicht den Menschen. Und zwar ist die Religion das Selbstbewußtsein und das Selbstgefühl des Menschen, der sich selbst entweder noch nicht erworben oder schon wieder verloren hat.«[33] Stärker als Feuerbach betont Marx jedoch die kompensatorische Funktion der Religion gegenüber der, Selbstbewusstsein des Menschen zu sein: »Das *religiöse* Elend ist in einem der *Ausdruck* des wirklichen Elendes und in einem die *Protestation* gegen das wirkliche Elend. Die Religion ist der Seufzer der bedrängten Kreatur, das Gemüth einer herzlosen Welt, wie sie der Geist geistloser Zustände ist. Sie ist das *Opium* des Volks.«[34]

31 Ludwig Feuerbach: Gesammelte Werke, hg. v. Werner Schuffenhauer, Berlin 1969ff. [FGW], Bd. 5, S. 444.

32 MEGA², Bd. I/2, S. 170.

33 Ebd.

34 Ebd., S. 171.

Religion, so ließe sich zusammenfassen, ist das Selbstbewusstsein einer entfremdeten Menschheit und hat als solche eine grundlegende Ambivalenz, zugleich Ausdruck der entfremdeten Wirklichkeit und Protest dagegen zu sein. Die Aufhebung der Religion ist daher nicht das Werk einer *philosophischen* Kritik, sondern einer Umgestaltung der gesellschaftlich-politischen Wirklichkeit: »Die Aufhebung der Religion als des *illusorischen* Glücks des Volkes ist die Forderung seines *wirklichen* Glücks. Die Forderung, die Illusionen über seinen Zustand aufzugeben, ist *die Forderung, einen Zustand aufzugeben, der der Illusionen bedarf.* Die Kritik der Religion ist also im *Keim* die *Kritik des Jammerthales*, dessen *Heiligenschein* die Religion ist.«[35] Marx steigt also, an Feuerbach anknüpfend, aus dem Überbietungsdiskurs der junghegelianischen Religionskritik aus, weil die Kritik der Religion für ihn, nach der Aufdeckung des Wesens des Christentums durch Feuerbach, keine theoretische Frage mehr ist, sondern eine praktische (gesellschafts-)politische Frage. Die Kritik der Wirklichkeit ist für Marx die Kritik der Bedingungen, unter denen religiöses Bewusstsein sich überhaupt formiert. An der theoretischen Religionskritik zeigt sich Marx von da an desinteressiert. Bereits in der »Deutschen Ideologie« wendet er sich gegen alle Versuche, »die nun bis zur Ermüdung durchgepeitschte Kritik der Religion als einer eignen Sphäre weiter auszubeuten«.[36]

Von dorther zeigt Marx, und das durchgehend bis in seine spätesten Schriften, auch wenig Interesse an einer antireligiösen oder gar atheistischen Propaganda. Kein Zweifel, Marx war auch persönlich mit der Religion fertig, aber die theoretische und praktische Kritik der bestehenden gesellschaftlichen Verhältnisse war für ihn das Entscheidende. Bereits in den Ökonomisch-philosophischen Manuskripten (1844) heißt es hierzu unmissverständlich: »Atheismus ist eine *Negation des Gottes* und sezt durch diese Negation das *Dasein des Menschen;* aber der Socialismus als Socialismus bedarf einer solchen Vermittlung nicht mehr [...] Er ist *positives*, nicht mehr durch die Aufhebung der Religion vermitteltes *Selbstbewußtsein* des Menschen«.[37] Hierin steckt ohne Zweifel die Emphase des Neuanfangs durch Bruch mit dem Alten, eine Emphase, die gerade Feuerbach kultiviert hatte. Tatsächlich wird jedoch, nach Auffassung des jungen Marx, hierfür der Boden durch die Freilegung der Struktur des religiösen Bewusstseins als Selbstbewusstsein des Menschen bereitet: »Die Kritik der Religion endet mit der Lehre, daß der *Mensch das höchste Wesen für den Menschen* sei, also mit dem *categorischen Imperativ, alle*

35 Ebd.

36 MEGA², Bd. I/5, S. 290.

37 MEGA², Bd. I/2, S. 398.

Verhältnisse umzuwerfen, in denen der Mensch ein erniedrigtes, ein geknechtetes, ein verlassenes, ein verächtliches Wesen ist.«[38]

Auch hierin könnte man eine Säkularisierung des religiösen Bewusstseins im Sinne Hegels sehen, das Weltlichwerden des Prinzips der Freiheit. Auf diesen Zusammenhang deutet Marx in seiner Polemik gegen Bruno Bauers Einlassungen zur »Judenfrage«: »Der religiöse Geist kann nur verwirklicht werden, insofern die Entwicklungsstufe des menschlichen Geistes, deren religiöser Ausdruck er ist, in ihrer *weltlichen* Form heraustritt und sich konstituiert. Dies geschieht im *demokratischen* Staat.«[39] Und weiter: »nicht der sogenannte *christliche* Staat, der das Christenthum als seine Grundlage, als Staatsreligion bekennt [...] ist der vollendete christliche Staat, sondern vielmehr der *atheistische* Staat, der *demokratische* Staat, der Staat, der die Religion unter die übrigen Elemente der bürgerlichen Gesellschaft verweist«.[40]

Wahrscheinlich hat Marx sich für Religionsproblematik schlicht in dem Maße nicht mehr interessiert, wie er die Kritik der gesellschaftlichen Wirklichkeit auf einer einzelwissenschaftlichen Grundlage als Kritik der politischen Ökonomie begründen und entfalten wollte. Dass das Prinzip der Freiheit in dieser Kritik als weltgeschichtlich gewordenes Prinzip anwesend ist, auch wenn es als solches nicht hinreichend durchsichtig gemacht wird, könnte hegelianisch als List der Vernunft verstanden werden. Es muss allerdings hegelianisch nicht gleich, wie bei Walter Benjamin, der hässliche Zwerg Theologie sein, der dem sogenannten historischen Materialismus einwohnt, sich aber nicht blicken lassen darf.[41] Es könnte auch schlicht das weltgeschichtlich erworbene Bewusstsein der Freiheit sein, welches jetzt über Hegels Geschichtsverständnis hinaus danach drängt, sich in die Welt einzubilden und sie umzugestalten. Aber was eigentlich spricht dagegen, dass darin auch die Freiheits- und Glücksversprechen des religiösen Bewusstseins aufgehoben sind?

Karl Marx' zeitweiliger Weggefährte und Freund Heinrich Heine hat diese Transformation in seinem Epos »Deutschland, ein Wintermärchen« (1844) wie folgt beschrieben:

> Ein neues Lied, ein besseres Lied,
> O Freunde, will ich Euch dichten!
> Wir wollen hier auf Erden schon
> Das Himmelreich errichten.
> [...]
> Es wächst hienieden Brod genug

38 Ebd., S. 177.
39 Ebd., S. 154.
40 Ebd., S. 151.
41 Walter Benjamin: Über den Begriff der Geschichte, hg. v. Gérard Raulet, Berlin 2010, S. 30.

Für alle Menschenkinder,
Auch Rosen und Myrten, Schönheit und Lust,
Und Zuckererbsen nicht minder.
Ja, Zuckererbsen für jedermann,
Sobald die Schooten platzen!
Den Himmel überlassen wir
Den Engeln und den Spatzen.[42]

Das ist im Geiste Feuerbachs und des jungen Marx geschrieben. Aber hören wir darin nicht auch den Nachklang der Stimme Hegels?

42 Heinrich Heine: Deutschland. Ein Wintermährchen, in: Heinrich Heine: Neue Gedichte, Hamburg 1844, S. 281f.

Jenseits der Philosophie

Die Kritik an Bruno Bauer und Hegel in der »Deutschen Ideologie«

(1) DIE »DEUTSCHE IDEOLOGIE« ZEICHNET sich nicht nur durch eine vielschichtige Überlieferung, sondern ebenso durch eine vielschichtige Polemik aus. Dies gilt im besonderen Maße für die Kritik an Bruno Bauer. Am Anfang steht die Polemik von Marx und Engels »gegen Bruno Bauer & Consorten« in ihrer Schrift »Die heilige Familie, oder Kritik der kritischen Kritik« (1845); sie richtet sich gegen den »*Spiritualismus* oder den *spekulativen Idealismus*« als Feind des »*reale[n] Humanismus*«, also Feuerbachs.[1] In Bauers Kritik, so heißt es in der »Vorrede«, habe »*der Unsinn der deutschen Spekulation überhaupt* den Gipfelpunkt erreicht« und sei »die Verkehrung der Wirklichkeit durch die Philosophie bis zur anschaulichsten Komödie vollendet« worden.[2] Gegen diese Polemik polemisiert Bruno Bauer noch 1845 in seiner »Charakteristik Ludwig Feuerbachs«, indem er sich statt auf den Originaltext auf eine anonyme Rezension der »Heiligen Familie« in der Zeitschrift *Das Westphälische Dampfboot* bezieht.[3] Hiergegen wiederum polemisiert Karl Marx in einer auf den 7. Januar 1846 datierten Notiz in der von Moses Hess redigierten Zeitschrift *Gesellschaftsspiegel*, die im Januar 1846 erschien.[4] Die Polemik gegen Bauers »Charakteristik« bildet dann einen Ausgangspunkt der unter dem Titel »Deutsche Ideologie« bekannten Manuskripte.[5] Marx und Engels entwarfen einen Artikel gegen Bauer, der dann aber in die Themenbereiche *Feuerbach und Geschichte* und *Bauer* aufgeteilt wurde. Die Polemik gegen Bauer trat damit hinter die Auseinandersetzung mit Feuerbach und die Grundlegung eines neuen, materialistischen Geschichtsbegriffs zurück. Damit steht »Sankt Bruno«, wie Bauer jetzt genannt wird, im Grunde außerhalb der sachbezogenen, wissenschaftlichen Auseinandersetzung

1 Karl Marx/Friedrich Engels: Gesamtausgabe, Berlin 1975ff. [MEGA²], Bd. I/4, S. 7.

2 Ebd.

3 [Anonym], Die heilige Familie oder Kritik der kritischen Kritik. Gegen Br. Bauer und Consorten von F. Engels und K. Marx. Frankfurt 1845, in: Das Westphälische Dampfboot 1 (1845), S. 206–214.

4 Karl Marx/Friedrich Engels/Joseph Weydemeyer: Die deutsche Ideologie. Artikel, Druckvorlagen, Entwürfe, Reinschriftfragmente und Notizen zu I. Feuerbach und II. Sankt Bruno, bearb. V. Inge Taubert und Hans Pelger unter Mitwirkung von Margret Dietzen, Gerald Hubmann und Claudia Reichel, Teilbde. 1.2, Berlin 2004 (Marx-Engels-Jahrbuch 2003), S. 3–5.

5 Vgl. zur Entstehungsgeschichte vgl. die »Einführung« in MEGA², Bd. I/5, S. 731–780.

in Bezug auf die Konzeptionen von Geschichte und Sozialismus. Zusammen mit Max Stirner, der dann im »Leipziger Konzil« als »Sankt Max« auftritt und dem der größte Teil der Texte zur »Deutschen Ideologie« gewidmet ist,[6] fungiert Bruno Bauer jetzt als Exempel für die Pathologien des philosophischen Bewusstseins. Damit wird eine Grenzziehung zwischen Philosophie bzw. Ideologie auf der einen und der »Wirklichkeit« und der ihr zugehörigen besonderen Wissenschaften auf der anderen Seite vorgenommen, welche die Philosophie ins Abseits eines bloß eingebildeten Realitätsbezugs stellt. Wie dies genau zu verstehen ist, wird zu sehen sein.

Das Spannungsfeld, in dem diese Polemiken stehen, ist durch Ludwig Feuerbach, seine Kritik an Hegel und seine Begründung einer neuen »Philosophie der Zukunft« gegeben. Feuerbach vollzieht den entscheidenden Bruch mit Hegel, der es dann für eine ganze Weile unmöglich macht, auf Hegels Programm eines vernünftigen Begreifens der Wirklichkeit zurückzukommen. Der Grund dafür liegt aber nicht in einer philosophischen Widerlegung dieses Programms oder der hegelschen Philosophie überhaupt, wie es Feuerbach rhetorisch durchaus glauben machen will. Der Grund liegt vielmehr in Erfahrungen der politisch-gesellschaftlichen und auch bewusstseinsgeschichtlichen Wirklichkeit, die Hegels Ansinnen, Wirklichkeit vernünftig begreifen zu wollen, obsolet erscheinen lassen, denn »diese Wirklichkeit ließ sich nicht mehr leben, sondern nur noch kritisieren und fliehen«.[7] Damit war auch das junghegelianische Programm einer Verwirklichung der (hegelschen) Philosophie von der Wirklichkeit überholt worden: Die gegenwärtige Wirklichkeit bot, so schien es, hierfür keinen Ansatzpunkt mehr, sondern konnte nur noch im Ganzen umgestoßen werden. Dem gegenwärtigen Bewusstsein als dem Bewusstsein einer tiefgreifenden Krise stellt Feuerbach das Prinzip eines wahren Seins in der Zukunft entgegen[8] und mit gleicher Emphase sieht Marx in der vollendeten Negativität der Gegenwart den Übergang in die wahre Wirklichkeit eines kommunistischen Humanismus.[9] Die Hinwendung zur Wirklichkeit ist – zumindest in der Rhetorik – nicht die Hinwendung zu ihrer Analyse, sondern die Hinwendung zum Prozess ihrer Veränderung in der Naherwartung einer gesellschaftlich-politischen Revolution: »Es ist also die *Aufgabe der Geschichte* [...] die *Wahrheit des Diesseits* zu etablieren.«[10]

6 Vgl. Ulrich Pagel: Der Einzige und die Deutsche Ideologie. Transformationen des aufklärerischen Diskurses im Vormärz, Berlin/Boston 2022.

7 Walter Jaeschke: Hegel-Handbuch. Leben – Werk – Schule, Stuttgart/Weimar 2003, S. 529.

8 Vgl. Andreas Arndt: Feuerbach und der Bruch in der Philosophie des 19. Jahrhunderts, in: Humanismus aktuell 9 (2005), Heft 16, S. 32–39.

9 Karl Marx: »Zur Kritik der Hegelschen Rechtsphilosophie. Einleitung« [1844], in: MEGA², Bd. I/2, S. 180.

10 Ebd., S. 171.

Aus dieser Sicht ist Bruno Bauers Weg zum vollendeten Selbstbewusstsein über die Kritik ein Rückfall in eine Philosophie, die der zu verwerfenden Gegenwart gegenüber ohnmächtig bleibt. Nicht die Waffe der Kritik, sondern die Kritik der Waffen steht auf der Tagesordnung.[11] Bauer dagegen meinte, mit dem Selbstbewusstsein ein Prinzip etabliert zu haben, das – durch die Kritik jedes substanzialistischen Denkens – gegen die Unterordnung des Individuums unter Allgemeinheiten immun und daher Gewährleistung der Freiheit im liberalen Sinne sei. In diese Richtung hatte auch Max Stirner in seinem 1844 erschienenen Buch »Der Einzige und sein Eigentum« argumentiert und dabei Feuerbach deswegen angegriffen, weil dieser den einzelnen Menschen der menschlichen Gattung unterordne.[12] Hierauf hatte Feuerbach anonym seinen Aufsatz »Über das ›Wesen des Christentums‹ in Beziehung auf den ›Einzigen und sein Eigentum‹« veröffentlicht, in dem er Stirner einen Auszug aus der Philosophie empfahl: »Folge den Sinnen! Wo der Sinn anfängt, hört die Religion und hört die Philosophie auf, aber du hast dafür die schlichte, blanke Wahrheit.«[13] Bauers »Charakteristik Ludwig Feuerbachs« sollte offenbar Feuerbach auch ihm gegenüber aus der Reserve locken. Zugleich stellte er Marx, Engels und Moses Hess mit ihren kommunistisch-sozialistischen Positionen als Konsequenz der feuerbachschen Unterordnung des Individuums unter die Gattung dar.

Feuerbach war indessen dem Zug zu einer praktisch-revolutionären Kritik der Wirklichkeit nicht gefolgt, sondern hatte – theoretisch durchaus inkonsistent – das Prinzip einer Zukunft, die mit der Gegenwart radikal gebrochen hat, als in der Sinnlichkeit gleichwohl unmittelbar Vorhandenes bestimmt und in Anspruch genommen. Moses Hess – damals (noch) Weggefährte von Marx und Engels – hatte daher auch Feuerbachs Theorie als zutiefst widersprüchlich angesehen und Feuerbach, zusammen mit Bruno Bauer und Max Stirner, unter »Die letzten Philosophen« eingereiht.[14] Feuerbachs »Philosophie der Zukunft«, so heißt es dort, sei »nichts, als eine *Philosophie der Gegenwart*, aber einer Gegenwart, die dem Deutschen noch als Zukunft, als Ideal erscheint«.[15] Feuerbach habe daher, anders als der Sozialismus, der »die Philosophie, wie den Staat bei Seite liegen läßt«, »mit der Verwirklichung und Negation der Philosophie« nicht ernst gemacht. Während also Bruno Bauer Marx und Engels in eine Reihe mit Feuerbach stellte und die kommunistischen/sozialistischen Positionen als Konsequenz Feuerbachs ausgab, hatte

11 Ebd., S. 177.

12 Vgl. Max Stirner: Der Einzige und sein Eigentum, Stuttgart 1981.

13 Ludwig Feuerbach: Kleine Schriften 2 (1839–1846), Berlin 1982, in: Ludwig Feuerbach: Gesammelte Werke, hg. v. Werner Schuffenhauer, Berlin 1969ff. [FGW], Bd. 9, S. 433.

14 So der Titel eines 1845 veröffentlichten Pamphlets; Moses Hess: Philosophische und sozialistische Schriften. Eine Auswahl, hg. v. Wolfgang Mönke, Berlin 1980, S. 379–393.

15 Ebd., S. 384; auch das folgende Zitat.

Moses Hess umgekehrt Bruno Bauers und Max Stirners Positionen als Konsequenz der inneren Widersprüchlichkeit Feuerbachs gedeutet. Marx und Engels waren daher nicht nur genötigt, ihr Verhältnis zu Bruno Bauer und Max Stirner darzulegen, sie waren vor allem genötigt, ihr bisher auf der deklaratorischen Ebene zumeist affirmatives, tatsächlich aber doch eher äußerliches Verhältnis zu Feuerbach aufzuklären.[16]

Was Bauer und Stirner betrifft, so folgen Marx und Engels der Linie von Moses Hess, die Philosophie »bei Seite liegen« zu lassen. Dies macht die eigentliche Schwierigkeit des Verständnisses ihrer Polemik aus. Sie greifen philosophische Positionen an, aber von einem Standpunkt aus, der mit »der« Philosophie schon längst fertig zu sein meint. Dabei bleibt unklar, welche Philosophie gemeint ist: die Philosophie überhaupt oder die neuesten Philosophen? Sind die letzten Philosophen deshalb die letzten, weil die Philosophie überhaupt am Ende ist? Oder sind sie die letzten, weil sie nicht erkannt haben, dass Philosophie nicht mehr – wie Hegel es meinte – ihre Zeit in Gedanken erfassen kann, weil eine verändernde Praxis auf der Tagesordnung steht, an welche die Philosophie nicht heranreicht? Diese Fragen werden von Marx und Engels letztlich nicht beantwortet, und es kann – unter Einbeziehung aller Kontexte der Auseinandersetzung – höchstens der Richtungssinn einzelner Argumentationen eruiert werden.

Fest steht, dass Marx und Engels sich jenseits der Philosophie ansiedeln. Die Teilnehmer des »Leipziger Konzils« – Bauer und Stirner – sind, wie Hess, Philosophen, »die letzten Exemplare ihrer Art«, und der heilige Krieg, den sie ausfechten, ist eine Schlacht, die von den Geistern schon längst Erschlagener geschlagen wird, wie eingangs unter Verweis auf Kaulbachs »Hunnenschlacht«-Gemälde unterstrichen wird.[17]

(2) Auf eigentümliche Weise anwesend-abwesend im Gewirr der Polemiken ist Hegel. Er ist der gemeinsame Bezugspunkt aller Akteure, aber im Ergebnis der Kämpfe um die hegelsche Philosophie nicht mehr Bezugspunkt im positiven Sinne, sondern nur noch im negativen. Jeder ist auf seine Weise mit Hegel fertig, sodass die Polemiken sich darum zu drehen scheinen, ob die vermeintliche Hegel-Kritik des Kontrahenten nicht in Wahrheit ein Rückfall in die hegelsche Philosophie sei. Betrachten wir kurz das Szenario. Feuerbach meint, Hegel komplett beerben zu können, indem er, parallel zu seiner Religionskritik, die Bestimmungen des Absoluten als Bestimmungen des menschlichen Wesens reklamiert, das als unmittelbar sinnliches zugleich der hegelschen Kritik der sinnlichen Gewissheit entgehe. Bruno Bauer (und auch Max Stirner) wiederum halten genau dieses vollständige

16 Vgl. Andreas Arndt: Karl Marx. Versuch über den Zusammenhang seiner Theorie, 2. Aufl., Berlin 2012, S. 33–47.

17 MEGA², Bd. I/5, S. 140.

Beerben Hegels für den Grundirrtum Feuerbachs, kehre doch das hegelsche Absolute und mit ihm der Vorrang des Allgemeinen in Feuerbachs Konzept der Gattung wieder. Bruno Bauer will daher bei Hegel einen Schnitt machen zwischen dem Selbstbewusstsein einerseits (dem Träger und *telos* der reinen Kritik) und der Substanz andererseits, die in seinen Augen so etwas wie eine abstrakte Allgemeinheit ist. Hegels Programm, die Substanz müsse ebenso als Subjekt aufgefasst werden, ist für ihn Grund des hegelschen Scheiterns. Nicht anders Max Stirner, der den Vorrang des Einzelnen vor dem Allgemeinen zum Konzept des »Einzigen« steigert.

Schwieriger zu bestimmen sind die Positionen von Marx und Engels. Dass die Philosophie am Ende sei und, anders als Feuerbach mit seiner »Philosophie der Zukunft« meine, auch keine Zukunft mehr *als* Philosophie habe, ist ihre plakativ vorgetragene Überzeugung. Blickt man auf ihre Schrift »Die heilige Familie« zurück, dann ist dort zwar auch die Philosophie vollendet, aber sie ist dies aus sich selbst heraus, durch die Vollendung der Spekulation. Im sechsten, der Geschichte des modernen Materialismus gewidmeten Kapitel wird gesagt, dass die spekulative Metaphysik »für immer dem nun durch die Arbeit der *Spekulation* selbst vollendeten und mit dem *Humanismus* zusammenfallenden *Materialismus* erliegen« werde; vollendet aber wurde die Spekulation dadurch, dass Hegel »auf eine geniale Weise« die Metaphysik des 17. Jahrhunderts »mit aller seitherigen Metaphysik und dem deutschen Idealismus vereint« habe.[18] Seine Philosophie sei die »nothwendig-widerspruchsvolle *Einheit*« der spinozistischen Substanz und des fichteschen Selbstbewusstseins; das erste Element sei »die metaphysisch travestirte *Natur* in der *Trennung* vom Menschen, das zweite ist der metaphysisch travestirte *Geist* in der *Trennung* von der Natur, das dritte ist die metaphysisch travestirte *Einheit* von beiden, der *wirkliche Mensch* und die *wirkliche Menschengattung*«.[19] Nach dieser Ansicht ist Feuerbach gegenüber Bauer und Stirner im Recht, allerdings nur, insofern er »*Hegel auf Hegel'schem Standpunkt* vollendete und kritisirte«,[20] woran Marx bereits in den »Pariser Manuskripten« (1844), seinem ersten Versuch einer Kritik der politischen Ökonomie, erhebliche Zweifel hatte.[21]

Gegenüber »Sankt Bruno« berufen Marx und Engels sich ausdrücklich auf diese Stelle, indem sie ergänzen, sie hätten zugleich den Widerspruch »hervorgehoben«, der in der Einheit von Spinoza und Fichte liege.[22] Damit ist offenbar die »metaphysische Travestie« gemeint, die das theoretische und praktische Verhältnis der gesellschaftlichen Menschen zur Natur *und*, wie es jetzt heißt, zu den »wirklich bestehenden sozialen Verhälnisse[n]«

18 MEGA², Bd. I/4, S. 127.

19 Ebd., S. 141.

20 Ebd., S. 142.

21 Vgl. unten das Kap. »... wie halten wir es nun mit der hegelschen Dialektik?«

22 MEGA², Bd. I/5, S. 147.

in eine »philosophische *Phrase*« verwandle.[23] Hegel wird kritisiert, weil sich bei ihm »eine wirkliche Kollision« – die der Menschen mit der natürlichen und gesellschaftlichen Realität – zu einem »abstrakte[n] & verhimmelte[n] Ausdruck [...] verzerrt«; Bauer hingegen »acceptirt den *spekulativen* Widerspruch & behauptet den einen Theil desselben dem andern gegenüber. Die philosophische *Phrase* der wirklichen Frage ist für ihn die wirkliche Frage selbst.«[24] Hegel, so lässt sich diese Passage deuten, verzerrt die Wirklichkeit, indem er ihr einen verselbstständigten philosophischen Ausdruck gibt, der an deren Stelle tritt. Bauer geht einen Schritt weiter, indem er Hegels Resultat ohne Rückbindung an die Wirklichkeit für die Wirklichkeit selbst nimmt und mit ihm weiter operiert. Diese Potenzierung der »metaphysischen Travestie« (Bauers »Persönlichkeit« sei, so heißt es wenig später, »der Begriff eines Begriffs, die Abstraktion von einer Abstraktion«[25]) führt dann, wie *en passant* für kundige Hegelianer notiert wird, dazu, Hegels Begriff des Widerspruchs – die widersprüchliche Einheit – aufzulösen, indem die Seiten des Widerspruchs (hier: Selbstbewusstsein und Substanz) als beliebig gegeneinander ausspielbar angesehen werden.

Nun ist es zunächst ein befremdlicher Vorwurf gegenüber Hegel, dass seine Philosophie einen philosophischen Ausdruck der Wirklichkeit gebe. Er lässt sich scheinbar nur dann nachvollziehen, wenn Philosophie überhaupt für Unsinn gehalten wird, denn auch jede besondere Wissenschaft bringt Wirklichkeit im Rahmen ihrer Voraussetzungen und ihrer Theoriesprache zum Ausdruck, ohne dass Marx und Engels ihr vorwerfen würden, Phrasen an die Stelle der Wirklichkeit zu setzen. Tatsächlich sind die antiphilosophischen Affekte in der Polemik gegen Hegel und Bauer unübersehbar; gleichwohl erschöpft sie sich nicht darin, solchen Affekten Ausdruck zu geben. Indem Bruno Bauers Philosophie des Selbstbewusstseins auf Hegels »Phänomenologie des Geistes« als ihr »Ur-Original« zurückgeführt wird, von dem sie nur eine »Karikatur« biete, wird der Leser noch einmal ausdrücklich auf »Die heilige Familie« verwiesen.[26] Dort, und nicht in der »Deutschen Ideologie« selbst, finden sich Hinweise darauf, was der Vorwurf an Hegel besagen soll. In der »Phänomenologie«, so heißt es, setze Hegel das Selbstbewusstsein an die Stelle des Menschen, wodurch ihm »die *verschiedenartigste* menschliche Wirklichkeit nur als eine *bestimmte* Form, als eine *Bestimmtheit des Selbstbewußtseins*« erscheine.[27] Darin liegt zweierlei. Zum einen wird behauptet, Hegel verfehle die jeweils spezifische Verschiedenartigkeit der Wirklichkeit, also der Vorwurf der falschen Abstraktion. Zum anderen wird behauptet, Hegel löse gegenständliche Ver-

23 Ebd., S. 147f.

24 Ebd., S. 147.

25 Ebd., S. 149.

26 Ebd., S. 148.

27 MEGA², Bd. I/4, S. 192.

hältnisse in interne Verhältnisse des Denkens auf; hierdurch werde eine »spekulative *mystische Identität* von *Sein* und *Denken*« an die Stelle ihrer wirklichen, gegenständlichen Vermittlung gesetzt.[28] Gleichwohl verstehe es sich »von selbst«, dass Hegels »Phänomenologie« »ihrer spekulativen Erbsünde zum Trotz an vielen Punkten die Elemente einer wirklichen Charakteristik der menschlichen Verhältnisse gibt«.[29]

Nach diesen Ausführungen bekommt die Wirklichkeit bei Hegel darum einen verzerrten Ausdruck, weil sie durch den philosophischen Begriff verfehlt und nicht als solche auf den Begriff gebracht wird. Dieses Verfehlen hat aber offenbar mit dem zu tun, was nach Marx und Engels die Philosophie überhaupt auszeichnet, nämlich damit, von gegenständlichen Verhältnissen zugunsten begrifflicher Relationen zu abstrahieren. Der Begriff aber, so lautet offenbar der Einspruch, müsse immer wieder an seine nichtbegriffliche Grundlage zurückgebunden werden. Gleichwohl bleibt schwer einzusehen, weshalb die Philosophie dies nicht leisten könnte. Marx und Engels unterstellen der Philosophie, auf einer Ebene abstrakter Allgemeinheit zu operieren, die *per se* die »verschiedenartigste« Wirklichkeit verfehlen *müsse*. Einen überzeugenden Nachweis hierfür bleiben sie schuldig; hier greifen in der Tat unüberprüft übernommene Gemeinplätze des nachhegelschen Diskurses wie die Gegenüberstellung von Philosophie und Wissenschaft und die Emphase verändernder Praxis.

Mit der Verselbstständigung des Denkens bzw. des Begriffs gegenüber seinem Substrat, deren sich die Philosophie überhaupt schuldig macht, geht bei Hegel, wie wir aus einer eher beiläufigen Bemerkung erfahren, nach Marx und Engels auch so etwas wie eine logische Schöpfungslehre einher. Mit Blick auf Bauers Darlegung des Materialismus heißt es: »Zuerst existirt [nach Bauer; A.A.] der *Begriff* der Materie, das Abstraktum, die Vorstellung, & diese verwirklicht sich in der wirklichen Natur. Wörtlich die Hegelsche Theorie von der Präexistenz der schöpferischen Kategorieen.«[30] Festzuhalten ist in jedem Falle, dass die Kritik an Hegel im Zusammenhang mit der Kritik an Bruno Bauer auch hier gegenüber der »Heiligen Familie« keine weitere Kontur gewinnt, denn der Vorwurf einer spekulativen Kreationstheorie wurde dort schon ausführlicher begründet[31] unter Hinweis darauf, dass in der »Phänomenologie des Geistes« am Beginn des Abschnitts über das absolute Wissen gesagt wird, es sei »die Entäußerung des Selbstbewußtseins [...] welche die Dingheit setzt«.[32] Dies deckt sich mit der von Marx in den »Pariser Manuskripten« entwickelten These, Hegel erkenne allein die geistige Arbeit an, nicht aber die wahre

28 Ebd., S. 193.

29 Ebd.

30 MEGA², Bd. I/5, S. 154.

31 Vgl. MEGA², Bd. I/4, S. 143f.

32 Georg Wilhelm Friedrich Hegel: Gesammelte Werke, Hamburg 1968ff. [GW], Bd. 9, S. 422.

Arbeit als gegenständliche Tätigkeit. Diese Rückerinnerung macht deutlich, dass es auch hier in erster Linie darum geht, die Vermittlung von Sein und Denken gegenüber Hegel umfassend neu zu bestimmen. Und sie macht weiterhin deutlich, dass es – wie in den linkshegelianischen Diskursen überhaupt – vor allem die »Phänomenologie« und nicht die »Wissenschaft der Logik« ist, die im Mittelpunkt steht; auch Bruno Bauer bezieht sich vor allem auf Hegels Dialektik der Vergegenständlichung in der »Phänomenologie«, die Marx in seinen »Pariser Manuskripten« als Dialektik der Arbeit zu dechiffrieren versucht hatte.[33]

Gegenüber den früheren Publikationen und Entwürfen bleibt das Bild Hegels in der »Deutschen Ideologie« einigermaßen gesichtslos und unbestimmt. Deutlich wird zwischen ihm und Bauer unterschieden; Hegel ist der Endpunkt einer abgelebten Epoche, während Bauer als das Gespenst dieser Philosophie wiederkehrt und seine kritischen Schlachten schlägt. Bauers Philosophie des Selbstbewusstseins ist Potenzierung der Verzerrungen, die die Wirklichkeit nach Ansicht von Marx und Engels bei Hegel erleidet, und damit ist sie Karikatur der hegelschen; beide aber bewegen sich im Luftreich eines verselbstständigten Denkens, welches es zu überwinden gelte. Ob, wo und wie die hegelsche Philosophie ein Wahrheitsmoment enthalte und wie dieses freigelegt werden könne, diese Fragen stellen sich die Autoren des »Leipziger Konzils« nicht. Hegel erscheint hier tatsächlich als toter Hund. Geht man jedoch den ausdrücklichen Verweisen auf frühere Texte der Autoren nach, namentlich auf »Die heilige Familie«, so verändert sich das Bild. Hegel erscheint hier als der Vollender der spekulativen Philosophie, der damit zugleich den neuen Materialismus begründet, den Marx und Engels mit und gegen Feuerbach in Anspruch nehmen. Dass sie dies auch mit und gegen Hegel tun, wird Marx freilich erst publik machen, als er von der materialistischen Phrase der »Wirklichkeit« abrückt und sich in der Kritik der politischen Ökonomie der wissenschaftlichen Untersuchung einer bestimmten sozialen Wirklichkeit zuwendet. Hier erwacht dann der tote Hund wieder zum Leben.

(3) Die Unbestimmtheit des Hegel-Bildes schlägt notwendig auch auf das Bild Bauers durch, gilt dieser doch zugleich als Kopist Hegels[34] wie als Karikaturist.[35] Ausgangspunkt der Polemik gegen Bauer ist die Behauptung, »daß Sankt Bruno sich noch immer auf seinem althegelschen Schlachtroß herumtummelt«.[36] Bauers »fortwährende Abhängigkeit von Hegel«[37]

33 Vgl. die »Einleitung« in: Die Hegelsche Linke. Dokumente zu Philosophie und Politik im deutschen Vormärz, hg. von Heinz und Ingrid Pepperle, Leipzig 1985, S. 36f.

34 Vgl. MEGA², Bd. I/5, S. 149.

35 Ebd.

36 Ebd., S. 147.

37 Ebd., S. 149.

ist aber nicht eine Abhängigkeit derart, dass er tatsächlich ein orthodoxer Hegelianer wäre; sein Programm, Substanz und Subjekt gegeneinander auszuspielen, ist ja alles andere als eine »aus Hegel kopierte[] Bemerkung[]«.[38] Kopist ist Bauer vielmehr dadurch, dass er »felsenfest [...] an die Macht der Philosophen glaubt« und »ihre Einbildung theilt, daß ein verändertes Bewußtsein, eine neue Wendung der Interpretation der existirenden Verhältnisse die ganze bisherige Welt umstürzen könne«.[39] Diese an Wort und Geist der elften der »Thesen ad Feuerbach« angelehnte Kritik bezieht sich aber auf das bereits erwähnte Verfahren Bauers, die Resultate der hegelschen Philosophie für die Wirklichkeit zu nehmen und mit ihnen, gleichsam als Rohmaterial, weiter zu operieren. Bauers Kritik ist demnach die Interpretation einer Interpretation der Wirklichkeit und daher, dank ihres bloß noch vermittelten Wirklichkeitsbezuges aus zweiter Hand, nicht einmal mehr im eigentlichen Sinne Interpretation der Wirklichkeit. Umgekehrt bedeutet dies, wie der Blick in »Die Heilige Familie« ja auch gezeigt hat, dass Hegel zumindest der Realitätsgehalt seiner Philosophie zugestanden wird, auch wenn sie die Wirklichkeit zu einem abstrakten und verhimmelten Ausdruck verzerrt. Indem der verzerrte Ausdruck der Wirklichkeit an die Stelle der Wirklichkeit selbst tritt und dieser kritisiert wird, tritt eine Potenzierung ein, die nicht mehr von einer Rückbindung an die Wirklichkeit selbst kontrolliert wird. Die Kritik emanzipiert sich von allen realen Bedingungen und wird damit, wie es Bauer auch ausdrücklich in Anspruch nimmt, zur »reinen« Kritik (womit er zunächst die Kritik bezeichnet, die über das religiöse Gebiet hinausgegangen ist).

Da Bauers »Philosophie des Selbstbewusstseins« im gegenwärtigen philosophischen Bewusstsein kaum noch präsent ist, muss sie hier wenigstens kurz charakterisiert werden.[40] Sie ist eine Radikalisierung Hegels, indem das Selbstbewusstsein, das bei Hegel immer reflexiv verfasst, das heißt auf Anderes bezogen ist, zum einen in ein reines Selbstverhältnis und zum anderen in ein Selbstverhältnis des endlichen Geistes umgedeu-

38 Ebd.

39 Ebd.

40 An neueren Arbeiten sind zu nennen die Monografie von Massimiliano Tomba: Krise und Kritik bei Bruno Bauer. Kategorien des Politischen im nachhegelschen Denken, Frankfurt a. M. u.a. 2005 (zuerst italienisch Napoli 2002); Junji Kanda: Die Gleichzeitigkeit des Ungleichzeitigen und die Philosophie. Studien zum radikalen Hegelianismus im Vormärz, Frankfurt a. M. 2003, Kapitel 2 (»Der Kampf mit dem Ungleichzeitigen – Bruno Bauer und der radikale Hegelianismus im Vormärz«); Ruedi Waser: Autonomie des Selbstbewusstseins. Eine Untersuchung zum Verhältnis von Bruno Bauer und Karl Marx (1835–1843), Bern 1995. Vgl. auch Horst Stuke: Philosophie der Tat. Studien zur Verwirklichung der Philosophie bei den Junghegelianern und den wahren Sozialisten, Stuttgart 1974; Hans Martin Saß: Nachwort, in: Bruno Bauer: Feldzüge der reinen Kritik, Frankfurt a. M. 1968, S. 224–278 sowie die »Einleitung« in: Die Hegelsche Linke; Herbert De Vriese: De Roes van de Kritiek. Bruno Bauer en »Die Freien«, Brüssel 2011. – Speziell zum Verhältnis zu Marx vgl. David McLellan: The Young Hegelians and Karl Marx, London 1969; Wolfgang Mönke: Die heilige Familie. Zur ersten Gemeinschaftsarbeit von Karl Marx und Friedrich Engels, Berlin 1972; Zwi Rosen: Bruno Bauer and Karl Marx. The Influence of Bruno Bauer on Marx's Thought, Den Haag 1977, Steffen Kratz: Philosophie und Wirklichkeit. Die jungehelianische Programmatik einer Verwirklichung der Philosophie und ihre Bedeutung für die Konstituierung der Marxschen Theorie, Phil. Diss., Bielefeld 1979.

tet wird. Dies wird in dem 1841 veröffentlichten Pamphlet »Die Posaune des jüngsten Gerichts über Hegel, den Atheisten und Antichristen« damit begründet, dass der absolute Geist bei Hegel erst im endlichen Bewusstsein zum Selbstbewusstsein komme.[41] Die Substanz, das Allgemeine oder die Idee »ist das Wesen von alledem, was der geschichtliche Geist in seiner Welt geschaffen, gearbeitet und erworben hat«; dieser geschichtliche Geist ist aber als Akteur der endliche, menschliche Geist: »wenn daher der endliche Geist das absolute Wesen zum Gegenstande hat, so weiß er es als sein Wesen, er ist als Bewußtsein der Substanz notwendig Selbstbewußtsein.«[42] Für Bauer ist daher auch der Weltgeist letztlich nur ein Bild und in das Selbstbewusstsein des endlichen Geistes zurückzunehmen[43] und an die Stelle der Substanz, das heißt des Allgemeinen, tritt das Ich als Selbstbewusstsein. Röttgers hat gezeigt, dass Bauer mit dieser Wendung und ihren Konsequenzen Fichte sehr viel näher steht als Hegel, dessen – wenn auch kritischer – Interpret er doch sein will.[44] Nach Bauer besteht die Bewegung der Geschichte einerseits in der substanzialistischen Objektivierung des menschlichen Geistes, andererseits in der Rücknahme dieser Objektivierung in das Selbstbewusstsein. In lockerer Anlehnung an Hegels »Phänomenologie« bedient Bauer damit eine geschichtsphilosophische Entfremdungsromantik. Die Wiederaneignung der entäußerten bzw. entfremdeten Substanz für das Selbstbewusstsein erfolgt auf dem Wege der Kritik: Wie Fichtes Ich fortwährend das Nicht-Ich, welches es sich entgegengesetzt hat, vertilgen muss, so muss das Selbstbewusstsein fortwährend die Substanzialität vernichten, indem es sie kritisiert, das heißt als vom Selbstbewusstsein gesetzt erweist, wobei allerdings im Gegensatz zu Fichte das Ich nicht als absolut, sondern als endlich gedacht wird. »Das Wissen aber ist frei, befreit den Geist und seine Bestimmungen verwandeln den früheren Gehalt in eine neue Form, dadurch selbst zu neuem Gehalt, nämlich zu Gesetzen der Freiheit und des Selbstbewußtseins. Die Philosophie ist demnach Kritik des Bestehenden.«[45] Diese Kritik kann durchaus praktisch-politisch erfolgen; als Verwirklichung des reinen Selbstbewusstseins ist die Kritik aber »die letzte That einer bestimmten Philosophie, welche sich darin von einer positiven Bestimmtheit, die ihre wahre Allgemeinheit noch beschränkt, befreien muß«.[46] An die Stelle der substanziellen Allgemeinheit tritt daher das Selbstbewusstsein des endlichen Geistes, welcher unendliche Freiheit dadurch realisiert, dass er sich durch Kritik von jeder positiven Bestimmt-

41 Die Hegelsche Linke, S. 282.

42 Ebd., S. 283.

43 Vgl. ebd., S. 290f.

44 Kurt Röttgers: Kritik und Praxis. zur Geschichte des Kritikbegriffs von Kant bis Marx, Berlin/New York 1975, S. 193–218.

45 Die Hegelsche Linke, S. 301.

46 Bruno Bauer: Kritik der evangelischen Geschichte der Synoptiker, Bd. 1, Leipzig 1841, S. 124.

heit befreit. Das Konzept der Kritik, wie immer sie sich äußern möge – ob als Gedanke oder Tat – bleibt demnach wesentlich negativ, das heißt, es führt aus sich zu keiner positiven Bestimmung von Freiheit.

Auch wenn man Bauer nicht auf absurdistische Konsequenzen festlegt, wird deutlich, dass seine Philosophie des Selbstbewusstseins in großer Nähe zu Stirner steht und auf eine Verabsolutierung des endlichen Selbstbewusstseins hinausläuft. Die Polemik von Marx und Engels, so wenig sie sich im Einzelnen auf Bauers Argumentationen einlässt, zielt genau hierauf. Mit der Substanzialität kassiert Bauer *jede* Objektivität des menschlichen Geistes gegenüber den endlichen Individuen und damit das Problem der Vermittlung der gesellschaftlichen Individuen untereinander und mit ihren gesellschaftlichen Objektivationen und der Natur. Bauers Radikalisierung Hegels erweist sich damit aus der Sicht von Marx und Engels als Rückfall hinter Hegel, denn diese Vermittlungen hatte, ihnen zufolge, Hegel in seiner Philosophie, wenn auch in verzerrter Form, reflektiert: »Er hat also auf der einen Seite statt der wirklichen Menschen & ihres wirklichen Bewußtseins von ihren ihnen scheinbar selbstständig gegenüberstehenden gesellschaftlichen Verhältnissen die bloß abstrakte Phrase: *das Selbstbewußtsein*, wie statt der wirklichen Produktion die *verselbständigte Thätigkeit dieses Selbstbewußtseins*; & auf der andern Seite statt der wirklichen Natur & der wirklich bestehenden sozialen Verhältnisse die philosophische Zusammenfassung aller philosophischen Kategorieen oder Namen dieser Verhältnisse in der Phrase: die *Substanz*«.[47]

Dass die Kritik als Auflösung positiver Bestimmtheit den Verlust an objektivem Gehalt bedeute und den objektiven Gehalt auch der kritisierten philosophischen Positionen nicht mehr erkennen lasse, machen Marx und Engels auch gegen Bauers Identifizierung des hegelschen Absoluten mit der feuerbachschen Gattung deutlich: Bauer mache sich hier eines doppelten Fehlers schuldig, indem er zum einen »die wirklichen Verhältnisse der Individuen von der philosophischen Interpretation derselben abhängig« mache, also die *Realität* gar nicht in den Blick bekomme, und indem er zum anderen nicht ahne, »in welchem Zusammenhang die Vorstellungen des Hegelschen ›absoluten Geistes‹ & der Feuerbachschen ›Gattung‹ zur existirenden Welt stehen«, also den *Realitätsgehalt* Hegels und Feuerbachs ebenso übersehe.[48] Exemplifiziert wird dies an Bauers Kritik an Feuerbach, er mache Vernunft, Liebe und Wille zu einer Macht *in* dem Individuum *über* das Individuum: »Feuerbachs Fehler besteht nicht darin, dies Faktum ausgesprochen zu haben, sondern darin daß er es in idealisirender Weise verselbständigte, statt es als das Produkt einer bestimmten & überschreitbaren historischen Entwicklungsstufe aufzufassen.«[49] Der

47 MEGA², Bd. I/5, S. 147f.

48 Ebd., S. 150.

49 Ebd.

blinde Fleck der bauerschen Theorie, ihre doppelte Realitätsvergessenheit, wird in der Folge dann polemisch als Vergessenheit der sinnlich-materiellen Voraussetzungen des menschlichen Daseins gedeutet, weil Bauer auch »die philosophischen Phrasen der Materialisten über die Materie für den wirklichen Kern & Inhalt ihrer Weltanschauung versieht«.[50]

Hieran wird deutlich, dass Marx und Engels keineswegs die Philosophie mit einem »Idealismus« identifizieren, wie es zunächst scheinen könnte, sondern ebenso der (bisherige) Materialismus dem Verdikt eines sich gegenüber der Wirklichkeit verselbstständigenden Denkens verfällt. Sofern für Marx und Engels der neue, wahre Materialismus, den sie in Anspruch nehmen, in der Überwindung dieser Verselbstständigung besteht, ist das entscheidende Kriterium hierfür nicht eine philosophische Positionierung, sondern der Wirklichkeitsbezug selbst. Die weitläufige Polemik gegen Bauers Konzept der Kritik[51] verfolgt daher auch den Zweck, die Leere dieser die positive Bestimmtheit ja gerade vernichten wollenden Kritik (»aus sich selbst & durch sich selbst & mit sich selbst«[52]) aufzuzeigen. Es kommt dabei auch nicht auf politische Positionierungen an, wie etwa auf Bauers Bekenntnis zum Liberalismus, sofern dabei die Bedingungen eines politischen Liberalismus des Bürgertums aus dem Blick geraten.[53]

(4) Der Diskurs über die Philosophie jenseits der Philosophie bleibt in dem Maße unfruchtbar und wird aporetisch, wie deren Realitätsbezug nicht wirklich zum Thema gemacht wird, wie Marx es zum Beispiel noch in den »Pariser Manuskripten« gegenüber der hegelschen »Phänomenologie« versucht hatte. Ein solcher Umgang mit den philosophischen Beständen, der vor allem auch darüber aufzuklären hätte, warum und wie die Philosophie Realität verfehlt, wäre Marx und Engels 1845/46 aber wohl als müßiges Spiel erschienen, kam es doch ihrer damaligen Überzeugung nach darauf an, in die Wirklichkeit selbst einzugreifen. Ihre Kritik der Philosophie im Namen der Wirklichkeit bleibt aber damit – nicht anders als die kritisierte Kritik Bruno Bauers – ganz und gar negativ und damit auch der positiv besetzte Begriff der Wirklichkeit eine bloße Phrase.

Die Kritik der Philosophie (und mit ihr aller Formen des ideologischen Bewusstseins) soll den Weg zur Wirklichkeit freimachen, die wesentlich als Gegenstand praktischer Veränderung angesehen wird. Die im Vormärz gesteigerte Naherwartung einer revolutionären Umwälzung bildet offenkundig den Horizont dieser Kritik. Bruno Bauer hatte, wenn auch nur beiläufig, in seinem Aufsatz *Bekenntnisse einer schwachen Seele* (1842) auch eine andere Situation ins Auge gefasst, in der die Wirklichkeit in voll-

50 Ebd., S. 154.
51 Vgl. ebd., S. 155–162.
52 Ebd., S. 160.
53 Ebd.

kommenem Gegensatz zu der intendierten Veränderung steht: »Wenn die bestehenden Verhältnisse der Idee vollständig widersprechen, wo kann die Idee dann anders existieren als in dem reinen Selbstbewußtsein, welches aus der Verderbnis sich gerettet hat und die wahren Formen seiner Existenz als Ideale zunächst in sich trägt?«[54] In einer solchen Situation wäre für Marx und Engels aber gerade ein Ideal, ein bloßes Sollen gegen die Wirklichkeit, untauglich, die Wirklichkeit zu kritisieren. Vielmehr käme es darauf an, in der Wirklichkeit selbst Widersprüche und Tendenzen freizulegen, die zum Ansatz einer Veränderung werden könnten. Hier hilft die Phrase von der Wirklichkeit, welche ja eigentlich die Wirklichkeit einer schon vorfindlichen revolutionären Bewegung meint, nicht weiter.

Nach der gescheiterten Revolution von 1848 geriet Marx allerdings in genau diese Situation, und sein Hauptgeschäft bestand fortan darin, in der Kritik der politischen Ökonomie das Bewegungsgesetz der modernen Gesellschaft herauszuarbeiten, um überhaupt Ansätze für eine auf politisch-gesellschaftliche Veränderungen zielende Strategie und Taktik zu finden. Diese Kritik geriet, wie bekannt, zur mühseligen, Marx' weiteres Leben okkupierenden Arbeit, die auch eine Arbeit des Begriffs, nämlich eine Kritik der begrifflichen Voraussetzungen der bürgerlichen Ökonomietheorie war. In der Reflexion nicht nur auf eine erscheinende Wirklichkeit, sondern auch auf die begrifflichen Möglichkeiten ihrer ideellen Reproduktion spielte dann das hegelsche begriffliche Instrumentarium der »Wissenschaft der Logik« eine neue, von den Positionen der »Deutschen Ideologie« aus gar nicht abzusehende Rolle. Wenn Marx inmitten dieser Arbeit an und mit dem Begriff schreibt, Hegels Dialektik sei »das letzte Wort aller Philosophie«,[55] so bleibt dies freilich doppeldeutig. Es kann meinen, dass Hegels Programm einer umfassenden begrifflichen Durchdringung der Realität sich nach ihm philosophisch (und von einem Einzelnen) nicht mehr realisieren lässt. Es kann aber auch meinen, dass Hegels Wort in dieser Sache – der dialektischen Methode – noch nicht überboten wurde und insofern das letzte sei. Vermutlich ist beides gemeint, denn die begriffliche Durchdringung der Wirklichkeit ist Sache der arbeitsteilig organisierten Wissenschaften, die gleichwohl eines begrifflichen Instrumentariums zur Reflexion von Zusammenhängen bedürfen, um sich selbst als arbeitsteilig verstehen zu können. Es wäre aber wohl naiv, anzunehmen, dies Instrumentarium entstehe naturwüchsig in den besonderen Wissenschaften selbst. Insofern ist die »Deutsche Ideologie« – auch für Marx und Engels – sicher nicht das letzte Wort *über die Philosophie.*

54 Bruno Bauer: Feldzüge der reinen Kritik, Frankfurt a. M. 1968, S. 81.

55 An Lassalle, 31.5.1858, in: MEGA^2, Bd. III/9, S. 155.

II —— Dialektische Kritik

Ein Gegensatz ohne Bedeutung: Idealismus und Materialismus

MARX WAR, NACH EIGENER Auskunft, Materialist. Wer wollte das bezweifeln? Hegel indes, dem gegenüber Marx sich auf diese Weise abgrenzt, war nach eigener Auskunft nicht Idealist, da, wie es in der »Wissenschaft der Logik« heißt, der »Gegensatz von idealistischer und realistischer Philosophie [...] ohne Bedeutung« sei.[1] Unter den Realismus fällt auch der Materialismus, der im Sprachgebrauch der Zeit nichts anderes als ein konsequenter Realismus ist.[2] Marx nimmt gegenüber Hegel eine Abgrenzung vor, die Hegel für sinnlos hält. Wenn das der Fall ist, muss Marx gute Argumente dafür haben, dass diese Abgrenzung, die Friedrich Engels dann sogar zur Grundfrage der Philosophie stilisieren wird, (a) keineswegs obsolet und (b) Hegel trotz dieser Behauptung in Wahrheit Idealist ist.

Das Problem wird dadurch noch komplizierter gemacht, dass Marx für sich einen »neuen« Materialismus in Anspruch nimmt, der seinerseits schon Elemente der hegelschen Philosophie in sich aufgenommen hat.[3] In der von Marx gemeinsam mit Friedrich Engels verfassten Schrift »Die heilige Familie, oder Kritik der kritischen Kritik. Gegen Bruno Bauer & Consorten« (1845) tritt der Materialismus als Gegner einer »spekulativen Metaphysik« auf, welche nun – nach Hegel und Feuerbach – »für immer dem nun durch die Arbeit der *Spekulation* selbst vollendeten und mit dem *Humanismus* zusammenfallenden *Materialismus* erliegen« werde.[4] Hegel erscheint als Geburtshelfer eines neuen Materialismus, indem er »auf eine geniale Weise« die Metaphysik des 17. Jahrhunderts »mit aller seitherigen Metaphysik und dem deutschen Idealismus vereint« habe.[5] Seine Philosophie nämlich sei die »nothwendig-wider-

1 Georg Wilhelm Friedrich Hegel: Gesammelte Werke, Hamburg 1968ff. [GW], Bd. 21, S. 142.

2 Vgl. Wilhelm Traugott Krug: Elementarphilosophie oder urwissenschaftliche Grundlehre, Züllichau/Freistadt 1819, S. 94: »Dass der Realismus, sobald er nur konsequent durchgeführt wird, der Sittlichkeit Abbruch thue, ist gar keinem Zweifel unterworfen, ebendarum, weil er in seiner strengen Konsequenz nichts anders als Materialismus ist.«

3 Vgl. Andreas Arndt: Der Begriff des Materialismus bei Karl Marx, in: Weltanschauung, Philosophie und Naturwissenschaft im 19. Jahrhundert. Bd. 1: Der Materialismus-Streit, hg. von Kurt Bayertz, Myriam Gerhard und Walter Jaeschke, Hamburg 2007, S. 260–274.

4 Karl Marx/Friedrich Engels: Gesamtausgabe, Berlin 1975ff. [MEGA²], Bd. I/4, S. 127.

5 Ebd.

spruchsvolle *Einheit*« der spinozistischen Substanz und des fichteschen Selbstbewusstseins, der »*Natur* in der *Trennung* vom Menschen« und des Geistes »in der *Trennung* von der Natur«: »das dritte ist die metaphysisch travestierte *Einheit* von beiden, der *wirkliche Mensch* und die *wirkliche Menschengattung*.«[6] Diese verwickelte Konstellation, in der sowohl der traditionelle Materialismus als auch der Idealismus in einen neuen Materialismus aufgehoben werden, hat Marx bereits in den »Pariser Manuskripten« (1844) umrissen: »Wir sehn hier, wie der durchgeführte Naturalismus oder Humanismus sich sowohl von dem Idealismus, als dem Materialismus unterscheidet und zugleich ihre beide vereinigende Wahrheit ist.«[7]

Hegel seinerseits unternimmt ein ähnliches Manöver, indem er – wiederum in der »Wissenschaft der Logik« behauptet: »Jede Philosophie ist wesentlich Idealismus.«[8] Dieser Idealismus besteht, Hegel zufolge, »in nichts anderem als darin, das Endliche nicht als ein wahrhaft Seyendes anzuerkennen«. Demzufolge ist »das *Endliche ideell*«, das heißt, es mangelt ihm diejenige Realität bzw. dasjenige Sein, das der Realismus bzw. Materialismus ihm zuschreibt. Dass es ein Letztes sei, ein *ontos on*, ist nur eine Setzung der im Endlichen befangenen Verstandesreflexion, entspringt also einer bestimmten Art und Weise des Denkens. In diesem Sinne ist auch ein traditioneller Empirismus bzw. Materialismus, der die endlichen Dinge als ein Letztes ansieht, ein schlechter Idealismus.

Die Ausgangssituation könnte verwirrender kaum sein. Meine im Folgenden zu begründende These ist, dass letztlich beide Positionen gar keinen Gegensatz darstellen, sondern auf gleichen Voraussetzungen beruhen, die Hegel ausdrücklich macht und Marx weitgehend abschattet, weil er – spätestens seit der »Deutschen Ideologie« – mit philosophischen Begründungsverfahren schon immer fertig zu sein meint. Ich werde zunächst danach fragen, worin eigentlich Marx' Kritik an dem von ihm diagnostizierten Idealismus Hegels besteht (1); in einem zweiten Schritt möchte ich prüfen, ob und gegebenenfalls wie weit diese Kritik Hegel und besonders seine These, dass der Gegensatz des Idealismus und Realismus bzw. Materialismus ohne jede Bedeutung sei, tatsächlich trifft (2).

(1) Betrachten wir zunächst kurz den »neuen« Materialismus des jungen Marx und fragen dann, wie er sich zu der späteren Hegel-Kritik verhält. Bekanntlich wendet Marx sich gleichermaßen gegen den sogenannten Idealismus wie gegen den »anschauenden« Materialismus. In den »Pariser Manuskripten« verbindet sich der Vorwurf des Idealismus mit dem der Abstraktion. Dem junghegelianischen Diskurs folgend und insbe-

6 Ebd., S. 141.

7 MEGA², Bd. I/2, S. 295.

8 GW, Bd. 21, S. 142, auch die folgenden Zitate.

sondre unter dem Einfluss von Bruno Bauers Philosophie des Selbstbewusstseins steht dabei die »Phänomenologie des Geistes« im Mittelpunkt, in welcher – so Marx – das menschliche Wesen mit dem Selbstbewusstsein identifiziert werde.[9] Marx sieht dies als eine »Abstraktion des Menschen« an,[10] welche dazu führe, die Gegenständlichkeit oder »Dingheit« überhaupt (in Abstraktion von den wirklichen, natürlichen Gegenständen menschlicher Tätigkeit) als Setzung des Selbstbewusstseins zu verstehen, welche in das Bewusstsein zurückgenommen werden könne. Demgegenüber betrachtet Marx den Menschen als ein durch Gegenstände bestimmtes und gegenständlich tätiges Naturwesen: »Es schafft, sezt nur Gegenstände, weil es durch Gegenstände gesezt ist, weil es von Haus aus *Natur* ist. In dem Akt des Setzens fällt es also nicht aus seiner ›reinen Thätigkeit‹ in ein *Schaffen* des *Gegenstandes*, sondern sein *gegenständliches* Product bestätigt nur seine *gegenständliche* Thätigkeit, seine Thätigkeit als die Thätigkeit eines gegenständlichen natürlichen Wesens.«[11] Der Idealismus besteht demnach darin, von den *realen* Voraussetzungen des »Setzens« zu abstrahieren, und somit das gegenständliche Verhalten in eine reine Gedankenoperation zu verwandeln. Das »Setzen« an sich jedoch ist, wie erinnert, etwas, das dem »anschauenden« Materialismus fehlt, indem er davon abstrahiert und nur das Gesetztsein des Menschen bzw. des Bewusstseins durch die Gegenstände anerkennt. Beide, Idealismus und Materialismus, sind somit Abstraktionen von dem realen Prozess der Vermittlung im menschlichen Naturverhältnis und insofern falsches Bewusstsein, das durch die Realisierung der wissenschaftlichen Ansicht, den »durchgeführten Naturalismus oder Humanismus«, seine Grundlage verliert.[12]

In der ersten Auflage des ersten Bandes des »Kapital« hat Marx – jetzt nicht mehr auf die »Phänomenologie des Geistes, sondern auf die »Wissenschaft der Logik« bezogen – den Vorwurf an Hegel, von den Voraussetzungen des »Setzens« zu abstrahieren, wiederholt: »Bloß der Hegel'sche ›*Begriff*‹ bringt es fertig, sich ohne äussern Stoff zu objektiviren.«[13] In einer dazu gehörigen Fußnote zitiert Marx zum Beleg aus Hegels »kleiner« »Logik« in der »Enzyklopädie« (1830) aus dem Zusatz zum Paragrafen 194 im Abschnitt über das Objekt in der »Lehre vom Begriff«: »Der Begriff, welcher zunächst nur subjektiv ist, schreitet, ohne dass es dazu eines äusseren Materials oder Stoffs bedarf, seiner eignen Thätigkeit

9 MEGA², Bd. I/2, S. 293.

10 Ebd., S. 295.

11 Ebd.

12 Lenin hat dies im Rahmen seiner erkenntnistheoretischen (und damit bewusstseinstheoretisch verengten) Reformulierung des Materialismus so ausgedrückt, dass das Bewusstsein die objektive Welt nicht nur widerspiegele, sondern auch schaffe; vgl. Wladimir Iljitsch Lenin: Werke, Berlin 1955ff., Bd. 38, S. 203.

13 MEGA², Bd. II/5, S. 31.

gemäss dazu fort, sich zu objektiviren.«[14] Bereits im Methodenkapitel der *Grundrisse* hatte Marx Hegel in gleicher Weise kritisiert: »Hegel gerieth [...] auf die Illusion, das Reale als Resultat des sich in sich zusammenfassenden, in sich vertiefenden, und aus sich selbst sich bewegenden Denkens zu fassen, während die Methode vom Abstrakten zum Concreten aufzusteigen, nur die Art für das Denken ist, sich das Concrete anzueignen, es als ein geistig Concretes zu reproduciren. Keineswegs aber der Entstehungsprocess des Concreten selbst.«[15] Und auch im Nachwort zur zweiten Auflage des »Kapital« wird der gleiche Vorwurf wiederholt: »Für Hegel ist der Denkproceß, den er sogar unter dem Namen Idee in ein selbständiges Subjekt verwandelt, der Demiurg des Wirklichen, das nur seine äußere Erscheinung bildet. Bei mir ist umgekehrt das Ideelle nichts andres als das im Menschenkopf umgesetzte und übersetzte Materielle.«[16]

Eng verbunden mit diesem Vorwurf der Abstraktion von den realen Voraussetzungen des »Setzens« und seiner Reduktion auf eine Gedankenbewegung ist der Vorwurf der Mystifikation. Im direkten Anschluss an das letzte Zitat heißt es im Nachwort zur zweiten Auflage des »Kapital«: »Die Mystifikation, welche die Dialektik in Hegels Händen untergeht, verhindert in keiner Weise, daß er ihre allgemeinen Bewegungsformen zuerst in umfassender und bewußter Weise dargestellt hat. Sie steht bei ihm auf dem Kopf. Man muß sie umstülpen, um den rationellen Kern in der mystischen Hülle zu entdecken.«[17] Mystifikation bedeutet für Marx in anderen Zusammenhängen eine Vertauschung, ein Quidproquo: etwas wird für etwas anderes ausgegeben, als es ist;[18] also etwa, um bei den bisherigen Kritikpunkten von Marx zu bleiben: Die gegenständliche Tätigkeit wird zur ungegenständlichen Tätigkeit des Bewusstseins, der Denkprozess zum »Demiurg des Wirklichen«. Darin liegt indessen auch ein Zugeständnis an Hegel, das nicht übersehen werden sollte. Der Demiurg, der Handwerkergott in Platons »Timaios«, schafft keine Welt aus dem Nichts, sondern formt einen bestehenden Stoff – die chaotische Materie – um. Seine Tätigkeit bleibt demnach an eine vorausgesetzte Materie gebunden, die er neu ordnet. Auf Hegel bezogen bedeutet dies, dass Marx ihm keineswegs eine Schöpfungstheologie unterstellt, son-

14 Ebd. – Der Zusatz ist eine Ergänzung aus Hörernachschriften durch die Herausgeber nach Hegels Tod; vgl. Georg Wilhelm Friedrich Hegel: Encyklopädie der philosophischen Wissenschaften im Grundrisse. Erster Theil. Die Logik, hg. v. Leopold von Henning, Berlin 1840, S. 367.

15 MEGA^2, Bd. II/1,1, S. 36.

16 MEGA^2, Bd. II/6, S. 709.

17 Ebd.

18 Vgl. ebd., S. 103: »Das Geheimnißvolle der Waarenform besteht also einfach darin, daß sie den Menschen die gesellschaftlichen Charaktere ihrer eignen Arbeit als gegenständliche Charaktere der Arbeitsprodukte selbst, als gesellschaftliche Natureigenschaften dieser Dinge zurückspiegelt, daher auch das gesellschaftliche Verhältnis der Produzenten zur Gesamtarbeit als ein außer ihnen existierendes gesellschaftliches Verhältniß von Gegenständen. Durch dies quid pro quo werden die Arbeitsprodukte Waaren, sinnlich übersinnliche oder gesellschaftliche Dinge.«

dern letztlich eine falsche Auffassung der Realität, auch wenn diese *als* Realität anerkannt wird.

Dies lässt sich bereits an dem frühen Kreuznacher Manuskript »Zur Kritik des Hegelschen Staatsrechts« (1843) deutlich machen. Es werde, so Marx, »die empirische Wirklichkeit aufgenommen, wie sie ist; sie wird auch als vernünftig ausgesprochen; aber sie ist nicht vernünftig wegen ihrer eigenen Vernunft, sondern weil die empirische Thatsache in ihrer empirischen Existenz eine andre Bedeutung hat, als sich selbst. Die Thatsache, von der ausgegangen wird, wird nicht als solche, sondern als mystisches Resultat gefaßt«; dies sei, so heißt es weiter, »das ganze Mysterium [...] der hegel'schen Philosophie überhaupt.«[19] Die empirische Wirklichkeit wird als Ausdruck und Resultat einer Selbstbewegung der Idee gefasst und dadurch tritt eine Vertauschung bzw. Mystifikation ein: Die Empirie bedeutet etwas Anderes als sie selbst, nämlich, nach Marx' Auffassung, die spekulative Logik. In den »Pariser Manuskripten« heißt es dazu: »Wie die *Encyklopädie* Hegels mit der Logik beginnt [...] und mit dem absoluten Wissen [...] aufhört, so ist die ganze Encyklopädie nichts als das *ausgebreitete Wesen* des philosophischen Geistes, seine Selbstvergegenständlichung; wie der philosophische Geist nichts ist als der innerhalb seiner Selbstentfremdung denkend, d.h. abstrakt sich erfassende entfremdete Geist der Welt. – Die *Logik* – das *Geld* des Geistes, der spekulative, der *Gedankenwerth* des Menschen und der Natur – ihr gegen alle wirkliche Bestimmtheit vollständig gleichgültig gewordnes und darum unwirkliches Wesen – das *entäusserte*, daher von der Natur und dem wirklichen Menschen abstrahirende *Denken*; das *abstrakte* Denken.«[20]

Auf eine kurze Formel gebracht: Die (hegelsche) Philosophie denkt die »Welt« durch logische Bestimmungen, welche von der empirischen Bestimmtheit der »Welt« abstrahieren und verfehlt damit das eigene Wesen der »Welt«. Unschwer ist zu erkennen, dass es sich hier um eine Variation der feuerbachschen Religionskritik handelt. In dem Kreuznacher Manuskript von 1843 wird dies ganz deutlich: »Eben weil Hegel von den Prädicaten, der allgemeinen Bestimmung statt von dem reellen Ens (ὑποκείμενον, Subjekt) ausgeht und doch ein Träger dieser Bestimmung da sein muß, wird die mystische Idee dieser Träger.«[21] Die Umkehrung projiziert die Eigenschaften des realen Subjekts (der »Welt« als ὑποκείμενον) auf ein imaginiertes Subjekt – die Idee, weshalb die gleichsam göttlichen Prädikate der Idee – im Sinne der feuerbachschen Religionskritik – wiederum der empirischen »Welt« zugeeignet werden müssen. Auf diese Weise steht für Marx die »Welt« bei Hegel auf dem »Kopf«, der absoluten Idee, die zugleich die dialektische Methode ist. Diese

19 MEGA², Bd. I/2, S. 9f.
20 Ebd., S. 278.
21 Ebd., S. 25.

Umkehrung müsse, so die berühmte und viel zitierte Metapher bei Marx, wiederum umgekehrt werden: »Die Mystifikation, welche die Dialektik in Hegel's Händen erleidet, verhindert in keiner Weise, daß er ihre allgemeinen Bewegungsformen zuerst in umfassender und bewußter Weise dargestellt hat. Sie steht bei ihm auf dem Kopf. Man muß sie umstülpen, um den rationellen Kern in der mystischen Hülle zu entdecken.«[22]

Anders als bei Feuerbach bedeutet dies jedoch keine Rückkehr zu einer sinnlichen Gewissheit, auch wenn gewisse Formulierungen in der »Deutschen Ideologie« das nahezulegen scheinen.[23] Mit Hegel hält Marx daran fest, dass die Anschauung der »Dinge« zu ihrer Erkenntnis nicht hinreichend ist, sondern eine Verarbeitung von Anschauungen und Vorstellungen in Begriffe hinzukommen muss. Vor allem die Ausführungen zur Methode der politischen Ökonomie in den »Grundrissen« (1857/58) geben darüber Auskunft. Das Begreifen erfordert die Bildung abstrakter Bestimmungen, die dann auf der begrifflichen Ebene wiederum mit anderen Bestimmungen verbunden und so weiterentwickelt werden, dass der innere Zusammenhang des Ganzen gedanklich reproduziert wird. Dieses Ganze ist, mit Hegel zu sprechen, eine in sich konkrete Totalität, »Einheit des Mannigfaltigen«, die im Denken »als Prozeß der Zusammenfassung, als Resultat, nicht als Ausgangspunkt« erscheint, obgleich das Konkrete »der wirkliche Ausgangspunkt« ist[24] – eben das *sub-iectum* bzw. *hypokeimenon*.

Wir sehen hier, dass Marx den früheren Vorwurf an Hegel, sein Verfahren beruhe auf einer Abstraktion von dem wahren Subjekt, dem Konkreten, implizit zurücknimmt.[25] Es zeigt sich, dass die Abstraktion unverzichtbar ist, um das Konkrete begreifen zu können. Marx unterscheidet daher ausdrücklich zwischen falschen und »verständigen« Abstraktionen;[26] Letztere ermöglichen die gedankliche Reproduktion des Konkreten. Diese »Arbeit des Begriffs«, wie Hegel sie nennen würde, ist für Marx darum unverzichtbar, weil die erscheinende Wirklichkeit, das Konkretum der Anschauung, nicht mit ihrem »Wesen« identisch ist:

22 MEGA², Bd. II/10, S. 17.

23 »Die empirische Beobachtung muß in jedem einzelnen Fall den Zusammenhang der gesellschaftlichen & politischen Gliederung mit der Produktion empirisch & ohne alle Mystifikation & Spekulation aufweisen.« (MEGA², Bd. I/5, S.135.

24 MEGA², Bd. II/1,1, S. 35.

25 Mir scheint dies daran zu liegen, dass der frühe Marx etwa in den »Pariser Manuskripten« (1844) Abstraktion und Entfremdung tendenziell gleichsetzt: »Das Positive, was Hegel hier vollbracht hat – in seiner spekulativen Logik – ist, daß die *bestimmten Begriffe*, die allgemeinen *fixen Denkformen* in ihrer Selbstständigkeit gegen Natur und Geist ein nothwendiges Resultat der allgemeinen Entfremdung des menschlichen Wesens, also auch des menschlichen Denkens sind und daß Hegel sie daher als Momente des Abstraktionsprozesses dargestellt und zusammengefaßt hat.« (MEGA², Bd. I/2, S. 415) Dahinter steht der Romantizismus der unmittelbaren Durchsichtigkeit menschlicher Verhältnisse, den Marx 1844 noch mit den Junghegelianern teilt und dann aufgibt; vgl. Andreas Arndt: Geschichte und Freiheitsbewusstsein. Zur Dialektik der Freiheit bei Hegel und Marx, Berlin 2015, S. 38ff.

26 Vgl. MEGA², Bd. II/1,1, S. 22.

»Alle Wissenschaft wäre überflüssig, wenn die Erscheinungsform und das Wesen der Dinge unmittelbar zusammenfielen.«[27]

Mit Hegel ist Marx daher der Auffassung, dass »die konkrete Totalität als Gedankentotalität, als ein Gedankenconcretum, in fact ein Product des Denkens, des Begreifens ist«.[28] Der, wenn man will, »materialistische« Vorbehalt von Marx bezieht sich ausschließlich darauf, dass dies keineswegs die Arbeit eines »außer oder über der Anschauung und Vorstellung denkenden und sich selbst gebärenden Begriffs« sei, jedoch gelte: »Das Ganze wie es im Kopf als Gedankenganzes erscheint ist ein Product des denkenden Kopfes, der sich die Welt in der ihm einzig möglichen Weise aneignet [...]. Das reale Subject bleibt nach wie vor ausserhalb des Kopfes in seiner Selbstständigkeit bestehn; solange sich der Kopf nämlich nur spekulativ verhält, nur theoretisch. Auch bei der theoretischen Methode daher muß das Subject, die Gesellschaft, als Voraussetzung stets der Vorstellung vorschweben.«[29]

Wenn die Abstraktion unverzichtbar und nicht bloß Ausdruck einer entfremdeten Aneignung der »Welt« *innerhalb* der Entfremdung ist, dann stellt sich die Frage, welche Abstraktionen auf der Ebene philosophischer Begründungsverfahren »verständig« sind, das heißt zum Begreifen unseres theoretischen und praktischen Weltverhältnisses beitragen, und welche in einem schlechten Sinne abstrakt sind. Dieser Frage stellt Marx sich nicht, da er (mit Engels) der Auffassung ist, er habe in den Manuskripten zur »Deutschen Ideologie« um 1845 die abschließende Selbstverständigung über die Philosophie erreicht. Tatsächlich kommt Marx aber im Zuge der Ausarbeitung seines Projekts der *Kritik der politischen Ökonomie* zunehmend affirmativ auf Hegel zurück und bedient sich gerade dort, wo seiner Auffassung nach der Mystizismus Hegels seinen stärksten Ausdruck findet: bei Hegels Konzeption der absoluten Idee in der »Wissenschaft der Logik«, welche als absolute Methode nichts anderes ist als die dialektische Methode, die Marx beerben will. Diese kann aber nur dann im marxschen Sinne einen rationellen Gehalt haben, wenn das Unternehmen der »Wissenschaft der Logik« nicht von vornherein auf einer falschen Abstraktion beruht, wie Marx es immer wieder behauptet bzw. nahelegt.

Marx begründet, wenn ich es richtig sehe, seine affirmativen Bezugnahmen auf Hegel damit, dass sie im Rahmen eines streng wissenschaftlichen und empirisch überprüfbaren Verfahrens und keiner spekulativen Begriffskonstruktion erfolgen. Der vorgebliche Idealismus und Mystizismus Hegels spielt insofern keine Rolle und wird dem Wissenschaftsprinzip untergeordnet. Gleiches gilt meines Erachtens umgekehrt für den

27 MEGA², Bd. II/15, S. 792.
28 MEGA², Bd. II/1,1, S. 37.
29 Ebd.

Materialismus, der als weltanschauliche Positionierung in der »Kritik der politischen Ökonomie« zwar proklamiert wird,[30] jedoch argumentativ keine Rolle spielt. Für Marx gilt in jedem Falle, dass die Wissenschaft selbst das letzte Wort hat und keinem »nicht aus ihr selbst (wie irrthümlich sie immer sein mag), sondern von aussen, ihr *fremden, äusserlichen Interesse* entlehnten Standpunkt« unterworfen werden dürfe.[31] Anders gesagt: Wissenschaft ist autonom und eigenverantwortlich und nicht weltanschaulich gebunden oder gar »parteilich«.[32]

(2) Für die Wissenschaft hat der Gegensatz des Idealismus und Materialismus aus Marx' Sicht nur dann Bedeutung, wenn es sich um wissenschaftlich nicht haltbare Aussagen handelt, die er dem sogenannten Vulgärmaterialismus ebenso vorhält wie etwa den Junghegelianern, Proudhon oder Lassalle ihre Begriffskonstruktionen. Die Berufung auf Wissenschaftlichkeit ist indessen nicht unproblematisch, da die Kriterien dafür, was als Wissen bzw. wissenschaftlich gelten kann oder nicht, ja keineswegs unumstritten sind. Zudem nimmt Marx noch einen Begriff *kritischer* Wissenschaft in Anspruch, der jedem Wissenschaftspositivismus suspekt sein muss und der sich nach meiner Auffassung Hegel verdankt.[33] All das macht deutlich, dass die marxsche Wissenschaft der Kritik der politischen Ökonomie auf theoretischen Annahmen beruht, die Marx weitgehend im Dunkel gelassen und zum Teil auch nicht eigens reflektiert hat, da er mit allen philosophischen Problemen seit 1845 fertig zu sein meinte. Tatsächlich holen sie ihn, wie gezeigt, im Verlauf der Ausarbeitung seines wissenschaftlichen Projekts einer *Kritik der politischen Ökonomie* wieder ein und zwingen ihn zu einer impliziten Korrektur seiner Bewertung begrifflicher Abstraktionen. Dabei besteht Marx jedoch weiterhin darauf, dass es bei Hegel so etwas wie eine Konstruktion der »Welt« aus dem sich selbst erzeugenden und gebärenden Begriff gebe und seine Philosophie insgesamt daher auf Mystifikationen beruhe, die kritisch zu eliminieren seien. Hierzu gehört insbesondre Hegels Konzept der absoluten Idee.

Wie verhält es sich mit diesen Vorwürfen? Der erste besagt in der Fassung der Erstauflage des »Kapital«, Hegel behaupte, der (logische) Begriff könne sich ohne äußeren Stoff objektivieren, wofür er sich auf ein Zitat aus der »kleinen Logik« der »Enzyklopädie« beruft. Damit wechselt er freilich die Argumentationsebenen, denn diese Behauptung gilt für Hegel nur für die »Logik« selbst, nicht für die Realphilosophie. Es ist ein grund-

30 Vgl. MEGA², Bd. II/6, S. 709.

31 MEGA², Bd. II/3,3, S. 771.

32 Vgl. dazu Wolfgang Fritz Haug: Die Bedeutung von Standpunkt und sozialistischer Perspektive für die Bedeutung der Kritik der politischen Ökonomie, in: Das Argument 74 (1972), S. 561–585.

33 Vgl. unten das Kapitel »Begreifen als Kritik«.

legender und bleibender Fehler von Marx, beides nicht zu trennen. Innerhalb der »Logik«, die nun nach Hegel tatsächlich auf einer Abstraktion (»reines Denken«) beruht, hat es der Begriff in letzter Instanz mit sich selbst zu tun und wird sich insofern selbst Objekt oder objektiviert sich.[34] Das Denken *wird* sich objektiv, denn im reinen Denken denken wir zwar immer das Denken, aber wir wissen nicht von Beginn an, ob das Denken, *das* wir denken, mit dem Denken identisch ist, *mit dem* wir das Denken denken. Was Hegel meint, ist also der Schritt von dem Denken als Objekt unseres Denkens zur Selbstbezüglichkeit und damit Selbstobjektivierung des Denkens. Von dieser Objektivierung innerhalb der Abstraktion von aller äußeren Bestimmtheit des Denkens hängt die Allgemeinheit und Allgemeingültigkeit der Denkbestimmungen ab, denn nur, wenn unser Denken jenseits der Intentionalität auf Gegenstände Denken an und für sich ist, zerfällt es nicht in isolierte, solipsistische Denkakte.

Was für die »Logik« gilt, gilt jedoch nicht in gleicher Weise auch für die Realphilosophie der Natur sowie die des subjektiven und objektiven Geistes, die das Reich der endlichen »Dinge« bezeichnen. Hier herrscht nicht der Begriff als solcher, da der Begriff hier immer mit Äußerlichkeit, also (frei nach Adorno) mit Nichtidentischem behaftet ist, das begrifflich nicht konstruiert werden kann: »Die endlichen Dinge sind darum endlich, indem sie die Realität ihres Begriffs nicht vollständig an ihnen selbst haben, sondern dazu anderer bedürfen; – oder umgekehrt, insofern sie als Objecte vorausgesetzt sind, somit den Begriff als eine äusserliche Bestimmung an ihnen haben.«[35] Anders gesagt: Hegel könnte Marx' Satz, dass es der Begriff nicht fertigbringt, sich selbst zu objektivieren, für den Bereich der Realphilosophie ohne Weiteres unterschreiben. Für das Verständnis Hegels ist der Unterschied von »Logik« und Realphilosophie ein Unterschied ums Ganze, den Marx ignoriert.[36]

Dieser Unterschied beruht darauf, dass die »Logik« einen Akt der Abstraktion voraussetzt: Ich abstrahiere sowohl von allem bestimmten Inhalt des Denkens, also von aller Intentionalität auf Gegenstände, als auch von aller Vor-Bestimmtheit, die das Denken für mich hat, also von dem, was ich vom Denken schon immer weiß oder zu wissen meine. Die Abstraktion von aller Bestimmtheit folgt nach Hegel aus dem willkürlichen Entschluss des Subjekts, rein denken zu wollen.[37] Das heißt nicht, dass es keine äußeren, historischen Voraussetzungen hat. Da es sich

34 Vgl. dazu unten das Kapitel »Hegels Begriff des Begriffs und der Begriff des Wertes in Marx' ›Kapital‹«.

35 GW, Bd. 12, S. 175. – An anderer Stelle, zu Beginn der Begriffslogik, hatte Hegel bereits festgehalten, dass die »Wissenschaft der Logik« »als die *formelle Wissenschaft* nicht auch diejenige Realität enthalten könne und solle, welche der Inhalt weiterer Theile der Philosophie, der *Wissenschaften der Natur und des Geistes*, ist« (GW, Bd. 12, S. 25).

36 Vgl. Andreas Arndt: Das Verhältnis der Wissenschaft der Logik zur Realphilosophie bei Hegel, in: Philosophie als Wissenschaft, hg. v. Nora Schleich u.a., Hildesheim u.a. 2021, S. 199–209.

37 Vgl. GW, Bd. 21, S. 55f.

um eine philosophische Selbstreflexion handelt und die Philosophie als eine Gestalt des absoluten Geistes wie der Geist überhaupt ihrem Wesen nach geschichtlich ist, ist vorausgesetzt, dass die Philosophie bereits das Problem reiner Denkbestimmungen thematisiert hat, was nach Hegel erst mit Kant erfolgt ist. Die Möglichkeit, auch von diesen historischen Voraussetzungen abstrahieren zu können, beruht nach Hegel auf einer grundlegenden Eigenschaft des Geistes, nämlich auf seiner Möglichkeit, »von allem Aeußerlichen und seiner eigenen Aeußerlichkeit, seinem Daseyn selbst [zu] abstrahiren«.[38]

Im Gegenzug erfolgt am Ende der »Wissenschaft der Logik« eine Rücknahme der Abstraktion, denn die Idee, so Hegel, sei »noch logisch« und »in den reinen Gedanken« und »in die Subjectivität eingeschlossen«.[39] Der Schritt zur Natur (und später zum Geist) ist daher auch »nicht ein *Gewordenseyn* und *Uebergang*«, sondern geschieht so, »daß die Idee sich selbst *frey entläßt*«. Das Erste besagt, dass die Natur nicht – im Sinne eines Schöpfungsaktes – aus dem Begriff hergeleitet werden kann. Sie ist vielmehr, genauer betrachtet, schon immer da, weil am Anfang auch nur von ihr abstrahiert wurde. Die Natur ist »schlechthin frey – die absolut für sich selbst ohne Subjectivität seyende *Aeusserlichkeit des Raums und der Zeit*«, was sie nur sein kann, wenn sie in ihrer Existenz *nicht* vom Begriff abhängt. Die Eigenständigkeit der Natur zwingt im »Verhältnis der Philosophie zum Empirischen« dazu, das Empirische als notwendige Voraussetzung des Begreifens anzuerkennen: »Nicht nur muß die Philosophie mit der Natur-Erfahrung übereinstimmend seyn, sondern die *Entstehung* und *Bildung* der philosophischen Wissenschaft hat die empirische Physik zur Voraussetzung und Bedingung.«[40]

Unter diesen Voraussetzungen bedeutet das Sich-Entschließen der Idee, von dem Hegel am Schluss der »Logik« spricht, dass die Idee sich in der Rücknahme der Abstraktion für das Reale aufschließt, wobei dieser Entschluss wiederum von den Trägern des reinen Denkens, also von uns, die wir so denken, zu vollziehen ist, da das Denken des Denkens immer in uns fällt.[41] In diesem Sinne ist die absolute Idee daher auch nicht als Substrat zu denken, sondern als Methode, die in *unser* Wissen fällt. Sie hat daher auch keine aparte Existenz, sondern ihr Dasein hat sie nur in Natur und Geist, sofern diese begrifflich rekonstruierbare Strukturen aufweisen. Beide – Natur und Geist – sind nach Hegel »unterschiedene Weisen«, das »*Daseyn*« der Idee darzustellen.[42] Das hat zur Folge, dass Natur

38 GW, Bd. 19, S. 289.

39 GW, Bd. 12, S. 253, auch die folgenden Zitate.

40 GW, Bd. 19, S. 184.

41 Vgl. Andreas Arndt: Wer denkt absolut? Die absolute Idee in Hegels »Wissenschaft der Logik«, in: Revista Eletrônica Estudos Hegelianos 16 (2012), S. 22–33; http://ojs.hegelbrasil.org/index.php/reh/article/view/93/76.

42 GW, Bd. 12, S. 236.

und Geist notwendig aufeinander bezogen und nicht zu trennen sind. So ist der Geist auch, Hegel zufolge, »*Setzen* der Natur als *seiner* Welt; ein Setzen, das als Reflexion zugleich *Voraussetzen* der Welt als selbständiger Natur ist«.[43] Dies entspricht exakt dem, was Marx für das gegenständliche Verhalten des Menschen reklamiert hatte. Es bezeichnet somit keine Alternative zu Hegel, denn die reale Vermittlung von Natur und Geist ist unhintergehbar: sie kann nicht getilgt, sondern von ihr kann nur abstrahiert werden.

Wie steht es nun mit Hegels Behauptung, jede Philosophie sei Idealismus, weil das Endliche ideell sei? Wir kommen hier auf das Problem des Monismus, denn jeder Dualismus, der in einer Gegensätzlichkeit verharrt, ist für Hegel der Endlichkeit verhaftet. Das gilt für Unterscheidungen wie Subjektivität und Objektivität, Geist und Natur, ideal und real usw. In diesem Zusammenhang polemisiert Hegel ausdrücklich gegen einen subjektiven Idealismus, in dem die Form des Ideellen (Vorstellung, Begriff, Idee) »vom Reellen unterschieden« und zugleich »wesentlich *nicht* reell seyn« soll.[44] Der von Hegel gemeinte Idealismus darf nicht mit diesem Idealismus identifiziert werden und unterläuft damit den gewöhnlichen Gegensatz auch des Idealismus und Materialismus. In diesem Sinne konnte Hegel »in dem Materialismus das begeisterungsvolle Streben anerkennen, über den zweierlei Welten als gleich substantiell und wahr annehmenden Dualismus hinauszugehen, diese Zerreißung des ursprünglich Einen aufzuheben.«[45] Innerhalb einer übergreifenden Einheit, letztlich der Totalität der »Welt« – sei sie als materialistisch oder sonstwie deklariert –, sind die endlichen Unterscheidungen und Gegensätze für Hegel in dem Sinne ideell, dass sie nicht als in sich selbst gegründete und mit sich selbst identische Entitäten anzusehen sind. Ideell ist etwas als Moment einer in sich konkreten, also in sich unterschiedenen Totalität, die zugleich »*Realität* in höherem Sinn« ist.[46] Die Idealität des Endlichen verweist somit auf eine höhere Einheit, in welcher der Gegensatz des Idealismus und Realismus bzw. Materialismus ohne Bedeutung ist. »Idealisieren« in diesem Sinne meint demnach ein totalisierendes Verfahren, das fixe Gegensätze (Endliches) kritisiert und überschreitet; es ist identisch mit der Dialektik der Negativität: »Die Negation ist so als Idealität bestimmt; das Ideelle ist das Endliche, wie es im wahrhaften Unendlichen ist, – als eine Bestimmung, Inhalt, der unterschieden, aber nicht *selbständig seyend*, sondern als *Moment* ist.«[47] Die kritische Stoß-

43 GW, Bd. 19, S. 290.

44 GW, Bd. 21, S. 143.

45 Georg Wilhelm Friedrich Hegel, Werke. Theorie-Werkausgabe, Bd. 10, Frankfurt a. M. 1970, S. 49 (Enzyklopädie, § 389, Zusatz).

46 GW, Bd. 21, S. 136.

47 Ebd., S. 137.

richtung dieses Idealismus geht gegen das Verstandesdenken, das sich in fixen Gegensätzen und abstrakten Identitäten bewegt.

In seiner Adaption der dialektischen Methode folgt Marx in der »Kritik der politischen Ökonomie« weitgehend diesem Verfahren der hegelschen Dialektik; Fluchtpunkt des totalisierenden Verfahrens ist hier freilich nicht das wahrhafte Unendliche oder Absolute, wie in der »Wissenschaft der Logik«, sondern das Ganze der gesellschaftlichen Verhältnisse im Kapitalismus. Dieser Unterschied kommt daher, dass Marx sich hier auf einer realphilosophischen Theorieebene im Bereich des Endlichen bewegt, und begründet keinen prinzipiellen Gegensatz. Dieses Verfahren kommt vor allem in der Kritik der »Bornierungen« der klasssischen Ökonomie und Vulgärokonomie zum Zuge, die nach Marx' Auffassung mit substrathaften dinglichen Vorstellungen und abstrakten formalen Identitäten operieren, ohne den inneren Zusammenhang der ökonomischen Kategorien nachzuweisen und auf diesem Wege die in sich konkrete Totalität der gesellschaftlichen Verhältnisse zu rekonstruieren (Marx spricht vom Empirismus und von einer Metaphysik der bürgerlichen Ökonomie).[48] Auf eine kurze Formel gebracht: Das Kapital erweist sich, weder Ding noch Idee, sondern wesentlich Verhältnis zu sein. Dies kommt mit Hegels Auffassung überein, das Ganze sei ein Konkretum, eine in sich unterschiedene Totalität von Momenten, die, weil sie ihr Bestehen nur in dem Ganzen haben, nur als Verhältnisse zu begreifen sind und nicht als isolierte, selbstständige Entitäten.

***

Hegel würde in Marx' Gebrauch der Dialektik der Negativität das idealisierende Verfahren der Philosophie wiedererkennen. Marx würde dies vermutlich für eine spekulative Überformung des Verfahrens einer besonderen, empirisch gerichteten Wissenschaft halten, für das er den Terminus »materialistisch« in Anspruch nimmt. Dieser Begriff (ebenso wie die metatheoretische Reflexion des damit apostrophierten Verfahrens) bleibt jedoch unausgewiesen, da Marx meint, auf die Theorieebene einer philosophischen Begründung verzichten zu können. Da indessen die – aus Hegels Sicht endliche – Realität, auf die Marx sich bezieht, auch aus Hegels Sicht einen Gegensatz des Idealen und Realen noch einschließt, ist der Streit um Materialismus und Idealismus auf dieser Ebene ein bloßer Streit um Worte oder um Marxens Bart. Auf der von Marx nicht reflektierten Begründungsebene verschwindet dieser Gegensatz. Das Idealisieren des Endlichen bei Hegel bedeutet ja gerade, dass er seine Bedeutung verliert. Insofern ist das Ganze nicht Idealität, sondern

48 Vgl. dazu Arndt, Karl Marx, S. 224ff.

in sich konkrete Totalität, welche das Ideale und Reale als Momente in sich enthält.

Es ist schwer einzusehen, wie sich dagegen ein philosophischer Begriff des Materialismus behaupten ließe. Die These, die materielle Einheit der Welt sei in Wahrheit das Übergreifende, dürfte im Unterschied zur methodischen Reflexion einer in sich konkreten Totalität in Hegels Konzeption der logischen Idee kaum geeignet sein, Verfahren in den besonderen Wissenschaften zu begründen. Sie ist eine bloße weltanschauliche Deklaration und Marx hat mit ihr auch keine Wissenschaft gemacht. Als bloße Abstraktion von aller Bestimmtheit, die nur das Residuum Materie qua »Sein« zurücklässt, kippt sie in den Anfang der hegelschen »Logik« und unterliegt deren Dialektik: »Seyn, reines Seyn, – ohne alle weitere Bestimmung«.[49]

49 GW, Bd. 21, S. 68.

»... wie halten wir es nun mit der hegel'schen Dialektik?«

Marx' Lektüre der »Phänomenologie« 1844

Im dritten Heft der »Ökonomisch-philosophischen Manuskripte« von 1844 stellt Marx relativ unvermittelt die Gretchenfrage: »wie halten wir es nun mit der hegel'schen Dialektik?«[1] Anlass für diese Frage ist Marx' Darlegung der Aufhebung der Selbstentfremdung im Kommunismus: »Der Communismus ist die Position als Negation der Negation, darum das *wirkliche*, für die nächste geschichtliche Entwicklung nothwendige Moment der menschlichen Emancipation und Wiedergewinnung.«[2] Mit dem Ende der Entfremdung ist aber die Geschichte nicht am Ende: »Der *Communismus* ist die nothwendige Gestalt und das Energische Princip der nächsten Zukunft, aber der Communismus ist nicht als solcher das Ziel der menschlichen Entwicklung – die Gestalt der menschlichen Gesellschaft.«[3] Auf den ersten Blick hält Marx es mit der hegelschen Dialektik wie andere Junghegelianer: Er folgt dem zuerst wohl von August von Cieszkowski 1838 skizzierten Programm einer Historisierung der hegelschen Dialektik, die darauf hinausläuft, sie als eine historische Dialektik zu rekonstruieren und auf die hegelsche Philosophie so anzuwenden, dass Hegels Abschluss des Systems transzendiert und eine noch herbeizuführende, höhere Stufe der geschichtlichen Entwicklung aufgezeigt wird.[4] Mit diesem Programm einher ging ein Paradigmenwechsel von der Logik zur »Phänomenologie«, den zuvor zum Beispiel auch Moses Hess und Friedrich Köppen vollzogen hatten.[5]

1 Karl Marx/Friedrich Engels: Gesamtausgabe, Berlin 1975ff. [MEGA²], Bd. I/2, S. 275.

2 Ebd., S. 274f.

3 Ebd., S. 275.

4 Vgl. August von Cieszkowski: Prolegomena zur Historiosophie, mit einer Einleitung v. Rüdiger Bubner und einem Anhang von Jan Garewicz, Hamburg 1981, S. VIII.

5 Vgl. Moses Hess: Die europäische Triarchie (1841), in: Ders.: Philosophische und sozialistische Schriften 1837–1850, hg. v. W. Mönke, 2. Aufl., Berlin 1980, S. 77–166; Karl Friedrich Köppen: Zur Feier der Thronbesteigung Friedrichs II. (1840), in: Die Hegelsche Linke. Dokumente zu Philosophie und Politik im deutschen Vormärz, hg. v. Heinz und Ingrid Pepperle, Leipzig 1985, S. 128–146, bes. S. 138: »die einfache Gliederung der Weltgeschichte ist [...] diese: 1. die Geschichte der unmittelbaren, natürlichen, naiven Vernunft – die alte Zeit; 2. die Geschichte der außersichseienden, sich jenseitigen Vernunft – das Mittelalter; 3. die Geschichte der in sich zurückgekehrten, selbstbewußten Vernunft.« – Eine umgearbeitete und erweiterte Fassung der Abhandlung erschien 1840 separat bei Otto Wigand in Leipzig unter dem Titel »Friedrich der Große und seine Widersacher. Eine Jubelschrift«; sie war »Meinem Freunde Karl Heinrich Marx aus Trier gewidmet« (Wiederabdruck in: Karl Friedrich Köppen: Ausgewählte Schriften in zwei Bänden, hg. v. Heinz Pepperle, Berlin 2003, S. 135–227).

Nicht gegen diese Fraktion der Hegelianer richtet sich Marx' Kritik, sondern an die Adresse der wenig später (in der »Heiligen Familie«) so genannten »kritischen Kritik« namentlich Bruno Bauers und David Friedrich Strauß'. Ihnen wirft Marx ein »völlig kritikloses Verhalten zur Methode des Kriticirens, und eine völlige Bewußtlosigkeit über die *scheinbar formelle*, aber wirklich *wesentliche* Frage«[6] vor, nämlich über die eingangs zitierte Gretchenfrage. Strauß und Bauer seien »wenigstens der Potenz nach noch vollständig innerhalb der hegel'schen Logik befangen«, ohne ein Bewusstsein »über das Verhältniß zur Hegel'schen Dialektik« erlangt zu haben.[7] Das Bewusstsein über dieses Verhältnis kann Marx zufolge nur ein kritisches sein, sofern die hegelsche Dialektik bereits durch die »stoffliche[] Kritik« [8] infrage gestellt worden war. Marx' Frage nach der hegelschen Dialektik setzt also einen Standpunkt voraus, bei dem es nicht mehr um die *Verwirklichung* der (hegelsschen) Philosophie geht, sondern um ihre Kritik im Namen einer *anderen Auffassung der Wirklichkeit*. Sie müsste also eigentlich lauten: Was können wir noch mit der hegelschen Dialektik anfangen?

(1) Die neue Situation ist für Marx durch Feuerbach geprägt, denn dieser habe »die alte Dialektik und Philosophie dem Keim nach umgeworfen«, weshalb »man sich nun kritisch mit seiner Mutter, der hegelschen Dialektik auseinanderzusetzen« und ein Verhältnis »zur Feuerbachischen Dialektik« zu gewinnen habe.[9] Dieses Verhältnis zur »Feuerbachischen Dialektik« – nach Feuerbach ist die »*wahre* Dialektik [...] *kein Monolog des einsamen Denkers mit sich selbst*, sie ist ein *Dialog zwischen Ich und Du*«[10] – ist jedoch für Marx selbst ein kritisches. Für ihn hat Feuerbach die Grundlage eines anderen, kritischen Umgangs mit der hegelschen Dialektik zugleich geschaffen und, zumindest teilweise, wieder verstellt. Und diese Kritik findet sich nicht erst im Zusammenhang mit der »Deutschen Ideologie« und den Thesen »ad Feuerbach«, sondern ist bereits hier angelegt, in denjenigen Aufzeichnungen, die mit vielfachem Recht als Höhepunkt des marxschen Feuerbach-Kultes gelten.[11]

Feuerbachs »grosse That« fasst Marx in drei Punkten zusammen. Er habe (1) den Beweis erbracht, dass die Philosophie »nichts andres ist als die in Gedanken gebrachte und denkend ausgeführte Religion«; (2) den

6 MEGA², Bd. I/2, S. 275.

7 Ebd.

8 Ebd. – Marx bezieht sich hierbei auf Bruno Bauer: Kritik der evangelischen Geschichte der Synoptiker, 2 Bde., Leipzig 1841.

9 MEGA², Bd. I/2, S. 276.

10 Ludwig Feuerbach: Grundsätze der Philosophie der Zukunft, in: Ders.: Gesammelte Werke, hg. v. Werner Schuffenhauer, Berlin 1969ff. [FGW], Bd. 9, S. 339, § 64.

11 Vgl. Andreas Arndt: Karl Marx. Versuch über den Zusammenhang seiner Theorie, 2. Aufl., Berlin 2012, S. 36–44. Zum Verhältnis von Marx und Feuerbach insgesamt ist noch immer grundlegend Werner Schuffenhauer: Feuerbach und der junge Marx, Berlin 1972.

»*wahren Materialismus*« und die »*reelle Wissenschaft*« begründet, indem er das Verhältnis des Menschen zum Menschen zum »Grundprincip der Theorie« gemacht habe; und schließlich (3) habe er der »Negation der Negation [...] das auf sich selbst ruhende und positiv auf sich selbst begründete Positive entgegengestellt«.[12] Während der zweite Punkt auf die »wahre Dialektik« des Ich und Du bei Feuerbach rekurriert, betrifft der letzte den Ausgang seiner Philosophie bei einem schlechthin Unmittelbaren, das *unmittelbar* die Affirmation ist und daher schlechthin keines Beweises bedarf, denn der Beweis wäre wiederum eine vermittelnde Bewegung, als deren Grundfigur die Negation der Negation gilt.[13]

Wenn der Kommunismus für Marx die Position als Negation der Negation, aber nicht *das* Ziel der Geschichte ist, dann zeichnet sich eine doppelte Abgrenzung ab. *Gegen Hegel* behauptet Marx die Unabgeschlossenheit der Geschichte, die nicht an ein Ende kommt; *gegen Feuerbach* aber behauptet er, dass das Wahre Resultat einer vermittelnden geschichtlichen Bewegung sei, für welche die Figur der Negation der Negation einstehe. Wenn Feuerbach diese ablehnt, abstrahiert er im Grunde, so muss man Marx verstehen, von der Geschichte. Der erstmals in den Thesen »ad Feuerbach« ausdrücklich erhobene Vorwurf, Feuerbachs Denken ignoriere die Geschichte,[14] ist bereits hier implizit vorhanden. Die Frage nach der hegelschen Dialektik ist für Marx also deshalb eine Frage, weil er einerseits das Grundprinzip, welches Feuerbach gegen Hegel wendet, akzeptiert und für die Gründung des »*wahren Materialismus* und der *reellen Wissenschaft*«[15] hält, andererseits aber diese Wissenschaft als Wissenschaft der Geschichte mit *hegelschen Mitteln* durchführen möchte.

Feuerbach, so erklärt Marx, greife zu kurz, wenn er die Negation der Negation (und mit ihr das Konzept der hegelschen Widerspruchsdialektik) kritisiere. Er fasse »die Negation der Negation *nur* als Widerspruch der Philosophie mit sich selbst auf, als die Philosophie, welche die Theologie (Transzendenz etc) bejaht, nachdem sie dieselbe verneint hat, also im Gegensatz zu sich selbst bejaht«.[16] Der Akzent liegt hier auf dem »*nur*«, denn die Behauptung, die Philosophie Hegels sei die wiederhergestellte Theologie, rechnet Marx ja zu den epochemachenden Entdeckungen Feuerbachs. Nach Marx' Auffassung jedoch trägt die Figur der Negation der Negation nicht nur diese Konsequenz, weshalb Feuerbach sie zu Unrecht im Ganzen

12 MEGA², Bd. I/2, S. 276.

13 Vgl. Feuerbach: Grundsätze, in: FGW, Bd.9, S. 321 (§ 39): »*Wahr* und *göttlich* ist nur, was *keines Beweises bedarf*, was *unmittelbar durch sich selbst gewiß ist, unmittelbar für sich spricht und einnimmt*, unmittelbar die Affirmation, daß es ist, nach sich zieht«. – Zum Problem der Dialektik bei Feuerbach vgl. Andreas Arndt: »Nicht-Selbst und Selbst«. Bestimmtes Sein, Widerspruch und das Problem der Dialektik bei Ludwig Feuerbach, in: Solidarität oder Egoismus. Studien zu einer Ethik bei und nach Ludwig Feuerbach, hg. v. Hans-Jürg Braun, Berlin 1994, S. 58–80.

14 Vgl. die 6. der »Feuerbachthesen« in: MEGA², Bd. IV/3, S. 21.

15 MEGA², Bd. I/2, S. 276.

16 Ebd., S. 277.

verwirft. Er »faßt auch die Negation der Negation, den konkreten Begriff als das sich im Denken überbietende und als Denken unmittelbar Anschauung, Natur, Wirklichkeit sein wollende Denken«.[17] Hierzu heißt es bei Feuerbach: »Das Denken negiert alles; aber nur um alles zu setzen in sich. [...] So wird [...] *das Konkrete* zu einem *Prädikate des Gedankens*, das Sein zu einer bloßen *Gedankenbestimmtheit* gemacht; denn der Satz: ›*Der Begriff ist konkret*‹, *ist identisch mit dem Satz: Das Sein ist eine Gedankenbestimmtheit*.«[18]

Dem stellt Marx nun eine historisierte Auffassung der hegelschen Dialektik entgegen. In der Negation der Negation liege »der positiven Beziehung nach [...] das wahrhaft und einzig Positive«,[19] das heißt, dass – entgegen Feuerbachs Behauptung – das wahre Positive Resultat einer (geschichtlichen) Vermittlung ist und der Negation nicht unvermittelt als ein auf sich selbst gegründetes entgegengesetzt werden darf. Denn die Negation der Negation sei »der negativen Beziehung nach, die in ihr liegt«, als der »Selbstbethätigungsakt alles Seins« aufzufassen.[20] Beide Momente zusammengenommen konstituieren für Marx die eigentliche Bedeutung der Negation der Negation. Sie besagen, dass das wahre Positive, das Subjekt der Entwicklung, dieser nicht als ein in sich selbst gegründetes Positives unmittelbar zugrunde liegt, sondern erst wird; und sie besagen weiter, dass dieses Werden in einem durch die Negativität strukturierten Prozess erfolgt. Damit, so resümiert Marx, habe Hegel »den *abstrakten, logischen, spekulativen* Ausdruck für die Bewegung der Geschichte gefunden, die noch nicht *wirkliche* Geschichte des Menschen als eines vorausgesetzten Subjekts, sondern erst *Erzeugungsakt, Entstehungsgeschichte* des Menschen ist.«[21]

Marx unterscheidet demnach zwischen dem geschichtlichen Werden des menschlichen Subjekts – das hier, 1844, weitgehend mit dem feuerbachschen Gattungssubjekt identisch ist – und der Geschichte, die von diesem Subjekt in die eigne Regie genommen wird. Diese Differenz von »Vorgeschichte« und »eigentlicher« Geschichte des Menschen findet sich noch in dem Vorwort des ersten Heftes »Zur Kritik der politischen Ökonomie« (1859).[22] Der Kommunismus ist für Marx derjenige Zustand, in

17 Ebd.

18 Feuerbach: Grundsätze, in: FGW, Bd. 9, S. 311, § 29.

19 MEGA², Bd. I/2, S. 177.

20 Ebd.

21 Ebd.

22 »In großen Umrissen können asiatische, antike, feudale und modern bürgerliche Produktionsweisen als progressive Epochen der ökonomischen Gesellschaftsformation bezeichnet werden. Die bürgerlichen Produktionsverhältnisse sind die letzte antagonistische Form des gesellschaftlichen Produktionsprozesses, antagonistisch nicht im Sinn von individuellem Antagonismus, sondern eines aus den gesellschaftlichen Lebensbedingungen der Individuen hervorwachsenden Antagonismus, aber die im Schoß der bürgerlichen Gesellschaft sich entwickelnden Produktivkräfte schaffen zugleich die materiellen Bedingungen zur Lösung dieses Antagonismus. Mit dieser Gesellschaftsformation schließt daher die Vorgeschichte der menschlichen Gesellschaft ab.« (Zur Kritik der politischen Ökonomie, in: MEGA², Bd. II/2, S. 101).

dem der Mensch als Subjekt der Geschichte geworden ist; dieser Zustand bezeichnet aber, anders als bei Hegel, kein Ende der Geschichte, sondern er eröffnet erst die eigentliche, nichtentfremdete Geschichte der Menschheit.

Der Einsatz der hegelschen Dialektik für die Kritik des Kapitalismus besteht zunächst darin, den Kommunismus als notwendige Position aus der Geschichte der Entfremdung hervorgehen zu lassen. Darüber hinaus aber wird Marx in ihr *als* Dialektik der Negativität den Ausdruck der Arbeit als der Grundfigur der Geschichte entdecken.[23]

(2) Ausgehend von den referierten Überlegungen wirft Marx einen »Blick auf das hegelsche System. Man muß beginnen mit der hegel'schen *Phänomenologie*, der wahren Geburtsstätte und dem Geheimniß der hegel'schen Philosophie.«[24] Dieses Urteil entspringt der Grundüberzeugung derjenigen linkshegelianischen Fraktion, der an einer *Historisierung* der hegelschen Dialektik gelegen war; die »Phänomenologie des Geistes« als »Wissenschaft der Erfahrung des Bewußtseins« (so ihr ursprünglicher Titel) wurde gelesen als Wissenschaft der *Geschichte* des Bewusstseins, an deren Ende das Selbstbewusstsein des Menschen als des Subjekts der Geschichte herausgebracht bzw. der selbstbewusste Mensch als Subjekt der Geschichte konstituiert sei.

In einem ersten Anlauf – bevor er sich in dem Heft wieder ökonomischen Themen zuwendet – rekapituliert Marx zunächst anhand der Gliederung der »Phänomenologie« diesen Gang, der ins absolute Wissen mündet. Worauf diese offenbar nur zur Selbstverständigung niedergeschriebenen Notizen inhaltlich hinauswollen, erhellt aus den Notizen zu Hegels »Enzyklopädie«, die sich unmittelbar anschließen. Indem die »Enzyklopädie« mit der Logik beginne, »mit dem *reinen spekulativen Gedanken* und mit dem *absoluten Wissen* [...] aufhört, so ist die ganze Encyklopädie nichts als das *ausgebreitete Wesen* des philosophischen Geistes«.[25] Beide, »Phänomenologie« und »Enzyklopädie«, enden mit dem absoluten Wissen, aber die »Enzyklopädie« beginnt mit dem spekulativen Bewusstsein, dessen Genese die »Phänomenologie« beschreibt; in diesem Sinne ist sie nicht Geschichte, sondern *Ausbreitung* des in der Logik konzentrierten Wesens des Geistes, wobei diese Formulierung nahelegt, dass nach Marx' Auffassung die logischen Formen auf den realphilosophischen Feldern bloß iteriert werden, das heißt letztlich nur eine quantitative Ausdehnung, aber keine qualitative Fortbestimmung erfahren. Eben deshalb sei die Logik auch »das *Geld* des Geistes, der spekulative, der *Gedanken-*

23 Hiermit schließt Marx an eine Tradition an, welche bis in die Anfänge der Geschichtsphilosophie zurückreicht. Vgl. Andreas Arndt: Die Arbeit der Philosophie, Berlin 2003, S. 105–119.

24 MEGA², Bd. I/2, S. 277.

25 Ebd., S. 278.

werth des Menschen und der Natur«.[26] Diese Formulierung steht durchaus im Einklang mit Marx' ökonomischer Bestimmung des Geldes.[27]

Der Geistesphilosophie kommt indes eine besondere Bedeutung zu, denn der Geist ist das »in seine eigne Geburtsstätte heimkehrende Denken«,[28] womit Marx aber offenbar nicht die »Logik« meint, sondern – eben die »Phänomenologie« als die Geburtsstätte des hegelschen Systems, denn was Marx hier akzentuiert, ist die *Entwicklung* des Geistes, sein Werden zu sich. Mit anderen Worten: Die Geistesphilosophie lässt sich, wie die »Phänomenologie«, als historische Dialektik interpretieren; und eben darum gilt die »Phänomenologie« auch als die Geburtsstätte der hegelschen Philosophie.[29]

Im Blick auf diese Geburtsstätte lässt sich aber für Marx auch der Geburtsfehler der hegelschen Philosophie bestimmen. Dem »doppelten Fehler« bei Hegel, der in der »Phänomenologie« »am klarsten« hervortrete,[30] sind die weiteren Ausführungen gewidmet. Der *erste Fehler* besteht darin, dass das »abstrakte philosophische Denken« – also der Philosoph als »selbst eine abstrakte Gestalt des entfremdeten Menschen« – zum Maßstab der Entfremdung gemacht wird: »Nicht daß das menschliche Wesen sich *unmenschlich,* im Gegensatz zu sich selbst *vergegenständlicht,* sondern, daß es im *Unterschied* vom und im *Gegensatz* zum abstrakten Denken sich *vergegenständlicht,* gilt als das gesezte und als das aufzuhebende Wesen der Entfremdung.«[31] Dieser Einwand läuft darauf hinaus, dass der Realprozess an der Identität des abstrakten Denkens mit sich gemessen werde, während dieses abstrakte Denken selbst Ausdruck realer Entfremdung sei, weil es von der sinnlichen Natur des Menschen abstrahiere. Dementsprechend besteht der *zweite Fehler* auch, kurz gesagt, darin, dass der Mensch nur als geistiges, nicht aber als sinnliches Wesen angesehen werde; seine Produktionen sind ebenso nur geistige, wie er sich die Wirklichkeit nur als eine geistige aneignet: »Die *Menschlichkeit* der Natur und der von der Geschichte erzeugten Natur, der Producte des Menschen, erscheint darin, daß sie *Producte* des abstrakten Geistes sind und insofern also *geistige* Momente, *Gedankenwesen.*«[32]

Hierbei handelt es sich nicht um eine immanente Kritik an dem Argumentationsgang der »Phänomenologie«, den Marx ganz unberührt lässt;

26 Ebd.

27 »Die *Quantität* des Geldes wird immer mehr seine einzige *mächtige* Eigenschaft; wie es alles Wesen auf seine Abstraktion reducirt, so reducirt es sich in seiner eignen Bewegung als *quantitatives* Wesen.« (Ebd., S. 279).

28 Ebd.

29 Tatsächlich ist ja der für das spätere System konstitutive Gedanke der *Geschichtlichkeit des Geistes* in der »Phänomenologie« erstmals durchgeführt; vgl. Walter Jaeschke: Hegel-Handbuch, Stuttgart/Weimar 2003, S. 198.

30 MEGA², Bd. I/2, S. 284.

31 Ebd.

32 Ebd., S. 285.

vielmehr macht er gegen die hegelsche Fassung der Identität von Denken und Sein eine Differenz geltend, die ihm durch das von ihm angenommene philosophische Prinzip Feuerbachs – das gesellschaftliche Verhältnis des Menschen zum Menschen – vorgegeben ist: Erst in der Beziehung auf ein Gegenüber, das in diesem Verhältnis mehr ist als bloßes Moment einer Selbstbeziehung, erlangt der Mensch das Bewusstsein von sich und den Gegenständen. Im Blick auf Hegel bedeutet dies, dass Marx mit Hegel – im Unterschied zu Feuerbach – an der Figur eines vermittelten Selbst- und Gegenstandsbewusstseins festhält, diese Vermittlung im (vermeintlichen) Unterschied zu Hegel aber als *gegenständliche* fassen möchte – vermeintlich deshalb, weil die reine Selbstbeziehung bei Hegel sich nur auf den absoluten Geist bzw. Begriff bezieht, nicht auf die endlichen Subjekte, von denen Marx spricht. »Gegenständlich« zeigt hier das an, was Adorno den »Vorrang des Objekts«[33] nennt: ein nicht in das Subjekt bzw. Bewusstsein aufzuhebendes Gegenüber. Indessen: Marx verlässt damit im Ansatz die – nicht nur junghegelianischen – Bahnen der Hegel-Kritik, die Hegels Vermittlungsdenken unvermittelte und angeblich unvermittelbare Unmittelbarkeiten entgegenhält.[34]

Dieses Festhalten an der Vermittlungsfigur ermöglicht es Marx, ein kritisches Potenzial der hegelschen Dialektik freizulegen.[35] Zwar bewirke die Aufhebung der Gegenständlichkeit in die Gedankenbewegung in Hegels Realphilosophie so etwas wie einen unkritischen »Positivismus« und »Idealismus« durch »diese philosophische Auflösung und Wiederherstellung der vorhandnen Empirie«,[36] jedoch lägen gerade in der *Phänomenologie* »*alle* Elemente der Kritik verborgen und oft schon in einer weit den hegel'schen Standpunkt überragenden Weise *vorbereitet* und *ausgearbeitet*.«[37] Es handelt sich – in der an Feuerbach orientierten Theoriesprache des jungen Marx – um die Kritik der Entfremdung innerhalb der Entfremdung, nämlich durch die Aufhebung der entfremdeten Gegenständlichkeit in das abstrakte und insofern selbst entfremdete philosophische Denken.[38]

33 Theodor W. Adorno: Negative Dialektik, Frankfurt a. M. 1966, S. 184ff.

34 Vgl. Andreas Arndt: Dialektik und Reflexion. Zur Rekonstruktion des Vernunftbegriffs, Hamburg 1994, Kap. IV.

35 MEGA², Bd. I/2, S. 285. Noch im Nachwort zur zweiten Auflage des ersten Bandes des »Kapital« heißt es, die hegelsche Dialektik sei in ihrer »rationellen Gestalt [...] ihrem Wesen nach kritisch und revolutionär« (MEGA², Bd. II/6, S. 709).

36 Der Vorwurf eines unvermittelten Umschlags in den Empirismus hat Marx bereits in dem Manuskript »Zur Kritik der Hegelschen Rechtsphilosophie« 1843 erhoben; hier heißt es, Hegel nehme »*unkritischerweise* eine *empirische Existenz* als die wirkliche Wahrheit der Idee«; seine Konzeption der Wirklichkeit sei in Wahrheit ein »Umschlagen von Empirie in Speculation und von Speculation in Empirie« (MEGA², Bd. I/2, S. 40).

37 MEGA², Bd. I/2, S. 285.

38 Vgl. hierzu auch ebd., S. 289, wo Marx – nun wieder ganz bezogen auf den politisch-ökonomischen Diskurs und namentlich Proudhon – die Alternative zur »altdeutschen Weise [...] der hegel'schen Phänomenologie« so zuspitzt: »Um den *Gedanken* des Privateigenthums aufzuheben, dazu reicht der *gedachte* Communismus vollständig aus. Um das wirkliche Privateigenthum aufzuheben, dazu gehört eine *wirkliche* communistische Aktion.«

Kritisch ist die hegelsche Dialektik in der »Phänomenologie« gerade deshalb, weil sie die Position als Resultat einer vermittelnden Bewegung auffasst und damit, so wird man hinzufügen dürfen, die entfremdete Wirklichkeit als historisch gewordene und damit auch geschichtlich zu überwindende begreift; sie löst das Gegebene in den Fluss der geschichtlichen Bewegung auf. Die hegelsche Dialektik gilt Marx aber nicht einfach als Strukturprinzip von Geschichte, sondern als Grundstruktur dessen, wodurch Geschichte *gemacht* wird: der *Arbeit.* »Das Grosse an der Hegelschen *Phänomenologie* und ihrem Endresultate – der Dialektik, der Negativität als dem bewegenden und erzeugenden Princip – ist also, einmal daß Hegel die Selbsterzeugung des Menschen als einen Proceß faßt [...]; daß er also das Wesen der *Arbeit* faßt und den gegenständlichen, wahren, weil wirklichen Menschen, als Resultat seiner *eignen Arbeit* begreift«.[39]

Der Begriff dieser Arbeit bleibt jedoch der der entfremdeten Arbeit: »Hegel steht auf dem Standpunkt der modernen Nationalökonomen.«[40] Er sehe »nur die positive Seite der Arbeit, nicht ihre negative«, indem sie das »*Fürsichwerden* des *Menschen* innerhalb der *Entäusserung*« sei. Und hiermit – mit der denkenden Aufhebung der Entfremdung innerhalb der Entfremdung – hänge zusammen, dass Hegel allein die »*abstrakt geistige*« Arbeit kenne und anerkenne.[41] Diese »Einseitigkeit und Grenze« Hegels will Marx nun am Schlusskapitel der »Phänomenologie« über das absolute Wissen darlegen. Zuvor ist jedoch zu fragen, welche Rolle die Arbeit – als Arbeit des Geistes – in Hegels »Phänomenologie« tastsächlich spielt.[42]

(3) In der »Vorrede« zur »Phänomenologie des Geistes« spricht Hegel von der »ungeheure[n] Arbeit der Weltgeschichte«, welche der Weltgeist unternommen habe, um »das Bewußtseyn über sich« zu erreichen.[43] Diese Arbeit sei auch dem Individuum abzuverlangen, welches seine Substanz begreifen wolle, wobei dies jedoch an sich schon (durch die Arbeit des Geistes) vollbracht sei: der Inhalt sei schon »ein *gedachtes*« und damit »Eigenthum der Individualität; es ist nicht mehr das *Daseyn* in das *Ansichseyn*, sondern nur das *Ansich* in die Form des *Fürsich*seyns umzukehren«.[44] Vonseiten des Individuums aus geht es, wie Hegel formuliert, darum, das »schon erworbne[] Eigenthum« des allgemeinen Geistes, welches dem Individuum als äußeres erscheint, zu erwerben und

39 Ebd., S. 292.

40 Ebd., S. 292f.

41 Ebd., S. 293.

42 Der folgende Abschnitt ist eine geraffte Fassung dessen, was in meinem Buch »Die Arbeit der Philosophie«, S. 98ff. ausgeführt wurde. Vgl. auch Andreas Arndt: »Die ungeheure Arbeit der Weltgeschichte«. Anmerkungen zur historischen Perspektive in der »Phänomenologie des Geistes«, in: Synthesis Philosophica 22 (2007), S. 9–17.

43 Georg Wilhelm Friedrich Hegel: Gesammelte Werke, Hamburg 1968ff. [GW], Bd. 9, S. 25f.

44 Ebd., S. 26.

»für sich in Besitz« zu nehmen, kurz: sich anzueignen.[45] Vonseiten des allgemeinen Geistes, welcher die Substanz des Individuums ist, bedeutet dies, dass die Substanz »sich ihr Selbstbewußtseyn gibt, oder ihr Werden und Reflexion in sich«.[46]

In diesem Zusammenhang macht Hegel eine aufschlussreiche methodische Bemerkung hinsichtlich des Ganges der »Phänomenologie«, die dieses Werden des Wissens zu sich darstellt: »Die Wissenschaft stellt diese bildende Bewegung sowohl in ihrer Ausführlichkeit und Nothwendigkeit, als das, was schon zum Momente und Eigenthum des Geistes herabgesunken ist, in seiner Gestaltung dar. Das Ziel ist die Einsicht des Geistes in das, was das Wissen ist.«[47] Die bildende Bewegung, von der hier die Rede ist, ist nicht, wie man meinen könnte, die Arbeit *des Geistes* im Allgemeinen, als Weltgeist. Von Bildung redet Hegel in diesem Kontext vielmehr im Blick auf die Bildung des Individuums, welche Erwerb und Inbesitznahme, also das Sich-Einbilden dessen sei, was der (allgemeine) Geist bereits als Eigentum erworben habe. Mit anderen Worten: Es geht hierbei um das Sich-Einbilden oder Zueignen der Resultate der Arbeit des Geistes. Diese Resultate werden hierbei also vorausgesetzt und nicht erst erzeugt.

In *dieser* Hinsicht liegt – zugespitzt formuliert – die Arbeit des Geistes größtenteils schon hinter der »Phänomenologie« und ist auch nicht, jedenfalls nicht als lebendige Tätigkeit, deren eigentliches Thema. Das erklärt auch, weshalb die eigentlichen Kernaussagen zur Arbeit des allgemeinen Geistes sich nahezu ausschließlich in der Vorrede zur »Phänomenologie« finden. Vom Standpunkt der »Phänomenologie« aus treten vielmehr die Resultate der Arbeit des Geistes im Allgemeinen der Bildung des Bewusstseins zur Wissenschaft als äußere Voraussetzungen entgegen. Die Tätigkeit des allgemeinen Geistes wird demgemäß im Schlusskapitel auch im Modus des anamnetischen Sich-Erinnerns betrachtet, in welchem er die Resultate seiner vergangenen Arbeit sich als sein Eigentum vergegenwärtigt.

Dies geschieht indessen dadurch, dass die zu Vorstellungen und abstrakten Gedankenformen geronnenen und bekannten Resultate der Arbeit des Geistes ihrerseits wieder durch den *subjektiven* Geist bearbeitet werden, durch »die Kraft und Arbeit des *Verstandes*, der verwundersamsten und größten, oder vielmehr der absoluten Macht«.[48] Im Ergebnis löst dieses Tun die fixen Vorstellungen und Gedankenformen in Begriffe auf, deren Selbstbewegung den Inhalt des Prozesses ausmacht. Die Arbeit des Begriffs allein, so heißt es gegen Ende der Vorrede der »Phänomenologie«, könne die »Allgemeinheit des Wissens« hervorbringen, das heißt

45 Ebd., S. 25.

46 Ebd.

47 Ebd.

48 Ebd., S. 27.

»die zu ihrer einheimischen Form gediehene Wahrheit, welche fähig ist, das Eigenthum aller selbstbewußten Vernunft zu seyn«.[49] Der Begriff kann dies deshalb, weil in ihm das individuelle Bewusstsein mit dem allgemeinen Geist zusammengeht und jener sich darin selbst reflektiert, ohne auf ein Fremdes bezogen zu sein.

Die Bildung (welche diese zweite Form der Tätigkeit oder der Arbeit bezeichnet) geht demnach von dem bereits erworbenen Eigentum des allgemeinen Geistes aus, welches – als schon Gedachtes – ebenso schon das Eigentum der Individualität ist.[50] Die Arbeit, durch welche das Ansichsein des Eigentums in die Form des Fürsichseins »umgekehrt« wird, ist daher diejenige Arbeit, welche die Resultate der Arbeit des *allgemeinen* Geistes oder der Substanz *auf ihrer eigenen Grundlage* reproduziert. Es geht demnach nicht um die (historische) Konstitution dieser Resultate – der Gestaltungen des allgemeinen Geistes –, sondern um ihre interne Reproduktion. Die Einsicht, welche die *Phänomenologie* vermittelt, ist die in die *Geschichtlichkeit* des sich selbst erfassenden Geistes, aber nicht in die *Geschichte* des Geistes. Letztere wäre die Geschichte des Weltgeistes als Weltgeschichte, dessen Vollendung Voraussetzung dafür ist, dass er als »*selbstbewußter* Geist seine Vollendung« erreicht.[51]

(4) Die These von der *Selbst*erzeugung des Menschen durch Arbeit im Rahmen einer Lektüre der »Phänomenologie« als historische Dialektik geht an dieser Problemlage vorbei. Aufschlussreich hierzu ist ein paraphrasierendes marxsches Exzerpt zum Schlusskapitel der »Phänomenologie«. Es bricht dort ab, wo Hegel auf die Arbeit des allgemeinen Geistes als wirkliche Geschichte zu sprechen kommt.[52] Vermutlich war Marx der Ansicht, hier beim eigentlichen Kern der »Phänomenologie« angekommen zu sein. Die Differenz dieser Arbeit zur Aneignung ihrer Resultate spielt in Marx' Überlegungen dagegen keine Rolle.

Dennoch hat die marxsche These eine Wahrheit, sofern sie nicht auf die verfehlte Rekonstruktion der »Phänomenologie« insgesamt als einer mit der Geschichte des Menschen zu identifizierenden Geschichte der Entfremdung und Aufhebung der Entfremdung bezogen wird. Die Dialektik der Negativität kann als Vermittlungsfigur auch jenseits der Entfremdungsromantik[53] mit der Struktur der wirklichen Arbeit in Verbindung gebracht werden, und zwar gerade dann, wenn – wie dies bei Marx der

49 Ebd., S. 48.

50 Vgl. ebd., S. 26.

51 Ebd., S. 430.

52 Vgl. ebd.: »Die Bewegung, die Form seines Wissens von sich hervorzutreiben, ist die Arbeit, die er als *wirkliche Geschichte* vollbringt.« Das marxsche Exzerpt bricht nach »Wissens von sich« ab; vgl. MEGA², Bd. I/2, S. 444.

53 Vgl. Peter Furth: Romantik der Entfremdung, in: Ders.: Phänomenologie der Enttäuschungen. Ideologiekritik nachtotalitär, Frankfurt a. M. 1991, S. 44ff.

Fall ist – die Dialektik im oben erörterten Sinne als *gegenständliche* Vermittlung gefasst wird. Die marxschen Überlegungen zum Schlusskapitel der »Phänomenologie« über »Das absolute Wissen« geben hierzu entscheidende Hinweise.

»Die Hauptsache«, notiert Marx, »ist, daß der *Gegenstand des Bewußtseins* nichts andres als das *Selbstbewußtsein* [...] ist.«[54] Thema ist also das, was Hegel die »Überwindung des Gegensatzes des Bewußtseins«[55] nennt. Marx hebt daran vor allem die Konsequenz hervor, dass die »Dingheit« überhaupt (in Abstraktion von den wirklichen, natürlichen Gegenständen menschlicher Tätigkeit) als Setzung oder »*Entäusserung des Selbstbewußtseins*«[56] verstanden werde, welche in das Bewusstsein zurückgenommen werden könne. Dem stellt Marx seine Auffassung des Menschen als eines durch Gegenstände bestimmten und gegenständlich tätigen Naturwesens gegenüber: »Es schafft, sezt nur Gegenstände, weil es durch Gegenstände gesezt ist, weil es von Haus aus *Natur* ist. In dem Akt des Setzens fällt es also nicht aus seiner ›reinen Tätigkeit‹ in ein *Schaffen* des *Gegenstandes*, sondern sein *gegenständliches* Product bestätigt nur seine *gegenständliche* Thätigkeit, seine Thätigkeit als die Thätigkeit eines gegenständlichen natürlichen Wesens.«[57]

Es ist diese Position, die Marx als der »durchgeführte Naturalismus oder Humanismus« gilt, der sich »sowohl von dem Idealismus, als dem Materialismus unterscheidet und zugleich ihre beide vereinigende Wahrheit ist«.[58] Der Idealismus besteht darin, von den *realen* Voraussetzungen des »Setzens« zu abstrahieren, während der Materialismus vom Setzen abstrahiert und nur das Gesetztsein des Menschen durch die Gegenstände anerkennt. Dieser Materialismus ist derjenige, den Marx auch als »anschauenden« Materialismus bezeichnet und welchen Feuerbach überwunden habe. Beide, Idealismus und Materialismus, sind somit Abstraktionen von dem realen Prozess der Vermittlung im menschlichen Naturverhältnis. Dieses ist Einheit von »Setzen« (Umformen) der bestimmten Gegenstände und deren Vorausgesetztsein; diese Einheit realisiert sich in der menschlichen Arbeit. Jenseits der Entfremdungsromantik legt Marx die Struktur der wirklichen Arbeit frei.

Für Hegel habe die Aufhebung der Entfremdung »zugleich oder sogar hauptsächlich die Bedeutung, *die Gegenständlichkeit* aufzuheben, weil nicht der *bestimmte* Charakter des Gegenstandes, sondern sein *gegenständlicher* Charakter für das Selbstbewußtsein das Anstössige und die

54 MEGA², Bd. I/2, S. 293.
55 GW, Bd. 9, S. 422.
56 MEGA², Bd. I/2, S. 295.
57 Ebd.
58 Ebd.

Entfremdung ist«.[59] Sofern sich aber die Gegenständlichkeit nach Marx nicht aufheben lässt, bleibt sie ein Gegen-ständiges, Anderes, strukturell Fremdes im Verhältnis zu dem, der sich tätig auf sie bezieht. Der Rekurs auf die wirkliche Arbeit als gegenständliche Vermittlung kehrt sich gegen die Entfremdungsromantik, die meinte, *alle* Fremdheit in einem Reich der Freiheit tilgen zu können, wie es auch bei Marx noch in der Gleichsetzung des vollendeten Naturalismus mit dem vollendeten Humanismus aufscheint. Gegen Hegel aber macht Marx nun geltend, dass Bewusstsein (Wissen, Denken) *nicht* »unmittelbar das *andere* seiner selbst« sein könne, weil die Gegenständlichkeit keine bloß gedachte sei.[60]

Im Ergebnis gehen bei Marx eine historisierende, an der Entfremdungsromantik orientierte Lesart der »Phänomenologie« und ihrer Dialektik und eine andere Lesart, welche die Dialektik unabhängig davon als *gegenständliche* Vermittlung rekonstruiert, relativ unvermittelt und oftmals ununterscheidbar zusammen. Hierin reflektiert sich nicht zuletzt auch das komplexe Verhältnis von Geschichtlichkeit und Systematizität der Gestalten des Bewusstseins in der »Phänomenologie des Geistes« selbst. In der Folge ist Marx von dem Programm einer Historisierung *der* Dialektik weitgehend abgerückt zugunsten einer Historisierung bestehender Verhältnisse mithilfe einer in der Auseinandersetzung mit Hegel gewonnenen Dialektik. Hierbei geht es jedoch um den Nachweis der Endlichkeit oder Widersprüchlichkeit bestehender Verhältnisse durch die Rekonstruktion ihres systematischen Zusammenhangs.[61] Für diese Rekonstruktion steht das Konzept gegenständlicher Vermittlung, das sich nun aber nicht mehr an der »Phänomenologie«, sondern an der »Wissenschaft der Logik« orientiert. im Verhältnis dazu sind die »Ökonomisch-philosophischen Manuskripte« das, was die »Phänomenologie« letztlich auch für Hegel war: ein Laboratorium produktiver Gedankenexperimente; für sie könnte auch gelten, was Hegel – wohl im Herbst 1831 – für die geplante zweite Auflage der »Phänomenologie« niederschrieb: »Eigenthümliche frühere Arbeit [...] – auf die damalige Zeit der Abfassung bezüglich –«.[62]

59 Ebd., S. 298.

60 Ebd.; der Einwand geht insofern an Hegel vorbei, als er die Differenz von Begriff (»Logik«) und Realität bei Hegel ignoriert.

61 Vgl. ausführlicher Arndt: Karl Marx, Kap. V.

62 GW, Bd. 9, S. 448.

Hegels Wesenslogik und ihre Rezeption und Deutung durch Karl Marx

(1) ÜBER MARX' REZEPTION und Deutung der hegelschen »Lehre vom Wesen« – dem zweiten Buch der »Objektiven Logik«, des ersten Bandes der »Wissenschaft der Logik«, – lässt sich nicht sprechen, ohne zuvor einige Worte über Marx' Verhältnis zu Hegels »Logik« überhaupt zu verlieren.

Dass Marx Hegels »Logik« studiert hat und im Rahmen der Ausarbeitung seiner »Kritik der politischen Ökonomie« immer wieder in wechselnden Kontexten auf sie zurückkam, ist bekannt und bedarf an dieser Stelle keiner neuen Belege.[1] Weniger bekannt ist, dass dies in der Rezeption der marxschen Theorie nicht immer interessiert hat. Die Theoretiker der II. Internationale hielten Marx' Bezugnahmen auf Hegel eher für Erinnerungen an seine Studentenzeit, sahen sie in der überwiegenden Mehrheit aber keineswegs als aufschlussreich für seine Theorie an.[2] Dass Marx Hegel mehr verdankt als nur einige Arabesken im »Kapital«, behauptete energisch und folgenreich erst der russische Revolutionär Wladimir Iljitsch Lenin, als er am Beginn des Ersten Weltkrieges, 1914/15, im Schweizer Exil in der Berner Bibliothek selbst Hegels »Wissenschaft der Logik« las.[3] So paradox es auf den ersten Blick erscheinen mag: Dadurch, dass die Ergebnisse dieser Lektüre in seine weitere publizistische Tätigkeit einflossen sowie dadurch, dass Lenins dabei entstandenen Notizen zu Hegel zwischen 1925 und 1930 auch veröffentlicht wurden, wurde Lenin zum Begründer des Hegelmarxismus im 20. Jahrhundert,[4] der damit in seinem Ursprung kein »westlicher« Marxismus ist; dieser Schein entstand nur dadurch, dass der sowjetische Hegelmarxismus von Stalin gewaltsam zum Schweigen gebracht wurde.[5]

1 Vgl. Andreas Arndt: Karl Marx. Versuch über den Zusammenhang seiner Theorie, 2. Aufl., Berlin 2011, Kap. 5.

2 Vgl. Andreas Arndt: Hegel-Kritik, in: Historisch-kritisches Wörterbuch des Marxismus, hg. v. Wolfgang Fritz Haug, Bd. 5, Hamburg 2002, S. 1243–1258; Ders.: Exkurs: Anmerkungen zur Verfallsgeschichte der Theorie materialistischer Dialektik in der II. Internationale, in: Ders.: Lenin – Politik und Philosophie, Bochum 1982, S. 597–609.

3 Vgl. unten das Kapitel »Lenin liest Hegel.

4 Vgl. Kevin Anderson: Lenin, Hegel, and Western Marxism, Urbana u.a. 1995.

5 Vgl. Dieter Uhlig/Wladislaw Hedeler: Die »Arabesken« Nikolai Iwanowitsch Bucharins in ihrer Zeit, in: Nikolai Bucharin: Philosophische Arabesken. Dialektische Skizzen, hg. v. Wladislaw

Auf Lenin ist hier auch deshalb zu verweisen, weil er ein Forschungsprogramm vorgab, dass dann unter dem Titel einer »Logik des *Kapitals*« im sogenannten »westlichen« Marxismus vielfach aufgenommen wurde und auch heute noch aktuell ist.[6] In seinen Notizen zur Darstellung der Logik in Hegels »Enzyklopädie der philosophischen Wissenschaften« heißt es: »Wenn Marx auch keine ›*Logik*‹ [...] hinterlassen hat, so hat er doch die *Logik* des ›Kapitals‹ hinterlassen [...]. Im ›Kapital‹ werden auf *eine* Wissenschaft Logik, Dialektik und Erkenntnistheorie [...] des Materialismus angewendet, der alles Wertvolle von Hegel übernommen und weiterentwickelt hat.«[7] An anderer Stelle, innerhalb der Exzerpte zur »Wissenschaft der Logik«, heißt es, Marx habe »die Dialektik Hegels in ihrer rationellen Form auf die politische Ökonomie *angewendet*«.[8] Hieraus zieht Lenin dann die berühmte und viel zitierte Folgerung: »Man kann das ›Kapital‹ von Marx und besonders das I. Kapitel nicht vollständig begreifen, ohne die *ganze* Logik von Hegel durchstudiert und begriffen zu haben. Folglich hat nach einem halben Jahrhundert nicht ein Marxist Marx begriffen!!«[9] Lenin, so ist daraus zu entnehmen, war sich der Differenz zwischen einer allgemeinen Theorie der Logik, wie sie in Hegels »Wissenschaft der Logik« vorliegt, und einer speziellen Logik im »Kapital« durchaus bewusst – er spricht von *einer* (besonderen) Wissenschaft, auf die Marx die hegelsche Logik angewendet habe.

In der Verfolgung des Programms, eine »Logik« des »Kapital« aus dem Marx'schen Buch und den dazu gehörigen Manuskripten zu extrapolieren, wurde diese Differenz nicht immer beachtet. Zahlreiche Interpreten haben versucht, das »Kapital« als eine Art Gegenentwurf zur Kategorienlehre der hegelschen »Wissenschaft der Logik« zu interpretieren und daraus eine zur hegelschen dialektischen Methode alternative materialistische Dialektik zu extrahieren. Letzteres, die Suche nach einer solchen Dialektik, kann sich durchaus auf prominente Äußerungen von Marx stützen. Einschlägig ist hier vor allem das Nachwort zur zweiten Auflage des ersten Bandes des »Kapital« (1872), in dem Marx sich zu Klarstellungen hinsichtlich des Verhältnisses seiner Methode zur hegelschen Dialektik veranlasst sah. »Die deutschen Rezensenten«, so heißt es dort, »schreien natürlich über Hegel'sche Sophistik.«[10] Ein anonymer russischer Rezensent im St. Petersburger »V'stnik' Evropy« (*Europäischer Bote*) dagegen – es handelte sich um den Ökonomen Illarion I. Kaufman – fand,

Hedeler und Dieter Uhlig, Berlin 2005, besonders S. 424ff.; Andreas Hayer: Die Hegel-Debatte in der frühen DDR-Philosophie und ihre Ursprünge, in: Wolfgang Harich: An der ideologischen Front. Hegel zwischen Feuerbach und Marx, hg. v. Andreas Hayer, Marburg 2013, S. 11–118.

6 Vgl. Perry Anderson: Über den westlichen Marxismus, Berlin 2023; Jan Hoff: Marx global. Zur Entwicklung des internationalen Marx-Diskurses seit 1965, Berlin 2009, S. 238ff.; Ingo Elbe: Marx im Westen. Die neue Marx-Lektüre in der Bundesrepublik seit 1965, Berlin 2008, S. 123ff.

7 Wladimir Iljitsch Lenin: Werke, Berlin 1955ff., Bd. 38, S. 316.

8 Ebd., S. 168.

9 Ebd., S. 170.

10 Karl Marx/Friedrich Engels: Gesamtausgabe, Berlin 1975ff. [MEGA^2], Bd. II/6, S. 707.

so Marx, die »Forschungsmethode streng realistisch, die Darstellungsmethode aber unglücklicherweise deutsch-dialektisch«.[11] Marx entgegnete, indem er anhand ausführlicher Zitate zu zeigen versuchte, gerade die vom Rezensenten gelobte streng realistische Methode sei seine, Marx' dialektische Methode. Im Anschluss daran bekennt er sich als Schüler Hegels, obwohl seine Methode »der Grundlage nach« das »direkte[] Gegentheil« der hegelschen sei: »Die Mystifikation, welche die Dialektik in Hegel's Händen erleidet, verhindert in keiner Weise, daß er ihre allgemeinen Bewegungsformen zuerst in umfassender und bewußter Weise dargestellt hat. Sie steht bei ihm auf dem Kopf. Man muß sie umstülpen, um den rationellen Kern in der mystischen Hülle zu entdecken.«[12] Offenbar wollte Marx selbst, wie aus seinen Briefen hervorgeht, seine Sicht auf die hegelsche Dialektik auch einem größeren Publikum darlegen: »Wenn je wieder Zeit für solche Arbeiten kommt, hätte ich grosse Lust, in 2 od[er] 3 Druckbogen das *Rationelle* an der Methode, die Hegel entdeckt, aber zugleich mystificirt hat, dem gemeinen Menschenverstand zugänglich zu machen.«[13] Marx schrieb dies 1858 an Engels und bekräftigte sein Vorhaben noch zehn Jahre später: »Wenn ich die ökonomische Last abgeschüttelt, werde ich eine ›Dialektik‹ schreiben«, aber auch dies blieb bloße Ankündigung.[14]

Zweifellos haben diese Ankündigungen die Versuche zu einer Rekonstruktion der ungeschriebenen Lehre von Marx beflügelt. Marx redet hier nicht von der dialektischen Methode des »Kapital«, sondern von einer dialektischen Methode überhaupt, die bei ihm der Grundlage nach das gerade Gegenteil der hegelschen sei, und diese »umgestülpte« Dialektik sei im »Kapital« zur Anwendung gekommen. Im Umkehrschluss lässt sich daraus durchaus folgern, die dialektische Darstellung im »Kapital« verweise auf eine Alternative zur hegelschen Dialektik, wie sie in dem Abschnitt über die absolute Idee als absolute Methode am Ende der »Wissenschaft der Logik« dargelegt wird. Dies geht auch daraus hervor, dass Marx im bereits zitierten Nachwort zur zweiten Auflage des »Kapital« sich direkt von Hegels Konzeption der Idee absetzt: »Für Hegel ist der Denkproceß, den er sogar unter dem Namen Idee in ein selbstständiges Subjekt verwandelt, der Demiurg des Wirklichen, das nur seine äußere Erscheinung bildet. Bei mir ist umgekehrt das Ideelle nichts andres als das im Menschenkopf umgesetzte und übersetzte Materielle.«[15]

Marx sieht offenbar in der hegelschen logischen Idee eine Verselbstständigung des Denkens, und zwar eine solche Verselbstständigung,

11 Ebd.
12 Ebd., S. 709.
13 MEGA², Bd. III/9, S. 25.
14 An Dietzgen, 9.5.1868, in: Karl Marx/Friedrich Engels: Werke, Berlin 1956ff. [MEW], Bd. 32, S. 547.
15 MEGA², Bd. II/6, S. 709.

die auf einer Abstraktion von realen Zusammenhängen beruht. Damit erkennt Marx zwar an, dass Hegels Philosophie bis in die scheinbar abstraktesten Bestimmungen hinein empirisch gesättigt und nicht das Ergebnis einer bodenlosen Spekulation sei; zugleich übergeht er aber auch die Frage nach dem Status einer eigenen Reflexion begrifflich-kategorialer Zusammenhänge, wie sie Hegel auf der Ebene der »Wissenschaft der Logik« vornimmt. Mit anderen Worten: Marx selbst, und nicht erst die sogenannte »Kapitallogik«,[16] verschleift die Differenz zwischen der Thematisierung eines kategorialen Zusammenhangs auf der Ebene der »Wissenschaft der Logik« und der internen Logik eines bestimmten Gegenstandes auf der Ebene der Realphilosophie bzw. einer besonderen Wissenschaft – z.B. der Wissenschaft der »Kritik der politischen Ökonomie«.[17] Bereits der junge Marx erhob 1843 den Vorwurf, Hegel selbst habe die Differenz von Logik und Realphilosophie dadurch übersprungen, dass er die »Sache der Logik« über »die Logik der Sache« gestellt habe.[18] Das bedeutet für Marx jedoch *auch*, dass die Logik auf der Ebene der hegelschen »Wissenschaft der Logik« als Mystifizierung realer Verhältnisse anzusehen sei: »Eben weil Hegel von den Prädicaten, der allgemeinen Bestimmung statt von dem reellen Ens (ύποκείμενον, Subjekt) ausgeht und doch ein Träger dieser Bestimmung da sein muß, wird die mystische Idee dieser Träger. Es ist dieß der Dualismus, daß Hegel das Allgemeine nicht als das wirkliche Wesen des Wirklich Endlichen, d.i. Existirenden, Bestimmten betrachtet oder das wirkliche Ens nicht als das *wahre Subjekt* des Unendlichen.«[19] Marx möchte, so scheint es, die Sache der Logik von der Logik der Sache aus entwickeln und so das in der »abstrakten Sphäre der Logik mit sich fertig gewordne[] Denken[]«[20] aufbrechen. Die »Kapitallogik« als der Versuch, aus dem »Kapital« eine Alternative zur hegelschen Dialektik auf dem Niveau der »Wissenschaft der Logik« herauszudestillieren, folgt genau diesem Programm.

Sowohl Marx als auch seine Adepten gehen jedoch weitgehend über die für ein solches Unternehmen zentrale Frage hinweg, ob das Verhältnis von Logik und Realphilosophie bzw. besonderer Wissenschaft nicht grundsätzlich durch eine Differenz zwischen der systematischen Abfolge der Kategorien als Denkbestimmungen überhaupt und der spezifischen Logik eines spezifischen Gegenstandes bestimmt ist. Auch für Hegel ist ja die kategoriale Struktur realphilosophischer Sachverhalte etwas ande-

16 Vgl. Wolfgang Fritz Haug: Kapitallogik, in: Historisch-kritisches Wörterbuch des Marxismus, hg. v. W.F. Haug, Bd. 7,1, Hamburg 2007, S. 348–357.

17 Diese Differenz betont auch Sahra Wagenknecht: Vom Kopf auf die Füße? Zur Hegelkritik des jungen Marx oder das Problem einer dialektisch-materialistischen Wissenschaftsmethode, Bonn 1997.

18 MEGA², Bd. I/2, S. 18.

19 Ebd., S. 25.

20 Ebd., S. 15.

res als die Abfolge der Kategorien in der »Wissenschaft der Logik«, und es ist, so möchte ich behaupten, völlig unmöglich, zum Beispiel aus den »Grundlinien der Philosophie des Rechts« die Kategorien der »Wissenschaft der Logik« und ihre Abfolge zu extrapolieren. Völlig unerörtert bleibt sowohl bei Marx als auch bei vielen seiner Nachfolger, ob das Projekt einer systematischen Explikation von Denkbestimmungen als solchen, wie es Hegel in seiner Logik unternimmt, nicht auch legitimiert werden kann, wenn es, was meines Erachtens bei Hegel der Fall ist, die Differenz von Logik und Realphilosophie bzw. besonderer Wissenschaft mitreflektiert. Darüber zu befinden, ist jedoch hier nicht der Ort.[21]

(2) In dem bereits erwähnten Brief aus dem Jahre 1858 an Engels, in dem er ein paar Druckbogen über Hegels »Logik« in Aussicht stellt, schreibt Marx in Bezug auf die »Kritik der politischen Ökonomie«: »In der *Methode* des Bearbeitens hat es mir großen Dienst geleistet, daß ich bei mere accident [...] Hegels ›Logik‹ wieder durchgeblättert hatte«; Ferdinand Freiligrath nämlich hatte ihm einige, ursprünglich Bakunin gehörige Bände der »Freundesvereinsausgabe« der Werke Hegels geschenkt.[22] Welche das waren, lässt sich nicht mit Sicherheit ermitteln. Sicher ist jedoch, dass Marx mit Hegels »Logik« schon lange vertraut war und dass er im Besitz eines (heute verschollenen), von ihm auch mit Notizen versehenen Exemplars der zweiten Auflage der »Wissenschaft der Logik« war, die Leopold von Henning im Rahmen der »Freundesvereinsausgabe« herausgegeben hatte.[23] Ein Exzerpt der »Seinslogik«, entstanden zwischen 1861 und 1863 während der Niederschrift des zweiten Gesamtentwurfs des »Kapital« – der übrigens, im Unterschied zum ersten Gesamtentwurf, den »Grundrissen der Kritik der politischen Ökonomie« von 1857/58, weitgehend frei von ausdrücklichen Verweisen auf Hegel ist – bezieht sich auf die »Seinslogik« in der Fassung der »Enzyklopädie der philosophischen Wissenschaften« und geht über eine Vergegenwärtigung der Gliederung nicht hinaus.[24] Es belegt hauptsächlich, dass Marx sich auch in dieser Phase empirischer Forschung und des Verzichts auf ein »Kokettieren« mit der hegelschen Dialektik ernsthaft mit Hegel beschäftigte.

Die Beschäftigung mit Hegels Logik reicht zurück bis in die Studentenjahre. Dabei war Marx jedoch nicht von Anfang an Hegelianer, im Gegenteil. Er ließ sich zunächst nicht davon hinreißen, dass Hegels Philosophie die intellektuelle Szene in Berlin beherrschte, vielmehr war er durchaus antihegelianisch eingestellt. Als Marx im Oktober 1836 nach

21 Vgl. Andreas Arndt: Geschichte und Freiheitsbewusstsein, Berlin 2015, 124–147.

22 MEGA², Bd. III/9, S. 25.

23 Vgl. Die Bibliotheken von Karl Marx und Friedrich Engels. Annotiertes Verzeichnis des ermittelten Bestandes, bearb. v. Hans-Peter Harstick u.a, in: MEGA², Bd. IV/32, S. 321, Nr. 553.

24 Vgl. Joseph O'Malley/Fred E. Schrader: Marx's Précis of Hegel's Doctrine of Being in the Minor Logic, in: International Review of Social History 24 (1977), S. 423–431.

Berlin kam, hatte er »Fragmente der hegel'schen Philosophie gelesen, deren groteske Felsenmelodie mir nicht behagte«, wie er dem Vater rückblickend schrieb.[25] Um Hegel zu entgehen, den er im Umkreis des junghegelianischen »Doktorclubs« inzwischen studiert hatte, verfasste Marx einen umfangreichen Dialog mit dem Titel »Kleanthes, oder vom Ausgangspunkt und nothwendigen Fortgang der Philosophie«, aber, so Marx: »Mein lezter Satz war der Anfang des hegel'schen Systems und diese Arbeit, wozu ich mit NaturWissenschaft, Schelling, Geschichte einigermassen mich bekannt gemacht, die mir unendliches Kopfbrechen verursacht, und so Concinne geschrieben ist, (da sie eigentlich eine neue Logik sein sollte) daß ich jezt selbst mich kaum wieder hineindenken kann, dieß mein liebstes Kind, beim Mondschein gehegt, trägt mich wie eine falsche Sirene dem Feind in den Arm.«[26] Marx wurde Hegelianer wider Willen: »immer fester kettete ich mich selbst an die jetzige Weltphilosophie, der ich zu entrinnen gedacht«.[27]

Tatsächlich spielt die logische Problematik für den Studenten der Jurisprudenz, der aber mindestens mit gleichem Eifer Philosophie hörte, von Anfang an eine zentrale Rolle. Logik hatte er übrigens im Sommersemester 1838 bei Hegels Jenaer Schüler und Nachfolger auf dem Berliner Lehrstuhl, Georg Andreas Gabler, gehört.[28] Von Gabler ist, jedenfalls aus seinen spärlichen gedruckten Schriften, keine besondere Interpretation der Logik seines Lehrers bekannt, die auf Marx gewirkt haben könnte.[29] Das Projekt einer neuen Logik, das Marx in dem »Kleanthes« verfolgte, schloss er offenbar direkt an Hegels Logik an. Die Fortdauer und die Gegenstände seiner Beschäftigungen lassen sich aus einigen Briefen an Marx erschließen, wobei wir jedoch nicht wissen, wie intensiv und gegebenenfalls mit welchen Ergebnissen Marx das Projekt verfolgt hat.

Am 11. Dezember 1839 schreibt Bauer über die Mitteilung von Marx' »logischen Lucubrationen«: »Mach doch nur [...] daß Du mit dem lumpigen Examen fertig wirst und Dich ganz ungehindert Deinen logischen Arbeiten hingeben kannst, besonders wenn Du einmal das Wesen ganz vom frischen bearbeiten könntest! Die Aenderungen in der Encyclopädie, auf die ich früher öfter zurückkam, scheinen mir auch durchaus noch keine Verbesserungen zu seyn.«[30] Ob Marx' eigenes Interesse besonders der hegelschen »Wesenslogik« galt oder ob Bruno Bauer ihn auf die-

25 An den Vater, 10./11.11.1837, in: MEGA², Bd. III/1, S. 16.

26 Ebd.

27 Ebd., S. 17.

28 Vgl. Karl Marx/Friedrich Engels: Historisch-kritische Gesamtausgabe, Frankfurt a. M., Berlin/Moskau 1927–1935, Bd. 1,2, S. 248.

29 Allerdings interpretierte Gabler Hegels Philosophie als durch und durch christlich, sodass Marx' Kritik an der Mystifikation der absoluten Idee im Sinne eines Schöpfergottes durchaus durch Gabler beeinflusst sein könnte.

30 MEGA², Bd. III/1, S. 336; auch das folgende Zitat.

ses Buch der Logik hinzulenken versuchte, ist nicht ganz klar. Offenbar beschäftigte sich Marx, wie aus demselben Brief Bauers hervorgeht, im Rahmen seiner logischen Studien besonders mit dem Problem der Entgegensetzung, das heißt mit dem, was Hegel in den Reflexionsbestimmungen behandelt. Bauer weist Marx hierbei auf den Schlussabschnitt der »Wissenschaft der Logik« über die absolute Idee als absolute Methode hin, in dem ja die Reflexionsbestimmungen und namentlich der Begriff des Widerspruchs eine entscheidende Rolle spielen: »Was Du von den logischen Energien des Gegenübertretens etc. sagst, so scheint mir, daß sie Hegel doch ganz bestimmt an ihrer Stelle im Abschnitt von der Methode entwickelt habe.«

Das besondere Interesse an der »Wesenslogik« ergab sich ohne Zweifel aus den aktuellen Diskussionen über Hegels dialektische Methode,[31] die durch Friedrich Adolf Trendelenburgs »Logische Untersuchungen« – 1840 in erster Auflage erschienen – befeuert wurden. Marx sollte (oder wollte) offenbar im Zuge seiner Studien zur Logik Trendelenburgs Hegel-Kritik einer Metakritik unterziehen. In einem Brief Bruno Bauers vom 31. März 1841 heißt es im Blick auf Marx' geplante Dissertation: »Trendelenburg wird natürlich eines der ersten Opfer seyn, welches Du der beleidigten Philosophie darbringst.«[32] Und wenig später erinnert Friedrich Köppen Marx an Schopenhauers Hegel-Kritik, »damit Du bei Gelegenheit Trendelenburgs auch des pp. Schopenhauer in Ehren gedenkst«.[33]

Leider wissen wir nichts Näheres über diese geplante Kritik, die dadurch besonders aufschlussreich sein könnte, dass Trendelenburg eine Auffassung des späteren Marx durchaus teilt, nämlich dass die Verselbstständigung des Logischen im reinen Denken erschlichen sei: Die Selbstbewegung des Begriffs beruhe vielmehr auf einer vorgängigen Anschauung, von der Hegel abstrahiere, ohne die er aber keine logische Bestimmung aus einer anderen entwickeln könne. Weil auch die Negativität, »welche den Gegensatz erzeugen will«,[34] auf einer Anschauung beruhe, bezeichne die Negativität letztlich auch keinen *logischen* Sachverhalt, sondern einen *realen*. Hegel, so Trendelenburgs Vorwurf, verwechsle den Widerspruch auf der begrifflichen Ebene mit dem realen Gegensatz. In der Realität aber, so Trendelenburg, hätten die Dinge im Unterschied zum Begriff »eine Breite des Daseins [...], die es zuläßt, daß Widersprechendes nacheinander oder nebeneinander sei«.[35]

---

31 Vgl. Bernd Burkhardt: Hegels »Wissenschaft der Logik« im Spannungsverhältnis der Kritik, Hildesheim 1993.

32 MEGA² III/1.1, 354.

33 Ebd., S. 361.

34 Friedrich Adolf Trendelenburg: Logische Untersuchungen, Bd. 1, 2. Aufl., Leipzig 1862, S. 105.

35 Friedrich Adolf Trendelenburg: Erläuterungen, in: Aristoteles, Elemente der aristotelischen Logik, hg. v. A. Trendelenburg, o.O. [Reinbek] 1967, S. 94.

Dass das Logische auf Anschauung beruhe und der Widerspruch als realer Widerspruch zu denken sei, gilt auch für Marx, kaum aber, dass Negativität keine logische Bedeutung habe. Wie weit Übereinstimmung und Widerspruch zwischen Trendelenburg und Marx hier im Einzelnen reichen, lässt sich jedoch nur schwer abschätzen. Um so mehr ist zu bedauern, dass von Marx' logischen Studien nichts überliefert ist, die immerhin – wie aus einem Brief Moses Hess' an Auerbach vom September 1841 hervorgeht – auch in Logik-Vorlesungen an der Bonner Universität, wo Marx zu habilitieren gedachte, münden sollten.[36] Diese Pläne zerschlugen sich, als Bruno Bauer dort die *venia legendi* entzogen wurde und Marx keine Aussicht auf eine akademische Karriere mehr sah.

(3) Ich möchte mich nun der Frage zuwenden, welche besondere Rolle Hegels »Lehre vom Wesen« für Marx gespielt hat. Ein Echo der frühen logischen Studien, die sich offenbar sehr stark auf Gegensatzbeziehungen und damit auch auf die Reflexionslogik zu Beginn der »Wesenslogik« richteten, findet sich in dem Kreuznacher Manuskript »Zur Kritik der Hegelschen Rechtsphilosophie« (1843). Für Marx gibt es dort in der erscheinenden Wirklichkeit Gegensatzbeziehungen, die sich nicht in eine Selbstbeziehung des Begriffs überführen lassen: »Wirkliche Extreme können nicht miteinander vermittelt werden, eben weil sie wirkliche Extreme sind«.[37] Die Selbstvermittlung des Begriffs überspringt nach Marx dieses Verhältnis, indem die Extreme mit dem *medius terminus* letztlich identisch gesetzt werden; bei Hegel heißt es: »Die Extreme, im Unterschiede von dieser Mitte, sind nur als ein Gesetztsein, dem keine eigentümliche Bestimmtheit gegen die Mitte mehr zukommt.«[38] Dem hält Marx entgegen: Das »*Begreifen* besteht aber nicht, wie Hegel meint, darin, die Bestimmungen des logischen Begriffes überall wieder zu erkennen, sondern die eigenthümliche Logik des eigenthümlichen Gegenstandes zu fassen«.[39] Wie diese eigentümliche Logik zur Einspruchsinstanz gegen die »Wissenschaft der Logik« werden könnte, darüber erfahren wir allerdings nichts.

Marx' Interesse an dem Problem der Gegensatzbeziehungen bleibt auch dann bestehen, als bei ihm um 1844 kurzzeitig – unter dem Einfluss von Moses Hess dem Mainstream der junghegelianischen Theoriebildungsprozesse folgend – die *Wissenschaft der Logik* zugunsten der »Phänomenologie des Geistes« in den Hintergrund rückt. In den »Pariser Manuskripten« (1844) entwickelt er das »Verhältniß des *Privateigen-*

36 Vgl. Moses Hess an Berthold Auerbach, 2.9.1841, in: Gespräche mit Marx und Engels, hg. v. Hans Magnus Enzensberger, Bd. 1, Frankfurt a. M. 1973, S. 3: »Könnte ich in Bonn sein, wenn er Logik liest, ich würde sein fleißigster Zuhörer sein.«

37 MEGA², Bd. I/2, S. 97.

38 Georg Wilhelm Friedrich Hegel: Gesammelte Werke, Hamburg 1968ff. [GW], Bd. 12, S. 124.

39 MEGA², Bd. I/2, S. 101.

thums«, »Arbeit, Capital und die Beziehung beider«, nach der Entwicklung des Widerspruches in der »Wesenslogik«: »*Erstens: unmittelbare* oder *vermittelte Einheit beider*«; »*Gegensatz beider*«; »*Gegensatz* jedes *gegen* sich selbst« und schließlich »*Feindlicher wechselseitiger Gegensatz*«.[40]

Im Zuge der Ausarbeitung der »Kritik der politischen Ökonomie« seit den 50er-Jahren des 19. Jahrhunderts bezieht Marx sich dann wiederum auf Hegels »Wissenschaft der Logik«, die er jetzt positiv heranzieht, gerade um die »eigentümliche Logik eines eigentümlichen Gegenstandes« zu klären; Hegels Dialektik ist jetzt nicht mehr (oder jedenfalls nicht mehr nur) das »Geld des Geistes«, wie er es 1843 formuliert hatte, sondern gilt Marx als »das letzte Wort aller Philosophie«.[41] Dabei ist jedoch, wie Marx 1858 in einem Brief an Engels betont, »durch Kritik eine Wissenschaft erst auf den Punkt [zu] bringen, um sie dialektisch darstellen zu können«, und nicht »ein abstraktes, fertiges System der Logik auf Ahnungen eben eines solchen Systems anzuwenden«.[42] Die Wissenschaft der *Kritik der politischen Ökonomie* meint Marx zu diesem Zeitpunkt durch seine Ableitung der Geldform in dem ersten Heft der »Grundrisse der Kritik der politischen Ökonomie« (»Das Kapitel vom Geld«) auf diesen Punkt gebracht zu haben. Indem zwei Waren, die als Produkte in ihrer natürlichen Existenz völlig verschieden sind, miteinander getauscht werden, werden sie einander in einem Dritten gleichgesetzt, das von ihrem Produktsein unterschieden ist, das heißt, sie werden sich selbst ungleich gesetzt. »Dieß Dritte von beiden verschieden, da es ein Verhältniß ausdrückt, existirt zunächst im Kopfe, in der Vorstellung, wie Verhältnisse überhaupt nur *gedacht* werden können, wenn sie fixirt werden sollen, im Unterschied von den Subjekten, die sich verhalten.«[43] Diese Passage erklärt, weshalb Marx sich wiederum der »Wissenschaft der Logik« zuwendet: Er hat es mit Verhältnissen zu tun, die (im Unterschied zu dem Verhalten der Subjekte) nicht einfach empirisch zu beobachten, sondern nur gedanklich zu erfassen und darzustellen sind. Gerade Hegels »Wesenslogik«, welche die Thematisierung von Entitäten in der traditionellen Metaphysik durch eine »Metaphysik absoluter Relationalität«[44] ersetzt, kann für dieses Vorhaben Denkmittel bereitstellen.

Marx beschreibt dann auch das Geldverhältnis in Anlehnung an die immanente Entwicklung der Denkbestimmungen bei Hegel, wobei er sich direkt an den Reflexionsbestimmungen in der »Wesenslogik« orientiert. Diese Orientierung wird deutlich, wenn Marx die Entwicklung

40 Ebd., S. 381f.

41 Marx an Lassalle, 31.5.1858, in: MEGA², Bd. III/9, S. 155.

42 Marx an Engels, 1.2.1858, in: ebd., S. 52.

43 MEGA², Bd. II/1, S. 77f.

44 Christian Iber: Metaphysik absoluter Relationalität. Eine Studie zu den beiden ersten Kapiteln von Hegels Wesenslogik, Berlin/New York 1990.

zum Geld mit der immanenten Entwicklung der Reflexionsbestimmungen (Identität, Unterschied, Gegensatz, Widerspruch) auseinander parallelisiert. »Das Product wird zur Waare; die Waare wird zum Tauschwerth; der Tauschwerth der Waare ist ihre immanente Geldeigenschaft; diese ihre Geldeigenschaft löst sich von ihr als Geld los, gewinnt eine allgemeine, von allen besondren Waaren und ihrer natürlichen Existenzweise gesonderte sociale Existenz.«[45] Diese »doppelte *verschiedne* Existenz muß zum *Unterschied*, der Unterschied zum *Gegensatz* und *Widerspruch* fortgehn«.[46] Zugleich macht Marx hier einen Vorbehalt, weil er diese Entwicklung nicht bloß als immanente Entwicklung von Begriffen verstanden wissen will: »Es wird später nöthig sein [...], die idealistische Manier der Darstellung zu corrigiren, die den Schein hervorbringt als handle es sich nur um Begriffsbestimmungen und die Dialektik dieser Begriffe.«[47] Festzuhalten ist aber: Es handelt sich *nicht nur* um Begriffsbestimmungen, sondern *auch* um die Dialektik realer Verhältnisse. Anders gesagt: Im Unterschied zu der Auffassung von 1843, wonach die Logik der Sache und die Sache der Logik zwei verschiedene Welten waren, ist jetzt die Struktur der logischen Bestimmungen wesentlich für das Begreifen der Struktur der Sache.

Das wird im weiteren Verlauf der »Grundrisse« vor allem auch beim Kapitalverhältnis selbst deutlich, denn das Kapital, so betont Marx, ist nicht Sache, sondern Verhältnis,[48] genauer: *prozessierendes Verhältnis*: »Das Capital ist kein einfaches Verhältniß, sondern ein *Process*, in dessen verschiednen Momenten es immer Capital ist.«[49] Marx thematisiert es als Bewegung der Zirkulation. Eine als Kapital fungierende Geldsumme G wird verwendet, um Waren zu kaufen, die wiederum verkauft werden, um am Ende mehr Geld zu haben als vorher (G–W–W–G'): Das Kapital hat sich verwertet. Wie dies möglich ist, die Produktion des Mehrwerts, die sich zwischen W–W abspielt, ist hier noch nicht zu klären. Wichtig ist, dass das Kapital der ganze Prozess ist und nicht nur Geld, auch wenn im Resultat nur das Geld zurückbleibt. Marx bezeichnet dieses Resultat als das »*einfach Negative*«: die Waren werden getauscht und konsumiert, das Geld bleibt als »einfaches Residuum« zurück.[50] Dieses Negative ist aber zugleich das »*positiv Negative*«, die Negation der gegensätzlichen Selbstständigkeit des Tauschwerts im Geld, denn das Resultat ist vermittelt durch den Tauschwert der Waren. Somit ist der Tauschwert, drittens, »Voraussetzung und zugleich Resultat der Zirkulation«:[51] er hat sich mit

45 MEGA², Bd. II/1,1, S. 81.
46 Ebd.
47 Ebd., S. 85.
48 Vgl. ebd., S. 180.
49 Ebd.
50 Ebd., S. 186.
51 Ebd.

sich selbst vermittelt. Mit dieser auf den ersten Blick rein begrifflichen Konstruktion betrachtet Marx den Tauschwert nicht mehr als *Wertgröße*, quantitativ, sondern qualitativ, unter dem Gesichtspunkt seiner Formbestimmtheit in der Zirkulation und als deren Resultat.

Marx orientiert sich, wie gezeigt, an den Reflexionsbestimmungen der »Wesenslogik«, um grundlegende *Verhältnisse* der kapitalistischen Produktionsweise zu thematisieren, aber mit dem prozessierenden Verhältnis kommt offenbar die dialektische Methode als solche ins Spiel, wie sie Hegel zum Schluss der »Wissenschaft der Logik« unter dem Titel der absoluten Idee als absoluter Methode entwickelt. Auch in der Explikation dieser Methode spielen die Reflexionsbestimmungen eine herausragende Rolle, denn es geht um die Methode des Sich-Selbst-Erfassens des Begriffs, und für Hegel ist dabei »das Denken des Widerspruchs das wesentliche Moment des Begriffs«.[52] Der Unterschied zur Reflexionslogik besteht darin, dass dort der Zusammenhang der Reflexionsbestimmungen als reiner Denkbestimmungen thematisiert wird, während in der absoluten Idee als Methode der Selbsterfassung des Begriffs die Selbstbewegung des Begriffs *mithilfe der und in den Reflexionsbestimmungen* gedacht wird; sie werden dort gleichsam *in actu* vorgeführt. Indem Marx die dialektische Methode – die er ja, wie erinnert, für das letzte Wort aller Philosophie hält – zum Bezugspunkt macht, wird sie ihm mit Hegel zugleich zur »Form der Selbstbewegung ihres Inhalts«. Für Hegel ist dies der Begriff als solcher, für Marx zugleich der Begriff realer Verhältnisse.

Dabei fällt jedoch die Selbstbewegung des hegelschen Begriffs nicht einfach mit der realen Bewegung im marxschen Verständnis zusammen. Marx betont um 1858 immer wieder, dass die Dialektik »Grenzen« habe. Diese Grenze besteht darin, dass die absolute Selbstbezüglichkeit, die dem hegelschen Begriff zukommt, Realprozessen nicht zukommt, auch wenn Marx das Kapital (bzw. den Wert) grundsätzlich als selbstbezüglich thematisiert. Die Dialektik hebe, so Marx, den realen Unterschied nicht auf.[53] Die Selbstbezüglichkeit des Werts etwa findet ihre Grenze darin, dass die Verwertung des Werts nicht aus der Zirkulation selbst entspringen kann, sondern durch den kapitalistischen Produktionsprozess vermittelt ist. Hier tritt aber nur jene Differenz ein, von der ich schon eingangs sprach. Auch für Hegel gibt es ja unterhalb der Schwelle der Selbstbewegung des Begriffs im reinen Denken keine absolute Selbstbezüglichkeit, weshalb die realphilosophischen Strukturen und Verhältnisse nicht einfach in denen der »Wissenschaft der Logik« im Verhältnis eins zu eins aufgehen, auch wenn sie nur in den durch die »Wissenschaft der Logik« entwickelten Kategorien zu begreifen sind. Die von Marx aufgezeigten Grenzen der Dialektik sind daher in der Sache, auch wenn Marx

52 GW, Bd. 12, S. 246.
53 MEGA^2, Bd. II/1,1, S. 43.

dies anders zu verstehen scheint, gar keine Hegel-Kritik, sondern bringen nur die dem hegelschen System immanente Differenz von »Logik« und Realphilosophie zum Ausdruck.

Der »Wertformanalyse« im ersten Kapitel des »Kapital« wird oft ein besonderer Bezug zur hegelschen »Wesenslogik« unterstellt.[54] Dies ist in dem Sinne richtig, dass Marx hier die Entwicklung von Widersprüchen beschreibt und dabei dem Verhältnis zweier Waren auch ausdrücklich eine Reflexionsbestimmung zuschreibt,[55] die darin besteht, dass eine Ware zum »Wertspiegel« der anderen wird. Die Wertformanalyse befasst sich mit dem Tauschverhältnis zweier Waren, die als Gegenstände zunächst das Produkt einer bestimmten, konkret-nützlichen Arbeit sind, nämlich Gebrauchswerte, die im Verhältnis zu menschlichen Bedürfnissen, gleich welcher Art (konsumtive oder produktive) stehen. Sie sind zugleich aber auch oder »haben« Tauschwert, was jedoch nicht mit ihrer dinglichen Existenz als Gebrauchswert zusammenfällt. Ihr Tauschwertsein kommt nur dadurch zur Erscheinung, dass zwei Waren, die qualitativ unterschiedliche Gebrauchswerte sind, quantitativ einander gleichgesetzt werden, und zwar nicht nach ihren natürlichen Maßen (die auch inkommensurabel sein könnten), sondern hinsichtlich ihres Werts.

Bereits die einfache, einzelne oder zufällige Wertform, das Austauschverhältnis zweier beliebiger Waren, macht deutlich, worum es hier geht: »x Waare A = y Waare B oder x Waare A ist y Waare B werth.«[56] Marx interessiert sich dabei für die *Formbestimmtheit* dieses »Wertausdrucks«, nicht für seine quantitative Bestimmtheit. Woran er sich dabei orientiert, erhellt aus einer Anmerkung in der Erstauflage des »Kapital«: »Es ist kaum verwunderlich, dass die Oekonomen, ganz unter dem Einfluss stofflicher Interessen, den Formgehalt des relativen Werthausdrucks übersehn haben, wenn vor *Hegel* die Logiker von Profession sogar den Forminhalt der Urtheils- und Schlussparadigmen übersahen.«[57] Tatsächlich handelt es sich ja bei dem Wertausdruck formal gesehen um ein Urteil, in dem – verteilt auf die Rollen von Subjekt und Prädikat – Waren aufeinander bzw. auf Geld (als allgemeine Ware) bezogen werden: W–W bzw. W–G oder G–W. Diese Urteile werden dann als Elemente eines Schlusses weiter entwickelt: G–W–G‘ usw. Es ist hier nicht der Ort, dies näher auseinanderzusetzen.

***

54 Vgl. Christian Iber: Grundzüge der Marx'schen Kapitalismustheorie, Berlin 2005, S. 54.

55 Die Struktur der Reflexionsbestimmung nimmt Marx nicht nur in der ersten (»Kapital[1]«, S. 22f.), sondern auch den folgenden Auflagen des »Kapital« in Anspruch; vgl. MEGA^2, Bd. II/5, S. 34 u. MEGA^2, Bd. II/8, S. 88.

56 MEGA^2, Bd. II/8, S. 79.

57 MEGA^2, Bd. II/5, S. 32.

Festzuhalten bleibt: Für Marx ist die »Wesenslogik« ein zentraler Referenztext, sofern er bemüht ist, das Kapitalverhältnis als in sich widersprüchlich zu rekonstruieren. Dabei geht es ihm jedoch nicht um den Begriff des Widerspruchs als solchen, wie er in der Reflexionslogik entwickelt wird, sondern um die Funktion des Widerspruchs im Begreifen realer Verhältnisse. Dieses Begreifen orientiert sich dann vor allem an der hegelschen Darlegung der Methode in der »Wissenschaft der Logik« und ist nicht spezifisch auf die »Wesenslogik« bezogen, auch wenn es ohne das in der »Wesenslogik« Geleistete nicht denkbar wäre.

In seinem Bezug auf die »Wissenschaft der Logik« verhält sich Marx, auch wenn er damit eine grundlegende Kritik verbinden möchte, die sich vor allem gegen die Verselbstständigung des Logischen richtet, nicht anders als Hegel in seiner Realphilosophie, wenn er die logischen Kategorien ins Spiel bringt. Eine Alternative zu Hegel ist darin nicht zu erkennen. Marx' Umgang mit Hegels »Logik« könnte also auch, gegen Marx' Intentionen, ein Argument dafür liefern, dass der systematische Zusammenhang reiner Denkbestimmungen, wie Hegel ihn entwickelt, nicht von vornherein eine idealistische Mystifikation darstellt, sondern Voraussetzung und Mittel der Erkenntnis empirischer Verhältnisse ist. Marx und Hegel, so scheint es, sind sich weniger entgegengesetzt, als es gewöhnlich, auch von Marx selbst, angenommen wird.

Hegels Begriff des Begriffs und der Begriff des Wertes in Marx' »Kapital«

IM ERSTEN KAPITEL DER ERSTAUFLAGE (1867) des ersten Bandes des »Kapital« schreibt Marx im Zusammenhang mit dem relativen Wertausdruck (»x Leinwand ist y Rock *werth*«), der Rock gelte hier »nur *als Werth* oder Arbeitsgallerte«, jedoch könne ungeachtet dessen die verausgabte menschliche »Arbeit schlechthin«, wie sie im Rock vergegenständlicht sei, nur »*in bestimmter Form*« verausgabt werden, indem sie auf einen Naturstoff bezogen werde, »ein äusseres Material, worin sie sich vergegenständlicht«. Und Marx fügt hinzu: »Bloß der Hegel'sche ›*Begriff*‹ bringt es fertig, sich ohne äußern Stoff zu objektiviren.« In einer dazugehörigen Fußnote zitiert Marx zum Beleg aus Hegels »kleiner Logik« in der »Enzyklopädie« aus dem Zusatz zum Paragrafen 194 im Abschnitt über das Objekt in der »Lehre vom Begriff«: »Der Begriff, welcher zunächst nur subjektiv ist, schreitet, ohne dass es dazu eines äusseren Materials oder Stoffs bedarf, seiner eignen Thätigkeit gemäss dazu fort, sich zu objektiviren.«[1]

Damit ist aus Marx' Sicht ein klarer Trennungsstrich zwischen dem Begriff des Wertes im Rahmen seiner Kritik der politischen Ökonomie und dem hegelschen Begriff des Begriffs gezogen: Welche Erkenntnisleistungen auch immer der hegelsche Begriff bieten möge, er vermag es nicht, sich ohne äußeres, vorgefundenes und bereits vorgeformtes Material zu objektivieren. In die so festgestellte Differenz schreibt Marx den Gegensatz von Idealismus und Materialismus ein und mit ihm den von mystischer Form und rationellem Gehalt der hegelschen Dialektik. Bereits im Methodenkapitel der »Grundrisse« hatte Marx Hegel in gleicher Weise kritisiert: »Hegel gerieth [...] auf die Illusion, das Reale als Resultat des sich in sich zusammenfassenden, in sich vertiefenden, und aus sich selbst sich bewegenden Denkens zu fassen, während die Methode vom Abstrakten zum Concreten aufzusteigen, nur die Art für das Denken ist sich das Concrete anzueignen, es als ein geistig Concretes zu reproduciren. Keineswegs aber der Entstehungsprocess des Concreten selbst.«[2] Und auch im Nachwort zur zweiten Auflage des »Kapital« wird

1 Karl Marx/Friedrich Engels: Gesamtausgabe, Berlin 1975ff. [MEGA²], Bd. II/5, S. 30f.

2 MEGA², Bd. II/1,1, S. 36.

der gleiche Vorwurf wiederholt: »Für Hegel ist der Denkproceß, den er sogar unter dem Namen Idee in ein selbständiges Subjekt verwandelt, der Demiurg des Wirklichen, das nur seine äußere Erscheinung bildet. Bei mir ist umgekehrt das Ideelle nichts andres als das im Menschenkopf umgesetzte und übersetzte Materielle.«[3]

Auch ausgezeichnete Kenner und Interpreten der hegelschen »Logik« haben Marx' Kritik an der Selbstobjektivierung des Begriffs für plausibel gehalten. Christian Iber etwa schreibt in seinem Kommentar zu Hegels Konzeption des Begriffs: »Der Fehler Hegels scheint darin zu liegen, daß er die Aufhebung des Gegensatzes von Subjekt und Objekt im begreifenden Denken mit der Überwindung ihrer Differenz gleichsetzt. Doch der Begriff vollbringt nicht jenes Wunder, die Realität und damit die Differenz zwischen Subjekt und Objekt zum Verschwinden zu bringen, ganz zu schweigen davon, daß die Realität als sein Werk anzusehen ist. [...] Die Welt ist nur der objektivierte Begriff.«[4]

Gleichwohl möchte ich im Folgenden der Frage nachgehen, ob diese Kritik, an der meines Erachtens die ganze Hegel-Kritik des späteren Marx hängt, berechtigt ist. Um meine Antwort gleich vorwegzunehmen: Die Kritik ist unberechtigt, denn sie basiert auf einem grundlegenden Missverständnis über den Charakter der hegelschen »Wissenschaft der Logik«. Um gleich noch eine These draufzusetzen: Damit ist nach meiner Auffassung auch das Projekt einer sogenannten »materialistischen« Dialektik hinfällig. Es ist vergeblich, in dieser Richtung weitere Anstrengungen unternehmen zu wollen. Aber das sind, vorerst, nur steile Thesen. Ich werde im Weiteren so vorgehen, dass ich zunächst (1) nach Hegels Begriff des Begriffs frage, mich dann (2) dem marxschen Konzept des Wertes zuwende und schließlich (3) einige allgemeine Schlussfolgerungen hinsichtlich des Verhältnisses von Hegel und Marx ziehe.

(1) Die Behauptung, der Begriff objektiviere sich ohne äußeren Stoff, findet sich in einem »Zusatz« in der nach Hegels Tod veranstalteten »Freundesvereinsausgabe«; der Text stammt daher nicht von Hegel selbst, sondern basiert auf einer oder mehreren studentischen Nachschriften, die vom Herausgeber ausgewählt und zumeist auch bearbeitet wurden. Die Interpretation solcher »Zusätze« muss daher immer besonders sorgfältig danach fragen, welchen Sinn der Wortlaut im jeweiligen systematischen Argumentationskontext überhaupt machen kann. Eine naheliegende Fehlinterpretation lässt sich gleich abwehren, wenn darauf geachtet wird, dass von Objektivität hier nicht im Sinne des Hervorgehens der Natur aus dem Begriff die Rede sein kann, denn wir befinden uns hier noch keines-

3 MEGA², Bd. II/10, S. 17.

4 Christian Iber: Hegels Konzeption des Begriffs, in: G.W.F. Hegel. Wissenschaft der Logik, hg. v. Anton Friedrich Koch und Friedrike Schick, Berlin 2002, S. 188.

wegs an der Nahtstelle zwischen der »Wissenschaft der Logik« und der Naturphilosophie, welche auf die »Logik« folgt und ihrerseits zur Geistesphilosophie überleitet. »Das Objekt« – wie der zweite Abschnitt der Lehre vom Begriff in der »Enzyklopädie« überschrieben ist –, ist also keineswegs identisch mit den Gegenständen der Realphilosophie, also der Philosophien der Natur und des Geistes.

An dieser Stelle ist es meines Erachtens angebracht, grundsätzlich etwas zum Verhältnis der »Logik« einerseits zur Realphilosophie andererseits zu sagen, denn wir werden noch sehen, dass Marx, vorsichtig gesagt, dazu tendiert, beides miteinander zu verschleifen. Tatsächlich handelt es sich jedoch um unterschiedliche Theorieebenen, denn die »Logik« stellt gegenüber der Natur und dem Geist eine bestimmte Abstraktionsebene dar. Das wird gleich zum Beginn deutlich, denn der Anfang der »Logik« ist die unvermittelte Unmittelbarkeit eines reinen, bestimmungslosen Seins: »*Seyn, reines Seyn*, – ohne alle weitere Bestimmung.«[5] Diese anfängliche Formel ist nicht einmal ein Satz, also logisch gesehen auch kein Urteil, denn das Urteil wäre ja schon die Form des denkenden Bestimmens. Würde die Formel also lauten: »Das reine Sein ist ohne alle Bestimmung«, so wäre das Prädikat die Bestimmung der Bestimmungslosigkeit und das Sein wäre schon bestimmtes Sein, denn nach Hegel sagt das Prädikat, was das Subjekt *ist*. Die Abstraktion von aller Bestimmtheit folgt nach Hegel aus dem willkürlichen Entschluss des Subjekts, rein denken zu wollen.[6] Das heißt, ich abstrahiere sowohl von allem bestimmten Inhalt des Denkens, also von aller Intentionalität auf Gegenstände, als auch von aller Vor-Bestimmtheit, die das Denken für mich hat, also von dem, was ich vom Denken schon immer weiß oder zu wissen meine. Das Vermeiden aller Vor-Urteile führt dann auch konsequent dazu, dass zum Beginn der »Logik« die Urteilsform überhaupt vermieden wird. Da das reine Denken eine Form der philosophischen Selbstvergewisserung, die Philosophie nach Hegel aber eine Gestalt des absoluten Geistes und als solche ihrem Wesen nach geschichtlich ist, hat diese Abstraktion des reinen Denkens selbstverständlich historische Voraussetzungen: Sie setzt voraus, dass die Philosophie in ihrer geschichtlichen Entwicklung auf das Problem reiner Denkbestimmungen gestoßen ist, was nach Hegel erst mit Kant und der Wendung zur Transzendentalphilosophie erfolgt ist. Hier werden Denkbestimmungen thematisiert – etwa in den kantischen Kategorien und der Urteilstafel –, die als Bedingung der Möglichkeit intentionalen, also objektbezogenen Erkennens gelten, ohne selbst in diesem Sinne intentional zu sein: Sie sind wohl objektiv gültig, aber nicht objektiv. Worauf beruht dann aber die Möglichkeit einer Abstraktion auch von diesen historischen Voraussetzungen, denn die »Logik« springt ja gleichsam unmit-

5 Georg Wilhelm Friedrich Hegel: Gesammelte Werke, Hamburg 1968ff. [GW], Bd. 11, S. 43.
6 Vgl. GW, Bd. 21, S. 55f.

telbar in das reine Denken als Selbsterfassung der Denkbestimmungen hinein?[7] Sie beruht nach Hegel auf einer grundlegenden Eigenschaft des Geistes, nämlich auf seiner Möglichkeit, »von allem Aeußerlichen und seiner eigenen Aeußerlichkeit, seinem Daseyn selbst [zu] abstrahiren«[8] Genau dies geschieht mit dem Entschluss, rein denken zu wollen.

Um also vom reinen Denken der Logik wieder zu dem Äußerlichen und auch dem Dasein des Geistes zu kommen, also zur Realphilosophie, bedarf es demnach im Gegenzug der Rücknahme der Abstraktion. Tatsächlich heißt es am Schluss der »Wissenschaft der Logik« in dem Abschnitt über die absolute Idee, diese Idee sei »noch logisch« und »in den reinen Gedanken« und »in die Subjectivität eingeschlossen«.[9] Anders gesagt: Die Vernunft oder der Begriff vollendet sich in sich, aber in dieser Vollendung ist der Begriff wieder in sich eingeschlossen, das heißt, er setzt sich – als Begriff – eine Grenze. So heißt es im Zusatz zum § 379 der »Enzyklopädie«, der Begriff selber setze »seinem Sichentwickeln dadurch eine Grenze, daß er sich eine ihm völlig entsprechende Wirklichkeit gibt«.[10] Diese Wirklichkeit und Wahrheit aber hat er *allein* in der absoluten Idee als Selbstbeziehung des Begriffs. Sofern Hegel die traditionelle Auffassung der Wahrheit als Entsprechung von Begriff und Gegenstand teilt, gibt es eine vollständige Entsprechung und damit Wahrheit in einem emphatischen Sinne allein auf der Ebene der absoluten Idee, denn in der Realität hat der Begriff immer schon die Beziehung auf eine der Äußerlichkeit an sich. Anders gesagt: Der reale Gegenstand ist nicht a limine mit dem Begriff identisch. Wie aber kommt der Begriff zu dieser Äußerlichkeit? Hier stoßen wir in der »Logik« in der Tat auf nebulöse Metaphern. Indem die Idee, so lesen wir, sich »in die Unmittelbarkeit des Seyns zusammennimmt«,[11] also die anfängliche Unmittelbarkeit als vermittelte wiederherstellt, sei sie Natur, aber: »Diese Bestimmung ist [...] nicht ein *Gewordenseyn* und *Uebergang*«, sondern geschehe so, »daß die Idee sich selbst *frey entläßt*«, wobei es sich sogar um einen »Entschluß der reinen Idee« handeln soll, »sich als äusserliche Idee zu bestimmen«.[12]

Das ist immer wieder im Sinne eines Schöpfungsaktes interpretiert worden. Wäre dies wahr, so hätten wir spätestens hier das Mysterium vor uns, dass der Begriff sich ohne alles äußere Material eine Objektivität im Sinne realer, natürlicher Objekte gibt. Indessen wäre genau dies ein

7 Dass Hegel diese Möglichkeit gesehen und ergriffen hat, führte zur Verschiebung seiner Systemkonzeption: Die »Phänomenologie des Geistes«, die ursprünglich am Anfang stehen sollte, wäre die Hinführung auf den Anfang der »Logik« vom Resultat der geschichtlichen Arbeit des Weltgeistes aus gewesen.

8 GW, Bd. 19, S. 289, § 382.

9 GW, Bd. 12, S. 253.

10 Georg Wilhelm Friedrich Hegel: Werke. Theorie-Werkausgabe, Frankfurt a. M. 1970, Bd. 10, S. 14f.

11 GW, Bd. 12, S. 253.

12 Ebd.

Gewordensein oder Übergang, was Hegel kategorisch ausschließt. Was aber ist dann gemeint? Ich möchte hier den Vorschlag machen, das »Sich-frei-Entlassen« und das »Sich-Entschließen« im Sinne einer Rücknahme der anfänglichen Abstraktion zu verstehen, also der Abstraktion von aller Bestimmtheit. Der Akt der Rücknahme der Abstraktion kann nicht nur deshalb als frei bezeichnet werden, weil die absolute Idee nichts anderes ist als der Begriff der Freiheit überhaupt, sondern auch deshalb, weil die reinen Denkbestimmungen keine Intentionalität auf reale Gegenstände haben. Das Sich-Entschließen ist demnach ein Sich-Aufschließen für das Reale, mithin die Rücknahme der Abstraktion von den Voraussetzungen des reinen Denkens. Hierbei darf man sich nicht täuschen lassen: Die Idee ist kein Subjekt, das sich entschließen könnte, denn sie hat kein eigenes Dasein außerhalb des Denkprozesses, der von uns als den Trägern des reinen Denkens vollzogen wird. Im Überschritt zur Natur am Ende der Logik beziehen wir daher die Idee durch die Rücknahme der Abstraktion auf eine schon immer vorhandene Gegenständlichkeit. Die Natur ist konstitutiv äußerlich zur Idee, aber – so Hegel – »schlechthin frey – die absolut für sich selbst ohne Subjectivität seyende *Aeusserlichkeit des Raums und der Zeit*«.[13] Dass die Natur *absolut* für sich selbst sei, schlechthin frei, bedeutet, dass sie in ihrem Dasein absolut und gerade nicht abhängig von der Idee und also keineswegs aus ihr auf mystische Weise hervorgegangen ist. Hegel kennt als Aristoteliker keinen Schöpfungsakt; was ihn interessiert, ist die Erkennbarkeit der »Welt«, also der Natur und des Geistes. Beide – Natur und Geist – sind nach Hegel »unterschiedene Weisen«, das »*Daseyn*« der Idee darzustellen.[14] Da die absolute Idee nicht als Substrat zu denken ist, sondern als Methode, die in *unser* Wissen fällt, hat sie ein *Dasein* nur in der Natur und im Geist und nicht in einer metaphysischen Hinterwelt, und demzufolge sind auch Natur und Geist als Relata notwendig aufeinander bezogen. Der Geist ist »*Setzen* der Natur als *seiner* Welt; ein Setzen, das als Reflexion zugleich *Voraussetzen* der Welt als selbständiger Natur ist«.[15] Diese reale Vermittlung von Natur und Geist ist unhintergehbar. Die absolute Form – die Form des sich als Begriff erfassenden Begriffs in der absoluten Idee – ist eben darum auch nur formell, wie es in der »Logik« heißt.[16]

Vor diesem Hintergrund ist nun anzugeben, was die Objektivierung des Begriffs *innerhalb* der *Logik* bezeichnet.[17] Die Logik ist, wie gesagt, das Reich des reinen Denkens, das heißt, hier geht es um Denkbestimmungen und nicht um die Bestimmungen von Gegenständen. Im Denken des

13 Ebd.

14 Ebd., S. 236.

15 GW, Bd. 19, S. 290, § 384.

16 GW, Bd. 12, S. 25.

17 Vgl. dazu grundlegend Georg Sans: Die Realisierung des Begriffs. Eine Untersuchung zu Hegels Schlusslehre, Berlin 2004.

Denkens wird sich das Denken selbst objektiv, und nur diese Objektivität kann gemeint sein, wenn der Begriff sich objektiviert. Das Denken *wird* sich objektiv, denn im reinen Denken denken wir zwar immer das Denken, aber wir wissen nicht von Beginn an, ob das Denken, *das* wir denken, mit dem Denken identisch ist, *mit dem* wir das Denken denken. Was Hegel meint, ist also der Schritt von dem Denken als Objekt unseres Denkens zur Selbstbezüglichkeit und damit Selbstobjektivierung des Denkens. Dieser Prozess verläuft, kurz gesagt, so, dass wir schließlich – letztlich in der absoluten Idee – einsehen, dass der Zusammenhang der Denkbestimmungen, die *Objekt unseres Denkens* sind, identisch ist mit dem Zusammenhang der Denkbestimmungen *in unserem Denken*, mit denen wir die Denkbestimmungen denken, und damit auch identisch mit dem Zusammenhang unserer mit den gedachten Denkbestimmungen. Daran ist nichts Mystisches. Wäre es nämlich nicht so, dann gäbe es keine Allgemeinheit des Denkens und unser Denken wäre immer nur das jemeinige Denken, solipsistisch eingekapselt in isolierte, kommunikationsunfähige Subjekte. Es geht also um die Allgemeinheit der Denkbestimmungen und darum, wie sie sich im Denken des Denkens zu einer den Gegensatz von Subjekt und Objekt übergreifenden Totalität vermitteln.

Ein Begriff bezeichnet für Hegel nicht das Merkmal eines Gegenstandes, sondern eine Relation von Denkbestimmungen. Entsprechend haben wir es in Hegels »Lehre vom Begriff« auch nicht mit isoliert für sich fixierbaren Begriffen zu tun, sondern nur mit Relationen. Begriff und überhaupt das, was in Wahrheit ist, ist für Hegel nur als Verhältnis zu denken, genauer gesagt: als prozessierendes Verhältnis, in dem sich der Begriff vermittelt. Die Vermittlung zur Totalität und Allgemeinheit geschieht nach Hegel durch den Schluss.[18] Der Schluss ist die Form einer in sich konkreten Allgemeinheit, das heißt einer Allgemeinheit, die in sich unterschieden ist und gerade durch das Verhältnis ihrer unterschiedenen Momente konstituiert wird. Jeder Schluss besteht bekanntlich aus drei Elementen – Prämisse, *medius terminus* und *conclusio* –, die wiederum jeweils Urteile sind, nach Hegel bestehend aus Subjekt, Prädikat und Kopula (»x ist y«), die wiederum aus Subjekt- und Prädikatbegriffen bestehen. Was ein Begriff x ist, bestimmt sich erst im Prädikat, also im Verhältnis von Begriffen. In diesem Verhältnis bezeichnet die Kopula eine Leerstelle, denn wodurch Subjekt- und Prädikatbegriff vermittelt sind, wird im Urteil begrifflich nicht erfasst und kann erst im Schluss bestimmt werden, in dem die drei Urteile miteinander vermittelt werden und dadurch auch die Vermittlung ihrer Begriffe einsehbar wird.

Den drei Gliedern des Schlusses ordnet Hegel die Kategorien der Einzelheit, Besonderheit und Allgemeinheit zu. Die unterschiedlichen

18 Vgl. zum Folgenden Hegels Lehre vom Begriff, Urteil und Schluss, hg. v. Andreas Arndt, Christian Iber und Günter Kruck, Berlin 2006.

Schlussformen sind dadurch bestimmt, dass diese Kategorien verschiedene Positionen einnehmen können und im vollendeten Schluss austauschbar sind. Die Totalität als Einheit besteht hier aber nur erst »an sich« oder in *unserer* Betrachtung, die ihr noch äußerlich ist. Sie ist zwar (was, wie Hegel selbst sagt, »fremdartig« erscheinen mag) »*Realisirung* des Begriffs«,[19] indem sich der Begriff durch den vollendeten Schluss vollständig vermittelt hat; die Austauschbarkeit der Glieder des Schlusses erscheint hier jedoch noch als Gleichgültigkeit gegeneinander und insofern ist auch die Einheit gleichgültig gegen die Momente: »Das Object ist daher der absolute *Widerspruch* der vollkommnen Selbständigkeit des Mannichfaltigen, und der ebenso vollkommnen Unselbständigkeit derselben«.[20] Dieser Widerspruch wird dadurch gelöst, dass die Totalität als in sich konkrete, das heißt unterschiedene Allgemeinheit gefasst wird, die nun auch *uns* als diejenigen, welche das Denken denken, mit einbezieht: als absolute Idee.

Die absolute Idee als (dialektische) Methode ist die allgemeine *Form* der Vermittlung und damit, da sie nach Hegel ebensosehr theoretisch wie praktisch ist, die allgemeine *Form* unseres theoretischen wie praktischen Verhaltens zur »Welt« und zugleich deren allgemeine interne Vermittlungs*form*. Die Betonung liegt hier auf Form, denn nur in der Selbstbezüglichkeit des Begriffs in der absoluten Methode ist die Form schlechthin mit dem Inhalt identisch. Insofern schreibt Hegel der Idee auch den »*Trieb*« zu, *»durch sich selbst in Allem sich selbst* zu finden und zu erkennen«.[21] Dies ist nichts anderes als das, was Hegel den Geist nennt: der Trieb, aus der unmittelbaren Naturabhängigkeit herauszutreten und die »Welt«, einschließlich des Geistes selbst, zu erkennen und zu gestalten. Hierin liegt zugleich, dass die *logische Form* sich als die Vermittlungsform von Realprozessen zu bewähren hat. Am Ende des Durchgangs durch die Realwissenschaften der Natur und des Geistes wird dann, so die Formulierung der »Enzyklopädie«, »das Logische« wieder erreicht, aber »mit der Bedeutung, daß es die im concreten Inhalte als in seiner Wirklichkeit *bewährte* Allgemeinheit« ist.[22] Dies wäre überflüssig wenn Hegel sich tatsächlich, wie Marx behauptet, aufgrund der Sache der Logik auch apriorisch der Logik der Sache sicher wäre. Dies ist keineswegs der Fall, weil, so Hegel, die »Wissenschaft der Logik« »als die *formelle Wissenschaft* nicht auch diejenige Realität enthalten könne und solle, welche der Inhalt weiterer Theile der Philosophie, der *Wissenschaften der Natur und des Geistes*, ist. Diese concreten Wissenschaften treten allerdings zu einer reellern Form der Idee heraus als die Logik«; sie haben und behalten aber »das Logische oder

19 GW, Bd. 20, S. 200, § 193.

20 Ebd., S. 204, § 194.

21 GW, Bd. 12, S. 238.

22 GW, Bd. 19, S. 415, § 574.

den Begriff zum innern Bildner«.[23] Mit dem Eintritt in die Realphilosophie treten wir jedoch – mit der Natur sowie dem subjektiven und objektiven Geist – in das Reich der endlichen »Dinge« ein, und hier findet sich eine entscheidende Differenz zum Begriff als solchem: »Die endlichen Dinge sind darum endlich, indem sie die Realität ihres Begriffs nicht vollständig an ihnen selbst haben, sondern dazu anderer bedürfen; – oder umgekehrt, insofern sie als Objecte vorausgesetzt sind, somit den Begriff als eine äusserliche Bestimmung an ihnen haben.«[24] Anders gesagt: Hegel könnte Marx' Satz, dass es nur der Begriff fertigbringt, sich selbst zu objektivieren, ohne Weiteres unterschreiben, aber, so würde er hinzusetzen, dies gelte nur im einheimischen Reich des reinen Denkens, der logischen Idee.

(2) Marx hat diese Differenz durchgängig, von seinen frühesten Texten an, nicht beachtet. Für ihn besteht der Einsatz der dialektischen Methode bei Hegel darin, sie der Realität als ein Subjekt zu unterlegen, und zwar im doppelten Sinne: als Substrat (*hypokeímenon*) und als selbstbewusstes *agens*. Bereits 1843 heißt es in dem Kreuznacher Manuskript *Zur Kritik der Hegelschen Rechtsphilosophie*: »Hegel verselbstständigt die Prädicate, die Objekte, aber er verselbstständigt sie getrennt von ihrer wirklichen Selbstständigkeit, ihrem Subjekt. [...] Zum wirklichen Subject wird daher die mystische Substanz und das reelle Subjekt erscheint als ein andres, als ein Moment der mystischen Substanz. Eben weil Hegel von den Prädicaten, der allgemeinen Bestimmung statt von dem reellen Ens (ὑποκείμενον, Subjekt) ausgeht und doch ein Träger dieser Bestimmung da sein muß, wird die mystische Idee dieser Träger.«[25] Das ist Feuerbach pur: die Umkehrmethode, nach der das imaginäre Subjekt (Gott) durch das wirkliche Subjekt (Mensch) zu ersetzen ist und ihm die göttlichen Prädikate zuzusprechen sind. Von diesem Feuerbachianismus hat Marx sich nie wirklich freigemacht, genauer gesagt: Nach der Abrechnung mit der eigenen philosophischen Vergangenheit in der gemeinsam mit Engels verfassten »Deutschen Ideologie« (die stellenweise naiv empiristische Züge trägt) hat er seinen eigenen Umgang mit hegelschen Denkfiguren nie wieder philosophisch reflektiert und hinterfragt. Hier heißt es, ein Zusammenhang von Gedankenbestimmungen in der Theorie sei überhaupt nur »deshalb möglich, weil diese Gedanken vermittelst ihrer empirischen Grundlage wirklich mit einander zusammenhängen«.[26] Fasse man sie, losgelöst von ihrer empirischen Grundlage, als »*blose* Gedanken«, würden sie »zu Selbstunterscheidungen, vom Denken gemachten Unterschieden« gemacht und dadurch in einen »mystischen Zusammenhang«

23 Ebd., S. 25.
24 Ebd., S. 175.
25 MEGA², Bd. I/2, S. 24f.
26 MEGA², Bd. I/5, S. 65.

gebracht.[27] Entsprechend heißt es auch in den »Grundrissen der Kritik der politischen Ökonomie«, die »Abstraktion oder Idee« sei »nichts als der theoretische Ausdruck jener materiellen Verhältnisse, die Herr über sie sind. Verhältnisse können natürlich nur in Ideen ausgedrückt werden und so haben Philosophen als das eigenthümliche der Neuen Zeit ihr Beherrschtsein von Ideen aufgefaßt..[28]

Trotz aller Kritik ist für Marx Hegels Dialektik »unbedingt das lezte Wort aller Philosophie«, aber man müsse sie, wie er mehrfach betont, »von dem mystischen Schein, den sie bei Hegel hat [...] befreien«.[29] Was es mit diesem angeblichen Mystizismus auf sich hat, haben wir bereits gesehen. Unabhängig davon bringt der Einsatzpunkt der Kritik der politischen Ökonomie, nämlich die Warenanalyse, Marx wieder auf Hegel zurück. Dass er mit der Ware und nicht mit dem Geld beginnen müsse, war Marx erst am Ende seines ersten Gesamtentwurfs, den »Grundrissen«, aufgegangen.[30] Kurz gesagt: Nur über die Warenanalyse wird das spezifisch gesellschaftliche Verhältnis fassbar, das hinter der Verwertung des Werts steht. Marx richtet sich daher, wie es in dem zweiten Gesamtentwurf 1861–1863 heißt, durchgängig gegen den »Standpunkt des *Oekonomen*, der *nur* handgreifliche Dinge kennt oder *Ideen* — Verhältnisse existiren nicht für ihn«.[31] Das Kapital als sich verwertender Wert ist ein solches Verhältnis und damit ein Drittes zu Ding oder Idee. Der Tauschwert ist, wie es in einem Brief Marx' an Ludwig Kugelmann vom 11. Juli 1868 heißt, »die Form, worin sich die [...] proportionelle Vertheilung der Arbeit durchsetzt in einem Gesellschaftszustand, worin der Zusammenhang der gesellschaftlichen Arbeit sich als *Privataustausch* der individuellen Arbeitsproducte geltend macht«.[32] Als Verhältnis ist der Wert bzw. Tauschwert nicht isoliert darstellbar, sondern nur im Prozess seiner Vermittlung; der Begriff des Wertes ist daher offensichtlich dem hegelschen Begriff entsprechend modelliert. So kann Marx behaupten, »daß wenn in meinem Buch gar kein Kapitel über den ›Werth‹ stünde, die Analyse der realen Verhältnisse, die ich gebe, den Beweis u. den Nachweis des wirklichen Werthverhältnisses enthalten würde«.[33]

Der Darstellung vor allem der Wertform schreibt Marx daher auch eine besonders »scharfe« Dialektik zu.[34] Da die »Werthgegenständlichkeit [...] rein gesellschaftlich ist, so versteht sich auch von selbst, daß sie nur

27 Ebd.

28 MEGA², Bd. II/1,1, S. 96.

29 An Lassalle, 23.5.1858, in: MEGA², Bd. III/9, S. 155.

30 Vgl. Arndt: Karl Marx, S. 140ff.

31 MEGA², Bd. II/3,1, S. 133.

32 Marx-Engels-Gesamtausgabe digital. Hg. von der Internationalen Marx-Engels-Stiftung. Berlin-Brandenburgische Akademie der Wissenschaften, Berlin. URL: http://megadigital.bbaw.de/briefe/detail.xql?id=M0000679.

33 Ebd.

34 MEGA², Bd. II/5, S. 11.

im gesellschaftlichen Verhältniß von Waare zu Waare erscheinen kann«.[35] Der Begriff des Wertes bestimmt sich zunächst im Verhältnis zweier Waren, das logisch gesehen die Form des Urteils hat (»x Ware A = y Ware B oder: x Ware A ist y Ware B wert«). Die Entwicklung dieser Urteile von der einzelnen oder zufälligen Wertform bis zur Geldform bestimmt den Wert nicht im Sinne einer Definition, sondern im Sinne des Durchgangs durch seine Vermittlungen. Mit dem wirklichen Austauschprozess, wie er dann im zweiten und dritten Kapitel des »Kapital« thematisch wird, erweitert sich dieser Bestimmungsprozess zur Selbstbezüglichkeit des Wertes im Verwertungsprozess. Der logischen Form nach handelt es sich hierbei um Schlüsse, die Marx in den dreigliedrigen Zirkulationsformeln der Metamorphose der Waren abbildet: Ware – Geld – Ware (W–G–W; Geld als Zirkulationsmittel), Geld – Ware – Geld (G–W–G; Rücklauf des Geldes) und Geld – Ware – Geld + ΔG (G–W–G'; Kreislauf des Kapitals oder Verwertung des Wertes). Hier geht das Geld, wie Marx sagt, »beständig aus der einen Form in die andre über, ohne sich in dieser Bewegung zu verlieren, und verwandelt sich so in ein automatisches Subjekt.«[36] Hier bricht jedoch die Parallele mit der *innerlogischen* Entwicklung des Begriffs bei Hegel ab. Marx analysiert im Folgenden die »Widersprüche der allgemeinen Formel«, die in der Feststellung kulminieren, das Kapital könne »nicht aus der Cirkulation entspringen und es kann eben so wenig aus der Cirkulation nicht entspringen. Es muß zugleich in ihr und nicht in ihr entspringen.«.[37] Diese Antinomie kann nur dadurch aufgelöst werden, dass innerhalb der Zirkulation, nämlich auf dem Arbeitsmarkt, eine Ware vorhanden ist, deren *Gebrauchswert* (die Arbeitskraft) selbst Quelle von Wert ist, die mithin Mehrwert erzeugen kann. Das Vorfindlichsein dieser spezifischen Ware entspringt aber nicht aus der Natur der Zirkulation selbst, sondern ist Produkt spezifischer historischer Umstände. Kategorial ausgedrückt: Der Wert ist zu seiner Verwertung auf etwas angewiesen, was er nicht selbst gesetzt hat, sondern historisch-emprisch vorfindet, und er realisiert seine Selbstbeziehung als Kapital überhaupt nur durch die Beziehung auf ein Anderes, nämlich den *Gebrauchswert.* Hieraus ist freilich, entgegen der Meinung vieler Interpreten, kein Gegensatz zu Hegel abzuleiten, denn wir bewegen uns mit der Analyse des Kapitalverhältnisses auf der Ebene des objektiven, also des endlichen Geistes, nicht auf der Ebene der »Wissenschaft der Logik«. Ich erinnere noch einmal an Hegels Ausführungen im Abschnitt zur Idee: »Die endlichen Dinge sind darum endlich, indem sie die Realität ihres Begriffs nicht vollständig an ihnen haben, sondern dazu anderer bedürfen [...] Das Höchste, was sie nach der Seite dieser Endlichkeit erreichen, ist die

35 MEGA², Bd. II/8, S. 78f.

36 Ebd., S. 169f.

37 Ebd., S. 182.

äussere Zweckmässigkeit.«[38] Genau dies ist bei G – W – G' der Fall. Zwar scheint es so, wie Marx unter Anspielung auf Hegels Interpretation der Trinität sagt, als ob der Wert »in ein Privatverhältnis zu sich selbst« getreten wäre: Er unterscheidet sich »als ursprünglicher Werth von sich selbst als Mehrwerth, als Gott Vater von sich selbst als Gottsohn, und beide sind vom selben Alter, und bilden in der That nur eine Person«.[39] Die Vermittlung zum reinen Selbstzweck und damit zur Selbstbezüglichkeit eines automatischen Subjekts gelingt aber nicht: Der Zweck der Verwertung bleibt immer äußerlicher Zweck (wie Hegel es behauptet hatte), was in jeder Krise ebenso schlagend hervortritt wie in jedem Streik.

(3) Ich komme damit zum Schluss. Natürlich ließe sich über den Begriff des Wertes noch viel mehr sagen, hier ging es nur um das Verhältnis zum hegelschen *Begriff*. Ich fasse daher meine zentrale These zusammen: Wenn auf die Differenz von »Wissenschaft der Logik« und Realphilosophie bei Hegel geachtet wird, stellt Marx' Gebrauch der dialektischen Methode in keinerlei Hinsicht eine Alternative zu Hegel dar und lässt sich vollständig im Rahmen des hegelschen Theorieparadigmas rekonstruieren. Dass Marx anderer Ansicht ist und hartnäckig behauptet, seine Dialektik sei der hegelschen entgegengesetzt und habe diese entmystifiziert, ist nichts weiter als ein mitgeschleppter Feuerbachianismus, den Marx spätestens seit 1845 theoretisch schon nicht mehr vertritt. Er schleppt ihn mit, weil er meinte, mit der Philosophie überhaupt fertig zu sein und daher die fällige philosophische (oder meinetwegen: wissenschaftsmethodologische) Reflexion versäumte, auf welcher Grundlage er überhaupt Gebrauch von der hegelschen Methode machen konnte. An die Stelle dieser Reflexion tritt die Phrase vom Materialismus.

Der Gegensatz, der damit aufgemacht wird, trifft Hegel nicht,[40] und auch die Ware erweist sich im »Kapital« als widerspenstig gegen materialistische Proklamationen. Bekanntlich ist sie »ein sehr vertracktes Ding [...], voll metaphysischer Spitzfindigkeit und theologischer Mucken«, ein »sinnlich übersinnliches Ding.«[41] Vermutlich würde Marx sagen, es blieben die Dinge aber noch immer Träger, *subjectum, hypokeímenon* der an ihnen erscheinenden Verhältnisse, und darin liege die entscheidende Differenz, denn: »Bloss der Hegel'sche ›*Begriff*‹ bringt es fertig, sich ohne äussern Stoff zu objektiviren.« Das gilt freilich nur im reinen Denken; in der Realität geht es nach Hegel dagegen genauso zu, wie Marx es gegen Hegel meint einfordern zu müssen. Eine materialistische Dialektik jedenfalls ist im »Kapital« – trotz aller Proklamationen – nicht in Sicht.

38 GW, Bd. 12, S. 175.
39 Ebd., S. 170.
40 Vgl. oben das Kapitel: »Ein Gegensatz ohne Bedeutung: Idealismus und Materialismus«.
41 MEGA², Bd. II/8, S. 100.

Begreifen als Kritik

IM NACHWORT ZUR ZWEITEN AUFLAGE des ersten Bandes des »Kapital« schreibt Marx 1873: »In ihrer mystificirten Form ward die Dialektik deutsche Mode, weil sie das Bestehende zu verklären schien. In ihrer rationellen Gestalt ist sie dem Bürgerthum und seinen doktrinären Wortführern ein Aergerniß und ein Greuel, weil sie in dem positiven Verständniß des Bestehenden zugleich auch das Verständniß seiner Negation, seines nothwendigen Untergangs einschließt, jede gewordne Form im Flusse der Bewegung, also auch nach ihrer vergänglichen Seite auffaßt, sich durch nichts imponiren läßt, ihrem Wesen nach kritisch und revolutionär ist.«[1] Mit diesen Formulierungen will Marx im Kontext des Nachworts deutlich machen, worin der Gegensatz seiner dialektischen Methode zu derjenigen Hegels besteht.[2] Diese Abgrenzung ist nicht eindeutig und wirft Fragen auf. Auf der einen Seite heißt es, dass die hegelsche Dialektik das Bestehende zu verklären *schien*; dies lässt sich als Distanzierung von der durch Rudolf Haym in Umlauf gebrachten Akkomodationsthese – Hegel habe sich dem preußischen Staat angedient – verstehen, die auch in den Reihen der Sozialdemokratie verbreitet war und die Marx noch 1870 ausdrücklich zurückgewiesen hat.[3] Auf der anderen Seite lässt Marx keinen Zweifel, dass Hegel die Dialektik mystifiziert habe.[4] Erst in ihrer *rationellen* Gestalt sei sie kritisch und revolutionär. Zumindest wird Hegel damit der Vorwurf gemacht, die kritischen Konsequenzen seiner dialektischen

1 Karl Marx/Friedrich Engels: Gesamtausgabe, Berlin 1975ff. [MEGA²], Bd. II/10, S. 17.

2 »Meine dialektische Methode ist der Grundlage nach von der Hegel'schen nicht nur verschieden, sondern ihr direktes Gegentheil.« (Ebd.)

3 Vgl. Rudolf Haym: Hegel und seine Zeit, Berlin 1857, S. 359: »Der preußische Staat [...] war eingetreten in die *Periode der Restauration*. [...] Das Hegel'sche System wurde zur wissenschaftlichen Behausung des *Geistes der preußischen Restauration*.« Auch Wilhelm Liebknecht, einer der führenden Köpfe der deutschen Sozialdemokratie, meinte 1870 in diesem Sinne, Hegel sei »Entdecker und Verherrlicher der königlich preußischen Staatsidee«. Er ließ dies in der Anmerkung zu einem Aufsatz von Friedrich Engels drucken, was Engels in Rage brachte: »Dieses Vieh [...] – dieser Ignorant hat die Unverschämtheit, einen Kerl wie Hegel mit dem Wort: ›Preuß‹ abfertigen zu wollen«. Karl Marx sekundierte: »Ich hatte ihm [Liebknecht] geschrieben, wenn er über Hegel nur den alten [...] Dreck zu wiederholen wisse, so solle er doch lieber das Maul halten.« (Engels an Marx, 8. Mai 1870, in: Karl Marx/Friedrich Engels: Werke, Berlin 1956ff. [MEW], Bd. 32, S. 501; Marx an Engels, 10. Mai 1870, in: ebd., S. 503)

4 Vgl. Andreas Arndt: »... unbedingt das letzte Wort aller Philosophie«. Marx und die hegelsche Dialektik, in: Karl Marx – Perspektiven der Gesellschaftskritik, hg. v. Rahel Jaeggi und Daniel Loick, Berlin 2013 (Deutsche Zeitschrift für Philosophie, Sonderband 34), S. 27–37.

Methode nicht überblickt und ihrer Aneignung zur Verklärung des Bestehenden durch seinen Mystizismus Vorschub geleistet zu haben.

In Bezug auf die »Grundlinien der Philosophie des Rechts« hatte der junge Marx die These vertreten, Hegel gerate notwendig zu einer unkritischen Auffassung des Bestehenden, indem er »*unkritischerweise* eine *empirische Existenz* als die wirkliche Wahrheit der Idee« nehme; seine Philosophie sei durch ein »Umschlagen von Empirie in Speculation und von Speculation in Empirie« charakterisiert.[5] Hinter diesem Vorwurf steht die Annahme, es gehe Hegel nicht um »die Logik der Sache, sondern die Sache der Logik [...]. Die Logik dient nicht zum Beweis des Staats, sondern der Staat dient zum Beweis der Logik.«[6] Zentral für den Vorwurf des unkritischen Empirismus ist demnach das von Marx angenommene Verhältnis von Logik und Realphilosophie bei Hegel; nach seiner Auffassung unterwirft Hegel seine Darstellung von Gesellschaft und Staat einem logischen Schematismus, statt sie in ihrer Eigenlogik zu erfassen.

Diese These soll im Folgenden überprüft werden, wobei sich zeigen wird, dass Hegel keineswegs eine affirmative Auffassung des Bestehenden nahelegt und insbesondre seine Auffassung der Methode sich als kritisch, durchaus auch in dem von Marx gemeinten Sinne, verstehen lässt. Zugleich aber bleiben Undeutlichkeiten und Ambivalenzen. An entscheidenden Stellen der »Grundlinien der Philosophie des Rechts« und zum Teil auch in den Vorlesungen zur Rechtsphilosophie stellt Hegel die kritische Funktion seiner Methode zurück und bleibt damit zumindest uneindeutig hinsichtlich der Möglichkeiten und gegebenenfalls auch Notwendigkeiten einer Kritik des Bestehenden und der Institutionalisierung von gesellschaftlichen und politischen Konflikten. Dies ist im Folgenden Gegenstand des ersten Teils der Ausführungen (1). – Hinsichtlich der in der »Wissenschaft der Logik« entwickelten Methode ist im Anschluss daran zu zeigen, dass die absolute Idee als absolute Methode zugleich normativer Bezugspunkt des Begreifens der Realität ist und dieses Begreifen daher ein kritisches Verhältnis zur Realität notwendig einschließt, zugleich bleibt jedoch das Verhältnis der »Logik« zur Realphilosophie in methodologischer Hinsicht unterbestimmt (2). – Das gilt jedoch auch für Marx, der die kritische Bedeutung der absoluten Idee unterschätzt und dazu tendiert, die Differenz von »Logik« und Realphilosophie einzuebnen. Im Vergleich der von Marx in Anspruch genommenen Methode mit den Auffassungen Hegels ist daher schließlich zu zeigen, wieweit und auf der Grundlage sie übereinstimmen (3).

5 MEGA², Bd. I/2, S. 40. – Vgl. ebd., S. 8: »Die gewöhnliche Empirie hat nicht ihren eignen Geist, sondern einen fremden zum Geist, wogegen die wirkliche Idee nicht aus ihr selbst entwickelte Wirklichkeit, sondern die gewöhnliche Empirie zum Dasein hat«.

6 Ebd., S. 18.

(1) Die »Grundlinien der Philosophie des Rechts« sind nach Hegels Auskunft »der Versuch, *den Staat als ein in sich Vernünftiges zu begreifen* und *darzustellen*. Als philosophische Schrift muß sie am entferntesten davon seyn, einen *Staat, wie er seyn soll*, construiren zu sollen; die Belehrung, die in ihr liegen kann, kann nicht darauf gehen, den Staat zu belehren, wie er seyn soll, sondern vielmehr, wie er, das sittliche Universum, erkannt werden soll.«[7] Auf den ersten Blick ist damit gesagt, dass das Begreifen von jeder Kritik der gegebenen staatlichen Realität Abstand zu nehmen habe; kritisiert werden kann offenbar nur eine unzulängliche Art und Weise des Begreifens selbst und hierüber, wie zu begreifen sei, habe die Philosophie durchaus zu belehren. Beides ist jedoch, worauf Walter Jaeschke hingewiesen hat, nicht zu trennen, denn Hegel setzt einen »in ›selbstbewußte Vernunft‹ und ›vorhandene Vernunft‹ gedoppelten oder auch in sich differenzierten Vernunftbegriff voraus«.[8] In der »Vorrede« zu den »Grundlinien der Philosophie des Rechts« kommt diese Doppelung schlagend in dem oft missverstandenen und darum berüchtigten Diktum zum Ausdruck »*Was vernünftig ist, das ist wirklich; und was wirklich ist, ist vernünftig.*«[9]

Der Sache nach geht es hier um das Verhältnis der »Wissenschaft der Logik« und näher der absoluten Idee als Inbegriff der Vernunft zur Realität. Entgegen geläufigen Missverständnissen, als wolle Hegel alles, was existiert, in seinem So-Sein für vernünftig erklären, ist mit Nachdruck daran zu erinnern, dass Realität und Wirklichkeit, wie es auch viele Interpreten betont haben, nicht gleichzusetzen sind.[10] Dies ergibt sich schon aus der »Wissenschaft der Logik«, wo die Kategorie der *Realität* in die Logik des Daseins fällt und letztlich das endliche und damit noch äußerliche Verhältnis von etwas und Anderem bezeichnet. Die Kategorie der *Wirklichkeit* dagegen fällt in die Logik des Wesens und bezeichnet eine Modalität des Absoluten im Übergang zum Begriff. Im Unterschied zur bloß daseienden Realität oder Existenz ist die Wirklichkeit, wie es im § 142 der »Enzyklopädie« (1830) heißt, »die unmittelbar gewordene Einheit des Wesens und der Existenz, oder des Innern und des Aeußern«.[11] Anders gesagt: wirklich ist eine Realität, wenn und insoweit sie dem Begriff entspricht. Dabei gilt, worauf noch näher zurückzukommen sein wird, dass in der Realität als endlicher – und hierzu gehört auch die Sphäre

7 Georg Wilhelm Friedrich Hegel: Gesammelte Werke, Hamburg 1968ff. [GW], Bd. 14,1, S. 15.

8 Walter Jaeschke: Das Ewige, das gegenwärtig ist – Metaphysik und Naturrecht, in: Autonomie und Normativität. Zu Hegels Rechtsphilosophie, hg. v. Kurt Seelmann und Benno Zabel, Tübingen 2014, S. 427.

9 GW, Bd. 14,1, S. 14.

10 Vgl. exemplarisch Pirmin Stekeler-Weithofer: Hegels Analytische Philosophie. Die Wissenschaft der Logik als kritische Theorie der Bedeutung, Paderborn u.a. 1992, S. 282–288; Rafael Aragüés: Das Problem des Absoluten in der Philosophie Hegels. Entwicklungsgeschichtliche und systematische Untersuchungen zur Hegelschen Metaphysik, Paderborn u.a. 2018, S. 217ff.

11 GW, Bd. 20, S. 164.

des objektiven Geistes, der Staat – prinzipiell keine vollständige Entsprechung des Begriffs und des Gegenstandes bestehen kann. Hierzu heißt es in der Begriffslogik in dem Abschnitt über die Idee: »Die endlichen Dinge sind darum endlich, indem sie die Realität ihres Begriffs nicht vollständig an ihnen selbst haben, sondern dazu anderer bedürfen; – oder umgekehrt, insofern sie als Objecte vorausgesetzt sind, somit den Begriff als eine äusserliche Bestimmung an ihnen haben.«[12] Pirmin Stekeler-Weithofer hat dies so auf den Punkt gebracht, dass der Begriff des Wirklichen – im Sinne der Wirklichkeit der Vernunft – bei Hegel »die *Gültigkeit*, nicht bloß die *positive Geltung* der moralisch-rechtlichen Ordnung umfasse« und »immer nur als der zu einer Zeit *bestmögliche* Zustand der Entwicklung der (moralisch-rechtlichen) Kultur« zu betrachten sei.[13]

In seiner »Vorrede« zu den »Grundlinien der Philosophie des Rechts« zieht Hegel diese Konsequenz nicht ausdrücklich und scheint zunächst eher eine affirmative Grundhaltung nahezulegen, wenn er schreibt: »Das einfache Verhalten des unbefangenen Gemüthes ist, sich mit zutrauensvoller Überzeugung an die öffentlich bekannte Wahrheit zu halten, und auf diese feste Grundlage seine Handlungsweise und feste Stellung im Leben zu bauen.«[14] Bekannt sei diese Wahrheit »über *Recht, Sittlichkeit, Staat*«, die »*sehr alt*« sei, »als in *den öffentlichen Gesetzen, der öffentlichen Moral und Religion offen dargelegt*«.[15] Der Common Sense, der sich zutrauensvoll an diese Wahrheit hält, ist freilich nur die alltägliche Weise des natürlichen Bewusstseins, sich im Leben zu orientieren. Der »denkende Geist« wolle die bekannte Wahrheit – die darum noch nicht erkannt ist[16] – aber auch begreifen, um »dem schon an sich vernünftigen Inhalt auch die vernünftige Form zu gewinnen«. Hierbei handelt es sich nun keineswegs um eine bloße Affirmation des Bestehenden, denn, so Hegel, erst durch das Begreifen könne der vernünftige Inhalt »für das freye Denken gerechtfertigt erscheine[n], welches nicht bey dem *Gegebenen*, es sey durch die äußere positive Autorität des Staats oder die Uebereinstimmung der Menschen, oder durch die Autorität des innern Gefühls und Herzens und das unmittelbare beystimmende Zeugniß des Geistes unterstützt, stehen bleibt, sondern von sich ausgeht und eben damit fodert, sich im Innersten mit der Wahrheit geeint zu wissen«.[17]

12 GW, Bd. 12, S. 175.

13 Stekeler-Weithofer: Hegels Analytische Philosophie, S. 288.

14 GW, Bd. 14,1, S. 7.

15 Ebd.

16 Vgl. die »Vorrede« zur »Phänomenologie des Geistes«, GW, Bd. 9, S. 26: »Das Bekannte überhaupt ist darum, weil es *bekannt* ist, nicht erkannt.« Hier setzt Hegel freilich hinzu: »Es ist die gewöhnlichste Selbsttäuschung wie Täuschung anderer, beym Erkennen etwas als bekannt voraus zu setzen, und es sich ebenso gefallen zu lassen.« (Ebd., 26f.)

17 GW, Bd. 14,1, S. 7.

Birgit Sandkaulen hat deutlich gemacht, welche Schwierigkeiten mit Hegels Zutrauen in das Zutrauen verbunden sind.[18] Tatsächlich fällt die Spannung zwischen der kritischen Haltung des denkenden Geistes und der zutrauensvollen Überzeugung des natürlichen Bewusstseins ins Auge. Wenn die Gültigkeit des Gegebenen durch das Begreifen im freien Denken erst zu rechtfertigen ist und nicht aus der Autorität des Bestehenden folgt, dann ist damit angezeigt, dass dessen Vernünftigkeit nicht mit seiner bloßen Existenz zusammenfällt. So wenig jede Form des Selbstbewusstseins als selbstbewusste Vernunft angesprochen werden kann, so wenig kann jedes Vorhandene als vernünftig angesprochen werden. Das heißt aber auch, dass – was Hegel im Zusammenhang mit dem freien Denken ja auch ausspricht – jede Form eines nicht begreifenden Bewusstseins, das sich auf gemeinschaftliche Überzeugungen oder die Unmittelbarkeit des Gefühls und Herzens oder subjektive Überzeugungen stützt, täuschen und selbst einer Täuschung erliegen kann.

Wie in der Realität allererst zwischen vernünftiger Wirklichkeit und bloß Existierendem zu unterscheiden ist, so muss auch im Bewusstsein überhaupt zwischen Meinung (*dóxa*) und Wissen (*epistéme*) unterschieden werden,[19] um die Gültigkeit des Bestehenden – auch der zutrauensvollen Überzeugungen hinsichtlich des Bestehenden – überhaupt rechtfertigen zu können. Anders gesagt: Das Zutrauen selbst bedarf der Rechtfertigung durch den Begriff und ein Misstrauen in das nicht reflektierte Zutrauen ist in jedem Falle angebracht. Hegel, der sonst wohl genau aus diesem Grund die öffentliche Meinung ebenso achten wie verachten will,[20] hat deren Zwiespältigkeit an dieser Stelle nicht ausdrücklich gemacht. Weder hier noch an anderer Stelle in den »Grundlinien der Philosophie des Rechts« wird begründet, weshalb genau diesem Zutrauen in jedem Falle zu trauen sei. Mehr noch. Der umgekehrte Fall des Misstrauens in die Gültigkeit des Bestehenden – weder auf der Ebene des Common Sense noch als Resultat des freien Denkens – wird nicht erwogen, und mögliche, sich daraus ergebende Konflikte, bis hin zur Frage eines Widerstandsrechts gegen ein pathologisch verzerrtes Staatswesen, werden auch nicht institutionell berücksichtigt.[21]

18 Birgit Sandkaulen: Kommentar zu »Das Ewige, das gegenwärtig ist – Metaphysik und Naturrecht« von Walter Jaeschke, in: Autonomie und Normativität. Zu Hegels Rechtsphilosophie, hg. v. Kurt Seelmann und Benno Zabel, Tübingen 2014, S. 432–436.

19 Vgl. Hans Friedrich Fulda: Georg Wilhelm Friedrich Hegel, München 2003, S. 83: »Auf der einen Seite steht nun ein Bewußtsein, das in zeitspezifischen Befangenheiten lebt, Hegel nennt es das *natürliche Bewußtsein* [...] als naturwüchsig, im ›Dunkel des gelebten Augenblicks‹ befangen. Auf der andern Seite steht die Philosophie, die Verkehrungen zu berichtigen hat, welche im natürlichen Bewußtsein enthalten sind. Dadurch aber stellt sie sich diesem natürlichen Bewußtsein selber als etwas Verkehrtes dar [...]. So kommt es – ähnlich wie für Platon – zum Gegensatz eines scheinbaren Wissens, in dem wir gewöhnlich leben, und des wirklichen Wissens wahrer Philosophie.«

20 Die »öffentliche Meynung« verdiene, »eben so *geachtet*, als *verachtet* zu werden« (GW, Bd. 14,1, S. 260).

21 Vgl. Ludwig Siep: Anerkennung als Prinzip der praktischen Philosophie, 2. Aufl., Hamburg 2014, S. 45; Ders.: Der Staat als irdischer Gott. Genese und Relevanz einer Hegelschen Idee, Tübingen 2015, S. 46–78.

Vielmehr sieht Hegel hier von der Geschichtlichkeit vollständig zugunsten des rein ideellen Momentes ab: »Ueberhaupt aber ist es schlechthin wesentlich, daß die Verfassung, obgleich in der Zeit hervorgegangen, *nicht als ein gemachtes* angesehen werde; denn es ist vielmehr das schlechthin an und für sich seyende, das darum als das Göttliche und Beharrende, und als über der Sphäre dessen, was gemacht wird, zu betrachten ist.«[22]

Auch wenn es zutrifft, dass die Objektivität des objektiven Geistes, zu der Staat und Verfassung gehören, nicht dem Belieben subjektiven Handelns zugänglich und Ausdruck einer gegenüber den Individuen objektiven Bildungsstufe des Geistes ist, so ist diese Einlassung Hegels dennoch nicht überzeugend. Hier wird, worauf Birgit Sandkaulen hingewiesen hat,[23] die Geschichtlichkeit des Geistes stillgestellt, ohne dass der Staat selbst der Geschichtlichkeit überhoben wäre – schließlich folgt ja die Weltgeschichte aus dem Staat. Diese Geschichtlichkeit bedeutet in jedem Falle Veränderlichkeit und nicht das Beharrende; gerade deshalb ist hier auch die Wirklichkeit der Vernunft immer mit bloß Existierendem vermischt und ihm gegenüber äußerlich, sodass es beides zu unterscheiden gilt. Zugespitzt ließe sich sagen: Der Staat als solcher in seiner weltlichen Existenz, als objektiver Geist, kann *aus in der Vernunft selbst liegenden Gründen* den Begriff nur gebrochen und vermittelt durch Äußerliches darstellen und die Darstellung des Ewigen in ihm kann im realphilosophischen Kontext schlechterdings nicht davon abstrahieren, weil es zur Bestimmung der Idee selbst gehört, ein Dasein in der Realität zu haben. Indem er davon absieht, erwecken Hegels Formulierungen geradezu den Eindruck, als wolle er den Staat aus dem Bereich des Endlichen in den des Absoluten verlagern. Wenn die Verfassung »schlechthin an und für sich« wäre, also *absolut* (»schlechthin«) selbstbezüglich und damit nur das »Göttliche und Beharrende«, dann wäre sie das Absolute selbst und nicht mehr dem objektiven und damit endlichen Geist zugehörig. Das »an und für sich Vernünftige«[24] ist der Staat jedoch immer nur insoweit, wie die Vernunft – die Idee – sich in ihm realisiert hat. Die Idee ist schon immer auf bestimmte Weise geschichtlich zur Wirklichkeit geworden. In diesem Sinne sagt Hegel, es hänge »die Verfassung eines bestimmten Volkes überhaupt von der Weise und Bildung des Selbstbewußtseyns desselben ab; in diesem liegt seine subjective Freyheit, und damit die Wirklichkeit der Verfassung.«[25] Diese Wirklichkeit ist aber auch daran zu messen, wieweit sie im Rahmen des objektiv Möglichen ein Maximum an Vernünftigkeit realisiert hat oder dahinter zurückgeblieben ist. Das Beständige oder Ewige *in* der geschichtlichen Endlichkeit des objektiven

22 GW, Bd. 14,1, S. 229.
23 Sandkaulen: Kommentar, S. 434.
24 GW, Bd. 14,1, S. 201.
25 Ebd., S. 229.

Geistes ist nicht die absolute Vernunft selbst in ihrer Selbstbezüglichkeit, sondern als solche ist sie das Maß in Bezug auf die (endliche) Realität, in der sie immer nur durch Äußerlichkeiten gebrochen erscheint.

Hegels Formulierungen geben Marx darin recht, dass die Handhabung der Methode in den »Grundlinien der Philosophie des Rechts« das Bestehende zu verklären *scheint*. Indessen bleibt eine Ambivalenz, die hier im Blick auf die »zutrauensvolle Überzeugung« des »unbefangenen Gemüts« exemplarisch deutlich gemacht werden soll. Nach Hegels Auffassung zeigt sich die öffentlich bekannte Wahrheit vor allem in der Religion; diese sichert jedoch kein affirmatives, bedingungsloses Einverständnis von Thron und Altar, sondern in ihr erfährt das Individuum das Bewusstsein seiner Freiheit. Nicht zufällig betont Hegel in der »Enzyklopädie« im Blick auf den freien Geist des Individuums, dass das Bewusstsein der individuellen Freiheit »durch das Christenthum in die Welt gekommen« sei, und der Mensch, der »in der Religion als solcher [...] das Verhältniß zum absoluten Geist als sein Wesen weiß,« habe »den göttlichen Geist auch als in die Sphäre der *weltlichen Existenz* tretend gegenwärtig, als die Substanz des Staats, der Familie u.s.f.«[26] Zugleich betont Hegel, dass die Menschen die Idee der Freiheit auf diese Weise nicht »*haben*, sondern sie *sind*«: »Es ist diß Wollen der Freiheit nicht mehr ein Trieb, der seine Befriedigung fodert, sondern der Charakter, – das zum trieblosen *Seyn* gewordene geistige Bewußtseyn.«[27] Wenn dies die Grundlage des »Zutrauens« ist, von dem Hegel in den »Grundlinien der Philosophie des Rechts« spricht, dann erwächst dieses aus einem internalisierten Freiheitsbewusstsein, das sich nur darum mit dem Bestehenden einverstanden erklären kann, weil es sich darin wiederfindet. Offenbar geht Hegel davon aus, dass sich das Zutrauen nur dann einstellt, wenn es sich auch rechtfertigen lässt. Aber auch, wenn es so sein sollte, bleibt der Konfliktfall ausgeblendet.

(2) In der »Vorrede« der »Grundlinien der Philosophie des Rechts« betont Hegel gleich eingangs die besondere Bedeutung der von ihm als leitend zugrunde gelegten Methode, wobei er ausdrücklich auf die »Wissenschaft der Logik« verweist, auch wenn es »[b]ey der concreten und in sich so mannichfaltigen Beschaffenheit des Gegenstandes [...] vernachläßigt worden [ist], in allen und jeden Einzelheiten die logische Fortleitung nachzuweisen und herauszuheben«.[28] Marx' Annahme, die »Rechtsphilosophie« lasse Rückschlüsse auf Hegels Auffassung der Methode zu, ist demnach grundsätzlich zutreffend, zumal Hegel in diesem Zusammenhang betont,

26 GW, Bd. 20, S. 477, § 482, Erläuterung. – Hegel legt dabei eine forcierte Interpretation des Christentums in seiner protestantischen Gestalt zugrunde; wieweit diese berechtigt ist, ist hier nicht zu diskutieren.

27 Ebd.

28 GW, Bd. 14,1, S. 6.

seine Abhandlung möge vor allem aus diesem Gesichtspunkt beurteilt werden. Welcher Art der Bezug der Realwissenschaft des objektiven Geistes auf die Methode der »Logik« ist, kann Hegels Einlassung jedoch nicht entnommen werden. Marx' Auffassung scheint die zu sein, dass Hegel Figuren der »Logik« als Schematismus benutzt und unmittelbar auf realphilosophische Sachverhalte anwendet. Die konkrete und mannigfache Beschaffenheit dieser Sachverhalte wäre dann nur ein Hindernis dafür, den Text durch ständige Verweise auf die »Logik« zu überfrachten. Indessen ist auch eine andere Interpretation möglich, die durch die »Wissenschaft der Logik« selbst nahegelegt wird.

Im Zusammenhang mit der oben bereits zitierten Stelle aus dem Abschnitt über die Idee heißt es: »*Seyn* hat die Bedeutung der *Wahrheit* erreicht, indem die Idee die Einheit des Begriffs und der Realität ist; es ist also nunmehr nur das, was Idee ist.«[29] Das gilt auf doppelte Weise: für den Begriff, der sich hier als Begriff im reinen Denken selbst erfasst, und für den Begriff, der sich auf die Realität bezieht. Beides ist deshalb zu unterscheiden, weil nur im ersteren Falle der Begriff rein selbstbezüglich und die Idee mithin absolut wird. In Bezug auf reale Gegenstände verhält es sich anders: »Der Gegenstand, die objective und subjective Welt, überhaupt *sollen* mit der Idee nicht bloß *congruiren*, sondern sie sind selbst die Congruenz des Begriffs und der Realität; diejenige Realität, welche dem Begriffe nicht entspricht, ist blosse *Erscheinung*, das Subjective, Zufällige, Willkührliche, das nicht die Wahrheit ist.«[30] Das besagt, dass die Realität in jedem Falle nicht unmittelbar mit dem Begriff zusammengeht,[31] auch wenn der Begriff oder die Idee der Realität entsprechen muss, damit überhaupt »ein Wirkliches wahrhaft *seyn*« könne.[32] Die Kriterien für dieses Wirkliche oder wahrhafte Sein formuliert Hegel negativ: »was aber ein Wirkliches wahrhaft *seyn* solle, wenn nicht sein Begriff in ihm, und seine Objectivität diesem Begriffe gar nicht angemessen ist, ist nicht zu sagen; denn es wäre das Nichts.«[33] Mit dieser negativen Formulierung will Hegel deutlich machen, dass dasjenige tot ist, was keine Entsprechung von Begriff und Realität und somit kein wirkliches Sein hat.

Auf der anderen Seite gilt für Hegel aber auch, dass die logische Idee sich *notwendig* auch in einem Unterschied zur Realität befindet. In der »Wissenschaft der Logik« betont er, dass es sich hierbei keineswegs um eine Grenze der Idee handelt, sondern um eine ihr selbst eingeschriebene Beschränkung: »Daß die Idee ihre Realität nicht vollkommen durchgear-

29 GW, Bd. 12, S. 175.

30 Ebd., S. 174.

31 Sie geht dabei nur insoweit mit dem Begriff zusammen, als der *Zufall*, nicht aber das *Zufällige* in seiner Mannigfaltigkeit logisch notwendig ist; vgl. Dieter Henrich: Hegels Theorie über den Zufall, in: Ders.: Hegel im Kontext, Frankfurt a. M. 1971, S. 157–186.

32 GW, Bd. 12, S. 174.

33 Ebd.

beitet, sie unvollständig dem Begriffe unterworfen hat, davon beruht die Möglichkeit darauf, daß sie selbst einen *beschränkten Inhalt* hat, daß sie, so wesentlich sie Einheit des Begriffs und der Realität, eben so wesentlich auch deren Unterschied ist«.[34] Dies gilt generell für die Realität, denn Hegel fährt als Beispiel unmittelbar mit dem Staat fort, der auch als der schlechteste Staat dieser Auffassung gemäß noch immer Staat sei.[35] Das wirft die Frage auf, unter welchen Bedingungen die Nichtentsprechung von Begriff und Realität zum Nichts führt und unter welchen Bedingungen die Realität mehr als Nichts ist.

In seiner Vorlesung über die Logik von 1817 hat Hegel hierfür ein Beispiel genannt: »Wenn man sagt diese Staatsverfassung ist schlecht, so ist das Schlechte am Staat etwas vorübergehendes, – dies ist nicht. Aber es gibt keinen Staat, der nicht wirklich etwas der Idee entsprechendes hat, wenn auch nur auf eine unvollständige blos Abstrakte Weise.«[36] Auch der schlechteste Staat ist in gewisser Hinsicht – soweit er überhaupt Staat ist – in einer Entsprechung zum Begriff; was aber ist ein Staat, dessen Objektivität dem Begriff *gar nicht* angemessen ist? In der »Wissenschaft der Logik« bemerkt Hegel im soeben zitierten Kontext: »Ganze, wie der Staat, die Kirche, wenn die Einheit ihres Begriffs und ihrer Realität aufgelößt ist, hören auf zu existiren.«[37] Diese Auflösung der Einheit von Begriff und Realität, in welcher die Objektivität des Staates die Angemessenheit zum Begriff verliert, ist offenbar ein geschichtliches Moment in der Erkenntnis des Staates. In der Vorlesung zur Rechtsphilosophie 1818/19 hat Hegel zwischen vernünftiger und geschichtlicher Notwendigkeit als zwei Betrachtensweisen unterschieden und betont, dass die »wahrhafte Erkenntniß [...] nicht bey der geschichtlichen Ansicht rechtlicher Verhältnisse stehn bleiben« könne, »denn dieser gilt nur als Recht das Bestehende, das der *Form* nach Gültige, wäre es auch auf unendliche Weise, das höchste Unrecht.«[38] Hier wird die vernünftige Ansicht zur normativen Einspruchsinstanz, welche das Bestehende als vernunftwidrig kritisiert, wenn es »der *Idee* nicht gemäß ist«.[39]

Aus dieser Kritik folgt, dass eine geschichtliche Umwälzung des Bestehenden notwendig und gerechtfertigt ist: »Ist daher der Geist eines Volkes auf eine höhere Stufe getreten, so haben die Verfassungsmomente die sich auf frühere Stufen bezogen, keinen Halt mehr; sie müssen zusammenstürzen, und keine Macht vermag sie zu halten.«[40] Dass dies nicht als Attentismus zu verstehen ist, macht Hegel wenig später deutlich: »Allenthalben wo der Geist zu höherem Bewußtseyn gekommen, ist der

34 Ebd., S. 175.
35 Ebd., S. 175f.
36 GW, Bd. 23,1, S. 138.
37 GW, Bd. 12, S. 175.
38 GW, Bd. 26,1, S. 234.
39 Ebd.
40 Ebd.

Kampf gegen solche Einrichtungen nothwendig«; wenn die Philosophie, wie es in diesem Zusammenhang heißt, über die geschichtliche Ansicht hinausgeht, dann vollzieht sie keine Weltflucht in höhere Sphären, sondern verfährt »ohne Rücksicht auf das was gilt, auf die Vorstellung der Zeit«.[41] Der Vernunftstandpunkt impliziert eine rücksichtslose Kritik des Bestehenden, sofern es dem allgemeinen Geist in einem Volk, also seiner unter den jeweiligen Umständen erreichten Bildungsstufe des Geistes als der Wirklichkeit des Begriffs nicht entspricht. In dieser Kritik liegt ein Sollen, weil die Idee selbst, als ebenso sehr theoretische wie praktische, in der Realität Geltung fordert; in der Vorlesung 1821/22 heißt es hierzu bündig: »Das Vernünftige soll gelten.«[42]

Der kritische Gebrauch der Methode beruht darauf, dass im Begreifen der geschichtlichen Realität das Bestehende am Begriff bzw. der Idee gemessen wird. Dabei betont Hegel in der Nachschrift zur Vorlesung 1819/20, dass die »Wißenschaft kein Ideal« aufstelle, sondern »eine bestimmte Weise[,] die Weise des gegenwärtigen Geistes«, zugrunde gelegt werde.[43] Die Kritik ist insoweit immanente Kritik. Damit aber überhaupt eine Kritik möglich ist, reicht es nicht aus, den Blick allein auf die Idee als das »ewig Wahre« zu richten, das, so Hegel »kein abstraktes« sei, sondern die grundsätzlich überhaupt bestehende Differenz von Begriff und Realität hinsichtlich des geschichtlichen Bildungsstandes des Geistes daraufhin zu bewerten, ob sie hinter dem objektiv Möglichen zurückbleibt oder nicht. Wenn Hegel stattdessen immer wieder darauf verweist, dass die Philosophie nicht »die äußere Gestalt der existirenden Wirklichkeit« mit dem Zufälligen, und Einzelnen zu betrachten habe, unterläuft er in der Konsequenz die Komplexität der endlichen Realität und damit des Daseins der Idee im Geist.[44]

(3) Wenn Marx von seiner Methode im Unterschied zu derjenigen Hegels spricht, dann geschieht dies nicht auf einer gemeinsamen Theorieebene mit der »Wissenschaft der Logik«, sondern im Blick auf sein Projekt einer »Kritik der politischen Ökonomie«. Von Hegel aus gesehen handelt es sich also um methodologische Fragen einer besonderen Realwissenschaft, wobei im Blick auf den geplanten Gesamtumfang des Projekts, von

41 Ebd., S. 235.

42 GW, Bd. 26,2, S. 764. – Vgl. auch die Nachschrift Griesheim zur Vorlesung 1824/25: »Die philosophische Betrachtung geht darauf daß eine Rechtsinstitution vernünftig ist, das Recht, das wahrhafte Recht des Menschen darin respektirt ist. Es kann ein historisch begründetes Recht von der Philosophie als unvernünftig verworfen werden, so ist z.B. die Sklaverei in Indien historisch zu rechtfertigen, dadurch, daß auch bei den Negern diese Sklaven [...]. Dieser Rechtfertigung ungeachtet muß die Vernunft dabei bleiben daß die Sklaverei der Neger eine vollkommen unrechtliche, dem wahren menschlichen und göttlichen Rechte widersprechende Einrichtung und zu verwerfen ist.« (GW, Bd. 26,3, S. 1061)

43 GW, Bd. 26,1, S. 337.

44 Vgl. ebd., S. 339: »Die vernünftige Betrachtung erhebt darüber, was im Einzelnen widersprechend ist für etwas so wichtiges zu halten.« Insgesamt ist festzustellen, dass kritische Konsequenzen im Blick auf das Bestehende vor allem in den Kollegien zur Rechtsphilosophie bis 1818/19 ausdrücklich gemacht werden.

dem das »Kapital« nur ein Teil ist, behauptet werden kann, dass es mit Hegels Philosophie des objektiven Geistes weitgehend deckungsgleich ist.[45] Von dieser Ebene einer besonderen Wissenschaft aus bezieht Marx sich auf das, was er Hegels »dialektische Methode« nennt, wobei er einerseits den Gegensatz stark unterstreicht – seine »dialektische Methode« sei »der Grundlage nach von der Hegel'schen nicht nur verschieden, sondern ihr direktes Gegentheil«[46] –, andererseits aber von der »Logik« als einem Reservoir »dialektischer« Denkfiguren Gebrauch macht, ohne die Bedingungen der Möglichkeit eines solchen Gebrauchs zu reflektieren.

Von Hegel aus gesehen wirft Marx' Umgang mit der »Wissenschaft der Logik« die Frage auf, wie sich die absolute Idee als absolute Methode zu der Realwissenschaft des objektiven Geistes verhält. Dass hier, aufgrund der bleibenden Äußerlichkeit der Idee in der endlichen Realität, eine unmittelbare Entsprechung bzw. Kongruenz nicht stattfinden kann, ergibt sich bereits aus den zitierten Einlassungen Hegels in der »Wissenschaft der Logik« selbst. Wie diese Differenz näher zu verstehen und methodisch zu bearbeiten ist, bleibt dagegen weitgehend ausgeblendet. Eine aufschlussreiche Formulierung findet sich in der »Logik« der »Enzyklopädie«: »Alles Wirkliche, insofern es ein Wahres ist, ist die Idee [...]. Das einzelne Seyn ist irgend eine Seite der Idee, für dieses bedarf es daher noch anderer Wirklichkeiten [...], in ihnen zusammen und in ihrer Beziehung ist allein der Begriff realisirt. Das Einzelne für sich entspricht seinem Begriffe nicht; diese Beschränktheit seines Daseyns macht seine Endlichkeit und seinen Untergang aus.«[47] Wie unter diesen Voraussetzungen die Vernunft in der Realität zu begreifen, das heißt aus den äußerlichen Verhältnissen der Wahrheits- bzw. Wirklichkeitsmomente zu rekonstruieren ist, bleibt unausgeführt. Leider gibt es zu dieser Stelle auch weder in dem »Zusatz« zur »Freundesvereinsausgabe« noch in den heute zugänglichen Nachschriften, in denen der entsprechende Paragraf fast ausnahmslos übersprungen wird, weiterführende Erläuterungen.[48]

45 Der erste Gliederungsentwurf der marxschen Ökonomiekritik findet sich in der »Einleitung« zu den »Grundrissen der Kritik der politischen Ökonomie« vom August 1857 (MEGA², Bd. II/1,1, S. 43): »Die Eintheilung offenbar so zu machen, daß 1) die allgemeinen abstrakten Bestimmungen, die daher mehr oder minder allen Gesellschaftsformen zukommen [...]. 2) Die Categorien, die die innre Gliederung der bürgerlichen Gesellschaft ausmachen und worauf die fundamentalen Klassen beruhn. [...] 3) Zusammenfassung der bürgerlichen Gesellschaft in der Form des Staats. [...] 4) Internationales Verhältniß der Production. [...] 5) Der Weltmarkt und die Crisen.« Dieser Plan wird im Verlauf der Niederschrift der »Grundrisse« mehrfach modifiziert und spezifiziert. – Im »Kapitel vom Geld« findet sich eine Gliederung in fünf *Abschnitte*: 1. Tauschwert, Geld, Preise; 2. innere Gliederung der Produktion; 3. Staat; 4. internationales Verhältnis; 5. Weltmarkt und Krisen (ebd., S. 151f.).

46 MEGA², Bd. II/10, S. 17.

47 GW, Bd. 13, S. 98, § 162; vgl. gleichlautend GW, Bd. 19, S. 166, § 213 (Enzyklopädie 1827); GW, Bd. 20, S. 215, § 213 (Enzyklopädie 1830).

48 Vgl. Hegel: Werke, Bd. 8, S. 369f.; die Nachschriften sind in GW, Bd. 23 ediert. – Tatsächlich ist darüber hinaus festzuhalten, dass die Frage nach dem Verhältnis der dialektischen Methode in der »Wissenschaft der Logik« zu der Methode in den Realwissenschaften in der Hegel-Forschung bisher kaum Aufmerksamkeit gefunden hat.

Die absolute Methode, wie Hegel sie in der »Wissenschaft der Logik« entwickelt, kann aufgrund ihrer bleibenden Äußerlichkeit im Endlichen nicht einfach die Methode des Begreifens der Realität sein, denn in ihr ist der Begriff sich selbst in seiner reinen Selbstbezüglichkeit und ohne jede Äußerlichkeit der Gegenstand, sodass er in dieser absoluten Methode zugleich Subjekt, Mittel und Gegenstand des Erkennens ist. In den endlichen Realwissenschaften kann sich der Begriff hingegen nur äußerlich, vermittelt durch Anderes, auf sich selbst beziehen und ist in Momente des Wahren als einander äußerliche Wirklichkeiten zersplittert. Wenn der Begriff nur in ihnen zusammen und in ihrer Beziehung realisiert ist, wie Hegel betont, und wenn das Existierende, das den Begriff mehr oder weniger an sich hat, aus dem Begriff selbst nicht deduzierbar ist, dann bedarf es einer *eigenen* Anstrengung des Begriffs, um ihn in der Realität wiederzufinden und den inneren, begrifflichen Zusammenhang der zersplitterten Wirklichkeiten zu erfassen und darzustellen.

Die Zuwendung zur Realität ist der absoluten Methode selbst eingeschrieben – sie ist der »*Trieb, durch sich selbst in Allem sich selbst* zu finden und zu erkennen«,[49] und zwar sowohl theoretisch als auch praktisch[50] –, sodass am Ende des Durchgangs durch die Realität, wie es in der »Enzyklopädie« heißt, »das Logische« wieder erreicht wird, aber »mit der Bedeutung, daß es die im concreten Inhalte als in seiner Wirklichkeit *bewährte* Allgemeinheit« ist.[51] Das bedeutet, dass die absolute Methode wiederum Resultat dieses (von Hegel im Übrigen intendierten, aber nie vollständig geleisteten) Durchgangs sein soll, aber darum ist sie nicht *a limine* identisch mit der Methode, welche die Vermittlung der begrifflichen Momente in der Realität zu erfassen und darzustellen versucht. Das Sich-Finden und Erkennen setzt zuallererst ein Suchen voraus, dem für sich genommen nach Hegel eine defizitäre Form der Methode entspricht, das »suchende[] Erkennen«; in ihm »ist die Methode gleichfalls als *Werkzeug* gestellt, als ein auf der subjectiven Seite stehendes Mittel, wodurch sie sich auf das Object bezieht. Das Subject ist in diesem Schlusse das eine und das Object das andere Extrem, und jenes schließt sich durch seine Methode mit diesem, aber darin für sich nicht *mit sich selbst zusammen*. Die Extreme bleiben verschiedene, weil Subject, Methode und Object nicht als *der eine identische Begriff* gesetzt sind«.[52] Offenkundig betrifft dies den endlichen Geist, also auch den objektiven, denn Hegel betont ausdrücklich, dass die absolute Idee, also die absolute Methode, auf den absoluten Geist zu beziehen ist: »Kunst und Religion« seien »ihre verschiedenen Weisen, sich zu erfassen und ein sich

49 GW, Bd. 12, S. 238.

50 Myriam Gerhard, Ein kritisches Potential der absoluten Idee, in: Begriff und Interpretation im Zeichen der Moderne, hg. v. Sarah Schmidt, Dimitris Karydas und Jure Zovko, Berlin/Boston 2015, S. 89–97.

51 GW, Bd. 19, S. 415.

52 GW, Bd. 12, S. 238.

angemessenes Daseyn zu geben«, was freilich erst in der Philosophie in der Begriffsform gelingt.[53] Unterhalb dieser Schwelle ist der innere Zusammenhang der Realität aus deren Momenten zu rekonstruieren, um allererst die begrifflichen Strukturen in der Realität identifizieren zu können. Die Eigenart der suchenden Methode im theoretischen und praktischen Verhalten zur Realität besteht darin, dass hier das Dasein der Idee in der Natur und im endlichen Geist als eine objektive Welt vorausgesetzt wird und damit der reale Unterschied von Subjekt, Mittel und Gegenstand im Erkennen und Handeln. Darin unterscheidet sich diese Methode von der absoluten. Dabei betont Hegel, dass die Dialektik als analytisch-synthetische Methode[54] in der absoluten Methode eine »neue[] Grundlage« bekommt, ansonsten aber »dieselbe« bleibt »als bey dem vorhergehenden«.[55]

An diesem Punkt setzt Marx, soweit er seine Methode ausdrücklich reflektiert, wie zum Beispiel im Nachwort zur zweiten Auflage des ersten Bandes des »Kapital«, an, indem er das analytische Moment der Forschungsweise – also dem »suchenden« Erkennen im engeren Sinn – zuordnet, das synthetische der Darstellungsweise: »Allerdings muß sich die Darstellungsweise formell von der Forschungsweise unterscheiden. Die Forschung hat den Stoff sich im Detail anzueignen, seine verschiednen Entwicklungsformen zu analysiren und deren innres Band aufzuspüren. Erst nachdem diese Arbeit vollbracht, kann die wirkliche Bewegung entsprechend dargestellt werden. Gelingt dieß und spiegelt sich nun das Leben des Stoffs ideell wieder, so mag es aussehn, als habe man es mit einer Konstruktion a priori zu thun.«[56] Die letzte Bemerkung verweist auf Marx' Abgrenzung gegenüber Hegel, dem er vorwirft, die »ideelle« Widerspiegelung mit der Bewegung des Stoffes selbst zu verwechseln – ein Quidproquo, das Grundlage der Mystifizierung der Dialektik bei Hegel sei. Der überwiegend analytisch gerichteten Forschungsweise schreibt Marx daher auch eine empirisch-materialistische Begründungsfunktion zu wie in dem sogenannten Methodenkapitel der fragmentarischen »Einleitung« zu den »Grundrissen der Kritik der politischen Ökonomie«, dem ersten Gesamtentwurf des »Kapital« (1857/58): »Das reale Subject bleibt nach wie vor ausserhalb des Kopfes in seiner Selbstständigkeit bestehn; solange sich der Kopf nämlich nur spekulativ verhält, nur theoretisch. Auch bei der theoretischen Methode daher muß das Subject, die Gesellschaft, als Voraussetzung stets der Vorstellung vorschweben.«[57]

53 Ebd., S. 236.

54 »Dieses so sehr synthetische als analytische Moment des *Urtheils*, wodurch das anfängliche Allgemeine aus ihm selbst, als das *Andere seiner* sich bestimmt, ist das *Dialektische* zu nennen.« (Ebd., S. 242)

55 Ebd., S. 249.

56 MEGA^2, Bd. II/10, S. 17.

57 MEGA^2, Bd. II/1,1, S. 37. – Die damit verbundene Behauptung, Hegel wolle Realität aus dem Begriff erzeugen, ist freilich haltlos; so behauptet Marx, er setze an die Stelle des »sich selbst gebärenden Begriffs« bei Hegel die »Verarbeitung von Anschauung und Vorstellung in Begriffe«

Dabei betont Marx, jetzt wieder in Übereinstimmung mit Hegel, dass dieses Subjekt (im Sinne des Zugrundeliegenden, ὑποκείμενον) für sich genommen eine Abstraktion sei: »Das Concrete ist concret weil es die Zusammenfassung vieler Bestimmungen ist, also Einheit des Mannigfaltigen. Im Denken erscheint es daher als Prozeß der Zusammenfassung, als Resultat, nicht als Ausgangspunkt, obgleich es der wirkliche Ausgangspunkt und daher auch der Ausgangspunkt der Anschauung und der Vorstellung ist. Im ersten Weg wurde die volle Vorstellung zu abstrakter Bestimmung verflüchtigt; im 2t führen die abstrakten Bestimmungen zur Reproduction des Concreten im Weg des Denkens. Hegel gerieth daher auf die Illusion, das Reale als Resultat des sich in sich zusammenfassenden, in sich vertiefenden, und aus sich selbst sich bewegenden Denkens zu fassen, während die Methode vom Abstrakten zum Concreten aufzusteigen, nur die Art für das Denken ist sich das Concrete anzueignen, es als ein geistig Concretes zu reproduciren.«[58]

Marx, das tritt hier deutlich hervor, identifiziert die hegelsche Methode mit der absoluten Methode, in welcher der Begriff sich nur auf sich selbst bezieht, und er unterstellt zugleich, dass Hegel diese Methode unmittelbar auf die Realität anwenden möchte. Dagegen bietet er nicht nur ein Subjekt oder ὑποκείμενον als empirisch-materialistische Grundlage auf, sondern er möchte zugleich die Dialektik begrenzen, indem er der Selbstbezüglichkeit des Begriffs die Auffassung entgegenstellt, dass die Dialektik *innerhalb* der (endlichen) Realität den »realen Unterschied nicht aufhebt«.[59] In einer längeren Passage zum Systemcharakter der kapitalistischen Produktionsweise macht Marx auf dieser Grundlage deutlich, dass das Kapitalverhältnis spezifische historische Bedingungen voraussetzt, damit es sich reproduzieren kann, womit diese Reproduktion selbst an äußere Bedingungen geknüpft bleibt.[60]

Was Marx als Konsequenz dessen auffasst, dass seine Methode der Grundlage nach das gerade Gegenteil der hegelschen sei, erweist sich bei näherer Betrachtung als Übereinstimmung mit Hegels Bestimmung des Begriffs in der endlichen Realität. Dass die Dialektik hier den realen Unterschied nicht aufhebt, begründet keinen Gegensatz. Er wird erst aufgehoben, indem gezeigt wird, dass das Endliche kein wahrhaftes Sein hat, sondern nur ein Werden ist, also im absoluten Geist. Für die Realphilosophie hingegen ist gerade der reale Unterschied entscheidend, den Marx irrig meint, gegen Hegel ins Spiel bringen zu können. Und ebenso behauptet Hegel nirgends, dass realphilosophische Systeme (wie das System der kapitalistischen Produktionsweise) sich rein selbstbezüglich

(ebd.); zur Kritik dieser Auffassung vgl. das vorhergehende Kapitel.

58 Ebd., S. 36.

59 Ebd., S. 43.

60 Vgl. MEGA², Bd. II/1,2, S. 367–269; dazu Arndt: Karl Marx, S. 147–149.

reproduzieren könnten; dies gilt in der Tat nur für die Selbsterfassung des Begriffs im reinen Denken. Marx erliegt durchgängig dem Irrtum, Hegel wolle seine »Wissenschaft der Logik« in Bezug auf realphilosophische Sachverhalte unmittelbar zur Geltung bringen.

Ungeachtet dessen erweist sich Marx faktisch als ein Theoretiker, der in seinen Bezugnahmen auf Hegel dessen Philosophie dort weiterdenkt, wo sie in der Durchführung weitgehend unausdrücklich bleibt: bei der Frage einer Methodologie der Realwissenschaft des objektiven Geistes. Dieses Weiterdenken bleibt jedoch selbst insofern unzureichend, als Marx in seiner Adaption der dialektischen Methode deren kritische Funktion gegenüber Hegel schärfen will, sie zugleich aber von ihrem normativen Bezugspunkt abschneidet, nämlich von der absoluten Idee als dem Selbstbewusstsein der Freiheit. Dabei besteht kein Zweifel, dass Marx das Programm Hegels – zu kritisieren durch das Begreifen dessen, was ist – weiter verfolgt; so erklärt er in einem Brief an Ferdinand Lassalle vom 22. Februar 1858: »Die Arbeit, um die es sich zunächst handelt, ist Kritik der Ökonom[ischen] Categorien, od[er], if you like, das System der bürgerlichen Oekonomie kritisch dargestellt. Es ist zugleich Darstellung des Systems u[nd] durch die Darstellung Kritik desselben.«[61] Dass Marx hierbei implizit auf Hegels Freiheitskonzeption zurückgreift, ließe sich zeigen, ist hier aber nicht weiter zu verhandeln.[62]

61 MEGA², Bd. III/9, S. 72.

62 Vgl. Andreas Arndt: Freiheit, Köln 2019.

Das Problem der Dialektik

AM 2. APRIL 1883, wenige Tage nach Marx' Tod am 14. März, schrieb Friedrich Engels an Pjotr Lawrow, den russischen Volkstümler (Narodniki), dass er die Manuskripte von Marx durchgehen werde, um vor allem »einen Abriß über Dialekik, den er schon immer ausführen wollte«, zu finden.[1] Dieses Manuskript wurde nie gefunden und hat wahrscheinlich nie existiert. Aber die Suche nach einem Äquivalent zu dieser Skizze hat bis heute nicht aufgehört und viele fühlten und fühlen sich berufen, an Marx' Stelle zur Feder zu greifen – an erster Stelle Marx' Freund Engels selbst. Es lockte die Aussicht auf einen großen Schatz, der nur geborgen werden müsste: ein alternatives Konzept der Dialektik, das gerade Gegenteil der hegelschen, eine materialistische Dialektik, wissenschaftlich, revolutionär und ohne jeden Mystizismus. Obwohl sich nicht alle Theoretiker der internationalen sozialistischen Bewegung für die Dialektik interessierten – zum Beispiel die Revisionisten und die österreichischen Marxisten nicht[2] –, waren in der Folge viele Marxisten davon überzeugt, diesen Schatz heben zu können. Wenn schon im Nachlass von Marx kein entsprechendes Manuskript zu finden war, musste jeder an Dialektik Interessierte für Marx zur Feder greifen, indem er dessen Anwendung der dialektischen Methode, insbesondere in seinem Hauptwerk, dem *Kapital*, studierte. Mit den Worten Lenins in seinen Notizen zu Hegels »Wissenschaft der Logik« von 1914: »Wenn Marx auch keine ›Logik‹ (mit großem Anfangsbuchstaben) hinterlassen hat, so hat er doch die Logik des ›Kapitals‹ hinterlassen, und das sollte für die zu behandelnde Frage weitestgehend ausgenutzt werden. Im ›Kapital‹ werden auf eine Wissenschaft Logik, Dialektik und Erkenntnistheorie (man braucht keine 3 Worte: das ist ein und dasselbe) des Materialismus angewendet, der alles Wertvolle von Hegel übernommen und dieses Wertvolle weiterentwickelt hat.«[3]

Trotz aller Anstrengungen und einer kaum noch vollständig überschaubaren Fülle von Literatur zum Thema fast ebenso viele Positionen wie Autoren. Was »Dialektik« bei Marx im Unterschied zu Hegel sein

1 Karl Marx/Friedrich Engels: Werke, Berlin 1956ff. [MEW], Bd. 36, S. 3.

2 Vgl. dazu unten das Kapitel »Lenin liest Hegel«.

3 Wladimir Iljitsch Lenin: Werke, Berlin 1955ff., Bd. 38, S. 316.

soll, darüber gibt es keine allgemein akzeptierte Auffassung, und insofern spreche ich von einem »Problem« der Dialektik. Dem scheint entgegenzustehen, dass Marx sich zwar nicht zusammenhängend, wohl aber immer wieder gelegentlich – auch im »Kapital« – über sein Verhältnis zu Hegel geäußert und die entscheidenden Punkte seiner Kritik an Hegel und zugleich auch die seiner Übereinstimmung mit Hegel benannt hat. Das Problem bleibt trotzdem bestehen, denn fügt man beides – Kritik und Affirmation – vor dem Hintergrund einer systematischen Hegel-Lektüre zusammen, wird schnell deutlich, dass Marx' Kritik in wesentlichen Punkten an Hegel vorbeigeht. Im Folgenden setze ich mich daher zunächst mit Marx' genereller Einschätzung der hegelschen Dialektik und vor allem mit seiner Kritik auseinander, wonach Hegel die dialektische Methode »mystifiziert« habe (1). In einem zweiten Schritt möchte ich dann zeigen, wie umgekehrt Marx' Umgang mit Hegels Dialektik, vor allem in seiner Kritik der politischen Ökonomie, gar keine Alternative zu Hegel darstellt, sondern sich auf der Grundlage der hegelschen Philosophie ohne Weiteres rechtfertigen und erklären lässt (2).

(1) Marx hat mehrfach seine Absicht bekundet, etwas zum Thema »Dialektik« zu publizieren, jedoch blieb es bei (privaten) Ankündigungen.[4] Was er dabei von Hegel gegebenenfalls übernehmen könnte bzw. wollte, bleibt eher vage;[5] er betont, dass Hegels Dialektik »unbedingt das lezte Wort aller Philosophie«[6] sei und bezeichnet den hegelschen Widerspruch als »Springquelle aller Dialektik«.[7] Schon die Rede vom letzten Wort aller Philosophie ist uneindeutig. Es könnte das letzte Wort gemeint sein, das die Philosophie überhaupt zu sagen hat, also ein nicht zu überbietender Stand philosophischer Reflexion. Es könnte aber schlicht auch das letzte Wort im zeitlichen Sinne gemeint sein, also ein Verweis auf den epigonalen Charakter der nachhegelschen Philosophie. Außerdem könnte der Satz auch mit der Betonung auf »Philosophie« gelesen werden: Hegels Dialektik könnte das letzte Wort aller Philosophie sein, weil die Philosophie überhaupt an ein Ende gekommen sei und jede Form von Spekulation durch die empirischen Wissenschaften ersetzt werden müsse. Letzteres war in der Tat Marx' Auffassung in seiner Abrechnung mit der Phi-

4 Vgl. an Engels, 14.1.1858, in: Karl Marx/Friedrich Engels: Gesamtausgabe, Berlin 1975ff. [MEGA²], Bd. III/9, S. 25: »Wenn je wieder Zeit für solche Arbeiten kommt, hätte ich grosse Lust, in 2 od[er] 3 Druckbogen das *Rationelle* an der Methode, die H.[egel] entdeckt, aber zugleich mystificirt hat, dem gemeinen Menschenverstand zugänglich zu machen«. – Dieses, gemessen an dem üblichen Umfang marxscher Arbeiten, bescheidene Vorhaben – drei Druckbogen wären 48 Seiten – ist bekanntlich nicht realisiert worden. Zwar hatte Marx auch zehn Jahre später noch erklärt: »Wenn ich die ökonomische Last abgeschüttelt, werde ich eine ›Dialektik‹ schreiben«, aber auch dies blieb bloße Ankündigung (an Dietzgen, 9.5.1868, in: MEW, Bd. 32, S. 547).

5 Vgl. auch Hans Friedrich Fulda: Dialektik als Darstellungsmethode im »Kapital« von Marx, in: Ajatus, Helsinki 1978, S. 180–216.

6 An Lassalle, 31.5.1858, in: MEGA², Bd. III/9, S. 155.

7 MEGA², Bd. II/10, S. 534.

losophie, wie er sie in der »Deutschen Ideologie« vorgenommen hatte. Offenbar war er aber zugleich auch der Auffassung, dass die hegelsche Dialektik das letzte Wort aller Philosophie im erstgenannten Sinne sei, nämlich ein innerphilosophisch nicht mehr zu überbietendes Resultat, das auf eine neue, empirische bzw. materialistische Grundlage zu stellen und zu beerben sei.

In diese Richtung weisen alle Äußerungen von Marx. Die Dialektik, so heißt es weiter in dem zitierten Brief an Lassalle, könne nämlich nicht einfach als Theorie von Hegel übernommen werden, sondern es sei »nöthig, sie von dem mystischen Schein, den sie bei Hegel hat, zu befreien.«[8] Dieser Vorwurf des Mystizismus zieht sich von den frühesten Texten bis zu den spätesten Äußerungen von Marx hindurch. Im Nachwort zur zweiten Auflage des ersten Bandes des *Kapital* (1873) schreibt Marx, dass er die »mystificirende Seite der Hegel'schen Dialektik [...] vor beinah 30 Jahren, zu einer Zeit kritisiert« habe, »wo sie noch Tagesmode war«.[9] Das Nachwort ist auf den 24. Januar 1873 datiert. Vor »beinah 30 Jahren« bezieht sich also – eine korrekte Erinnerung unterstellt – auf 1844 oder wenig später. Dabei ist nicht ganz klar, ob Marx nur auf öffentlich zugängliche Äußerungen verweisen will, wie zum Beispiel auf »Die Heilige Familie« (1845), oder aber auch auf seine nicht publizierten Schriften, wie zum Beispiel die Kreuznacher Manuskripte zur »Kritik der Hegelschen Rechtsphilosophie« (1843), die sogenannten »Pariser Manuskripte« (1844) oder die unter dem Titel »Deutsche Ideologie« bekannten Texte. Da Marx' Semantik der Ausdrücke »mystisch«, »Mystifikation« usw. aber relativ stabil ist, kann dies jedoch vernachlässigt werden. Was also meint Marx mit der »mystifizierenden Seite« der hegelschen Dialektik?

Eine erste Antwort findet sich im unmittelbaren Kontext der Darlegungen von 1873, nämlich im ersten Band des »Kapital«. Der »mystische Charakter der Waare«,[10] so lesen wir dort, beruhe auf einem »Quidproquo«, einer Vertauschung also: »Das Geheimnißvolle der Waarenform besteht also einfach darin, daß sie den Menschen die gesellschaftlichen Charaktere ihrer eignen Arbeit als gegenständliche Charaktere der Arbeitsprodukte selbst, als gesellschaftliche Natureigenschaften dieser Dinge zurückspiegelt, daher auch das gesellschaftliche Verhältniß der Producenten zur Gesammtarbeit als ein außer ihnen existirendes gesellschaftliches Verhältniß von Gegenständen. Durch dieß Quidproquo werden die Arbeitsprodukte Waaren, sinnlich übersinnliche oder gesellschaftliche Dinge.«[11] Eine Mystifikation ist demnach eine Vertauschung, in der etwas – hier das Verhältnis der Gegenstände – an die Stelle eines

8 An Lassalle, 31.5.1858, in: MEGA², Bd. III/9, S. 155.

9 MEGA², Bd. II/6, S. 709.

10 Ebd., S. 102.

11 Ebd., S. 103.

anderen – hier der gesellschaftlichen Verhältnisse der Menschen – tritt. Dies deckt sich mit dem Sprachgebrauch des 18./19. Jahrhunderts, wo »mystisch« außerhalb des engen Bezugs auf die theologische Mystik »geheimnisvoll«, »verworren«, »unklar« meint. Das Geheimnisvolle und Verworrene des Mystischen beruht nach Marx auf einer Vertauschung, und das Mystische mystifiziert zugleich, indem es die Verkehrung verdeckt. Mystik im marxschen Sinne ist demnach ein Spezialfall von Ideologie und Entmystifizierung mithin Ideologiekritik.

Was aber ist nun das Mystifizierende und Mystifizierte der hegelschen Dialektik? Bereits in »Zur Kritik des Hegelschen Staatsrecht« wird dies deutlich. Es werde, so Marx, »die empirische Wirklichkeit aufgenommen, wie sie ist; sie wird auch als vernünftig ausgesprochen; aber sie ist nicht vernünftig wegen ihrer eigenen Vernunft, sondern weil die empirische Thatsache in ihrer empirischen Existenz eine andre Bedeutung hat als sich selbst. Die Thatsache, von der ausgegangen wird, wird nicht als solche, sondern als mystisches Resultat gefaßt. Das Wirkliche wird zum Phänomen; aber die Idee hat keinen andern Inhalt als dieses Phänomen. Auch hat die Idee keinen andren Zweck als den logischen: ›für sich unendlicher wirklicher Geist zu sein‹. In diesem § ist das ganze Mysterium der Rechtsphilosophie niedergelegt und der hegel'schen Philosophie überhaupt.«[12] Die empirische Wirklichkeit wird als Ausdruck und Resultat einer Selbstbewegung der Idee gefasst und dadurch tritt eine Vertauschung bzw. Mystifikation ein: Die Empirie bedeutet etwas anderes als sie selbst. Das dürfte, sofern Marx schließlich nicht platter Empirist ist, so zu verstehen sein, dass die Idee nicht den inneren Zusammenhang der erscheinenden Wirklichkeit zum Ausdruck bringt, sondern die erscheinende Wirklichkeit in einen ihr – nach Marx' Auffassung – äußerlichen Zusammenhang einstellt: das Selbstverhältnis der Idee (»für sich unendlicher wirklicher Geist zu sein«).

Tatsächlich ist die Figur des »Quidproquo«, der Vertauschung, im Kontext der nachhegelschen Philosophie wohlbekannt: es ist Feuerbachs Figur der Verkehrung von Subjekt und Prädikat; die Projektionsthese der Religionskritik im »Wesen des Christentums« führt dies ebenso aus wie Feuerbachs sich daran anschließende Kritik der hegelschen Philosophie und mit ihr der spekulativen Philosophie überhaupt als einer Art säkularer Theologie. Tatsächlich finden sich in dem zitierten marxschen Manuskript Formulierungen, die genau in diese Richtung deuten: »Die Existenz der Prädicate ist das Subject: also das Subject die Existenz der Subjectivität etc. Hegel verselbstständigt die Prädicate, die Objekte, aber er verselbstständigt sie getrennt von ihrer wirklichen Selbstständigkeit,

12 MEGA², Bd. I/2, S. 9f. – Marx bezieht sich hier auf den § 262 der hegelschen »Grundlinien der Philosophie des Rechts«; es heißt dort: »Die wirkliche Idee, der Geist, der sich selbst in die zwey ideellen Sphären seines Begriffs, die Familie und die bürgerliche Gesellschaft, als in seine Endlichkeit scheidet, um aus ihrer Idealität für sich unendlicher wirklicher Geist zu seyn.« (GW, Bd. 14,1, S. 210)

ihrem Subjekt. Nachher erscheint dann das wirkliche Subjekt als Resultat, während vom wirklichen Subjekt auszugehn und seine Objektivation zu betrachten ist. Zum wirklichen Subject wird daher die mystische Substanz und das reelle Subjekt erscheint als ein andres, als ein Moment der mystischen Substanz. Eben weil Hegel von den Prädicaten, der allgemeinen Bestimmung statt von dem reellen Ens (ὑποκείμενον, Subjekt) ausgeht und doch ein Träger dieser Bestimmung da sein muß, wird die mystische Idee dieser Träger.«[13]

Abweichend von Feuerbach jedoch macht Marx spätestens ab der »Deutschen Ideologie« nicht mehr die menschliche Gattung zum wahren Subjekt, wie es in Feuerbachs Anthropologie der Fall ist. Es sind »die wirklichen Individuen, ihre Aktion & ihre materiellen Lebensbedingungen, sowohl die vorgefundenen wie durch ihre eigne Aktion erzeugten«.[14] Es sei »spekulativ-idealistisch d.h. phantastisch« von »›Selbsterzeugung der Gattung‹ (die ›Gesellschaft als Subjekt‹)« zu reden »& dadurch die aufeinanderfolgende Reihe von im Zusammenhange stehenden Individuen als ein einziges Individuum« zu verstehen, welches »das Mysterium vollzieht sich selbst zu erzeugen«.[15] Der Prozess der Mystifikation, wie ihn auch schon Hegel gegangen sei, vollziehe sich in drei Schritten. (1) Die Gedanken der Herrschenden werden ihnen gegenüber verselbstständigt; (2) die Gedanken werden in »einen mystischen Zusammenhang« gebracht und »als ›Selbstbestimmung des Begriffs‹« gefasst, was deshalb möglich sei, »weil diese Gedanken vermittelst ihrer empirischen Grundlage wirklich mit einander zusammenhängen u. weil sie als *blose* Gedanken gefaßt zu Selbstunterscheidungen, vom Denken gemachten Unterschieden werden«. (3) »Um das mystische Aussehen dieses ›sich selbst bestimmenden Begriffs‹ zu beseitigen, verwandelt man ihn in eine Person« – das Selbstbewusstsein bei Bruno Bauer, aber auch, im Blick auf spätere Äußerungen von Marx, die logische Idee bei Hegel.[16]

Im Verlauf der Ausarbeitung der Kritik der politischen Ökonomie durch Marx ändert sich vor allem seine Auffassung hinsichtlich des ersten Punktes. Während die »Deutsche Ideologie« vornehmlich darauf abhebt, dass mit der Verselbständigung des Denkens vom Herrschaftscharakter der Gedanken einer Epoche, also ihrem ideologischen Gehalt, abstrahiert wird, stellt der spätere Marx auf den Prozess des wissenschaftlichen Erkennens ab, in dem Abstraktionen unvermeidlich sind. Wollte man, so heißt es in den Überlegungen zur Methode der Kritik der politischen Ökonomie in den »Grundrissen« (1857), von scheinbar empirisch-konkreten Bestimmungen ausgehen, wie zum Beispiel der Bevölke-

13 MEGA², Bd. I/2, S. 24f.

14 MEGA², Bd. I/5, S. 8.

15 Ebd., S. 43.

16 Ebd., S. 65.

rung, so handelte es sich in Wahrheit um Abstraktionen, die analytisch immer weiter zu bestimmen wären, bis hin zu einfachsten, abstrakten Bestimmungen, von denen aus dann das Ganze als ein Zusammenhang von Bestimmungen zu rekonstruieren sei: »Das Concrete ist concret weil es die Zusammenfassung vieler Bestimmungen ist, also Einheit des Mannigfaltigen. Im Denken erscheint es daher als Prozeß der Zusammenfassung, als Resultat, nicht als Ausgangspunkt, obgleich es der wirkliche Ausgangspunkt und daher auch der Ausgangspunkt der Anschauung und der Vorstellung ist. Im ersten Weg wurde die volle Vorstellung zu abstrakter Bestimmung verflüchtigt; im 2t führen die abstrakten Bestimmungen zur Reproduction des Concreten im Weg des Denkens. Hegel gerieth daher auf die Illusion, das Reale als Resultat des sich in sich zusammenfassenden, in sich vertiefenden, und aus sich selbst sich bewegenden Denkens zu fassen, während die Methode vom Abstrakten zum Concreten aufzusteigen, nur die Art für das Denken ist sich das Concrete anzueignen, es als ein geistig Concretes zu reproduciren. Keineswegs aber der Entstehungsprocess des Concreten selbst.«[17]

Mit diesen Bemerkungen schreibt Marx Hegel ein inhaltsvolles Motiv für seinen (nach Marx' Ansicht idealistischen) Irrtum zu: Er habe die Notwendigkeit zur Abstraktion und ihrer Rücknahme auf dem Wege zu einem »geistig Konkreten« von den realen Voraussetzungen des wissenschaftlichen Erkenntnisprozesses abgekoppelt, die durch Anschauung und Vorstellung gegeben seien. Allerdings sind diese realen Voraussetzungen, Marx zufolge, eben nicht einfach empirisch konstatierbar; die Vorstellung des Ganzen nämlich ist eine »chaotische Vorstellung«,[18] weil es sich bei »Gesellschaft«, »Bevölkerung« etc. nicht um sinnlich erfahrbare und anschauliche »Dinge« handelt, sondern um theoretische Gegenstände, deren Konstitution schon auf gedanklichen Abstraktionen beruht.[19] Marx unterstellt in diesem Zusammenhang dem »philosophische[n] Bewußtsein«, ihm sei erst »das begreifende Denken der wirkliche Mensch und die begriffne Welt als solche erst die wirkliche« und daher erscheine ihm »die Bewegung der Categorien als der wirkliche Productionsakt [...] dessen Resultat die Welt ist«.[20] Das philosophische Bewusstsein wird hier unter einen pauschalen Verdacht gestellt, der so nicht zu rechtfertigen ist; offenbar wirkt hier nach, dass Marx die Philosophie generell mit Ideologie identifiziert hatte und sie durch die empirisch gerichtete Wissenschaft ersetzen wollte. Zugleich räumt Marx jedoch ein, dass das »Gedankenconcretum« als »ein Product des

17 MEGA², Bd. II/1,1, S. 36.

18 Ebd.

19 Hegel behandelt dies in seiner »Phänomenologie des Geistes« vor allem in seinen Ausführungen zur beobachtenden Vernunft; vgl. GW, Bd. 9, S. 137ff.

20 MEGA², Bd. II/1,1, S. 37.

Denkens, des Begreifens« und »der Verarbeitung von Anschauung und Vorstellung in Begriffe [...] ein Product des denkenden Kopfes« ist, »der sich die Welt in der ihm einzig möglichen Weise aneignet, einer Weise, die verschieden ist von der künstlerisch-, religiös-, praktisch-geistigen Aneignung dieser Welt«.[21] Das Begreifen der Realität kommt daher nicht umhin, diese als ein Gedankenkonkretum geistig zu reproduzieren, und Marx' Kritik reduziert sich letztlich auf den eher trivialen Vorbehalt, das reale Subjekt müsse »als Voraussetzung stets der Vorstellung vorschweben«,[22] damit der Reproduktionsprozess nicht als Produktions- oder gar Schöpfungsprozess missverstanden werde. Wer immer damit gemeint sein soll: Hegel jedenfalls verfolgt nicht das Programm einer Schöpfungstheologie.[23]

Im Nachwort zur zweiten Auflage des ersten Bandes des »Kapital« wiederholt Marx, wenn auch in sehr gedrängter Form, die Argumentation von 1857, allerdings mit einer bemerkenswerten Abweichung. Dort heißt es: »Allerdings muß sich die Darstellungsweise formell von der Forschungsweise unterscheiden. Die Forschung hat den Stoff sich im Detail anzueignen, seine verschiednen Entwicklungsformen zu analysiren und deren innres Band aufzuspüren. Erst nachdem diese Arbeit vollbracht, kann die wirkliche Bewegung entsprechend dargestellt werden. Gelingt dieß und spiegelt sich nun das Leben des Stoffs ideell wieder, so mag es aussehn, als habe man es mit einer Konstruktion a priori zu thun.«[24] Marx spricht hier nicht mehr von einem Schöpfungsakt bzw. Produktionsakt, dessen Resultat die wirkliche Welt ist, sondern von einer Konstruktion a priori, wechselt also von der Polemik gegen eine unterstellte theologisch inspirierte Dogmatik auf das Terrain der Transzendentalphilosophie.[25] Der »Denkproceß«, den Hegel »sogar unter dem Namen Idee in ein selbständiges Subjekt verwandelt«, sei bei Hegel »der Demiurg des Wirklichen, das nur seine äußere Erscheinung bildet. Bei mir ist umgekehrt das Ideelle nichts andres als das im Menschenkopf umgesetzte und übersetzte Materielle.«[26] Der Demiurg ist nicht der Schöpfer-Gott, sondern der Handwerker-Gott (wie etwa in Platons Dialog »Timaios«),

21 Ebd.

22 Ebd.

23 Vgl. oben das Kapitel »Ein Gegensatz ohne Bedeutung«, Abschnitt 2.

24 MEGA², Bd. II/10, S. 17.

25 Frank Kuhne, der Marx' Kritik von Kant her ein normatives Fundament einziehen will, erörtert sehr klar das Unbefriedigende der marxschen Hegel-Kritik, zieht sich aber schließlich doch auf den »Quidproquo«-Vorwurf der Mystifikation zurück, indem er statuiert, »dass die Wirklichkeit von Staat und Geschichte nicht als sie selbst betrachtet wird, sondern als bloße Erscheinungsform der Idee« (Frank Kuhne: Marx und Kant. Die normativen Grundlagen des »Kapitals«, Weilerswist 2022, S. 394). Abgesehen davon, dass die Wirklichkeit im hegelschen Verständnis Realisierung der Idee im Unterschied zur Realität als solcher ist, zielt Marx' Einwand im »Kapital« auf den Apriorismus überhaupt und damit implizit ebenso auf Kant wie auf Hegel.

26 MEGA², Bd. II/10, S. 17.

der eine ihm gegebene, tote Materie erst formt.[27] Der Einwand gegen den Mystizismus lautet jetzt also nicht mehr nur, dass das reale Subjekt dem begreifenden Denken vorschweben müsse, sondern dass das begreifende Denken eine in der (materiellen) Realität bereits gegebene Struktur zu transformieren (»umzusetzen« bzw. zu »übersetzen«) habe. Wie dieser Um- und Übersetzungsprozess freilich erfolgen soll, bleibt im Dunkeln, denn die Kategorien der geistigen Reproduktion des Konkreten sind ja, dies war die 1857 gewonnene Einsicht, keine materiellen Gegenstände, sondern ihrerseits Abstraktionsprodukte.

(2) Hegel selbst hat, folgt man dem »Zusatz« zum Paragrafen 82 der »kleinen Logik« in der *Enzyklopädie*, für sein Verständnis des Spekulativen affirmativ auf den Terminus »mystisch« zurückgegriffen – allerdings in einem ganz anderen Sinne ne als Marx. Unter dem Spekulativen sei »dasselbe zu verstehen [...], was früher [...] als das *Mystische* bezeichnet zu werden pflegte«, nämlich ein »Geheimnisvolle[s] und Unbegreifliche[s]«.[28] Es sei jedoch »ein Geheimnisvolles [...] nur für den Verstand, und zwar einfach um deswillen, weil die die abstrakte Identität das Prinzip des Verstandes, das Mystische aber [...] die konkrete Einheit derjenigen Bestimmungen ist, welche dem Verstand nur in ihrer Trennung und Entgegensetzung für wahr gelten.«[29] In der Konsequenz sei »[a]lles Vernünftige [...] zugleich als mystisch zu bezeichnen, womit jedoch nur so viel gesagt ist, daß dasselbe über den Verstand hinausgeht, und keineswegs, daß dasselbe überhaupt als dem Denken unzugänglich und unbegreiflich zu betrachten sei.«[30] Hegel stellt hier die vernünftige Einheit der Entgegengesetzten der abstrakten Verstandesidentität gegenüber, wodurch das Mystische in seinem Sprachgebrauch dieselbe Bedeutung hat wie »Vernunft«, »Dialektik« und »Widerspruch«. Marx möchte Hegel also, von Hegel aus gesehen, gerade da beerben, wo dieser sich zu einem Mystizismus bekennt. Mehr noch: Marx möchte Hegel auch da beerben, wo dieser sich als Idealist bekennt. Der Idealismus nämlich besteht, Hegel zufolge, »in nichts anderem als darin, das Endliche nicht als ein wahrhaft Seyendes anzuerkennen«.[31] Diese Auffassung teilt Marx wenigstens insoweit, als er sich in seiner Kritik der politischen Ökonomie theoretisch gegen einzelwissenschaftliche Bornierungen und auch gegen die abstrakten Verstandesidentitäten wendet, und ebenso hält er dafür, dass die Wissenschaft überhaupt dem Alltagsverstand als paradox – also widersinnig und unbegreiflich, wie das

27 Hierauf hat Heinz-Dieter Kittsteiner aufmerksam gemacht: Mit Marx für Heidegger. Mit Heidegger für Marx, München 2004, S. 57f.

28 Georg Wilhelm Friedrich Hegel: Werke. Theorie-Werkausgabe, Frankfurt a. M., Bd. 8, S. 178.

29 Ebd., S. 179.

30 Ebd.

31 Georg Wilhelm Friedrich Hegel: Gesammelte Werke, Hamburg 1968ff. [GW], Bd. 21, S. 142.

Mystische bei Hegel – erscheint; in den 1865 gehaltenen Vorträgen »Value, price and profit« heißt es dazu: »This seems paradox and contrary to the everyday's observation. It is also paradox that the earth moves round the sun, and that water consists of two highly inflammable gases. Scientific truth is always paradox, if judged by everyday's experience, which catches only the delusive appearances of things.«[32]

Nun steht außer Frage, dass Marx schlicht ein anderes Verständnis von »Mystik« und »Idealismus« hat als Hegel. Zu fragen ist jedoch, ob Marx Argumente dafür hat, dass seine Kritik an Hegel dessen Philosophie wirklich trifft, und zugleich zeigen kann, dass sie ihn nur so trifft, dass sie sich hinsichtlich der Dialektik auf »materialistischer« Grundlage beerben lässt. Marx' Kritik zielt dabei, wie gezeigt wurde, auf die Grundlage der hegelschen Philosophie, die immer wieder – wenn auch mit Varianten – als Verselbstständigung des Denkprozesses gegenüber der Empirie, dem realen Subjekt, charakterisiert wird. Erscheint diese Verselbstständigung anfangs als bloßes Ideologem – wodurch kaum mehr einsichtig zu machen ist, weshalb die auf dieser Grundlage gewonnene Dialektik Realitätsgehalt beanspruchen kann –, so wird diese Verselbstständigung später im »Kapital« als Fehlinterpretation eines wissenschaftlich notwendigen Abstraktionsverfahrens gedeutet. Soweit Hegels dialektische Methode der Logik des empirisch gerichteten wissenschaftlichen Prozesses folgt, ließe sie sich daher im Rahmen der marxschen Überlegungen durchaus rechtfertigen und ungeachtet ihrer »idealistischen« Grundlage auch übernehmen. Es käme dann darauf an, Hegels Reflexion seiner Methode und ihres Begründungszusammenhangs dort zu kritisieren, wo sie sich, gemessen an Marx' Auffassung des wissenschaftlichen Verfahrens, selbst missversteht und aufgrund der Verselbstständigung der Denkbestimmungen die empirische Realität verfehlt.

Marx' Umgang mit Hegel im Rahmen der Entwicklung seines Projekts einer Kritik der politischen Ökonomie lässt sich meines Erachtens durchgängig auf diese Weise verstehen. Der Tenor der Kritik an Hegel ändert sich dabei kaum. Hegel habe die dialektische Methode mystifiziert, indem er reale Unterscheidungen als rein begriffliche Unterscheidungen angesehen und als Selbstunterscheidungen eines absolut selbstbezüglichen imaginären Subjekts, des Begriffs bzw. der logischen Idee, verstanden habe. Während Marx in seinen frühen Texten im Anschluss an die feuerbachsche Umkehrmethode (die streng genommen erst den Mystizismus als Quidproquo bestimmt) das imaginäre durch ein »reales« Subjekt – die menschliche Gattung – ersetzen will, rückt er spätestens seit der »Deutschen Ideologie« davon ab und unterstellt das Subjekt nicht mehr im Sinne einer selbstbezüglichen Subjektivität – die er

32 MEGA², Bd. I/20, S. 167.

weiterhin bei Hegel am Werk sieht –, sondern im Sinne des Zugrundeliegenden (*hypokeimenon*). Dies erlaubt es, unter dem Vorbehalt eines der Anschauung und Vorstellung kontinuierlich vorschwebenden realen Subjekts,[33] in der Erfassung und Darstellung realer Prozesse und Verhältnisse hegelsche Denkbestimmungen – die »dialektische Methode« – so weit zum Einsatz zu bringen, wie keine Selbstunterscheidungen des Begriffs im Rahmen eines verselbstständigten Denkprozesses unmittelbar auf die Realität appliziert werden. Im *Kapital* wird diese These dann, wie erwähnt, als Kritik eines Apriorismus gefasst, womit der mit der bisherigen Hegel-Kritik verbundene Vorwurf einer Schöpfungstheologie in der Konsequenz aufgegeben wird.

Es ist nun näher zu betrachten, wie Marx hegelsche Denkbestimmungen verwendet und dabei zugleich seinen Vorbehalt gegenüber Hegel geltend macht. In den Manuskripten zur Kritik der politischen Ökonomie 1857/58, die insgesamt und besonders in den »Grundrissen« durch zahlreiche Rückgriffe auf Hegel geprägt sind, die teils experimentellen Charakter haben,[34] konzentriert sich dieser Vorbehalt auf den Aufweis von *Grenzen der Dialektik*.[35] Schon dieser Ausdruck zeigt, dass Marx seine dialektische Darstellungsmethode weitgehend mit der Dialektik Hegels identifiziert, da er sie lediglich beschränken will. Diese Beschränkung erfolgt im Blick darauf, wie weit die dialektische Darstellung nach Marx' Auffassung die Realität verzerrt. Gezeigt wird dies zuerst anhand der »Dialektik der Begriffe Productivkraft (Productionsmittel) und Productionsverhältniß, eine Dialectic deren Grenzen zu bestimmen und die realen Unterscheide nicht aufhebt.«[36] Die Grenze wird demnach dort gezogen, wo der »reale Unterschied« in eine Einheit aufgehoben wird, die als selbstbezügliche Subjektivität konzipiert wird, wobei es für Marx nicht darauf ankommt, ob diese Subjektivität hegelianisch als absolute Idee oder aber als scheinbar empirische, in Wahrheit aber abstrakte Bestimmung wie zum Beispiel »Gesellschaft« ausgegeben wird. Es sei, so schreibt Marx, »für einen Hegelianer nichts einfacher als Production und Consumtion identisch zu setzen. Und das ist geschehn nicht nur von socialistischen Belletristen, sondern von prosaischen Oekonomen selbst, z.B. Say; in der Form, daß wenn man ein Volk betrachte seine Production seine Consumtion sei. Oder auch die Menschheit in abstracto. Storch hat dem Say das Falsche nachgewiesen, indem ein Volk z. B. nicht rein sein Product con-

33 In Anlehnung an Kant ließe sich sagen, für Marx gebe es ein vom Denken unabhängiges »Subjekt«, das alle meine Vorstellungen muss begleiten können.

34 Vgl. Arndt: Karl Marx, S. 138–156.

35 Vgl. Wolfgang Fritz Haug: Grenzen der Dialektik, in: Historisch-kritisches Wörterbuch des Marxismus, Bd. 5, Hamburg 2001, Sp. 957–962; Frieder Otto Wolf: Marx' Konzept der »Grenzen der dialektischen Darstellung«, in: Das Kapital neu lesen. Beiträge zur radikalen Philosophie, hg. v. Jan Hoff u.a., Münster 2006, S. 159–188.

36 MEGA², Bd. II/1,1, S. 43.

sumirt, sondern auch Productionsmittel schafft etc, fixes Capital etc. Die Gesellschaft als Ein einziges Subject betrachten, ist sie überdem falsch betrachten; spekulativ. Bei einem Subject erscheinen Production und Consumtion als Momente eines Akts.«[37] Marx kritisiert hier die Struktur einer absoluten Selbstbezüglichkeit, wie Hegel sie in der Tat in seiner Konzeption der absoluten Idee als Selbsterfassung des Begriffs im Medium des reinen Denkens entwickelt hat. Wird diese Struktur in die Realität umgesetzt bzw. die Realität in diese aufgehoben, so kommt es zu einer Verzerrung der Realität dadurch, dass die realen Unterschiede, wie zum Beispiel der Unterschied von Produktion und Konsumtion, letztlich ignoriert werden, auf die es im Blick auf die geistige Reproduktion der realen Verhältnisse aber gerade ankommt.

Diesen Einwand macht Marx auch im Blick auf den Systemcharakter des Kapitalverhältnisses, das sich selbst und seine Elemente reproduziert und daher rein selbstbezüglich zu sein scheint: »Endlich als Resultat des Productions- und Verwerthungsprocesses erscheint vor allem die Reproduction und Neuproduction des Verhältnisses von Capital und Arbeit selbst, von Capitalist und Arbeiter. Dieß sociale Verhältniß, Productionsverhältniß, erscheint in fact als ein noch wichtigeres Resultat des Processes als seine materiellen Resultate. Und zwar producirt innerhalb dieses Processes der Arbeiter sich selbst als Arbeitsvermögen und das ihm gegenüberstehende Capital, wie andrerseits der Capitalist sich producirt als Capital und das ihm gegenüberstehende lebendige Arbeitsvermögen. Jedes reproducirt sich selbst, indem es sein Andres, seine Negation reproducirt. Der Capitalist producirt die Arbeit als fremde; die Arbeit producirt das Product als fremdes. Der Capitalist producirt den Arbeiter und der Arbeiter den Capitalisten etc.«[38] Dem Schein einer absolut selbstbezüglichen Reproduktion des Kapitalverhältnisses begegnet Marx zunächst dadurch, dass er auf dessen historisches Gewordensein verweist und die Bedingungen des Werdens von denen seiner eigenen Wirklichkeit unterscheidet: »Die Bedingungen und Voraussetzungen des Werdens, des Entstehns des Capitals unterstellen eben, daß es noch nicht ist, sondern erst wird; sie verschwinden also mit dem wirklichen Capital, mit dem Capital das selbst, von seiner Wirklichkeit ausgehend, die Bedingungen seiner Verwirklichung sezt. So [...], sobald das Capital als solches geworden ist, schafft es seine eignen Voraussetzungen [...]. Diese Voraussetzungen, die ursprünglich als Bedingungen seines Werdens erschienen – und daher noch nicht von seiner Action als Capital entspringen konnten – erscheinen jezt als Resultate seiner eignen Verwirklichung, Wirklichkeit, als

37 Ebd., S. 30.

38 MEGA², Bd. II/1,2, S. 367.

gesezt von ihm – nicht als Bedingungen seines Entstehens, sondern als Resultate seines Daseins.«[39]

In einem weiteren Schritt stellt Marx dann die These auf, dass bestimmte historische Voraussetzungen der kapitalistischen Produktionsweise, wie das Vorfindlichsein des freien Lohnarbeiters, nicht nur Voraussetzungen ihres Werdens, sondern ebenso ihrer Wirklichkeit sind, die Reproduktion des Kapitalverhältnisses also auf eine ihm äußerlich gegebene und äußerlich bleibende, von ihm zwar durch Herrschaft auf Dauer gestellte, aber nicht intern erzeugte Voraussetzung angewiesen bleibt: Entziehen sich die Lohnarbeiter dem Verwertungsprozess des Kapitals (und sei es durch Streiks), wird der Reproduktionsprozess gestört. In diesem Zusammenhang heißt es im »Urtext« (1858) des Heftes »Zur Kritik der politischen Ökonomie«, die »historische Entwicklungsstufe [...] – deren Product selbst schon der freie Arbeiter – ist aber Voraussetzung für das Werden und noch mehr das Dasein des Capitals als solchen. [...]. Es zeigt sich an diesem Punkt bestimmt, wie die dialektische Form der Darstellung nur richtig ist, wenn sie ihre Grenzen kennt. Aus der Betrachtung der einfachen Circulation ergiebt sich uns der allgemeine Begriff des Capitals, weil innerhalb der bürgerlichen Productionsweise die einfache Circulation selbst nur als Voraussetzung des Capitals und es voraussetzend existirt. Das Ergeben derselben macht das Capital nicht zur Incarnation einer ewigen Idee; sondern zeigt es, wie es in der Wirklichkeit erst, nur als nothwendige Form, in die Tauschwerth setzende Arbeit, auf dem Tauschwerth beruhnde Production münden muß.«[40] Anders als Hegels absolute Idee, auf die Marx hier anspielt, seien – so ist Marx' Bemerkung wohl zu verstehen – Systeme in der Realität nicht rein selbstbezüglich strukturiert, sondern auf gegebene, äußerliche Voraussetzungen angewiesen.

Der Sache nach greift Marx diesen kritischen Einwand im »Kapital« wieder auf, wenn er – meines Erachtens äußerst ironisch – davon spricht, der Wert sei so etwas wie »ein automatisches Subjekt. Fixirt man die besondren Erscheinungsformen, welche der sich verwerthende Werth im Kreislauf seines Lebens abwechselnd annimmt, so erhält man die Erklärungen: Kapital ist Geld, Kapital ist Waare. In der That aber wird der Werth hier das Subjekt eines Processes, worin er unter dem beständigen Wechsel der Formen von Geld und Waare, seine Größe selbst verändert, sich als Mehrwerth von sich selbst als ursprünglichem Werth abstößt, sich selbst verwerthet. Denn die Bewegung, worin er Mehrwerth zusetzt, ist seine eigne Bewegung, seine Verwerthung also Selbstverwerthung. Er hat die okkulte Qualität erhalten, Werth zu setzen, weil er Werth ist. Er

39 Ebd., S. 368.

40 MEGA², Bd. II/2, S. 91.

wirft lebendige Junge oder legt wenigstens goldne Eier.«[41] Und weiter: »Er unterscheidet sich als ursprünglicher Werth von sich selbst als Mehrwerth, als Gott Vater von sich selbst als Gott Sohn, und beide sind vom selben Alter, und bilden in der That nur eine Person.«[42] Im Folgenden freilich wird diese mystische Qualität des Wertes zur Selbstreproduktion, wie er sich in der Zirkulationssphäre zeigt, dadurch widerlegt, dass sich bei näherer Betrachtung Widersprüche in der allgemeinen Formel des Kapitals (G–W–G') zeigen, die sich nur durch das Vorfindlichsein der Ware Arbeitskraft erklären lassen. Dies näher zu erläutern, ist hier nicht der Ort; es kommt darauf an, dass auch hier die scheinbar absolut selbstbezügliche Reproduktion auf äußerliche, nicht vom Kapital als sich verwertendem Wert gesetzte Voraussetzungen angewiesen ist.

Wie ist diese Kritik an Hegel zu bewerten, die auf den ersten Blick eine Alternative darzustellen scheint? Es ist bereits mehrfach davon die Rede gewesen, dass Marx mit solchen Überlegungen Hegel auf der Ebene der Realphilosophie (und die Kritik der politischen Ökonomie wäre für Hegel Teil der Realphilosophie des endlichen Geistes als objektiver Geist) nicht trifft: Im Endlichen ist der Begriff als absolute Idee sich immer äußerlich und schießt daher auch nie zu einem rein selbstbezüglichen und selbstreproduktiven System zusammen. Die von Marx aufgezeigten Grenzen der Dialektik sind auch die Grenzen, die Hegel in der endlichen Realität zieht, und sie markieren keinen Gegensatz zu Hegel.[43] Marx' Umgang mit hegelschen Denkbestimmungen im Rahmen seines Projekts einer Kritik der politischen Ökonomie bewegt sich im Rahmen der hegelschen Philosophie, auch wenn Marx immer wieder behauptet und subjektiv davon überzeugt ist, Hegel fundamental kritisch gegenüberzustehen.

Bei näherer Betrachtung reduziert sich diese Kritik jedoch auf so etwas wie einen Vorbehalt gegen Hegels Konzept der »Wissenschaft der Logik« als einer systematisch vollständigen Kategorienlehre. Der Einwand, diese sei schon deshalb ungenügend, weil sie aus dem reinen Denken hervorgegangen sein soll und so etwas wie eine apriorische Struktur darstelle, überzeugt schon deshalb nicht, weil die »Logik« – innerhalb der Kreisstruktur des hegelschen Systems (ein Kreis aus Kreisen[44]) –

41 MEGA², Bd. II/10, S. 141. Vgl. Jürgen Behre/Nadja Rakowitz: Automatisches Subjekt? Zur Bedeutung des Kapitalbegriffs bei Marx, https://www.rote-ruhr-uni.com/cms/texte/Automatisches-Subjekt. Kritisch dazu Michael Sommer/Dieter Wolf: »Das Kapital als »automatisches Subjekt« und die Einheit von Darstellung und Kritik, http://www.dieterwolf.net/pdf/Automatisches_Subjekt.pdf.

42 MEGA², Bd. II/10, S. 142.

43 Vgl. insgesamt Andreas Arndt: Die Sache der Logik. Begriff und Realität bei Hegel, Hamburg 2023.

44 »Vermöge der aufgezeigten Natur der Methode stellt sich die Wissenschaft als einen in sich geschlungenen *Kreis* dar, in dessen Anfang, den einfachen Grund, die Vermittlung das Ende zurückschlingt; dabey ist dieser Kreis ein *Kreis von Kreisen*; denn jedes einzelne Glied, als Beseeltes der Methode, ist die Reflexion in-sich, die, indem sie in den Anfang zurückkehrt, zugleich der Anfang eines neuen Gliedes ist. Bruchstücke dieser Kette sind die einzelnen Wissenschaften, deren jede ein *Vor* und ein *Nach* hat, – oder genauer gesprochen, nur das Vor *hat*, und in ihrem Schlusse selbst ihr *Nach zeigt*.« (GW, Bd. 12, S. 252)

zugleich auch Resultat des Durchgangs durch die Natur und die Gestaltungen des Geistes ist und daher auch Voraussetzungen in der Realität hat, von denen sie zwar hinsichtlich der Intentionalität auf bestimmte Gegenstände, nicht aber hinsichtlich der in konkreten Erkenntnis- und Praxisprozessen gewonnenen kategorialen Formen abstrahiert. Daraus folgt auch, dass die logische Formbestimmtheit nicht, wie Marx' Verweis auf die absolute Idee als Demiurg es nahelegen möchte, einem gegebenen Stoff äußerlich aufgeprägt wird, sondern den Strukturen der Natur und des Geistes schon immer immanent ist – wenn auch nicht in einer unmittelbaren Entsprechung zur »Logik« und ihrer Abfolge der Kategorien. Dies ist es, was Hegel so bezeichnet, dass die »Wissenschaft der Logik« »als die *formelle Wissenschaft* nicht auch diejenige Realität enthalten könne und solle, welche der Inhalt weiterer Theile der Philosophie, der *Wissenschaften der Natur und des Geistes*, ist. Diese concreten Wissenschaften treten allerdings zu einer reellern Form der Idee heraus als die Logik«; sie haben und behalten aber »das Logische oder den Begriff zum innern Bildner«.[45]

Eine Kritik der hegelschen Dialektik im Sinne der marxschen Intentionen müsste in jedem Fall auf dieser Theorieebene ansetzen und zeigen, dass Hegels Programm der Begründung eines Systems von Denkbestimmungen gescheitert ist und die Art und Weise, wie Hegel dieses System bestimmt, notwendig zu Verzerrungen in der Erfassung und Darstellung der Realität führt.[46] Und eine solche Kritik müsste weiter zeigen, dass die Denkbestimmungen, die Marx im Zusammenhang mit dem Projekt seiner Kritik der politischen Ökonomie zum Einsatz bringt, sich im Rahmen einer alternativen logischen Konzeption begründen lassen. Marx jedenfalls hat eine solche Kritik nicht geleistet, auch wenn er in jungen Jahren das Problem der Logik im offenbar kritischen Anschluss an Hegel bearbeiten wollte. Mit dem Abschied von der Philosophie hat er dieses Projekt schlicht nicht weiter verfolgt, und die gesuchte Konzeption einer »materialistischen Dialektik« – was immer diese auch sein möge – lässt sich aus seinem Gebrauch hegelscher Denkbestimmungen auch nicht rekonstruieren, der sich vielmehr vollständig im Rahmen der hegelschen Konzeption beschreiben und erklären lässt. Dies legt jedenfalls den Schluss nahe, dass es einer solchen alternativen Konzeption auch gar nicht bedarf, sondern vor allem einer Aufklärung über das Missverstehen der hegelschen Theorie.

45 Ebd., S. 25.

46 Dass bei Hegel in realphilosophischen Kontexten im Einzelfall logische Konstruktionen vorkommen mögen, die empirisch haltlos sind, wäre kein hinreichender Einwand; sie müssten vielmehr als unausweichliche Konsequenz seiner dialektischen Methode erwiesen werden, wie sie in der »Wissenschaft der Logik« begründet wird.

III — Befreiung

Zum Problem der Menschenrechte bei Hegel und Marx

(1) AM ENDE SEINES AUFSATZES »Ueber die wissenschaftlichen Behandlungsarten des Naturrechts« (1803) expliziert Hegel die »Idee der absoluten Sittlichkeit« als Gestalt des absoluten Geistes: »Für diese absolute Gestalt aber kann sie nicht zur Gestaltlosigkeit des Kosmopolitismus fliehen, noch zu der Leerheit der Rechte der Menschheit, und der gleichen Leerheit eines Völkerstaats und der Weltrepublik, als welche Abstractionen und Formalitäten das gerade Gegentheil der sittlichen Lebendigkeit enthalten und ihrem Wesen nach gegen Individualität protestantisch und revolutionär sind.«[1] Es ist dies eine der wenigen Stellen, an denen Hegel überhaupt den Terminus »Menschenrechte« gebraucht, und dieser Gebrauch ist hier eindeutig negativ. Folgt man dem altbekannten Akkomodationsvorwurf an die Adresse Hegels,[2] wie er von Karl Popper und dessen Adepten aufgenommen und zugespitzt wurde,[3] so wäre damit eigentlich auch schon alles zum Thema Hegel und die Menschenrechte gesagt: Hegel opfere das Individuum auf dem Altar derjenigen Allgemeinheit, welche die Wirklichkeit der sittlichen Idee als Staat sei. Das Denken der Totalität schlage um in ein totalitäres Denken. Als Beleg hierfür gilt gemeinhin der § 258 der *Grundlinien der Philosophie des Rechts*, in dem es heißt, dass der Staat als substanzielle Einheit »Selbstzweck« sei und daher auch »das höchste Recht gegen die Einzelnen« habe, »deren *höchste Pflicht* es ist, Mitglieder des Staats zu seyn«.[4]

Dieser Auffassung steht freilich die nur schwer zu leugnende bzw. zu marginalisierende Tatsache entgegen, dass Hegel nicht nur den Fortschritt im Bewusstsein der Freiheit – und zwar ausdrücklich zum Bewusstsein der Freiheit *aller* – zum Inhalt der Weltgeschichte machte,

1 Georg Wilhelm Friedrich Hegel: Gesammelte Werke, Hamburg 1968ff. [GW], Bd. 4, S. 484.

2 Vgl. Rudolf Haym: Hegel und seine Zeit, Berlin 1857, S. 359: Hegel habe die Philosophie zur »wissenschaftlichen Behausung des Geistes preußischer Restauration« gemacht. – Vgl. Hans-Christian Lucas: Philosophie und Wirklichkeit. Einige Bemerkungen wider die Legende von Hegel als »preußischem Staatsphilosophen«, in: Zeitschrift für Didaktik der Philosophie 9 (1987), S. 154–161; Domenico Losurdo: Zwischen Hegel und Bismarck. Die achtundvierziger Revolution und die Krise der deutschen Kultur, Berlin 1993.

3 Karl Raimund Popper: Die offene Gesellschaft und ihre Feinde, Bd. 2: Falsche Propheten. Hegel, Marx und die Folgen, 4. Aufl., München 1975.

4 GW, Bd. 14,1, S. 201.

sondern auch zeitlebens die Französische Revolution, der ja (neben der nordamerikanischen Unabhängigkeitsbewegung) die Proklamation der Menschenrechte sich allererst verdankt, in ihrer Bedeutung für die Freiheitsgeschichte als ein singuläres Ereignis positiv würdigte: »Solange die Sonne am Firmamente steht, war das nicht gesehen worden, daß der Mensch sich auf den Kopf, d.i. auf den Gedanken stellt«.[5] Solche Sätze haben Joachim Ritter zu der These veranlasst, dass es »keine zweite Philosophie« gebe, »die so sehr und bis in ihre innersten Antriebe hinein Philosophie der Revolution« sei, wie diejenige Hegels.[6] Ein Hauptmoment der Französischen Revolution jedoch, die Befreiung des Eigentums aus den feudalen Fesseln,[7] erfüllte Hegel mit prinzipiellem Misstrauen, denn er hielt dafür, dass die egoistischen Privateigentümer als solche nicht politikfähig seien, weshalb, wie es schon im Jenaer »System der Sittlichkeit« heißt, der »Besitz« als Element der bürgerlichen Gesellschaft nicht mit der Regierung vermischt werden dürfe.[8] Die »Grundlinien der Philosophie des Rechts« präzisieren dann, dass der Staat auf keinen Fall »mit der bürgerlichen Gesellschaft verwechselt« werden dürfe.[9]

Auf diesem Vorbehalt beruht, Karl Löwith zufolge, auch Hegels Haltung zu den Menschenrechten als individuellen Freiheitsrechten: Da der Bürger als *bourgeois* nicht unmittelbar auch Bürger als *citoyen* sei, müsse – um das sittliche Ganze nicht den Egoismen der Privateigentümer auszuliefern – das Individuelle durch das Allgemeine begrenzt und in dieses eingebunden werden, was durch die Proklamation abstrakter Menschenrechte gegenüber dem Staat gerade nicht möglich sei; vielmehr komme es darauf an, Privatinteressen und Interessen der Gemeinschaft in der wahrhaften Individualität absoluter Sittlichkeit als organischer Einheit zusammenzubringen.[10] Dies bedeutet indessen keinen Rückfall in antikisierende Konzeptionen von Polis-Sittlichkeit; vielmehr ist es, wie auch

5 Georg Wilhelm Friedrich Hegel: Werke. Theorie-Werkausgabe, Frankfurt a. M. 1970, Bd. 12, S. 529.

6 Joachim Ritter: Hegel und die Französische Revolution, in: Ders.: Metaphysik und Politik, Frankfurt a. M. 1977, S. 183–255; vgl. Jacques d'Hondt: Hegel in seiner Zeit, Berlin 1984; Andreas Arndt: Zwischen Enttäuschung und Versöhnung: Hegel, die Deutsche Misere und die Französische Revolution, in: Tijdschrift voor de Studie van de Verlichting en van het vrije Denken, Brüssel 1989, S. 249–263.

7 Vgl. die Nachschrift zu Hegels Rechtsphilosophie-Vorlesung 1817/18: »Durch das Christenthum wurden zuerst die Menschen frey, aber durch die Feudalverfassung wurde das Eigenthum unfrey, und diß war mit die Veranlassung zur französischen Revolution« (GW, Bd. 26,1, S. 27, § 26). – Der junge Hegel hat dagegen Eingriffe in das Eigentumsrecht für möglich gehalten: »In den *Staaten der neueren Zeit ist Sicherheit des Eigenthums* der Angel, um den sich die ganze Gesetzgebung dreht, worauf sich die meisten Rechte der Staatsbürger beziehen. [...] Wie sehr der unverhältnismäßige Reichthum einiger Bürger auch der freiesten Form der Verfassung gefährlich und die Freiheit selbst zu zerstören im Stande sei, zeigt die Geschichte [...] und es wäre eine wichtige Untersuchung, wie viel von dem strengen Eigenthumsrecht der dauerhaften Form einer Republik aufgeopfert werden müßte.« (GW, Bd. 2, S. 600f.)

8 Vgl. GW, Bd. 5, S. 361.

9 Vgl. GW, Bd. 14,1, S. 201, § 258.

10 Karl Löwith: Menschenrechte und Bürgerrechte bei Rousseau, Hegel und Marx, in: Ders.: Werke, Bd. 5, Stuttgart 1988, S. 174–185.

das eingangs angeführte Zitat aus dem »Naturrechtsaufsatz« deutlich macht, Hegels Anliegen, die Individualität als Prinzip der Moderne in die Gestalt der Sittlichkeit selbst aufzunehmen. Das bedeutet: Das sittliche Ganze selbst muss so gestaltet sein, dass die individuellen Freiheitsrechte mit den Interessen des Ganzen zusammenbestehen und darin ebenso aufgehoben wie auch durch das Ganze gesichert sind.

So wenig Hegel zum Vertreter eines anarchischen Freiheitsprinzips der Willkür gemacht werden kann, so wenig kann er umgekehrt auch zum Gegner individueller Freiheitsrechte gemacht werden. Ihn interessiert indes weniger die Proklamation solcher Rechte als vielmehr die Frage, wie sie sich allgemeinverbindlich, das heißt rechtsförmig sichern und durchsetzen lassen, ohne das Gemeinwesen als Garanten ihrer Allgemeinverbindlichkeit zu beschädigen. So hat Gertrude Lübbe-Wolff nachgewiesen, dass das Fehlen eines Grundrechtekatalogs in Hegels Rechtsphilosophie sich nicht nur Hegels Auffassung über die Besonderheiten der deutschen Verfassungsgeschichte verdankt, die ja bekanntlich nicht fähig war, ein nationalstaatliches Gemeinwesen zu etablieren, sondern auch darauf beruht, dass er der konkreten Ausgestaltung der Rechtswirklichkeit Vorrang vor der abstrakten Proklamation solcher Rechte beimaß.[11] Im gleichen Sinne argumentiert Ludwig Siep, wenn er darauf hinweist, dass Hegel die Grundrechte nicht abstrakt negiere, sondern es ihm vor allem um deren »Realisierung« zu tun sei.[12] Strittig bleibe jedoch, ob Hegel eine zureichende Antwort darauf habe, wie die Grundrechte im Zweifel *gegen* den Staat zu schützen seien, was Siep bezweifelt.

Im Folgenden möchte ich in diesem Zusammenhang einige Argumente dafür beibringen, dass Hegel durchaus von unveräußerlichen Freiheitsrechten ausgeht, die den Rechtsverhältnissen auch dann zugrunde liegen, wenn sie selbst nicht ausdrücklich rechtsförmig kodifiziert sind und gerade darin ihre Unveräußerlichkeit bewähren. In einem ersten Schritt möchte ich zeigen, dass Hegel – ungeachtet seiner Kritik an der Abstraktheit und Leerheit ihrer bloßen Proklamation – von Anfang an die Menschenrechte als selbstverständlich anerkennt und zugrunde legt (2). Dies gilt auch für die »Grundlinien der Philosophie des Rechts«, die zwar einen anderen theoretischen Begründungsrahmen als den »natürlicher« Rechte entwickeln, inhaltlich jedoch den damaligen Menschenrechts-

11 Gertrude Lübbe-Wolff: Über das Fehlen von Grundrechten in Hegels Rechtsphilosophie. Zugleich ein Beitrag zum Verständnis der historischen Grundlagen des Hegelschen Staatsbegriffs, in: Hegels Rechtsphilosophie im Zusammenhang der europäischen Verfassungsgeschichte, hg. v. Hans-Christian Lucas und Otto Pöggeler, Stuttgart-Bad Cannstatt 1986, S. 421–446.

12 Ludwig Siep: Verfassung, Grundrechte und soziales Wohl in Hegels Philosophie des Rechts, in: Praktische Philosophie im Deutschen Idealismus, Frankfurt a. M. 1992, S. 285–306; Wolfgang Schild: Menschenrechtsethos und Weltgeist. Eine Hegel-Interpretation, in: Würde und Recht des Menschen. Festschrift für Johannes Schwartländer zum 70. Geburtstag, hg. v. Heiner Bielefeldt, Winfried Brugger und Klaus Dicke, Würzburg, 1992, S. 199–222; Pavo Barišic: Freiheit und Menschenrechte bei Hegel, in: Hegel-Jahrbuch 2000, Berlin 2000, S. 139–148.

katalogen vollständig Genüge leisteten und darüber hinaus Recht uneingeschränkt auf dem Standpunkt der Moderne, ohne Rückgriffe auf scheinbar natürliche oder geoffenbarte Ordnungsvorstellungen, zu begründen versuchten (3). Und schließlich soll noch ein Blick auf die marxsche Theorie geworfen werden, die Hegels Kritik der bloß formellen Proklamation individueller Freiheitsrechte im Blick auf die Eigentumsverhältnisse innerhalb der Sphäre der bürgerlichen Gesellschaft radikalisiert (4).

(2) Auf die Menschenrechte rekurriert Hegel bereits in dem 1795/6 niedergeschriebenen Manuskript »*man mag die widersprechendste Betrachtungen* …«, wo er sich im Zusammenhang mit der »Positivität« der christlichen Religion unter anderem mit Fragen des Kirchenrechts befasst und dessen Verhältnis zu individuellen Freiheitsrechten einerseits und dem Recht des Staates andererseits erörtert.[13] Dass der »geistliche Staat« eine »von bürgerlichen ganz unabhängige Quelle von Rechten und Pflichten« werde, sei, so Hegel, dann nicht zu beanstanden, wenn die Zugehörigkeit zu diesem Staat jederzeit der Willkür des Einzelnen überlassen bleibe und auch die Nachkommen nicht verpflichte; sei dies der Fall, so habe dieses Kirchenrecht »nichts in sich, das weder den natürlichen Rechten jedes Menschen, noch des Staats Eintrag thut«.[14] Zu diesen natürlichen Rechten gehört – neben dem des Selbsterhalts – für den jungen Hegel auch eine auf den individuellen Fähigkeiten entsprechende Ausbildung: »Jeder Mensch bringt ausser dem Rechte der thierischen Erhaltung, auch das Recht, seine Fähigkeiten auszubilden, ein Mensch zu werden, auf die Welt«.[15] Und schließlich zählt Hegel das Recht, »[f]reie Religionsübung zu haben, und seinem Glauben getreu zu seyn«, zu den Rechten, in welchen »der Mensch nicht erst als Mitglied einer Kirche, sondern als Staatsbürger geschützt werden muß«; es sei dies ein »Fundamentalartikel des gesellschaftlichen Vertrags, ein Menschenrecht, das durch keinen Eintritt, in welche Art von Gesellschaft es sei, aufgegeben werden kan«.[16] Vor allem aber reklamiert Hegel das »Recht einer jeden Fähigkeit des menschlichen Geistes, besonders der ersten unter ihnen, der Vernunft«.[17] Diesem »Rechte der Vernunft eines jeden Menschen« stehe es entgegen, wenn er einem »fremden Codex unterworfen sey«, denn »auf das Recht sich selbst sein Gesez zu geben, sich allein für die Handhabung desselben Rechenschaft schuldig zu seyn, kan kein Mensch Verzicht thun, denn mit dieser Veräusserung hörte er auf, Mensch zu seyn.« Dieses Recht der Vernunft

13 GW, Bd. 1, S. 281–351.
14 Ebd., S. 315f.
15 Ebd., S. 323.
16 Ebd., S. 335.
17 Ebd., S. 349.

ist seinem Wesen nach keines, das der Staat garantieren könnte, denn wenn der Staat den Menschen zwingen wollte, »Mensch zu seyn«, so wäre dies »Gewalt«.[18]

Es fällt auf, mit welcher Selbstverständlichkeit Hegel Termini wie »natürliche«, »unveräusserliche« Rechte und »Menschenrechte« gebraucht. Man wird hierin ohne Zweifel ein Echo der Französischen Revolution und insbesondere der »déclaration des droits de l'homme et du citoyen« vom August 1789 sehen können. Zugleich tritt aber auch deutlich hervor, dass diese Adaption der Menschenrechte vor dem Hintergrund eines an Kant orientierten Verständnisses der Autonomie des Menschen im Sittlichen erfolgt, wie es besonders in dem Recht des Menschen auf vernünftige Selbstgesetzgebung und Rechenschaftslegung über das Handeln nach diesem Gesetz zum Ausdruck kommt. Dies legt die Frage nahe, ob nicht mit der Ablösung des kantischen Begriffs der (praktischen) Vernunft und der ihm zugrunde liegenden Konzeption von Subjektivität durch den späteren, spezifisch hegelschen Vernunftbegriff auch der fraglosen Geltung der Menschenrechte die Grundlage entzogen wird.

Tatsächlich dürfte aber die spätere Zurückhaltung gegenüber den Menschenrechtsproklamationen eher darin gegründet sein, dass sowohl die innere Entwicklung der Französischen Republik als auch deren expansiv-nationalistisches Agieren auf der europäischen Bühne mit den feierlichen Proklamationen kaum mehr in Übereinstimmung zu bringen war und die Berufung auf Menschenrechte diskreditiert hatte. So schreibt ein unbekannter Stuttgarter Freund nach der Lektüre der von Hegel zu Druck bestimmten, dann aber doch nicht publizierten Schrift »Daß die Magistrate von den Bürgern gewählt werden müssen«:[19] »Freilich, liebster Freund, ist unser Ansehen tief herabgesunken. Die Sachwalter der großen Nation haben die heiligsten Rechte der Menschheit der Verachtung und dem Hohn unserer Feinde preisgegeben. Ich kenne keine Rache, die ihrem Verbrechen angemessen wäre. Unter diesen Umständen würde auch die Bekanntmachung Ihres Aufsatzes für uns mehr Übel als eine Wohltat sein.«[20] Entsprechend hat Hegel in der sogenannten »Kritik der Verfassung Deutschlands« 1801 zwar noch beiläufig von den »höhern natürlichen Rechten der Gewissens = Freyheit und der Unabhängigkeit der bürgerlichen Rechte vom Glauben«[21] gesprochen, in dem entsprechenden Reinschriftfragment von 1802/03 jedoch in diesem Zusammenhang eher abfällig von Staatstheorien gesprochen, welche »in unsern Zeiten theils von

18 Ebd., S. 351.

19 Hiervon sind nur Fragmente erhalten; GW, Bd. 2, S. 103–109.

20 Georg Wilhelm Friedrich Hegel, Briefe, hg. v. Friedhelm Nicolin, Bd. 1, Hamburg 1981, S. 4.

21 GW, Bd. 5, S. 98.

seynwollenden Philosophen und Menschheitrechtelehrern aufgestellt, theils in ungeheuern politischen Experimenten realisirt worden sind«.[22]

Gerhard Göhler und mit ihm Heinz Kimmerle haben die Entwicklung der politischen Philosophie Hegels in Jena unter den Titel eines zunehmenden Verlustes an natürlicher, dem Staat vorausliegender Sittlichkeit bei zunehmendem Gewinn an persönlichen Freiheitsrechten des Einzelnen gestellt.[23] Soweit Hegel am Beginn seiner Jenaer Periode – wie eingangs zitiert – im »Naturrechtsaufsatz« die Menschenrechte als leer kritisiert, beruht dies auf einer Konzeption absoluter Sittlichkeit, die hierin keine Gestalt finden könne. Tatsächlich verfolgt Hegel aber auch hier nicht den Gedanken einer sich absolut realisierenden Sittlichkeit, sondern konstatiert in der immer wieder aufbrechenden »Nichtübereinstimmung des absoluten Geistes und seiner Gestalt«[24] eine Negativität oder bleibende Differenz im Sittlichen, die sich vor allem innerhalb der bürgerlichen Gesellschaft im System der Bedürfnisse manifestiert. Insofern behauptet sich aber auch hier ein Recht der Subjektivität gegenüber der sich im Staat repräsentierenden sittlichen Allgemeinheit. Und es gibt auch keinen Beleg dafür, dass Hegel in der frühen Jenaer Periode in seiner Auffassung des Rechtes und des Staates weniger von dem Gedanken der Freiheit ausgegangen wäre als später.

In der Kritik der angeblichen Vergottung der Identität und des Allgemeinen bei Hegel wird gewöhnlich der für alle rechtlichen Verhältnisse wesentliche Umstand übersehen, dass das Recht – soll es nicht selbst bloß Instrument einer willkürlichen Herrschaft sein, das heißt, soll es den Ansprüchen eines *Rechtsstaates* genügen – seinem Wesen nach abstrakt-allgemein sein *muss*.[25] Das Recht hat daher, wie es bereits in der Nürnberger »Rechts-, Pflichten- und Religionslehre für die Unterklasse« (1810ff.) heißt, auf die Absicht oder Überzeugung des Einzelnen keine Rücksicht zu nehmen; seine Allgemeinheit ist jedoch die der Freiheit Aller: Es hat »den Menschen nur als freies Wesen überhaupt zum Gegenstande« und »besteht darin, daß jeder Einzelne von dem Anderen als ein freies Wesen respectirt und behandelt werde«, das heißt als Person.[26] Hieraus folge, dass jede Form des Rechts, die Menschen nicht als Personen, sondern als Sachen behandle, wie zum Beispiel die gesetzliche Erlaubnis der Sklave-

22 Ebd., S. 172.

23 Gerhard Göhler: Dialektik und Politik in Hegels frühen politischen Systemen, in: Georg Wilhelm Friedrich Hegel, Frühe politische Systeme, hg. v. G. Göhler, Frankfurt a. M. u.a. 1972, S. 337–610; Heinz Kimmerle: Die Staatsverfassung als »Konstituierung der absoluten sittlichen Identität« in der Jenaer Konzeption des »Naturrechts«. Der spekulative Charakter von Hegels politischer Philosophie, in: Hegels Rechtsphilosophie im Zusammenhang der europäischen Verfassungsgeschichte, hg. v. Hans-Christian Lucas und Otto Pöggeler, Stuttgart-Bad Cannstatt 1986, S. 129–147.

24 GW, Bd. 4, S. 484.

25 Vgl. Andreas Arndt: Frei(heits)räume. Abstrakte und konkrete Allgemeinheit in Hegels Grundlinien der Philosophie des Rechts, in: Aufhebung 5, Salzburg 2014, S. 10–25.

26 GW, Bd. 10,1, S. 389.

rei, »der Vernunft oder dem absoluten Recht entgegengesetzt« sei.[27] Und es liegt im Begriff eines solchen absoluten Rechtes selbst, dass es – ungeachtet seiner tatsächlichen Geltung – *als Recht* nicht relativiert werden und somit auch in jedem Falle Geltung gegenüber dem positiven Recht beanspruchen kann.

Gegenüber den frühen Aufzeichnungen von 1795/96 hat sich bei Hegel nicht die Annahme ursprünglicher Freiheitsrechte geändert, sondern der theoretische Rahmen ihrer Begründung und Thematisierung: Sie sind jetzt nicht mehr *natürliche*, gewissermaßen zur vorrechtlichen und vorstaatlichen Naturausstattung der gesellschaftlichen Individuen gehörige Rechte, sondern *vernünftige*, das heißt *geistige* Rechte, deren Kern – der freie Wille – das *ursprüngliche* Recht als der *Ursprung* des Rechts überhaupt ist. Das bedeutet, dass vom Recht *als* Recht überhaupt nur die Rede sein kann, sofern es auf dem Boden der Freiheitsrechte steht und diese verwirklicht, oder, um es mit den anstößigen Worten der Vorrede der »Grundlinien der Philosophie des Rechts« zu sagen, sofern das Recht als *vernünftige* Wirklichkeit und *wirkliche* Vernunft zugleich angesehen werden kann.[28]

In diesem Sinne heißt es im § 4 der »Grundlinien der Philosophie des Rechts«, das Geistige sei der »Boden des Rechts«, seine »nähere Stelle und Ausgangspunkt« aber der »*Wille*, welcher *frey* ist, so daß die Freyheit seine Substanz und Bestimmung ausmacht, und das Rechtssystem das Reich der verwirklichten Freyheit, die Welt des Geistes aus ihm selbst hervorgebracht, als eine zweyte Natur, ist.«[29] Hieraus folgt unmittelbar die Unveräußerlichkeit und Unverjährbarkeit des Rechtes an substanziellen Bestimmungen der Person (Willensfreiheit, Sittlichkeit, Religion[30]), welche auch ein »absolutes Recht« begründet, sich im Sinne dieses Rechtes der Person »frei zu machen«.[31] In der Vorlesung zur Rechtsphilosophie 1818/19 hat Hegel hier ausdrücklich auf die Menschenrechte Bezug genommen: »Wenn die unveraüßerlichen Güter auch veraüßert sind so können sie doch gleich wieder gefodert werden, denn sie sind unverjährbar. (droits de l'homme) (Man muß nicht bey der Abstraktion dieser Menschenrechte stehen bleiben) aber dieser Grundsatz ist an sich absolut, daß wenn auch eine Nation sich dieser Rechte veraüßert hat, sie sie unmittelbar wieder an sich nehmen kann.«[32] Für Hegel handelt es sich in jedem Falle um irre-

27 Ebd., S. 390.

28 Vgl. GW, Bd. 14,1, S. 14.

29 Ebd., S. 31.

30 Vgl. ebd., S. 70, § 66: »*Unveräußerlich* sind [...] diejenigen Güter [...] so wie das Recht an sie *unverjährbar*, welche meine eigenste Person und das allgemeine Wesen meines Selbstbewußtseyns ausmachen, wie meine Persönlichkeit überhaupt, meine allgemeine Willensfreiheit, Sittlichkeit, Religion.« – Vgl. auch ebd., S. 51f., §§ 35f.

31 Georg Wilhelm Friedrich Hegel, Grundlinien der Philosophie des Rechts oder Naturrecht und Staatswissenschaft im Grundrisse, nach der Ausgabe von Eduard Gans hg. v. Hermann Klenner, Berlin 1981, S. 100 (§ 66, Zusatz).

32 GW, Bd. 26,1, S. 263.

versible welthistorische Errungenschaften des Fortschritts im Bewusstsein der Freiheit, denn das »Recht der *subjectiven Freyheit*« sei überhaupt das unterscheidende Merkmal der Moderne im Verhältnis zur Antike.[33] Welche bestimmten Konsequenzen daraus für das Rechtssystem im Einzelnen und besonders für das innere Staatsrecht abzuleiten sind, hängt jedoch von einer Reihe weiterer historischer Bedingungen ab und tangiert nicht das Prinzip des Rechts selbst, sofern dieses als das Recht der subjektiven Freiheit in der jeweiligen Ausformung des Rechtssystems gewahrt bleibt.

(3) Die zu Hegels Zeiten vorliegenden Menschenrechtskataloge – wie die »Bill of Rights« des Staates Virginia vom 12. Juni 1776, die »Unabhängigkeitserklärung der Vereinigten Staaten« vom 4. Juli 1776 und die französische »déclaration des droits de l'homme et du citoyen« vom August 1789 – sind nicht deckungsgleich und auch keineswegs auf vorstaatliche Rechte beschränkt, kommen jedoch darin überein, einen Kernbereich von unveräußerlichen Rechten zu formulieren, der den staatlichen Rechtsverhältnissen zugrunde zu legen und von diesen zu garantieren sei. Dieser Kernbereich ist sehr viel enger als das, was heute gemeinhin unter Grundrechten und rechtsstaatlichen Grundsätzen verstanden wird. Im Vergleich zur »Allgemeinen Menschenrechtserklärung« von 1948 und zum »Internationalen Pakt über bürgerliche und politische Rechte« von 1966 treten insbesondere die konkreten politischen Partizipationsrechte gegenüber dem Rechtsstaatgedanken zurück, d.h. gegenüber dem Gedanken, dass der Staat nicht das Privateigentum des Herrschers sei.

Die »Bill of Rights« nennt in Artikel 1 folgende »angeborene Rechte«: das »Recht auf Leben und Freiheit und dazu die Möglichkeit, Eigentum zu erwerben und zu behalten und Glück und Sicherheit zu erstreben und zu erlangen.« Ebenso präzisiert die amerikanische Unabhängigkeitserklärung die »unveräußerlichen Rechte« dahingehend, dass zu ihnen »Leben, Freiheit und das Streben nach Glück gehören«. Die französische »déclaration« schließlich definiert die »natürlichen und unabdingbaren Menschenrechte« mit den Stichworten Freiheit, Eigentum, Sicherheit und Widerstand gegen Unterdrückung.[34]

Im Blick auf diese Kataloge kann gesagt werden, dass Hegels Philosophie des Rechts die Menschenrechte umfassend anerkennt und zur Geltung bringt. Von der Freiheit der Person, die auch das als Widerstandsrecht zu verstehende absolute Recht einschließt, sich frei zu machen, war bereits die Rede. Das Recht auf Eigentum bildet den Inhalt des ersten Abschnittes des abstrakten Rechts in den »Grundlinien der Philosophie des Rechts«

33 GW, Bd. 14,1, S. 110, § 124, Erläuterung.

34 Vgl. Karl-Peter Fritzsche: Menschenrechte: Eine Einführung mit Dokumenten, 3. Aufl., Paderborn 2016.

(§§ 41ff.).[35] Das Recht auf Leben ist im § 127 der »Grundlinien« – obwohl innerhalb der Sphäre der Moralität, so doch ausdrücklich *als Recht* und nicht als »Billigkeit« – durch das Notrecht garantiert.[36] Und auch ein materiales Recht, wie das Recht jedes Menschen, nach Glück zu streben, wird von Hegel – folgt man dem Text des *Zusatzes* zum § 123 der »Grundlinien der Philosophie des Rechts« – durchaus anerkannt: »Daß der Mensch ein Lebendiges ist, ist aber nicht zufällig, sondern vernunftgemäß, und insofern hat er ein Recht, seine Bedürfnisse zu seinem Zweck zu machen. Es ist nichts Herabwürdigendes darin, daß jemand lebt, und ihm steht keine höhere Geistigkeit gegenüber, in der man existieren könnte.«[37]

Diese Äußerung ist im Wortlaut freilich nur durch Hörernachschriften verbürgt, die Eduard Gans als Herausgeber der »Grundlinien« im Rahmen der nach Hegels Tod veranstalteten »Freundesvereinsausgabe« zur Verfügung standen. Gleichwohl lässt sich ihr Gehalt auch durch von Hegel autorisierte Texte belegen. Hinsichtlich der natürlichen Willensbestimmungen als Trieb, Neigung und Leidenschaft heißt es in dem Psychologieabschnitt der Geistesphilosophie in der »Enzyklopädie der philosophischen Wissenschaften im Grundrisse« (1830), dass diese die »vernünftige Natur des Geistes [...] zu ihrer Grundlage« hätten.[38] Diese Auffassung hängt damit zusammen, dass Hegel die Triebe ausdrücklich nicht als »*selbstständige* Naturbestimmungen und *unmittelbare* Triebe« voraussetzt, sondern ihre inhaltliche Bestimmung in die »immanente Reflexion des Geistes selbst« setzt, sodass in der Realisierung der Triebe »durch die Thätigkeit des Subjects selbst die Subjectivität« aufgehoben werden kann.[39] Hieran ist zweierlei besonders hervorzuheben. Erstens bestimmt Hegel die Bedürfnisstruktur nicht als unmittelbare Naturausstattung, sondern als Produkt der geistigen Natur des Menschen. Er knüpft damit an die Tradition der Aufklärungsphilosophie an, welche schließlich die Frage nach der Naturgrundlage der Bedürfnisse durch die Frage nach ihrer Produktion abgelöst hatte.[40] Zweitens erfolgt die geistige Inhaltsbestimmung der Triebe und Leidenschaften für die Subjekte nicht heteronom, durch außerhalb der einzelnen Subjektivität liegende Instanzen, sondern autonom, im Modus freier Selbstbestimmung, durch welche das Subjekt zugleich die Subjektivität (nämlich deren Einzelheit und Zufälligkeit) aufhebt. Aus dem ersten Moment geht die Produktionslogik der Moderne hervor, wie sie Hegel in den »Grundlinien der Philosophie des Rechts« als »System der Bedürfnisse« entwickelt; das zweite begründet den freien Willen, der, wo er sich

35 GW, Bd. 14,1, S. 47f.

36 Ebd., S. 112.

37 Hegel: Grundlinien der Philosophie des Rechts, S. 150.

38 GW, Bd. 20, S. 471, § 474.

39 Ebd., S. 427, § 474, Erläuterung.

40 Vgl. Johannes Rohbeck: Die Fortschrittstheorie der Aufklärung, Frankfurt a. M./New York 1987, Kap. 3.

als Geist frei weiß, als Einzelner Person ist und damit die Grundlage nicht nur des abstrakten Rechts, sondern des Rechts überhaupt bildet.

In dieser Hinsicht beruht das Recht auch auf einer immanenten Reflexion der Triebe, Leidenschaften und Interessen in ihrer Realisierung, die zugleich die Bestimmung ihres Inhalts ist. Die Rechtsverhältnisse und Institutionen des modernen Staates ergeben sich – was ja aus den Kämpfen des Bürgertums um die politische und rechtliche Durchsetzung seiner Interessen etwa seit dem 16. Jahrhundert auch historisch plausibel ist – aus der fortschreitenden Reflexion dieser Interessen. Darum verliert Hegels Rechtsphilosophie auch weder den Bezug auf diesen Trieb-Grund der Moderne[41] noch auf einen radikalen, in seinem Ursprung »anarchischen« Freiheitsbegriff;[42] vielmehr bestimmt sich diese Grundlage – Hegel zufolge – *immanent* zu den Sphären der Sittlichkeit und des Staates fort, die *nicht* als – woher auch immer überkommene und legitimierte – Sphären bereitstehen, um anarchische Willkür einzuschränken.[43] In dieser Fortbestimmung erhält der *Begriff* der Freiheit dann allererst inhaltlich Konkretion und Bestimmtheit. Innerhalb der Voraussetzungen der hegelschen Theorie stellt sich damit jenes Problem nicht, das Ernst Tugendhat als aktuelles Begründungsproblem der Menschenrechte diagnostiziert hatte: Vor allem im Blick auf die legitimen materiellen Interessen der Individuen sei der Freiheitsbegriff – und zwar nicht nur der negative der liberalistischen Tradition – als Grundbegriff politischer Legitimität untauglich, und es werde »daher ein anderer Grundbegriff erforderlich, der den der Freiheit umgreift.«[44] Für Hegel dagegen wäre die konkrete Bestimmung des Freiheitsbegriffs eine, die auch die legitimen materiellen Interessen der gesellschaftlichen Individuen umgreift und zur Geltung bringt. So verbindet Hegel in den »Grundlinien« von Anfang an den Begriff der Person mit dem des Eigentums,[45] denn die Person müsse »sich eine äußere *Sphäre ihrer Freyheit* geben, um als Idee zu seyn«.[46] Eigentum ist Objektivwerden der Freiheit, sofern darin gerade von dem Eigentümlichen der Persönlich-

41 Vgl. Albert O. Hirschman: Leidenschaften und Interessen. Politische Begründungen des Kapitalismus vor seinem Sieg, Frankfurt a. M. 1987.

42 Vgl. Florian Oppitz: Zerfall und Integration. Eine Studie zur Sozialphilosophie Hegels, Diss. jur., Wien. 1999.

43 Eine solche Lesart vertritt Ernst Tugendhat, der Hegel vorwirft, an dieser Stelle die Individuen als »die letzten Instanzen der Legitimität« durch die Konstruktion nicht legitimierbarer »überindividuelle[r] Entitäten« auszuhebeln; Ernst Tugendhat: Die Kontroverse um die Menschenrechte, in: Philosophie der Menschenrechte, hg. v. Stefan Gosepath und Georg Lohmann, Frankfurt a. M. 1999, S. 53.

44 Ebd., S. 57.

45 Vgl. Joachim Ritter: Person und Eigentum. Zu Hegels »Grundlinien der Philosophie des Rechts« §§ 34 bis 81, in: Ders.: Metaphysik und Politik. Studien zu Aristoteles und Hegel, Frankfurt a. M. 1977, S. 256–280.

46 GW, Bd. 14,1, S. 55, § 41. – Karl Marx schreibt hierzu, Hegel fange »die Rechtsphilosophie richtig mit dem Besitz an, als der einfachsten rechtlichen Beziehung des Subjekts« (Karl Marx/Friedrich Engels: Gesamtausgabe, Berlin 1975ff. [MEGA^2], Bd. II/1,1, S. 37).

keit, ihrer Subjektivität, abstrahiert wird, wozu auch gehört, *was* und *wieviel* jemand besitzt, welches bloß »eine rechtliche Zufälligkeit« sei.[47]

Wie auch immer die Chancen beurteilt werden mögen, heute mit hegelschen Mitteln ein politisches Gemeinwesen konzipieren zu können, das sich als vernünftig auch in dem Sinne erweisen ließe, dass es Menschenrechte umfassend zur Geltung bringen würde: In jedem Falle stellt Hegels Rechtsphilosophie – entgegen zahlreichen, gängigen Vorurteilen – einen konsequenten Versuch dar, das Prinzip der Moderne zum Ausgangspunkt einer solchen Konzeption zu machen und auf jegliche Entlehnung politischer Legitimität aus anderen Quellen zu verzichten. Dem scheinen Aussagen wie die zu widersprechen, die Verfassung sei »das schlechthin an und für sich seyende, das darum als das Göttliche und Beharrende, und als über der Sphäre dessen, was gemacht wird, zu betrachten ist«.[48] Dies bedeutet indessen weder eine Rückbindung des Staates an göttliche Autorität noch eine Vergottung des Staates gegenüber den Individuen. Was das Erste betrifft, so ist die Verfassung »göttlich« gerade in dem Sinne, dass der Staat sich aus sich selbst heraus und nicht aus göttlicher Satzung legitimiert.[49] Was das Zweite betrifft, so ist die Verfassung zwar nicht in das Belieben Einzelner oder Gruppen gestellt, sondern in ihrer spezifischen Ausprägung geschichtliches Resultat, jedoch steht dieses unter dem Begriff der Geschichte als Freiheitsgeschichte. Deshalb konnte Hegel in seinen Vorlesungen in diesem Zusammenhang auch darauf verweisen, dass das »Prinzip der neuern Welt überhaupt [...] Freiheit der Subjektivität« sei, weshalb alle Staatsverfassungen einseitig seien, »die das Prinzip der freien Subjektivität nicht in sich zu ertragen vermögen und einer ausgebildeten Vernunft nicht zu entsprechen wissen«.[50]

Dem entspricht, was Hegel im § 124 der »Grundlinien der Philosophie des Rechts« hat drucken lassen: »Das Recht der *Besonderheit* des Subjects, sich befriedigt zu finden, oder, was dasselbe ist, das Recht der *subjectiven Freyheit* macht den Wende- und Mittelpunkt in dem Unterschiede des *Alterthums* und der *modernen* Zeit.«[51] Eine wesentliche rechtliche Konsequenz hieraus ist der Gedanke der Gleichheit der Menschen als Personen: »*Der Mensch gilt so, weil er Mensch ist,* nicht weil er Jude, Katholik, Protestant, Deutscher, Italiener usf. ist, – dies Bewußtseyn, dem der *Gedanke* gilt, ist von unendlicher Wichtigkeit, – nur dann mangelhaft, wenn es etwa als *Kosmopolitismus* sich dazu fixirt, dem concreten Staatsleben gegenüber zu stehen.«[52] Hiermit ist *Menschsein* als eine rechtliche

47 GW, Bd. 14,1, S. 60, § 49.

48 Ebd., S. 229, § 274, Erläuterung.

49 Vgl. Ludwig Siep: Der Staat als irdischer Gott. Genese und Relevanz einer Hegelschen Idee, Tübingen 2015.

50 Hegel: Grundlinien der Philosophie des Rechts, S. 318, § 273, Zusatz.

51 GW, Bd. 14,1, S. 110.

52 Ebd., S. 175, § 209, Erläuterung.

Bestimmung ausgesprochen; es ist – wie Hegel im Blick auf die bürgerliche Stellung der Juden bemerkt – mehr als »eine flache, abstracte Qualität«.[53] Sofern aber der Begriff der Person Grundlage des Rechts ist, ist damit zugleich das Recht überhaupt seinem Begriff nach als Menschenrecht gesetzt – eine weitergehende *prinzipielle* Anerkennung von Menschenrechten dürfte kaum möglich sein.[54]

(4) Karl Marx' Haltung zu den Menschenrechten ist auf den ersten Blick zweideutig: die konstitutionellen Proklamationen der Menschenrechte werden von ihm scharf kritisiert,[55] während auch für ihn zugleich Menschsein keine flache, abstrakte Qualität ist, sondern normative Bedeutung hat: »Die Kritik der Religion endet mit der Lehre, daß der *Mensch das höchste Wesen für den Menschen* sei, also mit dem *categorischen Imperativ, alle Verhältnisse umzuwerfen,* in denen der Mensch ein erniedrigtes, ein geknechtetes, ein verlassenes, ein verächtliches Wesen ist«.[56] Tatsächlich strukturiert dieses normative Verständnis des Menschseins (hinter dem zu dieser Zeit die feuerbachsche Vorstellung des sich im Ich-Du-Verhältnis realisierenden menschlichen Gattungswesens steht[57]) auch die Kritik der Menschenrechtsproklamationen, wobei Marx besonders auf die Unterscheidung von vorpolitischen (*droits de l'homme*) und politischen Menschenrechten (*droits du citoyen*) zielt: letztlich, so seine These, werde der *homme* ebenso wie der *citoyen* als *bourgeois* gefasst.

Im Hintergrund seiner Kritik steht Marx' schrittweise Abkehr von den Positionen der radikaldemokratisch-bürgerlichen Opposition und seine Hinwendung zu Positionen der kommunistischen Arbeiterbewegung (die freilich nicht weniger die Durchsetzung von Menschenrechten auf ihre Fahnen geschrieben hatte: »Die Internationale erkämpft das Menschenrecht!«). Demgegenüber versucht Marx, die vorpolitischen Menschenrechte als Ausdruck der Rechte der Privateigentümer an den Produktionsmitteln zu dechiffrieren; sie seien »nichts anderes [...] als die Rechte des *Mitglieds der bürgerlichen Gesellschaft,* d.h. des egoistischen Menschen, des vom Menschen und vom Gemeinwesen getrennten Menschen«.[58] Die vorpolitischen Menschenrechte proklamieren demnach den seinem Gattungswesen entfremdeten Menschen, wie es vor allem in dem Recht auf

53 Ebd., S. 217, § 270, Erläuterung.

54 Zu Hegels Kritik des Kosmopolitismus vgl. Thomas M Schmidt: Grundrechte einer Weltverfassung? Die Verwirklichung der Menschenrechte in der Perspektive der Hegelschen Rechtsphilosophie, in: Recht auf Menschenrechte. Menschenrechte, Demokratie und internationale Politik, hg. v. Hauke Brunkhorst, Wolfgang R. Köhler und Matthias Lutz-Bachmann, Frankfurt a. M. 1999, S. 293–313.

55 Zuerst in dem Aufsatz »Zur Judenfrage« (1843), in: MEGA², Bd. I/2, S. 155–160.

56 »Zur Kritik der Hegelschen Rechtsphilosophie. Einleitung«, in: ebd., S. 177.

57 Vgl. Gabriel Amengual: Gattungswesen als Solidarität. Die Auffassung vom Menschen in der Bestimmung des Gattungswesens als Begriff und Grundlegung der Solidarität, in: Ludwig Feuerbach und die Philosophie der Zukunft, hg. v. Hans-Jörg Braun u.a., Berlin 1990, S. 345–367.

58 MEGA², Bd. I/2, S. 157.

Privateigentum zum Ausdruck komme: »Weit entfernt, daß der Mensch in ihnen als Gattungswesen aufgefaßt wurde, erscheint vielmehr das Gattungsleben selbst, die Gesellschaft, als ein den Individuen äußerlicher Rahmen, als Beschränkung ihrer ursprünglichen Selbstständigkeit.«[59] Das politische Gemeinwesen werde »zum bloßen *Mittel* für die Erhaltung dieser sogenannten Menschenrechte herabgesetzt«, das heißt der *citoyen* dem egoistischen *homme* untergeordnet und »endlich nicht der Mensch als citoyen, sondern der Mensch als bourgeois für den *eigentlichen* und *wahren* Menschen genommen«.[60]

Die Schärfe, mit der Marx die Menschenrechte als Proklamation der Rechte bloß des *bourgeois* kritisiert, wird allerdings verständlicher, wenn man sich erinnert, dass bereits 1791 im revolutionären Frankreich Arbeiterkoalitionen als »Attentat auf die Freiheit und die Menschenrechte« verboten worden waren;[61] die unhistorische Betrachtungsweise, die allein nach der Anerkennung oder Nichtanerkennung der Menschenrechte fragt, vergisst, dass das Recht auf Eigentum im 18. und 19. Jahrhundert vielfach als das zentrale Menschenrecht betrachtet wurde und weitergehende Rechte – zum Beispiel der politischen Teilhabe – auch nur Eigentümern zugestanden wurden. Marx' kritische Gleichsetzung des in den Menschenrechten gemeinten Menschen mit dem (Privat-)Eigentümer ist daher keineswegs bloße Polemik.

Die Kritik an den auf die Person als Mitglied der bürgerlichen Gesellschaft abgestellten Menschenrechten scheint mit Hegels Misstrauen gegen die Politikfähigkeit des *bourgeois* übereinzukommen. Wie noch der Jenaer Hegel in seinem Konzept absoluter Sittlichkeit[62] verfolgt auch der junge Marx das Konzept einer »Citoyenromantik«,[63] der vollständigen Versöhnung von Individuum und Gemeinschaft. Im Unterschied zu Hegel jedoch sieht Marx das bestehende politische Gemeinwesen als Ausdruck der ihm zugrunde liegenden bürgerlichen Gesellschaft an: »Die *Constitution des politischen Staats* und die Auflösung der bürgerlichen Gesellschaft in die unabhängigen *Individuen* [...] vollzieht sich in *einem und demselben Akte.*«[64] Eine im Sinne des menschlichen Gattungswesens menschlich zu nennende Gesellschaft setze daher eine über die bloß politische hinausgehende Revolution voraus, welche auch die atomisierten Bestandteile der bürgerlichen Gesellschaft, die egoistischen Privateigentümer, revolutionieren müsse. Die unmittelbare Vergesellschaftung der Individuen in der Sphäre der bürgerlichen Gesellschaft könne, so wird

59 Ebd., S. 159.

60 Ebd.

61 Vgl. MEGA², Bd. II/8, S. 694.

62 Vgl. GW, Bd. 5, S. 279ff.

63 Vgl. Peter Furth: Phänomenologie der Enttäuschungen. Ideologiekritik nachtotalitär, Frankfurt a. M. 1991, S. 61–65.

64 MEGA², Bd. I/2, S. 161f.

man Marx verstehen dürfen, dann die Basis einer nichtentfremdeten Gesellschaftlichkeit bilden, in welcher auch die Spaltung des Menschen in *homme* und *citoyen* überwunden sei.

Der Dreh- und Angelpunkt dieser Haltung zum Problem der Menschenrechte ist ohne Zweifel die von Feuerbach erborgte Konzeption eines menschlichen Gattungswesens, von dem aus Menschsein seine normative Bestimmung erfährt. Diese Begründung der Gesellschaftskritik aus dem Geist einer »Citoyenromantik« wird in einem längeren und widerspruchsvollen Prozess zugunsten einer »Anatomie der bürgerlichen Gesellschaft« überwunden, die deren immanente Widersprüche zum Maßstab der Kritik macht.[65] Das Ergebnis dieses Prozesses ist dabei keineswegs eindeutig. In zahlreichen Formulierungen taucht auch beim späteren Marx immer wieder der Gedanke einer unmittelbaren Durchsichtigkeit der gesellschaftlichen Verhältnisse auf;[66] zudem fehlt bei ihm eine hinlänglich ausgearbeitete Theorie des Staates und des Rechts, um seine spätere Position zu den Menschen- und Bürgerrechten genauer erheben zu können.[67] Gleichwohl läßt sich im Rückgriff auf die »Anatomie der bürgerlichen Gesellschaft« in der marxschen Kritik der politischen Ökonomie die Grundlage einer veränderten Kritik an den Menschenrechtsproklamationen erkennen, die darauf zielt, ihre normativen Setzungen als in sich notwendig widersprüchlich zu erweisen.

Ausgangspunkt hierfür ist wiederum die These, die Menschenrechte hätten ihr *fundamentum in re* in der bürgerlichen Gesellschaft, und zwar näherhin in der einfachen Zirkulation, die Marx als »das Reich der Freiheit, Gleichheit, u. des auf der ›Arbeit‹ gegründeten Eigenthums« vorstellt.[68] Die Zirkulation sei jedoch nur die »Oberfläche der bürgerlichen Gesellschaft«; sie »zeigt keinen Unterschied zwischen den Subjecten des Austausches ausser nur formelle u. verschwindende«.[69] Marx kommt nun zu dem Ergebnis,[70] dass dieser schöne Schein, in dem Eigentümer (und dingliches Eigentum ist, nach dem § 40 der »Grundlinien der Philosophie des Rechts«, »das der Freyheit überhaupt Aeußerliche, wozu auch mein Körper, mein Leben gehört« und damit der *Persönlichkeit* zuge-

65 Vgl. Andreas Arndt: Karl Marx. Versuch über den Zusammenhang seiner Theorie, 2. Aufl., Berlin 2012, Kap. 1–3.

66 Vgl. hierzu im ersten Band des »Kapital« die Vision eines »Vereins freier Menschen«, der die Produktion so zu regeln vermag, dass in ihr die Bestimmungen der *individuellen* Arbeit unmittelbar als *gesellschaftliche* gesetzt sind; vgl. MEGA², Bd. II/8, S. 106f.

67 Vgl. Arndt: Karl Marx, Kap. 2.4. – Dirk Purschke hat gezeigt, dass Marx bei aller Kritik der Menschenrechte und der bürgerlichen Rechtsformen am Inhalt der Freiheitsrechte festhält; vgl. Dirk Puschke: Der Rechtsgedanke bei Marx. Quellenstudien zu einer entwicklungsgeschichtlichen Rekonstruktion seiner Philosophie des Rechts, Berlin/Boston 2022.

68 Marx an Engels, 2.4.1858, in: MEGA², Bd. III/9, S. 125.

69 Ebd.

70 Zu diesem Prozess vgl. Fred E. Schrader: Restauration und Revolution. Die Vorarbeiten zum »Kapital« von Karl Marx in seinen Studienheften 1850–1858, Hildesheim 1980, S. 170–213.

hörig[71]) sich aus freiem Willen wechselseitig anerkennen und Äquivalente tauschen, ein Verhältnis verbirgt, in dem das Recht des auf Arbeit gegründeten Eigentums, das als Voraussetzung der Zirkulation erscheint, negiert ist: Das Produkt gehört unter den Bedingungen kapitalistischer Produktion nicht dem Arbeiter als dem unmittelbaren Produzenten, sondern dem Käufer der Arbeitskraft, dem Kapitalisten. Entscheidend ist nun, dass diese Negation nach Marx' Auffassung nur die Kehrseite der Begründung des Eigentums durch Arbeit darstellt; es handelt sich – in Marx' Terminologie – um einen »dialektischen Umschlag«,[72] das heißt eine notwendige, immanente Widersprüchlichkeit des Prinzips selbst in dessen Realisierung. Hierfür beruft Marx sich auf den Genfer Ökonomen und Juristen Antoine Cherbuliez, der in seinem 1841 erschienenen Werk »Richesse ou pauvreté« geschrieben hatte, dieser Umschlag sei »une conséquence rigoureuse de la loi d'appropriation, de cette même loi dont le *principe fondamental* était l'attribution exclusive à chaque travailleur des produits de son travail«.[73]

Cherbuliez erklärt diesen Umschlag daraus, dass das ursprüngliche Aneignungsrecht (das erste Appropriationsgesetz: die Aneignung durch Arbeit) in seiner positiv-rechtlichen Fassung die Möglichkeit der Ungleichheit nicht ausschließe, indem Eigentumstitel übertragbar gemacht werden, das heißt der Eigentümer nicht mehr der Arbeiter sein müsse, sodass auch Eigentum an Produktionsmitteln (einschließlich des Arbeitsvermögens des Arbeiters) begründet und das Arbeitsprodukt selbst durch dessen Wert ersetzt werden könne.[74] Mit der Etablierung des Lohnsystems reproduziere sich dann notwendig auf dieser Grundlage eine Aneignungsweise, in welcher regelmäßig nicht der Arbeiter, sondern der Besitzer der Produktionsmittel sich das Produkt aneigne. Dieses zweite Appropriationsgesetz ist nun, Marx zufolge, eigentlich das ursprünglichere und gehe unmittelbar aus der Existenz des freien Lohnarbeiters als Grundvoraussetzung des Kapitalverhältnisses hervor, denn frei ist der Lohnarbeiter nicht nur als rechtliche und damit auch kontraktfähige Person, sondern auch im negativen Sinne des fehlenden Eigentums an den Mitteln zur Realisierung seines Arbeitsvermögens, den Produktionsmitteln. Das Eigentumsverhältnis des Lohnarbeiters sei »nicht das Resultat, sondern die Voraussetzung seiner Arbeit«, und der »*Austausch von Arbeit gegen Arbeit*« – der Arbeitskraft gegen den Lohn – beruhe »*auf der Eigenthums-*

71 GW, Bd. 14,1, S. 54.

72 MEGA², Bd. II/8, S. 550.

73 Antoine Cherbuliez: Richesse ou pauvreté. Exposition des causes et des effets de la distribution actuelle des richesses sociales, Paris 1841, S. 58. – Marx übersetzt, der Umschlag sei »strenge Konsequenz des Gesetzes der Aneignung, dessen Fundamentalprincip umgekehrt der ausschließliche Eigenthumstitel jedes Arbeiters am Produkt seiner eignen Arbeit war« (MEGA², Bd. II/8, S. 550).

74 Vgl. hierzu Schrader: Restauration und Revolution, S. 177.

losigkeit des Arbeiters als ihrer Basis«.[75] Das ursprüngliche Eigentumsverhältnis gehe daher nicht aus der Arbeit hervor, sondern sei ihr vorausgesetzt als das Verhältnis der Arbeit »zu ihren Productionsbedingungen als ihrem Eigentum«, das heißt zu den vorgefundenen gesellschaftlichen Produktionsverhältnissen.[76]

Marx bezeichnet das »Fundamentalgesetz« der Begründung von Eigentum durch Arbeit als »reine Fiction«, die »aus einem Schein der *Waarencirculation*« entspringe;[77] in Wahrheit liege dieser aber nicht ein *Appropriations-*, sondern ein *Expropriations*gesetz zugrunde.[78] Gleichwohl ist dieser Schein notwendiger, dialektischer Schein, denn das gesellschaftlich allgemein verbindliche Verhältnis von Käufer und Verkäufer, die sich als freie und gleiche Personen zueinander verhalten, setzt voraus, dass das entäußerte Produkt keine außerhalb des Äquivalententauschs angeeignete fremde Arbeit enthalte, mithin letztlich das Produkt eigener Arbeit sein müsse. Der Schein der Zirkulation, des Äquivalententauschs freier und gleicher Privateigentümer, wird – worauf Marx besonders insistiert[79] – formell auch nicht verletzt, indem der Kapitalist das Arbeitsvermögen zu seinem Wert kauft und sich dann die Produkte des Gebrauchs dieses Vermögens, der Arbeit selbst, aneignet. Hierdurch werde »fremde Arbeitszeit *ohne Austausch* vermittelst der *Form* des Austauschs angeeignet« und der Austausch selbst »blos formell«.[80] Tatsächlich aber werde dieser formelle Schein zugleich inhaltlich aufgehoben, indem der Austausch »in sein Gegentheil« umschlage: »Freiheit, Gleichheit, Eigenthum – das Eigenthum an der eignen Arbeit und die freie Disposition darüber – schlagen um in Eigenthumslosigkeit des Arbeiters und Entäusserung seiner Arbeit, sein Verhalten zu ihr als fremdem Eigenthum und vice versa.«[81]

Das bürgerliche Recht, das heißt hier: das Eigentums- und Vertragsrecht, gibt dem Lohnarbeitsverhältnis eine Form, in der es ungeachtet seiner Grundlage und seines Inhalts als Äquivalententausch freier und gleicher Eigentümer erscheinen kann, und gibt ihm zugleich »eine vom Zufall der Vergänglichkeit der einzelnen Capitalisten unabhängige Existenz«.[82] Indem diese abstrakte Form zugleich auf vorpolitische, »natürliche« Menschenrechte zurückgeführt wird, erscheinen diese als Naturalisierung bestimmter gesellschaftlicher Verhältnisse, als Illusion, welche die gesellschaftliche Wirklichkeit über sich selbst notwendig erzeuge. Es macht daher für Marx auch keinen Sinn – wie es etwa bei Proudhon und in den

75 MEGA², Bd. II/1,2, S. 417.
76 Ebd., S. 416.
77 MEGA², Bd. II/3,5, S. 1818.
78 Ebd.
79 MEGA², Bd. II/10, S. 523f.
80 MEGA², Bd. II/1,2, S. 556.
81 Ebd.
82 Ebd., S. 377.

Debatten über das Recht des Arbeiters auf einen unverkürzten Arbeitsertrag der Fall war[83] – diese Rechtsprinzipien zur Einspruchsinstanz gegen diejenige Wirklichkeit zu machen, aus der sie hervorgehen und in der sie sich in Widersprüche verwickeln. Vielmehr sei die gesellschaftliche Organisation der Arbeit so zu gestalten, dass mit der Abschaffung des Privateigentums an den Produktionsmitteln schließlich der Horizont des bürgerlichen Rechts überhaupt überschritten werden könne.[84]

Im Ergebnis bestätigt die marxsche Anatomie der bürgerlichen Gesellschaft die frühe Kritik der Menschenrechtsproklamationen, wie sie im Namen der Citoyenromantik erfolgt war. Deren Wegfall zugleich mit der desillusionierenden Einsicht in den historischen Charakter der Menschenrechte entwertet jedoch noch nicht den Gedanken der Freiheit, den auch Marx in Anspruch nimmt, wenn er von der Emanzipation der Arbeiterklasse mit dem Ziel der Etablierung eines Reiches der Freiheit redet.[85] Geschichte ist für Marx nicht weniger als für Hegel Freiheitsgeschichte, indem er Freiheit jeweils historisch-spezifisch nach Maßgabe der realen Möglichkeiten der Überwindung natürlicher und gesellschaftlicher Abhängigkeiten bestimmt. Wenn er hierbei die der »menschlichen Natur würdigsten und adäquatesten Bedingungen«[86] einfordert, rekurriert Marx ebenso darauf, dass Menschsein keine flache, abstrakte Bestimmung ist, sondern das Streben nach Sicherheit des Selbsterhalts unter Vermeidung unnötiger Abhängigkeiten und Härten für die gesellschaftlichen Individuen einschließt.

Im Blick auf Hegel ergibt sich jedoch eine fundamentale Differenz dadurch, dass Marx die Eigentumslosigkeit des Arbeiters an den Produktionsmitteln nicht als rechtliche Zufälligkeit, sondern als notwendige Voraussetzung derjenigen gesellschaftlichen und auch rechtlichen Ordnung begreift, welche Hegel seiner Rechtsphilosophie zugrunde legt. Zugespitzt ließe sich Marx' Einwand so formulieren, dass die *historische Zufälligkeit* des Vorhandenseins des »freien« Lohnarbeiters notwendige Voraussetzung jener Rechtsform sei, innerhalb derer Inhalt und Umfang des Besitzes als *rechtlich zufällig* gelten.[87] Damit wird jedoch – was oft übersehen wird – nicht zugleich auch kritisiert, dass Hegel die Begriffe der Person und des Eigentums zusammenschließt. Für Marx nämlich ist dieser Zusammenhang selbstverständlich, sofern »[a]lle Production [...] Aneignung der Natur von Seiten des Individuums innerhalb und vermittelst einer bestimmten Gesellschaftsform« ist.[88] Eigentum bedeutet hier

83 Vgl. hierzu Schrader: Restauration und Revolution, S. 185ff.

84 Vgl. die »Kritik des Gothaer Programms« (1875), in: MEGA², Bd. I/25, S. 15. – Dazu, dass dies keinen Rechtsnihilismus begründet, vgl. Purschke: Der Rechtsgedanke bei Marx, S. 275ff.

85 Vgl. dazu das folgende Kapitel sowie Arndt: Geschichte und Freiheitsbewusstsein.

86 MEGA², Bd. II/15, S. 795.

87 Vgl. Arndt: Karl Marx, S. 77f.

88 MEGA², Bd. II/1,1, S. 25.

für Marx jedoch nicht das Privateigentum an den Produktionsmitteln, welches historisch betrachtet nur eine späte Sonderform des Eigentums sei, sondern das Aneignen der Natur bzw. die Regulierung des Stoffwechsels mit der Natur auf der Grundlage eines bestimmten gesellschaftlichen Naturverhältnisses. In diesem Verhältnis wäre die Freiheit aller erst dann gewährleistet, wenn die gesellschaftlichen Individuen sich als solche (und nicht nur als Privateigentümer an Produktionsmitteln) willentlich zu den Bedingungen der Produktion ins Verhältnis setzen, das heißt ihr Verhältnis zur Natur und zueinander rational so gestalten könnten, dass es von allen gewollt werden kann.

Das Reich der Freiheit bei Marx

Wer vom »Reich der Freiheit« spricht, scheint Großes, ja Größtes im Sinn zu haben. Und tatsächlich ist ja in der Philosophie des Vormärz der anzustrebende weltgeschichtliche Zustand der Freiheit als nicht weniger als das Absolute auf Erden vorgestellt worden: ein Sich-selbst-durchsichtig-Sein des Menschen in einer absolut freien, durch keine Äußerlichkeit und Notwendigkeit beschränkten Tathandlung. August von Cieszkowski, Arnold Ruge, Moses Hess und andere haben in diesem Sinne Hegels »Phänomenologie des Geistes« interpretiert und das absolute Wissen als Antizipation eines solchen Zustandes gedeutet. Karl Marx, der zu dieser Zeit stark unter dem Einfluss von Moses Hess stand, übersetzte diese Position in seinen »Ökonomisch-philosophischen Manuskripten« (1844) in eine romantische Erzählung von der Entfremdung des menschlichen Wesens und der Aufhebung der Entfremdung. Das Thema der »Phänomenologie« als »der wahren Geburtsstätte und dem Geheimniß der hegel'schen Philosophie«[1] sei »die Selbsterzeugung d[es] Menschen [...] die Vergegenständlichung als Entgegenständlichung, als Entäusserung, und als Aufhebung dieser Entäusserung«.[2] An die Stelle des absoluten Wissens trete dann der »Communismus« als »*wahrhafte* Auflösung allen Widerstreits«.[3]

Von dieser Vision des »Communismus« als Auflösung allen Widerstreits hat Marx sich jedoch sehr schnell frei gemacht. Das »Reich der Freiheit« in dem Sinne, in dem der späte Marx den Ausdruck gebraucht, bezeichnet auf den ersten Blick nichts Großes, sondern etwas, das eher banal erscheint und allenfalls ein Randphänomen oder sogar Surrogat der Freiheit zu betreffen scheint, nämlich – freie Zeit. Karl Marx bestimmt im »Kapital« das Reich der Freiheit als den Raum einer freien, selbstbestimmt zu erfüllenden Zeit jenseits der Notwendigkeiten zur Reproduktion des materiellen Lebensprozesses. Freie Zeit als diejenige Zeit, die nicht durch die Notwendigkeiten der Arbeit bestimmt wird, bildet somit den Kernbereich der Freiheit, wobei dieser Bereich zeitlich und auch

1 Karl Marx/Friedrich Engels: Gesamtausgabe, Berlin 1975ff. [MEGA²], Bd. I, Bd. 2, S. 277.

2 Ebd., S. 292.

3 Ebd., S. 389.

räumlich *neben* dem Reich der Notwendigkeit angesiedelt ist, was jedoch nicht heißt, dass sie einander nicht bedingen. Das scheint auf den ersten Blick ein sehr schwaches Verständnis von Freiheit zu sein, das mit emphatischen Bestimmungen des Freiheitsbegriffs sowohl des Liberalismus als auch eines utopisch-romantischen Sozialismus bzw. Kommunismus nichts mehr zu tun hat. In einem ersten Schritt ist deshalb zu fragen, welches Verständnis von Freiheit bei Marx zugrunde liegt und welche Argumente für dieses Verständnis sprechen können (1). In einem zweiten Schritt möchte ich dann näher bestimmen, was das Reich der Freiheit im Verhältnis zum Reich der Notwendigkeit bei Marx bedeutet und welche Voraussetzungen er für die Etablierung eines solchen Reiches angibt (2). Und drittens schließlich ist zu fragen, welcher inhaltlichen Bestimmtheit der Freiraum bzw. die freie Zeit unterliegen muss, damit Freizeit nicht nur als leere Zeit, sondern als selbstbestimmte Zeit erlebbar ist.

(1) »Freiheit« ist ein mit zum Teil einander widersprechenden Bedeutungen aufgeladener, gleichwohl für das Selbstverständnis der Moderne unverzichtbarer Begriff. Das macht es schwierig, überhaupt von Freiheit zu sprechen, obwohl intuitiv damit vor allem eins verbunden wird: die Abwesenheit von äußerem Zwang.[4] Die Schwierigkeiten beginnen dort, wo gefragt wird, was denn als Zwang anzusehen sei und für wen welche Freiheit gelten soll.

Um mit Letzterem zu beginnen: Historisch gesehen ist Freiheit zunächst ein Privileg: Wer frei ist, hebt sich aus der Masse der Unfreien heraus und gehört zur herrschenden Schicht. Erst in der Moderne setzt sich langsam die Auffassung durch, dass alle Menschen – ungeachtet ihrer Herkunft oder ihres Geschlechts – frei und gleich seien. Was Freiheit heißt, ist demnach geschichtlich bestimmt, und es gibt nicht *die* Freiheit, sondern historisch bestimmte Formen der Freiheit innerhalb der *Geschichte* der Freiheit. Das bedeutet auch: Die Menschen sind nicht schon immer und schon gar nicht von Natur aus in einem emphatischen Sinne frei, wie es die Naturrechtslehren der Moderne angenommen haben, und sie sind sich schon gar nicht ihrer Freiheit bewusst, sondern sie sind allenfalls vermögend zur Freiheit und haben sich zu ihr zu befreien. Für Marx heißt dies letztlich, dass die Menschen sich sowohl von den unmittelbaren Naturzwängen durch die Entwicklung der Werkzeuge und der Produktion als auch in den gesellschaftlichen und politischen Formen ihres Zusammenlebens, kurz: in der Organisation ihres gesellschaftlichen Naturverhältnisses befreien.

Diese Auffassung ist nicht selbstverständlich, sondern Konsequenz einer letztlich aristotelischen Kritik an den naturrechtlichen Vergesell-

4 Vgl., auch zum Folgenden, Andreas Arndt: Freiheit, Köln 2019.

schaftungstheorien der Moderne. Hegel und Marx teilen diese Kritik. Sie besagt, dass der Mensch schon immer ein geselliges Wesen, ein *zoón politikón* sei und nicht die atomisierten Individuen eines angenommenen Naturzustandes erst vergesellschaftet werden müssten. Auch wenn dieser Naturzustand nur als eine methodische Abstraktion zu nehmen ist und nicht als eine historische Voraussetzung, so wird dabei doch von der natürlichen und gesellschaftlichen Bestimmtheit der Individuen abstrahiert, die den Einzelnen zunächst als äußere Notwendigkeit erscheint. Freiheit ist demnach nicht die Abwesenheit von Notwendigkeit, sondern – als manifestierte bzw. realisierte Freiheit – immer schon eine Vermittlung mit Notwendigkeiten.

Was ist dann als Unfreiheit anzusehen? Niemand wird ernsthaft behaupten wollen, dass Naturgesetze uns unfrei machen, auch wenn sie unsere Handlungsmöglichkeiten beschränken. Das gilt indessen auch für gesellschaftliche Naturgesetze, die für das Über- und Zusammenleben der Menschen konstitutiv sind. Hegel beschreibt dies in seinen »Grundlinien der Philosophie des Rechts« als »System der Bedürfnisse« und Marx nennt – neben der Notwendigkeit der Arbeit überhaupt für den gesellschaftlichen Stoffwechsel mit der Natur – die »*Nothwendigkeit* der *Vertheilung* der gesellschaftlichen Arbeit in bestimmten Proportionen«, weil »die den verschiednen Bedürfnismassen entsprechenden Massen von Producten verschiedne u. quantitativ bestimmte Massen der gesellschaftlichen Gesammtarbeit erheischen«.[5] Hierbei handle es sich um unaufhebbare Naturgesetze. Sowohl in Bezug auf die äußere als auch auf die gesellschaftliche Natur sind damit der Willkür Grenzen gesetzt und die Freiheit kann nur darin bestehen, mit diesen Notwendigkeiten umzugehen. Sie ist, wie Friedrich Engels unter Berufung auf Hegel zutreffend sagte, »Einsicht in die Nothwendigkeit«.[6] Dennoch ist von Freiheit deshalb zu sprechen, weil die Anwendung von Naturgesetzen unter bestimmten Bedingungen objektive Möglichkeiten der Umformung des Gegebenen und damit Handlungsalternativen eröffnet. Modell hierfür ist die Arbeit: Das Werkzeug, selbst ein Ding mit natürlichen Eigenschaften, bewirkt aufgrund dieser Eigenschaften Veränderungen am gegebenen Material und ermöglicht damit menschliche Zwecksetzungen jenseits des unmittelbaren Naturzwangs. Grundsätzlich nicht anders verhält es sich in Bezug auf das gesellschaftliche Leben. Bedürfnisse jenseits des zum unmittelbaren Überleben Notwendigen sind ebenso historisch vari-

5 An Kugelmann 11.7.1868, Marx-Engels-Gesamtausgabe digital, hg. von der Internationalen Marx-Engels-Stiftung. Berlin-Brandenburgische Akademie der Wissenschaften, Berlin, http://megadigital.bbaw.de/briefe/detail.xql?id=M0000679.

6 MEGA², Bd. I/27, S. 312. Vgl. Georg Wilhelm Friedrich Hegel: Werke. Theorie-Werkausgabe, Frankfurt a. M. 1970, Bd. 8, S. 290: »*Blind* ist die Notwendigkeit nur *insofern dieselbe nicht begriffen wird.*« (*Enzyklopädie* 1830, § 147, Zusatz).

abel wie der Stand der Produktivität und damit die notwendigen »Massen der gesellschaftlichen Gesamtarbeit«, von denen Marx spricht.

Hieraus ergibt sich eine im Blick auf die folgenden Ausführungen zentrale These. Sie besagt, dass Freiheit sich dadurch realisiert, dass durch objektive Möglichkeiten Freiräume geschaffen, das heißt unmittelbare Abhängigkeiten aufgehoben werden. Sie ist daher auch *kein Zustand*, weil sie nur im *Prozess* der Schaffung und Sicherung von Freiräumen existiert.

Im Gegensatz zu dieser an Hegel und Marx orientierten Auffassung wird in der philosophischen Tradition der Freiraum gewöhnlich nicht als Ermöglichungsgrund der Realisierung von Freiheit, sondern als Beschränkung einer ursprünglichen Freiheit der Einzelnen angesehen. Immanuel Kant etwa sieht Recht – für Hegel das »Dasein der Freiheit« – ausdrücklich als ein »Gehege« an, durch welches der Wildwuchs der Freiheit diszipliniert werde.[7] Dagegen steht die Auffassung, dass vorgängig nicht eine Freiheit ist, die der Einzelne egoistisch auslebt und die durch das Recht erst gesellschaftsfähig gemacht werden muss, sondern ein gesellschaftliches Naturverhältnis, in dem sich geschichtlich Verhältnisse herausbilden, durch welche Freiheitsräume allererst eröffnet und gesichert werden. Daraus folgt, dass Freiheit nicht *abstrakt* – bezogen *nur* auf das einzelne Individuum und seine subjektiven Interessen – bestimmt werden kann, sondern nur *konkret*, im Zusammenhang der Einzelnen mit anderen Individuen und im Verhältnis zur Natur. Konkrete Freiheit hat daher immer auch Grenzen und bleibt insofern Stückwerk. Die romantische Sehnsucht nach der ganz großen Ungebundenheit – wie in den junghegelianischen Diskursen[8] – vergisst, dass wir nur innerhalb der Bindungen des gesellschaftlichen Naturverhältnisses frei sein können.

Karl Marx selbst hat diese romantische Sehnsucht, wie eingangs erwähnt, ursprünglich geteilt. Er verabschiedet sich im weiteren Verlauf der Ausarbeitung der Kritik der politischen Ökonomie von dieser romantischen Illusion, entwickelt aber keine eindeutige Alternative. In den Manuskripten zur sogenannten »Deutschen Ideologie« (1845 ff.), die sich von der spekulativen Sicht der »Ökonomisch-philosophischen Manuskripte« programmatisch verabschieden, verbindet Marx die gesellschaftliche Regelung der Produktion im Kommunismus mit der Aussicht auf eine Aufhebung der Arbeitsteilung, wodurch es möglich sei, »heute dies, morgen jenes zu thun, Morgens zu jagen, Nachmittags zu fischen, Abends Viehzucht zu treiben nach dem Essen zu kritisiren, wie ich gerade Lust habe, ohne je Jäger Fischer Hirt oder Kritiker zu werden«.[9] Noch in der sogenannten »Kritik des Gothaer Programms« (1875) betont Marx, dass im

7 Immanuel Kant: Werke, Berlin 1968, Bd. 8, S. 22.

8 Vgl. Andreas Arndt: Philosophie der Tat. »Praxis« bei Hegel und in nachhegelschen Diskursen, in: Ethics in Progress 12 (2021), Nr. 2, S. 112–123.

9 MEGA², Bd. I/5, S. 34–37.

Kommunismus »die knechtende Unterordnung der Individuen unter die Theilung der Arbeit« überwunden und damit »die Arbeit nicht nur Mittel zum Leben, sondern selbst das erste Lebensbedürfniss« geworden sei.[10]

Auch hier steht die Vision eines nichtentfremdeten, »ganzen« Menschen im Mittelpunkt, wobei die Möglichkeiten einer Aufhebung der Arbeitsteilung im Rahmen einer industrialisierten gesellschaftlichen Produktion jenseits der in der »Deutschen Ideologie« beschworenen bukolischen Idylle wohl auch eher ins Reich der Illusionen gehören würde. Die damit verbundene Behauptung, dass Arbeit auf diesem Wege zum ersten Lebensbedürfnis werde, hat, historisch gesehen, der Verklärung und Heroisierung der Arbeit in den Ländern des sogenannten realen Sozialismus Vorschub geleistet.

(2) Quer zu den soeben zitierten Ausblicken auf den Kommunismus von 1844 bis 1875 steht, auch zeitlich, die Konzeption zweier nebeneinander bestehender Reiche: des Reiches der Notwendigkeit und des Reiches der Freiheit. Sie findet sich im dritten, von Friedrich Engels redigierten und 1894 herausgegebenen Band des »Kapital«, wobei er an dieser Stelle auf ein wohl auf 1865 zu datierendes Manuskript Marx' zurückgreift.[11] Dass Marx offenkundig zwischen dieser Auffassung und der einer Erhebung der Arbeit zum ersten Lebensbedürfnis durch Aufhebung der Arbeitsteilung schwankt, hat auch damit zu tun, dass er sich spätestens ab 1845 ein grundsätzliches Utopieverbot auferlegt hatte: Mit Hegel bestand für ihn die Aufgabe darin, das Bestehende kritisch zu begreifen, aber nicht ein Seinsollendes vorzustellen. Die immerhin noch mögliche Extrapolation von Entwicklungstendenzen vermeidet Marx weitgehend zugunsten eines Negativismus, der, wie es im Nachwort zur zweiten Auflage des ersten Bandes des *Kapital* heißt, »in dem positiven Verständniß des Bestehenden zugleich auch das Verständniß seiner Negation, seines nothwendigen Untergangs« aufzeigt.[12]

Gleichwohl gibt es gewichtige Gründe, die Zwei-Reiche-Version von 1865 als die tragfähigste anzusehen, denn sie stützt sich auf Marx' Bemerkungen zu dem, was er »Ökonomie der Zeit« nennt, womit eine überhistorische Bedingung des gesellschaftlichen Lebens bezeichnet ist. Es handelt sich im Kern um die bereits zitierten gesellschaftlichen Naturgesetze, die in den »Grundrissen der Kritik der politischen Ökonomie« (1857/58) so formuliert werden: »Je weniger Zeit die Gesellschaft bedarf, um Weizen, Vieh etc zu produciren, desto mehr Zeit gewinnt sie zu andrer Production, materieller oder geistiger. Wie bei einem einzelnen Individuum hängt die Allseitigkeit ihrer Entwicklung, ihres Genusses und

10 MEGA², Bd. I/25, S. 15.

11 Vgl. MEGA², Bd. II/4,2, S. 837f. (Manuskript 1863–1867); zur Datierung vgl. ebd., S. 920 (Apparat).

12 MEGA², Bd. II/8, S. 55.

ihrer Thätigkeit von Zeitersparung ab. Oekonomie der Zeit, darin löst sich schließlich alle Oekonomie auf. Ebenso muß die Gesellschaft ihre Zeit zweckmässig eintheilen [...]. Oekonomie der Zeit, sowohl wie planmässige Vertheilung der Arbeitszeit auf die verschiednen Zweige der Production, bleibt also erstes ökonomisches Gesetz auf Grundlage der gemeinschaftlichen Production.«[13]

Dieser Auffassung liegt die für sich genommen geradezu triviale Überlegung zugrunde, dass die Menschen individuell und gesellschaftlich im Handeln wie im Nicht-Handeln an die endliche Ressource »Zeit« gebunden sind. Der Arbeit sind dabei ebenso wie der Nicht-Arbeit nicht nur durch die Dauer des Tages Grenzen gesetzt:[14] der Arbeit, weil sie die notwendige freie Zeit zur Reproduktion der Arbeitskraft ermöglichen muss; der Nicht-Arbeit, weil sie Zeit lassen muss für die Produktion der Mittel zur Reproduktion des materiellen Lebens. Das Verhältnis von Arbeit und Nicht-Arbeit ist historisch variabel, hängt aber nicht allein von der Produktivität der Arbeit ab, wie es zunächst scheinen könnte. Vielmehr ist ein bestimmtes Niveau der Produktivität zunächst überhaupt nur eine allgemeine Voraussetzung dafür, dass gesamtgesellschaftlich ein Spielraum für mehr freie Zeit zur Verfügung steht, wobei diese disponible Zeit mit wachsender Produktivität steigt. Wie sie innerhalb der Gesellschaft verteilt wird und ob die objektiv vorhandenen Möglichkeiten zur Erweiterung der freien Zeit überhaupt genutzt werden, hängt wiederum vor allem von den gesellschaftlichen Verhältnissen selbst ab. Die disponible Zeit wird, historisch gesehen, zunächst darauf verwendet, »allgemeine«, gesamtgesellschaftliche Arbeiten zur Organisierung der gesellschaftlichen Reproduktion insgesamt zu ermöglichen, indem Teile der Bevölkerung von der unmittelbaren Produktionstätigkeit freigestellt werden. Das betrifft vor allem die Freistellung eines für diese Aufgaben qualifizierten Teils der Bevölkerung für »allgemeine« Arbeiten (Wissenschaft, Kultus, Verwaltung, Kriegswesen), ohne dass ich hier jetzt in die Untiefen der Unterscheidung von produktiver und unproduktiver Arbeit vordringen will, die Adam Smith und Marx auszuloten versucht hatten.[15] Für die von mir hier behandelte Thematik entscheidend ist jedoch ein anderer Gesichtspunkt, nämlich die Entwicklung der Bedürfnisse. Im Grunde genommen begreift Marx nämlich die Sphäre der Ökonomie nach dem Vorbild Hegels als ein System der Bedürfnisse und zeigt in seiner Kritik der politischen Ökonomie gerade auf, dass die Verwertung des Werts

13 MEGA^2; Bd. II/1,1, S. 103f.

14 Vgl., auch zum Folgenden, Andreas Arndt: Grenzen der Arbeit, in: Arbeit, Gerechtigkeit und Inklusion. Wege zu gleichberechtigter gesellschaftlicher Teilhabe, hg. v. Catrin Misselhorn und Hauke Behrendt, Stuttgart 2017, S. 10–18.

15 Vgl. Björn Dämpfling: Arbeit und Wertschöpfung bei Marx. Eine kritische Studie über produktive und unproduktive Arbeit, Hamburg 2000.

notwendig quer zur Bedürfnisstruktur, auch hinsichtlich der Gebrauchswerte in der Produktion selbst, steht.

Mit der Entwicklung der Produktivität entwickeln sich auch die Möglichkeiten der Bedürfnisbefriedigung und damit die Bedürfnisse selbst jenseits der unmittelbaren Überlebensbedürfnisse. Dazu gehören aber nicht nur die Bedürfnisse nach Produktions- und Konsumtionsmitteln, sondern ebenso Bedürfnisse auf die Art und die Organisation der Arbeit, einschließlich des Verhältnisses von Arbeit und freier Zeit. Tatsächlich stellt das Bedürfnis nach mehr freier Zeit sowohl in Bezug auf die Länge des Normalarbeitstages und die Wochenarbeitszeit als auch in Bezug auf die Urlaubs- und Lebensarbeitszeit eine zentrale Ressource gesellschaftlicher Kämpfe dar. Gerade in der gegenwärtigen Situation scheint das, was neudeutsch »life-work-balance« genannt wird, gegenüber der Erhöhung des individuellen Konsumfonds durch Lohn- bzw. Gehaltserhöhungen zunehmend an Bedeutung zu gewinnen. Dies macht jedenfalls so viel deutlich, dass es ein Bedürfnis nach freier, selbstbestimmter Zeit gibt, dessen Befriedigung höher gewertet wird als die Möglichkeit zur Befriedigung weiterer materieller Bedürfnisse aufgrund eines höheren Einkommens.

Genau hier setzt Marx mit seiner Bestimmung des Reiches der Freiheit als freier Zeit an. »Der wirkliche Reichthum der Gesellschaft, und die Möglichkeit beständiger Erweiterung ihres Reproduktionsprocesses hängt also nicht ab von der Länge der Mehrarbeit, sondern von ihrer Produktivität und von den mehr oder minder reichhaltigen Produktionsbedingungen, worin sie sich vollzieht. Das Reich der Freiheit beginnt in der That erst da, wo das Arbeiten, das durch Noth und äußere Zweckmäßigkeit bestimmt ist, aufhört; es liegt also der Natur der Sache nach jenseits der Sphäre der eigentlichen materiellen Produktion.«[16] Für das Verständnis zentral ist hier die Kategorie des Reichtums, womit nicht der spezifisch-kapitalistische Reichtum als Warensammlung und schon gar nicht der Tauschwert gemeint ist, sondern der auf menschliche Bedürfnisse bezogene Gebrauchswert.[17] Insofern gehört die für selbstbestimmte Zwecke der Individuen verfügbare Zeit jenseits der Notwendigkeiten der materiellen Produktion zu dem durch die Arbeitsproduktivität erzeugten Reichtum der Gesellschaft. Der Gebrauchswert der frei zur Verfügung stehenden Zeit besteht darin, einem Bedürfnis nach Autonomie zu entsprechen. Es handelt sich um einen Spielraum individueller Freiheit, der nicht marginal, sondern zentral ist, denn Marx denkt Freiheit im Anschluss an Hegel als *individuelle* Freiheit: die freie Entwicklung eines jeden, so heißt es bereits im »Manifest der Kommunistischen Partei« (1848), sei Bedingung für die freie Entwicklung aller.[18]

16 MEGA², Bd. II/15, S. 794f.

17 So auch in der »Kritik des Gothaer Programms«, in: MEGA², Bd. I/25, S. 9.

18 Vgl. dazu das folgende Kapitel.

Für Marx ist solche Autonomie, wie vorhin im Blick auf den Freiheitsbegriff dargelegt, nicht etwas, das den gesellschaftlichen Individuen als solchen von vornherein zukommt, sondern etwas, was durch die gesellschaftliche Entwicklung erst ermöglicht wird. In dem zuletzt angeführten Zitat werden zwei Bedingungen genannt: die Produktivität der Arbeit und die Produktionsbedingungen. Hierzu führt Marx aus, dass die Freiheit im Bereich der materiellen Produktion selbst nur darin bestehen könne, »daß [...] die associirten Producenten [...] ihren Stoffwechsel mit der Natur rationell regeln, unter ihre gemeinschaftliche Kontrolle bringen, statt von ihm als von einer blinden Macht beherrscht zu werden; ihn mit dem geringsten Kraftaufwand und unter den, ihrer menschlichen Natur würdigsten und adäquatesten Bedingungen vollziehn. Aber es bleibt dies immer ein Reich der Nothwendigkeit. Jenseits desselben beginnt die menschliche Kraftentwicklung, die sich als Selbstzweck gilt, das wahre Reich der Freiheit, das aber nur auf jenem Reich der Nothwendigkeit als seiner Basis aufblühn kann. Die Verkürzung des Arbeitstags ist die Grundbedingung.«[19]

Das »wahre« Reich der Freiheit ist für Marx demnach bedingt durch eine bestimmte Form der Organisation der Produktion nach Maßgabe menschlicher Bedürfnisse. Es geht in dieser gesellschaftlich kontrollierten Produktion um den Stoffwechsel, also um die Gebrauchswerte – und nicht um Gewinn und Kapitalverwertung –, und ferner sind die Produktionsbedingungen für die Individuen so zu gestalten, dass schwere Arbeit möglichst vermieden wird (geringster Kraftaufwand) und menschenwürdige Bedingungen im Arbeitsprozess selbst herrschen. Nur unter Einbeziehung dieses sehr weit gefassten Konzepts von »Bedürfnissen« und damit auch des gesellschaftlichen Reichtums, der nicht auf materielle Konsumbedürfnisse reduziert ist, kann die für die Produktion der für die gesellschaftlich anerkannten materiellen Bedürfnisse *nicht* notwendige Zeit selbst als Gebrauchswert für die Bedürfnisbefriedigung der gesellschaftlichen Individuen angesehen werden.

Um den entscheidenden Punkt an dieser Auffassung deutlich zu machen, ist daran zu erinnern, dass unter den Bedingungen einer kapitalistischen Wirtschaftsordnung, die nach Marx' Auffassung nicht primär bedürfnisorientiert ist, freie Zeit erkämpft werden muss, wenn sie nicht Privileg oder das Ergebnis von Erwerbslosigkeit ist. Das »wahre« Reich der Freiheit dagegen ist nicht nur überhaupt freie Zeit, sondern freie Zeit zur Befriedigung individueller Bedürfnisse, die durch die Schaffung eines Freiraums zu ihrer Befriedigung gesellschaftlich anerkannt sind. Dieser Freiraum ist daher Ergebnis dessen, was Marx die bewusste Kontrolle der Produktion nennt; er setzt eine Entscheidung der gesellschaftlichen Indi-

19 MEGA^2, Bd. II/15, S. 794f.

viduen darüber voraus, in welchem Verhältnis die durch die Produktion zu befriedigenden Bedürfnismassen zu den Bedürfnissen stehen, deren Befriedigung freie Zeit jenseits der Produktion erfordert. Im Ergebnis handelt es sich um eine Beschränkung der Produktion auf das von der Gesellschaft als notwendig erachtete Maß durch Abwägung der Bedürfnisse gegeneinander.

Dieses Konzept stellt ohne Zweifel einen Bruch mit der modernen Auffassung der Arbeit dar, in welcher sie gegenüber der Antike und Vormoderne aufgewertet und schließlich, wie Max Weber schreibt, zum Selbstzweck erhoben wird.[20] Während seit der Antike Arbeit als notwendige, aber unwürdige Beschäftigung galt, heißt es jetzt sprichwörtlich: »Arbeit adelt«. Sie ist nicht nur »des Bürgers Zierde«, wie in Schillers »Glocke«, sondern auch der vornehmste Lebensinhalt und insofern ihr eigener Zweck. Mit dieser Auf- und Umwertung zugleich wird auch der Zusammenhang von Arbeit als *pónos* (Mühe) und *penía* (Armut) aufgelöst, denn Arbeit befreit aus der Armut und wird schließlich sogar zur alleinigen Quelle des Reichtums stilisiert, als ob sie, wie Marx in der »Kritik des Gothaer Programms« anmerkt, übernatürliche Schöpfungskraft habe. Zugleich aber gilt ihm dort, in Übereinstimmung mit ihrer modernen Aufwertung, die Arbeit als erstes Lebensbedürfnis und nicht, wie es sich von der 1865 formulierten Position aus nahelegen würde, als Notwendigkeit. Uneingeschränkt ist Marx jedoch auch 1865 der Auffassung, dass die Entwicklung der Arbeit durch die Produktionsmittel die Voraussetzungen dafür schafft, die Notwendigkeit schwerer Arbeit (*pónos*) zunehmend aufzuheben. Diese Perspektive einer Selbstaufhebung der negativen Seite der Arbeit gehört untrennbar auch zum Bestand des modernen Verständnisses von Arbeit und schlägt sich in zahlreichen utopischen Entwürfen nieder. Aber auch die von der Mühe befreite Arbeit bleibt Notwendigkeit und Mittel, den gesellschaftlichen Stoffwechsel mit der Natur zu vollziehen.[21] In dezidierter (wenn auch vielleicht unbewusster) Abgrenzung gegen den Selbstzweckcharakter der Arbeit in der kapitalistischen Moderne bestimmt Marx 1865 daher nur die Tätigkeit im Reich der Freiheit als Selbstzweck. Marx' Ausführungen stellen somit nicht weniger dar als eine Umwertung der Werte: Nichtarbeit wird nicht als Müßiggang vom Standpunkt des modernen Arbeitsethos aus abgewertet, sondern umgekehrt wird Arbeit vom Standpunkt der Nichtarbeit aus daran bemessen, inwieweit sie über ein bestimmtes Maß hinaus notwendig ist oder nicht.

20 Max Weber: Die protestantische Ethik, hg. v. Johannes Winckelmann, München/Hamburg 1965; vgl. Andreas Arndt: Die Arbeit der Philosophie, Berlin 2003, S. 9–23.

21 Dazu vgl. Kohei Saito: Natur gegen Kapital. Marx' Ökologie in seiner unvollendeten Kritik des Kapitalismus, Frankfurt a. M. 2016; Kohei Saito: Marx in the Anthropocene. Towards the Idea of Degrowth Communism, Cambridge 2023.

Eine Abkehr von der Aufwertung der Arbeit hat kurz vor Marx' Tod (1883) sein Schwiegersohn Paul Lafargue (der seit 1868 mit Laura Marx verheiratet war) in seiner Schrift »Das Recht auf Faulheit« (1880) proklamiert. Darin wendet er sich gegen das »verderbliche[] Dogma« der Arbeit: »Eine seltsame Sucht beherrscht die Arbeiterklasse aller Länder [...]. Diese Sucht ist die Liebe zur Arbeit, die rasende, bis zur Erschöpfung der Individuen und ihrer Nachkommenschaft gehende *Arbeitssucht*.«[22] Von diesem Dogma habe sich, so Lafargue, auch das Proletariat, »seine Instinkte verleugnend und seinen historischen Beruf verkennend, [...] verführen lassen«.[23] Lafargues hochironischem Text steht als Motto Lessings Gedicht über die Faulheit voran (»Laß uns faul in allen Sachen, [...] Nur nicht faul zur Faulheit seyn«[24]); er stellt sich damit in eine Tradition, die als Gegenreaktion gegen die Arbeitssucht der Moderne vor allem von der Frühromantik aufgenommen worden war – etwa in Friedrich Schlegels »Idylle über den Müßiggang«, einem Abschnitt seines Romans »Lucinde« (1799). Wichtig an diesem Text ist, dass er sich (wie auch Lafargue und Marx) nicht in einem abstrakten Gegensatz bewegt, sondern den Rhythmus von Arbeit und Muße betont: »Was also soll das unbedingte Streben und Fortschreiten ohne Stillstand und Mittelpunkt?«[25] Dieses »leere unruhige Treiben« bewirke »nichts als Langeweile«. Leere und Langeweile kommt in Umkehrung der gewöhnlichen Vorstellung nicht der freien Zeit, sondern der Arbeit zu; im Gegenzug wird die freie Zeit nicht als leere Zeit aufgefasst, sondern als Tätigkeit – Müßig*gang* –, als »gottähnliche[] Kunst« – also Technik – »der Faulheit«,[26] die eines regelrechten Studiums bedürfe und »das eigentliche Prinzp des Adels sei«. Auch hier handelt es sich um eine vollständige Umwertung der Arbeit: nicht Arbeit, sondern Müßiggang adelt – in dieser Hinsicht eine Rückkehr zur Vormoderne. Was aber, so bleibt zu fragen, bedeutet diese Umwertung der Werte für die freie Zeit selbst, wenn sie nicht nur leere Zeit sondern, im Gegenzug zur Arbeit, Lebensbedürfnis sein soll?

(3) Lafargues Schrift wurde übrigens vom parteiamtlichen Sowjetmarxismus weitgehend verschwiegen; ob Marx sie kannte, ist nicht überliefert. Dass Lafargues Text in den Grundzügen den marxschen Intentionen von 1865 entspricht, lässt sich jedoch kaum bestreiten, denn die darin vollzogene Umwertung im Verhältnis von Arbeit und Freizeit entspricht seiner Auffassung. Während nach Marx für die Arbeit im Reich der Not-

22 Paul Lafargue: Das Recht auf Faulheit und andere Satiren, Berlin 1991, S. 10.

23 Ebd., S. 12f.

24 Gotthold Ephraim Lessing: Sämtliche Werke, hg. v. Karl Lachmann und Franz Muncker, Berlin/New York 1979, Bd. 1, S. 75.

25 Friedrich Schlegel: Werke. Kritische Ausgabe, Paderborn u.a. 1958ff., Bd. 5, S. 26; das Folgende ebd., 27.

26 Ebd., S. 25; das folgende Zitat ebd., S. 27.

wendigkeit der »geringste« mögliche Kraftaufwand angewendet werden soll, beginnt im Reich der Freiheit »die menschliche Kraftentwicklung, die sich als Selbstzweck gilt«.[27] Diese Formulierungen lenken den Blick darauf, dass das Reich der Notwendigkeit und das Reich der Freiheit nicht nur in einem bestimmten Verhältnis zueinander stehen, sondern inhaltlich ein Gemeinsames aufweisen, das Marx hier als Äußerung einer Kraft bezeichnet – offenbar deshalb, weil er nicht beide Tätigkeiten als Arbeit bezeichnen möchte. Tatsächlich folgt ja die Arbeit als Form des Stoffwechsels mit der Natur im Reich der Notwendigkeit auf den ersten Blick einer anderen Logik als das, was Marx als Tätigkeit für das Reich der Freiheit in Anschlag bringt. Die notwendige Arbeit ist auf die Realisierung äußerer Zwecke gerichtet, während die Kraftentwicklung im Reich der Freiheit Selbstzweck ist. Marx erinnert damit an die traditionelle aristotelische Unterscheidung von *Poiesis* – äußerer Zweck des Handelns – und *Praxis* – Handeln als Selbstzweck. In der Antike wurde politisches Handeln als *Praxis* angesehen und war das Privileg der Freien, die (als Sklavenhalter) von der Notwendigkeit zur Arbeit freigestellt waren. Marx demokratisiert dagegen die Praxis, indem er eine von der Arbeit befreite Zeit (bei allgemeiner Arbeitspflicht[28]) allen gesellschaftlichen Individuen in gleicher Weise zukommen lassen will.

Tatsächlich sind *Praxis* und *Poiesis* nicht wirklich als Alternativen zu denken. Wenn selbstbestimmte Tätigkeit in der freien Zeit bedeutet, dass das Individuum in ihr selbst Befriedigung findet, dann ist sie doch von ihrer internen Struktur her noch immer als Arbeit zu denken, denn jede, auch die selbstbestimmte Tätigkeit, ist an äußere, objektive Bedingungen gebunden, zu denen nicht nur die freie Zeit selbst gehört. Ich komme hier wiederum auf die hegelsche Bestimmung der Freiheit zurück. Demnach sind wir, auch in der selbstbestimmten Tätigkeit, schon immer in die natürlichen und gesellschaftlichen Bedingungen unseres Daseins eingebunden, zu denen wir uns im Rahmen objektiver Möglichkeiten zwar aktiv verhalten, die wir jedoch nicht überspringen können. Dies kommt, über den gemeinsamen Nenner des Handelns hinaus, den Marx betont, mit der Struktur der Arbeit überein, auch wenn die Handlung sich nicht auf eine unmittelbar materielle Gegenständlichkeit richtet; selbst das Spiel braucht Mittel und Regeln, um gespielt werden zu können, auch wenn es selbst keine äußeren Zwecke verfolgt, und nicht umsonst sprechen wir von Denkmitteln und geistiger Arbeit, von mentalen Techniken – und schließlich ist Poesie, die doch keine äußeren Zwecke verfolgt, von *Poiesis*, Arbeit, abgeleitet, woran Platons Diotima im »Symposion« (205 b.c.) erinnert. Statt, wie Marx, auf dem Selbstzweckcharakter der Kraft-

27 MEGA², Bd. II/15, S. 795.

28 Vgl. Karl Marx und Friedrich Engels: Manifest der Kommunistischen Partei, in: Dies.: Werke, Berlin 1956ff. [MEW], Bd. 4, S. 481.

äußerung in der freien Zeit im Unterschied zur Arbeit zu insistieren, sollte daher der Charakter des freien Handelns als *selbstbestimmt* zum unterscheidenden Merkmal gemacht werden. Selbstbestimmt in dem Sinne, dass die Tätigkeit selbst zwar objektiven Realisationsbedingungen unterliegt, jedoch die Handlung als solche nicht durch persönliche Abhängigkeiten oder sonstige Notwendigkeiten veranlasst ist. Dagegen unterliegt die Arbeit im engeren Sinne äußeren Zweckvorgaben durch die Notwendigkeit des gesellschaftlichen Stoffwechsels mit der Natur und durch die gesellschaftliche Form der Organisation dieses Stoffwechsels im Rahmen der Ökonomie der Zeit – zum Beispiel durch so etwas wie eine allgemeine Arbeitspflicht.

Das Reich der Freiheit ist unter diesem Gesichtspunkt diejenige Sphäre, in der die Individuen das ausleben können, was Hegel das Recht der Besonderheit nennt und wofür er im Sittlichen vor allem die Sphäre der bürgerlichen Gesellschaft reserviert, in der die Privateigentümer innerhalb gewisser institutioneller Schranken ihre Interessen verfolgen können. Mit der bewussten und planmäßigen gesellschaftlichen Produktion, die er nach dem Vorbild von Produktivgenossenschaften denkt, entfällt bei Marx das Privateigentum an Produktionsmitteln, auch wenn der Arbeiter ausdrücklich ein *individuelles Eigentum* an seiner Arbeit und deren Produkten behält, worunter offenbar das Recht auf Mitbestimmung über die Organisation und Distribution der Arbeit und ihrer Produkte zu verstehen ist.[29] Das Reich der Freiheit hingegen ist ganz der Freiraum für individuelle Selbstbestimmung, die ihre Grenzen im klassischen Sinne nur an der Freiheit der Anderen findet. Wie Hegel, so denkt auch Marx Freiheit nicht als überhistorische Voraussetzung, sondern als Resultat der Institutionalisierung von Freiräumen. Das hier behandelte Reich der Freiheit ist nur einer davon, jedoch derjenige, in dem der Spielraum individueller Freiheit, die bei Marx – Hegel folgend – im Mittelpunkt steht, am größten ist.

Die eben erwähnte strukturelle Übereinstimmung von Arbeit (die ja auch eine Form der Freiheit, nämlich Freiheit von unmittelbaren Naturzwängen ist) und freiem Handeln hat dazu geführt, jede Art von Tätigkeit als Arbeit zu begreifen und entsprechend zu heroisieren, statt Arbeit als Ermöglichungsbedingung zur Schaffung eines Freiraums für selbstbestimmtes Handeln im angegebenen Sinne zu verstehen. Prominentes Beispiel hierfür ist Ernst Jünger mit seinem Essay »Der Arbeiter«, in dem es heißt: »Der Arbeitsraum ist unbegrenzt, ebenso wie der Arbeitstag vierundzwanzig Stunden umfaßt. Das Gegenteil von Arbeit ist nicht etwa Ruhe oder Muße, sondern es gibt unter diesem Gesichtswinkel

29 Vgl. Andreas Arndt: Individuelle Freiheit und Recht bei Marx, in: Karl Marx im 21. Jahrhundert. Bilanz und Perspektiven, hg. v. Martin Endreß und Christian Jansen, Frankfurt a. M./New York 2020, S. 233–242.

keinen Zustand, der nicht als Arbeit begriffen wird.« Freizeitaktivität, so Jünger weiter, trage »entweder, wie der Sport, einen ganz unverhüllten Arbeitscharakter, oder sie stellt, wie das Vergnügen, die technische Festivität, der Landaufenthalt, ein spielerisch gefärbtes Gegengewicht innerhalb der Arbeit, keineswegs aber das Gegenteil der Arbeit dar.«[30] Daran stimmt so viel, dass freie Zeit nicht durch ein Handeln ausgefüllt werden kann, das im Gegensatz zur Arbeit objektiven Bedingungen überhoben ist. Unwahr ist diese Totalisierung von Arbeit, indem sie die Fragen der Selbstbestimmung in der freien Zeit und der Mitbestimmung in der notwendigen Arbeit ausblendet, auf die es entscheidend ankommt.

Tatsächlich steht heute die angeblich freie Zeit unter den Normen und der Logik der Arbeitswelt und reproduziert diese. Dies ist aber gerade nicht Ausdruck von Selbst-, sondern von Fremdbestimmung. Eine ganze Industrie ist damit beschäftigt, freie Zeit durch normierte Angebote zu füllen, die scheinbar individuelle Bedürfnisse ansprechen. Was als Selbstbestimmung erscheint, ist meist nur Selbstdisziplinierung als Zurichtung zur Arbeit, wie in den Strategien der Selbstoptimierung. Die Überfrachtung der Individuen mit normierten Bedürfnissen lässt diese gar nicht mehr zur Besinnung auf eigene Bedürfnisse und deren Erprobung kommen und verweigert somit freie Zeit als selbstbestimmte, die erst dort begänne, wo Muße das industrialisierte Getriebe zum Stillstand brächte.[31] Nach Aristoteles ist Muße die Zeit, die als der Ermöglichungsgrund selbstbestimmter Tätigkeit frei ist und durch diese ausgefüllt werden soll (»Politik«, 1337 b.c.). Freie Zeit als Muße, in der ein Reich der Freiheit im marxschen Sinne aufblühen könnte, ist daher nicht einfach leere Zeit. Sie setzt selbstbewusste Individuen voraus, die ihre eigenen Interessen und Bedürfnisse definieren und verfolgen können. Ein solches Verhalten ist keineswegs selbstverständlich, sondern muss eingeübt werden. Für das Reich der Freiheit ist dies aber, um eine nur scheinbare Paradoxie zu gebrauchen, eine unverzichtbare Notwendigkeit. Denn Freiheit, so wenig sie überhistorisch schon immer gegeben ist, stellt sich auch nicht von selbst ein. Die Institutionalisierung von Freiräumen ist ihre Grundbedingung, aber die Individuen *sind* nur frei, wenn sie nicht nur die Möglichkeit zum freien Handeln und das Recht auf Freiheit haben, sondern dies auch leben.

30 Ernst Jünger: Der Arbeiter, Stuttgart 1981, S. 44.

31 Vgl. Volker Schürmann: Muße, Bielefeld 2003.

»... eine Assoziation, worin die freie Entwicklung eines jeden die Bedingung für die freie Entwicklung aller ist«

Individualität und Freiheit bei Marx

(1) UNTER DER ÜBERSCHRIFT »Zur Wiederholung nicht empfohlen« hat der Historiker Heinrich August Winkler im Blick auf die russische Oktoberrevolution in der *Frankfurter Allgemeinen Zeitung* einen Gastbeitrag veröffentlicht.[1] Er meinte damit nicht nur die Oktoberrevolution selbst, sondern wollte vor allem auf eine nach seiner Ansicht verhängnisvolle Wiederkehr der Französischen Revolution in der Oktoberrevolution hinweisen, der Marx und Engels theoretisch den Weg geebnet hätten. Winkler zufolge hätten sie den Schluss gezogen, dass »so, wie die bürgerliche Revolution durch eine Phase des blutigen Terrors gegangen war, auch die proletarische Revolution nicht um ein solches Stadium, die ›Diktatur des Proletariats‹, herumkommen werde«. Der »rote Terror« im Gefolge der Oktoberrevolution und auch der stalinsche Terror erscheinen so als direkte Folge eines theoretischen Irrtums von Marx und Engels, welche dafür die Blaupause geliefert hätten. Abgesehen davon, dass zu bezweifeln ist, dass sich die komplexe Geschichte der revolutionären Bewegungen im 19. und 20. Jahrhundert durch derartige ideengeschichtliche Kontinuitäten erklären lässt, ist die behauptete Kontinuität selbst infrage zu stellen. Nicht zuletzt Marxisten selbst haben der Behauptung widersprochen, das aus der Oktoberrevolution hervorgegangene Regime sei als die Verwirklichung der marxschen Vorstellungen zu einer postkapitalistischen Ordnung anzusehen.

»Das größte und gefährlichste Mißverständnis besteht darin, daß man das in Rußland seit 1917 herrschende Regime – eine monströse Karikatur dessen, was Marx und Engels unter Kommunismus verstanden – mit dem Marxismus identifiziert.«[2] Dies schrieb Angelica Balabanoff in ihren im Alter von 90 Jahren verfassten Erinnerungen an Lenin, die 1959 zuerst auf Italienisch erschienen waren. Angelica Balabanoff, eine ukrainische Jüdin aus großbürgerlichen Verhältnissen, kam während ihres Studiums in Brüssel mit sozialistischen Ideen in Berührung und lebte seither in Italien, wo sie Vorsitzende der Sozialistischen Partei (PSI) wurde. Im Ers-

1 http://www.faz.net/aktuell/feuilleton/gastbeitrag-was-marx-und-engels-uebersahen-15278570.html.

2 Angelica Balabanoff: Lenin, oder: Der Zweck heiligt die Mittel, Berlin 2013, S. 173.

ten Weltkrieg organisierte sie maßgeblich die Zimmerwalder Bewegung internationaler Sozialisten gegen den Krieg. In seinem Schweizer Exil lernte sie Lenin kennen, den sie, bei aller Kritik an seinen Machttechniken, zeitlebens für persönlich integer hielt. In der Hoffnung auf den Durchbruch eines wahren Sozialismus ging sie in die Sowjetunion und war ab 1919 Sekretärin der neuen Kommunistischen Internationale. Zeitweilig bekannter noch als Lenin ging sie 1921 zurück nach Italien, nachdem sie zu der Überzeugung gekommen war, dass ihre Hoffnungen keine Grundlage mehr hatten. Vergeblich versuchte Lenin, sie umzustimmen, um ihr dann zum Abschied schriftlich mit auf den Weg zu geben, sie sei »das bedeutendste Mitglied der Kommunistischen Internationale«.[3]

An Lenin und den Bolschewiki kritisierte Angelica Balabanoff vor allem die unbedingte Unterordnung der Individuen unter den (End-) Zweck des Kommunismus, der alle Mittel heilige, als ob die Mittel nicht den Zweck deformieren oder sogar negieren könnten. In der Tat hatte Marx bereits 1844 in den »Ökonomisch-philosophischen Manuskripten« das, was Balabanoff verurteilt, als »rohen« Kommunismus bezeichnet und mit drastischen Worten kritisiert.[4] Unter Anspielung auf das von etlichen frühen Kommunisten vertretene Prinzip der »Weibergemeinschaft« schreibt Marx: »Wie das Weib aus der Ehe in die allgemeine Prostitution, so tritt die ganze Welt des Reichthums, d.h. des gegenständlichen Wesens des Menschen, aus dem Verhältniß der exclusiven Ehe mit dem Privateigenthümer in das Verhältniß der universellen Prostitution mit der Gemeinschaft. Dieser Communismus – indem er die *Persönlichkeit* des Menschen überall negirt – ist eben nur der consequente Ausdruck des Privateigenthums [...] Die erste positive Aufhebung des Privateigentums, der *rohe* Communismus, ist also nur eine *Erscheinungsform* von der Niedertracht des Privateigenthums, das sich als das *positive Gemeinwesen* setzen will.«[5] Durch die Negation der Persönlichkeit – und das heißt: der persönlichen, individuellen Freiheit – ist nur die Universalisierung der Privateigentumsverhältnisse, nicht deren Abschaffung. Hierbei bleibt es für Marx im Prinzip, wie wir noch sehen werden. Bevor ich jedoch zu Marx selbst komme, möchte ich kurz auf die Voraussetzungen des marxschen Verständnisses von Freiheit eingehen.

(2) Auf Freiheit berufen sich alle. Wohl kaum ein Wort ist so vieldeutig, umstritten und auch missbraucht wie das Wort »Freiheit«. Das macht es schwierig, darüber zu reden, nicht nur im politischen Diskurs überhaupt,

3 Ebd., S. 176.

4 Peter Ruben hat diese Kategorie dann 1990 auf die Gesellschaften des »realen« Sozialismus angewandt; vgl. Was ist Sozialismus? Zum Verhältnis von Gemein- und Personeneigentum an Produktionsmitteln (zuerst 1990), http://www.peter-ruben.de/schriften/Gesellschaft/Ruben%20-%20Was%20ist%20Sozialismus.pdf.

5 Karl Marx/Friedrich Engels: Gesamtausgabe, Berlin 1975ff. [MEGA^2], Bd. I/2, S. 387f.

sondern ebenso im Rahmen der marxschen Theorie und auch, wie wir noch sehen werden, für Marx selbst. Es ist indessen kein Streit um Worte. Die Schwierigkeiten liegen in der Sache. Um dies deutlich und zugleich den Problemhintergrund der marxschen Theorie deutlich zu machen, sei ein kurzer Blick auf die philosophische Diskussionslage vor Marx geworfen.

Wer meint, Freiheit sei einfach die Abwesenheit von aller Abhängigkeit, sieht sich schnell getäuscht. Da sind nicht nur die anderen, mit deren Freiheitsansprüchen ich klarkommen muss, sondern da ist auch die Erfahrung, dass ich andere und anderes brauche und die Dinge sich nicht so fügen, wie ich will. Freiheit hebt Notwendigkeit und Abhängigkeit nicht einfach auf. Kaum glaubhaft erscheint es also, dass, wie Rousseau meinte, der Mensch überall frei geboren werde und gleichwohl überall in Ketten liege.[6] Das würde heißen, dass eine ursprüngliche Freiheit des Menschen immer erst im Nachhinein durch die Gesellschaft eingeschränkt werden würde. Die philosophische Fiktion eines Naturzustandes bietet hierfür das Modell. Es kommt dann alles darauf an, dass der gesellschaftliche Zustand, der den Naturzustand durch den Gesellschaftsvertrag ablöst, so normiert wird, dass die Freiheit der Einzelnen sich nicht aneinander stößt und sie dadurch die Sicherheit des Selbsterhalts gewinnen. Alle Erzählungen über einen Gesellschaftsvertrag setzen aber voraus, dass die einzelnen Menschen als Gesellschaftsatome angesehen werden können, die erst im Nachhinein vergesellschaftet und damit deren Notwendigkeit unterworfen und in ihrer Freiheit beschränkt werden.

Hegel hat dieser Auffassung widersprochen. Für ihn steht Freiheit nicht am Beginn der gesellschaftlichen Entwicklung, sondern ist deren Resultat. Der Mensch ist von Natur aus ein gesellschaftliches Wesen, *zoón politikón* im Sinne Aristoteles', das in der gemeinschaftlichen Auseinandersetzung mit der Natur die unmittelbare Abhängigkeit von der Natur schrittweise aufhebt und damit auch erst Möglichkeiten gesellschaftlicher und politischer Freiheit eröffnet. Die Entwicklung des gesellschaftlichen Naturverhältnisses nämlich ist für Hegel nichts anderes als die Entwicklung des Geistes, der, wie er betont, nicht einfach *da ist*; er »*ist* nicht, oder er ist nicht ein *Seyn*, sondern ein gewordenseyn«.[7] Die Aufhebung der unmittelbaren Naturabhängigkeiten hebt allerdings nicht, wie manche meinen, die Natur auf; der zu sich gekommene Geist, dessen Wesen nach Hegel die Freiheit ist, bleibt auf die Natur bezogen. Die Befreiung gelingt nur, indem die Menschen sich der Naturnotwendigkeit unterwerfen und sie für ihre Zwecke benutzen. Bei Hegel heißt es: »das Individuum kann sich nur eine Art von gemeinschafftlichem Thun ersinnen, in welchem die Natur ihren Weg der Nothwendigkeit für sich fort-

6 »Der Mensch wird frei geboren, und überall liegt er in Ketten« (Jean-Jacques Rousseau: Der Gesellschaftsvertrag, Frankfurt a. M. 1978, S. 39).

7 Georg Wilhelm Friedrich Hegel: Gesammelte Werke, Hamburg 1968ff. [GW], Bd. 5, S. 370.

geht und der Einzelne gleichsam auf sie lauert, wo sie mit seinen Zwecken übereinstimme, und hier sich zu ihr hält, und sie betrügt, daß indem sie für sich sich zu bewegen scheint, es doch eigentlich für das Subject geschieht«.[8] Friedrich Engels hat diese Einsicht Hegels übernommen, als er schrieb. »Hegel war der Erste, der das Verhältniß von Freiheit und Nothwendigkeit richtig darstellte. Für ihn ist die Freiheit die Einsicht in die Nothwendigkeit. ›Blind ist die Nothwendigkeit nur, ins*ofern dieselbe nicht begriffen wird.*‹«[9] Dies gilt auch für die gesellschaftliche und politische Sphäre. Den Individuen, obwohl sie »Träger« der gesellschaftlichen und politischen Prozesse sind, treten diese Prozesse als etwas Objektives und Eigengesetzliches entgegen. Deshalb spricht Hegel, der Gesellschaft und Staat vor allem von den Institutionen her denkt, auch von einem *objektiven* Geist. Für die Ermöglichung von Freiheit zentral ist dabei das Recht. Recht ist nach Hegel Dasein der Freiheit. Erst, indem sich rechtliche und staatliche Strukturen herausbilden, werden Freiheitsräume eröffnet. Individuelle Freiheit ist Produkt des Rechts, genauer gesagt, Produkt und Kennzeichen der Moderne. Der junge Marx, der in Berlin bei dem Hegel-Schüler und Rechtstheoretiker Eduard Gans studierte, sah es genauso: »Ein Gesetzbuch ist die Freiheitsbibel eines Volkes.«[10]

Aus diesen kurzen Bemerkungen zu den Voraussetzungen und den Bezugspunkten der marxschen Theorie hinsichtlich des Begriffs der Freiheit ergeben sich die Punkte, die ich im Folgenden etwas näher beleuchten möchte. Zunächst möchte ich darauf eingehen, wie Marx den Gegensatz von Freiheit und Notwendigkeit vermitteln will. Dabei geht es in einem ersten Schritt darum, wie Marx den Begriff der Freiheit in Bezug auf die bürgerlich-kapitalistischen gesellschaftlichen und politischen Verhältnisse bestimmt (3). In einem weiteren Schritt ist zu fragen, welche Rolle, nach Marx, die individuellen Freiheiten in einer postkapitalistischen Gesellschaft spielen, die Marx unter dem Label »kommunistische Gesellschaft« denkt. Dabei ist auch auf die Frage einzugehen, welche Rolle das Recht in diesen Zusammenhängen bei Marx spielt: ist der studierte Jurist Karl Marx später zum Kritiker des Rechts geworden? Oder bleibt auch für Marx das Recht mit Hegel »Dasein der Freiheit«? (4) – Im Blick auf alle diese Themen muss betont werden, dass zusammenhängende und systematisch stringente und belastbare Aussagen von Marx hierzu nicht vorliegen. Was wir haben, sind vielfach eher beiläufige Bemerkungen zu einzelnen Aspekten in verschiedenen Textsorten (publizierte Schriften, Manuskripte, Briefe), die nicht gleichermaßen Anspruch auf theoretisch gültige Aussagen machen können. Das in den Plänen für die

8 Ebd., S. 367.

9 MEGA², Bd. I/27, S. 312. Vgl. Georg Wilhelm Friedrich Hegel: Werke. Theorie-Werkausgabe, Frankfurt a. M. 1970, Bd. 8, S. 290 (Enzyklopädie 1830, § 147, Zusatz).

10 MEGA², Bd. I/1, S.150 (»Debatten über Preßfreiheit«).

Durchführung des Projekts der Kritik der politischen Ökonomie vorgesehene Buch über den Staat wurde eben nie geschrieben. Zu einer Rekonstruktion, die immer riskant bleibt, gibt es daher keine Alternative.

(3) Marx' Analyse der modernen Gesellschaft setzt voraus, dass die gesellschaftlichen Individuen den Status von Personen haben. Person ist diejenige oder derjenige, die oder der nicht in unmittelbarer Abhängigkeit von anderen steht. In der modernen Gesellschaft sind auf diese, zunächst formelle Weise alle frei und gleich. Der Begriff der Person ist in der Moderne aber auch untrennbar mit dem des Eigentums verknüpft. Die Person ist nicht nur Besitzerin ihrer selbst, sondern ebenso Besitzerin von Dingen, über die sie frei verfügen kann. Hier gilt freilich nicht die Gleichheit, sondern das sprichwörtliche »wer hat, der hat«. Die einen, die Kapitalisten, haben die Produktionsmittel, die anderen, die Lohnarbeiter, nicht. Sie haben daher, so Marx, gar keine andere Wahl, als ihre Arbeitskraft zu verkaufen, um existieren zu können; der freie Lohnarbeiter sei, so heißt es im ersten Band des »Kapital«, »frei in dem Doppelsinn, daß er als freie Person über seine Arbeitskraft als seine Waare verfügt, daß er andrerseits andre Waaren nicht zu verkaufen hat, los und ledig, frei ist von allen zur Verwirklichung seiner Arbeitskraft nöthigen Sachen«.[11] Als vertragsfähige Person steht es dem Arbeiter frei, seine Arbeitskraft zu veräußern. Auf dieser *fictio juris* basiert der Lohnarbeitsvertrag, denn ein gültiger Vertrag kann nur zwischen rechtsfähigen Personen geschlossen werden, die aufgrund einer freien Willensbestimmung über ihr Eigentum verfügen.[12] Um eine rechtliche Fiktion handelt es sich insofern, als der Lohnarbeiter gar keine andere Wahl hat, als seine Arbeitskraft zu verkaufen. Auf der anderen Seite handelt es sich aber nicht nur um eine Fiktion, denn der Lohnarbeiter ist tatsächlich frei in dem Sinne, dass er – im Vergleich etwa zum Sklaven oder zum Leibeigenen – keinen persönlichen Abhängigkeitsverhältnissen unterworfen ist, die eine freie Willensbestimmung von vornherein ausschließen würden. Gleichwohl sieht die Vertragsform des Warentausches – und auch der Kauf und Verkauf der Arbeitskraft ist nach Marx Warentausch – von der inhaltlichen Bestimmtheit der Tauschenden hinsichtlich ihrer Motive vollständig ab. In der Zirkulationssphäre, also der Sphäre des Warentausches, ist die bürgerlich-kapitalistische Welt nach Marx daher noch völlig in Ordnung, ja, sie ist sogar, so nachzulesen wiederum im ersten Band des »Kapital, »ein wahres Eden der angebornen Menschenrechte. [...] Freiheit! denn Käufer und Verkäufer einer Waare, z. B. der Arbeitskraft, sind nur durch ihren freien Willen bestimmt. Sie kontrahiren als freie, rechtlich ebenbürtige Personen. Der

11 MEGA², Bd. II/5, S. 122.

12 Vgl. zum Verhältnis von Form und Inhalt des Rechts und der Nicht-Gleichgültigkeit der Form näher Christoph Menke: Kritik der Rechte, Berlin 2015.

Kontrakt ist das freie Produkt, worin sich ihre Willen einen gemeinsamen Rechtsausdruck geben. Gleichheit! Denn sie beziehen sich nur als Waarenbesitzer auf einander und tauschen Aequivalent für Aequivalent. Eigenthum! Denn jeder verfügt nur über das Seine.«[13]

Für Marx erzeugt die Zirkulationssphäre einen Schein der Freiheit, der sachliche Abhängigkeitsverhältnisse verschleiert. Zwar seien, so heißt es im ersten Gesamtentwurf des »Kapital«, den »Grundrissen der Kritik der politischen Ökonomie« (1857/58, »im entwickelten Austauschsystem (und dieser Schein verführt die Democratie) [...] in der That die Bande der persönlichen Abhängigkeit gesprengt [...]; und die Individuen scheinen unabhängig (diese Unabhängigkeit, die überhaupt blos eine Illusion ist und richtiger Gleichgültigkeit – im Sinn der Indifferenz – hiesse), frei auf einander zu stossen und in dieser Freiheit auszutauschen; sie scheinen so aber nur für den, der von den [...] Existenzbedingungen [...] abstrahirt, unter denen diese Individuen in Berührung treten.«[14] Auf den ersten Blick könnte man hierin eine fundamentale Kritik an Demokratie, Freiheit und Gleichheit erkennen wollen, denn all dies wird der Sphäre des Scheins zugerechnet. Tatsächlich enthält dieser Text auch eine fundamentale Kritik, aber sie zielt in eine andere Richtung. Um eine »bloße Illusion« nämlich handelt es sich nicht bei allem, was Schein ist, sondern bei der Annahme unabhängig voneinander agierender und insofern frei *aufeinander stoßender* Individuen – also bei der Annahme, den gesellschaftlichen Verhältnissen lägen atomisierte Individuen zugrunde. Marx richtet sich also gegen die eingangs skizzierte Position negativer Freiheit, wie sie den vertragstheoretischen Vergesellschaftungsmodellen zugrunde liegt. Sein Argument besteht darin, dass die Individuen immer schon unter bestimmten gesellschaftlichen Bedingungen agieren, die im Widerspruch zu deren Erscheinungsform stehen können. Marx' Kritik ist deshalb fundamental, weil sie allgemein gilt – für alle gesellschaftlichen Individuen (einschließlich der Kapitalisten). An späterer Stelle in den »Grundrissen« heißt es, die sogenannte »freie« Konkurrenz erscheine als »Zusammenstoß der entfesselten, nur durch ihre eignen Interessen bestimmten Individuen – als Repulsion und Attraction der freien Individuen in Beziehung auf einander«,[15] also als Spiel voneinander unanhängiger und insofern »freier« Atome. Sie sind aber nicht voneinander unabhängig, sondern »frei« im Rahmen der bestehenden gesellschaftlichen Verhältnisse: »Nicht die Individuen sind frei gesezt in der freien Concurrenz; sondern das Capital ist frei gesezt. [...] Es ist eben nur die freie Entwicklung auf einer bornirten Grundlage – der Grundlage der Herrschaft des Capitals. Diese Art individueller Freiheit ist daher zugleich

13 MEGA², Bd. II/5, S. 128.
14 MEGA², Bd. II/1,1, S. 96.
15 MEGA², Bd. II/1,2, S. 533.

die völligste Aufhebung aller individuellen Freiheit und die völlige Unterjochung der Individualität unter gesellschaftliche Bedingungen, die die Form von sachlichen Mächten, ja von übermächtigen Sachen – von den sich beziehenden Individuen selbst unabhängigen Sachen annehmen.«[16]

Diese Ausführungen sind in hohem Maße aufschlussreich für Marx' Auffassung von »Freiheit«. Zunächst: Marx stellt sich hier insofern in die hegelsche Tradition, als er Freiheit nicht als Voraussetzung der gesellschaftlichen Verhältnisse, sondern als Resultat einer Institutionalisierung durch bestimmte gesellschaftliche Verhältnisse versteht. Freiheit ist nichts Feststehendes, sondern eine historische Kategorie. Sie ist nur in dem Maße, wie sich reale Freiräume öffnen. Für Marx heißt dies, dass die Befreiung aus persönlichen Abhängigkeitsverhältnissen einerseits im formalen und vor allem formalrechtlichen Sinne einen Zuwachs an Freiheit bedeutet: Die Menschen sind als Personen, also als Rechtssubjekte formal frei und gleich. Im Widerspruch dazu stehen sie jedoch in der modernen, bürgerlich-kapitalistischen Gesellschaft in einem Verhältnis sachlicher Abhängigkeit, und zwar ausnahmslos: auch die Kapitalisten sind ja für Marx nur »ökonomische Charaktermasken«.[17] Die sachliche Abhängigkeit der Individuen hebt ihre individuelle Freiheit auf: sie können sich nicht frei zu den Bedingungen ihres Handelns und ihrer Existenz verhalten, sondern vollziehen nur deren immanente Notwendigkeit. Gleichwohl ist nicht zu übersehen, dass der Begriff individueller Freiheit – das in der Rechtsform der Person institutionalisierte Resultat der Befreiung aus allen persönlichen Abhängigkeitsverhältnissen – für Marx dabei den normativen Bezugspunkt bildet. Dieser Begriff ist nicht nur bloße Illusion, sondern Illusion ist nur die Annahme, dass die Individuen von Hause aus als ungebundene gesellschaftliche Atome frei seien. Es geht Marx also nicht darum, eine an sich bereits vorhandene und immer schon zu unterstellende individuelle Freiheit zu verwirklichen, sondern darum, die reale Möglichkeit individueller Freiheit im Rahmen veränderter gesellschaftlicher Verhältnisse zu realisieren.

Dabei betont Marx, dass es nicht genügt, die Realisation der Begriffe von Freiheit und Gleichheit, wie sie in der modernen, bürgerlich-kapitalistischen Gesellschaft verwendet werden, *gegen* die kapitalistische Realität einzufordern, denn der Widerspruch zwischen der Form (der individuellen Freiheit und Gleichheit der Personen) und dem gesellschaftlichem Inhalt (der sachlichen Abhängigkeit und damit Unfreiheit) ist eben der immanente Widerspruch der Freiheit und Gleichheit unter den gegebenen historischen Bedingungen. Freiheit, so Marx, werde durch den Kapi-

16 Ebd., S. 533–537.

17 Vgl. MEGA², Bd. II/5, S. 458: »Die ökonomische Charaktermaske des Kapitalisten hängt nur dadurch an einem Menschen fest, daß sein Geld fortwährend als Kapital funktionirt.«

talismus nicht »verfälscht«,[18] sondern das Geldsystem des Kapitalismus sei »in der That das System der Gleichheit und Freiheit [...] und [...] was ihnen in der näheren Entwicklung des Systems störend entgegentritt, [*sind*] ihm immanente Störungen [...], eben die Verwirklichung der Gleichheit und Freiheit, die sich ausweisen als Ungleichheit und Unfreiheit.«[19] Entscheidend für Marx ist, dass »zwischen der realen und idealen Gestalt der bürgerlichen Gesellschaft« ein Zusammenhang, ein »nothwenige[r] Unterschied« besteht, der es verbietet, »den ideellen Ausdruck selbst wieder realisiren zu wollen, da er in der That nur das Lichtbild dieser Realität ist.«[20] Solche Einlassungen Marx' sind immer wieder so verstanden worden, als schreibe er dem Begriff der Freiheit nur einen ideologischen Gehalt zu; Lenin hat in seiner Schrift »Staat und Revolution«, die sich im Übrigen mehr auf Engels als auf Marx bezieht, diese Auffassung auf verhängnisvolle Weise befördert, als er schrieb: »Die Freiheit der kapitalistischen Gesellschaft bleibt immer ungefähr die gleiche, die sie in den antiken griechischen Republiken war: Freiheit für die Sklavenhalter.«[21] Freiheit sollte es ausdrücklich erst dann geben, wenn der Staat (wovon Marx nie gesprochen hat) abgestorben sei – also am eschatologischen St. Nimmerleinstag. Allerdings ist auch Marx eine gewisse Ambivalenz der Formulierungen zu diesem Punkt nicht abzusprechen, was vor allem daran liegt, dass mit positiven Aussagen in Bezug auf eine postkapitalistische Gesellschaft äußerst zurückhaltend ist. Dennoch: Die Kritik, dass im Kapitalismus die individuelle Freiheit aufgehoben werde, macht nur dann Sinn, wenn es überhaupt real möglich ist, die Individuen aus der Unterjochung unter gesellschaftliche Bedingungen zu befreien. Betrachten wir daher nun, was Marx hierzu zu sagen hat.

(4) Dass es Marx von Anfang an um individuelle Freiheit zu tun ist, dafür steht bereits das Zitat aus dem »Manifest der Kommunistischen Partei«, das ich im Titel angeführt habe; vollständig lautet der Satz: »An die Stelle der alten bürgerlichen Gesellschaft mit ihren Klassen und Klassengegensätzen tritt eine Assoziation, worin die freie Entwicklung eines jeden die freie Entwicklung aller ist.«[22] Im gleichen Sinne redet Marx im ersten Band des »Kapital« von einem »Verein freier Menschen, die mit gemeinschaftlichen Produktionsmitteln arbeiten und ihre vielen individuellen Arbeitskräfte selbstbewußt als eine gesellschaftliche Arbeitskraft verausgaben«.[23] In beiden Fällen ist die Priorität deutlich: Sie liegt bei der

18 MEGA², Bd. II/1,1, S. 171.

19 Ebd., S. 171f.

20 Ebd., S. 172.

21 Wladimir Iljitsch Lenin: Staat und Revolution, in: Wladimir Iljitsch Lenin: Werke, Berlin 1955ff., Bd. 25, S. 474.

22 Karl Marx/Friedrich Engels: Werke, Berlin 1956ff. [MEW], Bd. 4, S. 482.

23 MEGA², Bd. II/5, S. 45.

individuellen Freiheit; es ist die genaue Umkehrung des Verhältnisses, das Marx am Kapitalismus kritisiert, nämlich der Unterjochung des Individuums unter gesellschaftliche Bedingungen. Hierfür, und nicht für ein Verschmelzen mit dem Kollektiv, steht das Selbstbewusstsein der freien Menschen bei der Verausgabung der individuellen Arbeitskraft als gesellschaftliche. Zu Recht wurde daher auch von einem »kommunistischen Individualismus« bei Karl Marx gesprochen.[24]

Diese Position ist Ergebnis dessen, dass Marx Hegels aristotelische Kritik an den atomistischen vertragsrechtlichen Vergesellschaftungstheorien teilt. Wenn der Mensch schon immer vergesellschaftet ist, dann kann es ebenso wenig um eine Entgegensetzung der Individuen gegen die Gesellschaft gehen wie um eine Unterordnung der Individuen unter die Gesellschaft. Worum es geht, ist vielmehr das bestimmte Verhältnis der gesellschaftlichen Individuen zueinander, also ihre gesellschaftliche Verkehrsform *als* Individuen. In der »Einleitung« zu den »Grundrissen der Kritik der politischen Ökonomie« schreibt Marx: »Je tiefer wir in der Geschichte zurückgehen, je mehr erscheint das Individuum, daher auch das producirende Individuum als unselbstständig, einem grössern Ganzen angehörig [...]. Erst in dem 18t Jhh., in der ›bürgerlichen Gesellschaft‹ treten die verschiednen Formen des gesellschaftlichen Zusammenhangs dem Einzelnen als bloses Mittel für seine Privatzwecke entgegen, als äusserliche Nothwendigkeit. Aber die Epoche, die diesen Standpunkt erzeugt, den des vereinzelten Einzelnen, ist grade die der bisher entwickelsten gesellschaftlichen [...] Verhältnisse. Der Mensch ist im wörtlichsten Sinn ein ζῶον πολιτικόν, nicht nur ein geselliges Thier, sondern ein Thier, das nur in der Gesellschaft sich vereinzeln kann.«[25] Marx konstatiert hier eine fortschreitende Individualisierung bis hin zum »vereinzelten Einzelnen« in der bürgerlichen Gesellschaft, die dort im Widerspruch zu der Vergesellschaftung steht. Dabei sollte jetzt hoffentlich klar sein, dass die Kritik an dem Egoismus der vereinzelten Einzelnen keine Kritik an der individuellen Freiheit als solcher darstellt. Es kommt vielmehr darauf an, die individuelle Freiheit unter den Bedingungen des erreichten Standes der Vergesellschaftung zu bestimmen. Eben dies macht die Assoziation oder den Verein freier Menschen aus. In Beziehung auf die Gesellschaft bedeutet dies: Es kommt keineswegs nur darauf an, die gesellschaftlichen Potenzen der Produktion zu »befreien« (das macht der Kapitalismus tagtäglich), sondern es kommt darauf an, dass die Gesellschaftlichkeit von den gesellschaftlichen Individuen her so gedacht wird, dass sie die Gesellschaftlichkeit, wie vorhin zitiert, *selbstbewusst* vollziehen – ohne von ihr unterjocht zu werden, sei es durch sachliche Abhängigkeit oder persönli-

24 Karl Marx' kommunistischer Individualismus, hg. v. Ingo Pies und Martin Leschke, Tübingen 2005; vgl. darin bes. Harald Bluhm: Freiheit in Marx' Therorien, ebd., S. 57–80.

25 MEGA², Bd. II/1,1, S. 22.

che Unmündigkeit. Was das politisch bedeutet, dürfte einleuchten: kein sogenannter demokratischer Zentralismus und auch keine zentralen Plankommissionen, sondern Basisdemokratie.

Näheres hierzu findet sich bei Marx freilich kaum. Der Grund dafür liegt schlicht darin, dass auch Marx nicht die Welt darüber belehren will, wie sie sein soll, sondern begreifen will, was ist.[26] In der Version der »Deutschen Ideologie«: »Der Communismus ist für uns nicht ein *Zustand*, der hergestellt werden soll, ein *Ideal*, wonach die Wirklichkeit sich zu richten haben [wird]. Wir nennen Communismus die *wirkliche* Bewegung, welche den jetzigen Zustand aufhebt.«[27] Tatsächlich findet sich aber im dritten Band des »Kapital« ein Hinweis darauf, was Marx bei der »Assoziation« bzw. dem »Verein« vorschwebte, nämlich Kooperationsfabriken in Arbeiterselbstverwaltung: »Die Kooperativfabriken der Arbeiter selbst sind, innerhalb der alten Form, das erste Durchbrechen der alten Form, obgleich sie natürlich überall, in ihrer wirklichen Organisation, alle Mängel des bestehenden Systems reproduciren und reproduciren müssen. Aber der Gegensatz zwischen Kapital und Arbeit ist innerhalb derselben aufgehoben, wenn auch zuerst nur in der Form, daß die Arbeiter als Association ihr eigner Kapitalist sind, d.h. die Produktionsmittel zur Verwerthung ihrer eignen Arbeit verwenden. Sie zeigen wie, auf einer gewissen Entwicklungsstufe der materiellen Produktivkräfte und der ihr entsprechenden gesellschaftlichen Produktionsformen, naturgemäß aus einer Produktionsweise sich eine neue Produktionsweise entwickelt und herausbildet.«[28]

In dem »Verein freier Menschen« sind die Individuen auch deshalb frei, weil sie Eigentum haben. Für dogmatische Lesarten der marxschen Theorie überraschend, folgt Marx auch hierin, in der Verbindung von individueller Freiheit und Eigentum, der philosophischen Tradition und vor allem den hegelschen Positionen. Für Hegel war ja die Sphäre der bürgerlichen Gesellschaft die Sphäre der Besonderheit, der Spielraum für individuelle Freiheit. Die Preisgabe dieser Sphäre wäre für ihn ein Rückfall in vormoderne Staats- und Gesellschaftskonzeptionen, die dieses Recht der Besonderheit nicht anerkennen. Tatsächlich trug ja der sogenannte real existierende Sozialismus auch diese vormodernen Züge des Despotismus oder, in milderer Form, des Paternalismus. In den »Grundrissen« sagt Marx klar, dass er einen solchen Rückfall hinter die Moderne ablehnt: »Freie Individualität, gegründet auf die universelle Entwicklung

26 Vgl. Hegel: Grundlinien der Philosophie des Rechts, GW 14.1, 15 (»*Das was ist* zu begreifen, ist die Aufgabe der Philosophie«) und 16 (»Um noch über das *Belehren*, wie die Welt seyn soll, ein Wort zu sagen, so kommt dazu ohnehin die Philosophie immer zu spät. [...] Wenn die Philosophie ihr Grau in Grau mahlt, dann ist eine Gestalt des Lebens alt geworden, und mit Grau in Grau läßt sie sich nicht verjüngen, sondern nur erkennen; die Eule der Minerva beginnt erst mit der einbrechenden Dämmerung ihren Flug.«).

27 MEGA², Bd. I/5, S. 37.

28 MEGA², Bd. II/15, S. 431.

der Individuen und die Unterordnung ihrer gemeinschaftlichen, gesellschaftlichen Productivität als ihres gesellschaftlichen Vermögens, ist die 3te Stufe. Die 2te [die kapitalistische Gesellschaft; A.A.] schafft die Bedingungen der 3ten. Patriarchalische, wie antike Zustände (ebenso feudale) verfallen daher ebensosehr mit der Entwicklung des Handels, des Luxus, des Geldes, des Tauschwerths, wie die moderne Gesellschaft in gleichem Schritt mit ihnen emporwächst.«[29] Marx denkt das Eigentum, das mit der Freiheit der Individuen verknüpft ist, nicht vom Privateigentum, sondern vom individuellen Arbeiter her. Im »Kapital« heißt es dazu, die Negation des kapitalistischen Privateigentums stelle nicht das individuelle Privateigentum wieder her, »wohl aber das individuelle Eigenthum auf Grundlage der Errungenschaft der kapitalistischen Aera: der Kooperation und des Gemeinbesitzes der Erde und der durch die Arbeit selbst producirten Produktionsmittel«.[30] Michael Brie ist einer der wenigen, die über diese Kategorie des individuellen Eigentums – die offenkundig nicht das Eigentum an Konsumgütern meint – überhaupt nachgedacht haben: »Individuelles Eigentum auf der Grundlage höchster Vergesellschaftung, individuelle Aneignung vermittelt durch kollektive und gesellschaftliche Formen des Besitzes an den gemeinschaftlichen Produktionsbedingungen, individuelle Freiheit, deren Bedingung bewusste gesellschaftliche Beherrschung des Produktionsprozesses ist – mit diesen Worten könnte man wesentliche Eckpfeiler des marxschen Sozialismus-/Kommunismusverständnisses kennzeichnen.«[31] Dem möchte ich mich anschließen.

Zu den gemeinschaftlichen Produktionsbedingungen gehört insbesondere auch der Umgang mit dem, was Marx die Ökonomie der Zeit nennt. »Die freie Entwicklung der Individualitäten«, so heißt es in den »Grundrissen«, erfordere »überhaupt die Reduction der nothwendigen Arbeit der Gesellschaft zu einem Minimum, der dann die künstlerische, wissenschaftliche etc Ausbildung der Individuen durch die für sie alle freigewordne Zeit und geschaffnen Mittel entspricht.«[32] Im dritten Band des »Kapital« wird dieses Thema im Rahmen der Unterscheidung des Reiches der Notwendigkeit von dem der Freiheit wieder aufgenommen. Die Freiheit im Gebiet des gesellschaftlichen Stoffwechsels mit der Natur, so Marx, könne »nur darin bestehn, daß der vergesellschaftete Mensch, die associirten Producenten, diesen ihren Stoffwechsel mit der Natur rationell regeln, unter ihre gemeinschaftliche Kontrolle bringen, statt von ihm als von einer blinden Macht beherrscht zu werden; ihn mit dem geringsten Kraftaufwand und unter den, ihrer menschlichen Natur würdigsten und adäquatesten Bedingungen vollziehn. Aber es bleibt dies immer ein Reich

29 MEGA², Bd. II/1,1, S. 91.
30 MEGA², Bd. II/10, S. 685.
31 Michael Brie: Wer ist Eigentümer im Sozialismus, Berlin 1989, S. 106.
32 MEGA², Bd. II/1,2, S. 582.

der Nothwendigkeit. Jenseits desselben beginnt die menschliche Kraftentwicklung, die sich als Selbstzweck gilt, das wahre Reich der Freiheit, das aber nur auf jenem Reich der Nothwendigkeit als seiner Basis aufblühn kann. Die Verkürzung des Arbeitstags ist die Grundbedingung.«[33] Dieses Reich der Freiheit ist ein Reich der individuellen Freiheiten, die aber im Reich der Notwendigkeit ihre Entsprechung haben in dem individuellen Eigentum der Arbeiter an dem Produkt ihrer Tätigkeit.

Marx' Anti-Utopismus, den er mit Hegel teilt, verbietet es, über bereits sichtbare Tendenzen hinaus ein Bild der postkapitalistischen, vom System der Lohnarbeit befreiten Gesellschaft und ihrer Institutionen zu zeichnen. Dieses Bilderverbot ist natürlich schon immer als unbefriedigend empfunden worden. Marx hat es jedoch noch 1881 bekräftigt. Die Frage nach einer künftigen sozialen und politischen Ordnung stelle sich »im *Nebelland*, stellt also in der Tat ein Phantomproblem, worauf die einzige Antwort – die *Kritik der Frage* selbst sein muß. Wir können keine Gleichung lösen, die nicht die Elemente ihrer Lösung in ihren Data einschließt. [...] Sie werden mich vielleicht auf die Pariser Commune verweisen; aber abgesehen davon, daß dies bloß Erhebung einer Stadt unter ausnahmsweisen Bedingungen war, war die Majorität der Kommune keineswegs sozialistisch.«[34] Damit ist zugleich die Gültigkeit dessen infrage gestellt, was Marx unter dem unmittelbaren Eindruck der Pariser Commune publiziert und im Blick auf den Vorbildcharakter der Commune auch in seiner »Kritik des Gothaer Programms« ausgeführt hatte – Ausführungen, welche eine wesentliche Grundlage von Lenins »Staat und Revolution« bilden. Marx spricht hier – zum ersten Mal seit 1852 wieder – von der »Diktatur des Proletariats«, gebraucht diese Formel jedoch später nicht mehr. Von einem »Absterben« des Staates hat Marx nie gesprochen; diese für Lenin maßgebliche Formel stammt von Engels.

Der »Kritik des Gothaer Programms« ist im Gegenteil zu entnehmen, dass Marx auch für die von ihm als kommunistisch bezeichnete Gesellschaft ein »Staatswesen« unterstellt: »welche Umwandlung wird das Staatswesen in einer kommunistischen Gesellschaft untergehn? In andern Worten, welche gesellschaftliche Funktionen bleiben dort übrig, die jetzigen Staatsfunktionen analog sind?«[35] In diesem Zusammenhang unterscheidet Marx dann die Übergangsperiode »als *die revolutionäre Diktatur des Proletariats« von* dem »zukünftigen Staatswesen der kommunistischen Gesellschaft«. Bereits im »Manifest der Kommunistischen Partei« hatte Marx die in einer klassenlosen Gesellschaft fortbestehende *öffentliche* Gewalt von der für Klassengesellschaften charakteristischen *politischen* Gewalt ausdrücklich unterschieden: »Sind im Laufe der Ent-

33 MEGA², Bd. II/15, S. 795.

34 22.2.1881, in: MEW, Bd. 35, S. 160.

35 MEGA², Bd. I/25, S. 21f., auch die folgenden Zitate.

wicklung die Klassenunterschiede verschwunden und ist alle Produktion in den Händen der assoziierten Individuen konzentriert, so verliert die öffentliche Gewalt den politischen Charakter.«[36] Eine öffentliche Gewalt ist aber noch immer Gewalt; wenn diese nicht nur dem Schein nach als gesamtgesellschaftliche Gewalt gelten soll, dann kann sie nur als Sanktionsgewalt zur Durchsetzung gesellschaftlicher Normen, auch im Rahmen einer »Assoziation« freier Menschen, verstanden werden, also als Sanktionsgewalt zur Durchsetzung des Rechts. Dem scheint entgegenzustehen, dass Marx in der »Kritik des Gothaer Programms« davon spricht, dass in der höheren Entwicklungsphase der kommunistischen Gesellschaft der »enge bürgerliche Rechtshorizont« überwunden und das Prinzip »Jeder nach seinen Fähigkeiten, Jedem nach seinen Bedürfnissen« verwirklicht werde.[37] Hierbei geht es jedoch um die Distribution der Arbeit und ihrer Produkte, die in der Übergangsperiode zwischen Kapitalismus und Kommunismus durch die Anwendung gleichen Rechts geregelt werde, welches dem Prinzip nach »immer noch [...] das *bürgerliche Recht*« sei, da Äquivalente getauscht würden.[38] Marx spricht hier offenkundig nicht vom Recht schlechthin, sondern meint im Wortsinne das bürgerliche Recht, nämlich das Zivilrecht, welches die Verkehrsformen der bürgerlichen Gesellschaft regelt und »Bürgerliches Gesetzbuch« heißt. Dass dieses mit einer Aufhebung der Privateigentumsverhältnisse überflüssig wird, ist evident, aber daraus lässt sich kein Verschwinden des Rechts überhaupt ableiten – und deshalb bedarf es nach Marx auch in der Zukunft weiterhin einer öffentlichen Gewalt.

Marx' Ausführungen zur individuellen Freiheit und ihrer Institutionalisierung stellen keine ausgearbeitete Theorie dar, aus Gründen, die zu benennen ich versucht habe. Gleichwohl ist ihr Richtungssinn unzweifelhaft. Jede politische Aktualisierung des marxschen Denkens wird gut beraten sein, diesen Richtungssinn nicht zu verfehlen, damit der Versuch der Befreiung nicht wieder, wie bisher immer, in selbstverschuldeter Unmündigkeit endet.

36 MEW, Bd. 4, S. 482.
37 MEGA^2, Bd. I/25, S. 15.
38 Ebd., S. 13f.

Individualität bei Hegel und Marx

»FAST ALLE OPPOSITION GEGEN Hegel ging von dem Vorwurf aus, daß in seiner Philosophie das Individuum unterdrückt werde.«[1] Dieser Feststellung ist auch heute nichts hinzuzufügen. Auch die postmoderne Hegelkritik hat dessen Philosophie als eine Art Maschine zur Erzeugung von Identität verstanden, die Differenzen einebne.[2] Der Vorwurf betrifft nicht nur die Realphilosophie Hegels, genauer: seine Theorie der Sittlichkeit, sondern sieht die vorgebliche Depotenzierung der Individualität und des Besonderen bzw. Einzelnen schlechthin (mit Adorno: des Nichtidentischen) als Konsequenz eines Vorrangs des Allgemeinen an, wie er nicht nur in der »Wissenschaft der Logik« begründet, sondern durch einen Panlogismus auch über das ganze System hinweg befestigt werde. So einseitig und im Einzelnen vielfach schlicht irrig diese Auffassung auch ist, so kann sie auf der anderen Seite aber auch nicht dadurch entkräftet werden, dass Hegel zum Denker der Individualität in einem starken Sinne stilisiert wird; dem steht schon der Aristotelismus Hegels entgegen, der Individuen immer als schon vergesellschaftete Individuen versteht. Weshalb kommt es zu dieser Uneindeutigkeit? Und was bedeutet sie für das Problem selbst? Diesen Fragen an Hegel werde ich mich zunächst zuwenden (1). Im Anschluss daran gehe ich auf die junghegelianischen Versuche ein, die tatsächliche oder vermeintliche Ambivalenz Hegels aufzulösen (2) um schließlich zu zeigen, dass und wie Marx in der Reaktion auf diese Versuche zu einer im Grunde hegelianischen Auffassung zurückfindet, mit allen Ambivalenzen, die sich im Denken Marx' erneuern (3).

(1) Für Hegel sind die Menschen zwar schon immer vergesellschaftet, aber die Form dieser Vergesellschaftung ist nicht invariant und ändert sich entscheidend vor allem mit dem Eintritt in die Moderne. Als den

1 Henning Ottmann: Individuum und Gemeinschaft bei Hegel, Bd. 1: Hegel im Spiegel der Interpretationen, Berlin/New York 1977, S. 2. Hermann Schmitz: Hegel als Denker der Individualität, Meisenheim 1957; Erzsébet Rózsa: Hegels Konzeption praktischer Individualität. Von der »Phänomenologie des Geistes« zum enzyklopädischen System, Münster 2007; Ders.: Über Hegels Konzeption der modernen Individualität. Zehn Thesen, in: Hegel-Jahrbuch 2012, Berlin 2012, S. 68–76.

2 Zur Kritik dieser Auffassung vgl. Yuichiro Hada: Dialektische Auflösung des Logos und Rhythmus des Begriffs. Auseinandersetzung mit Hegels Wissenschaft der Logik, Würzburg 2014.

Wendepunkt identifiziert Hegel die Ausbildung der Subjektivität: »Das Recht der *Besonderheit* des Subjects, sich befriedigt zu finden, oder, was dasselbe ist, das Recht der *subjectiven Freyheit* macht den Wende- und Mittelpunkt in dem Unterschiede des *Altertums* und der *modernen* Zeit. [...] Dieß Princip der Besonderheit ist nun allerdings ein Moment des Gegensatzes, und zunächst wenigstens *eben so wohl* identisch mit dem Allgemeinen, als unterschieden von ihm.«[3] Die eingangs festgestellte Uneindeutigkeit im Verhältnis des Individuums (des Subjekts) zum Allgemeinen tritt hier sofort in der Form des Gegensatzes hervor. Das betrifft zunächst die gegensätzliche Verfasstheit der Moderne selbst. Die Ausbildung der Subjektivität innerhalb der Gesellschaftlichkeit und ihre Vertiefung in sich führen einerseits zur Stärkung der Individualität, lockern aber andererseits auch das gesellschaftliche Band zwischen den Individuen, ohne damit freilich die Gesellschaftlichkeit aufheben zu können: Letztere – das gesellschaftliche Allgemeine – wird den Individuen gegenüber vielmehr abstrakt und zu einer äußeren Macht. Damit ist eine Figur der Entfremdung bezeichnet, die in den nachhegelschen Diskursen eine entscheidende Rolle spielen wird. Hegel diagnostiziert diese Situation der Moderne, die in der Verselbstständigung der bürgerlichen Gesellschaft gegenüber dem Staat ihren sichtbarsten Ausdruck findet, als deren innere Zerrissenheit, ohne – so meine These – hierfür eine wirkliche Lösung zu finden. Auf der einen Seite unterstreicht er das Recht der Subjektivität, nur das anzuerkennen, was das Ich als vernünftig einsieht; auf der anderen Seite kritisiert er eine sich selbst mit dem Allgemeinen identifizierende Subjektivität – wie sie vor allem in der Romantik ausgeprägt sei – als eine Art von sozialpathologischer Hypostasierung von Subjektivität.[4] Dem entspricht im Verhältnis von bürgerlicher Gesellschaft und Staat auf der einen Seite die Anerkennung der bürgerlichen Gesellschaft als unverzichtbarer Freiheitsphäre für die Besonderheit und auf der anderen Seite die Warnung davor, ihr das politische Gemeinwesen, den Staat, auszuliefern.

Hegels Position lässt sich nicht nach einer Seite hin – Individualität *oder* (gesellschaftliche) Allgemeinheit – auflösen, denn schon von ihrer Grundlage her – unabhängig von der Widersprüchlichkeit der Moderne – ist sie als ein dialektisches »sowohl ... als auch« angelegt. Ein zureichendes Selbstverständnis und eine zureichende Selbstbeschreibung des »Ich« hängen nämlich nach Hegel davon ab, dass es sich als Moment einer Totalität versteht. Das entspricht auch Hegels Auffassung, dass dem Selbstbewusstsein keine unmittelbare Selbstbeziehung zugrunde

3 Georg Wilhelm Friedrich Hegel: Gesammelte Werke, Hamburg 1968ff. [GW], Bd. 14,1, S. 110, § 124, Erläuterung.

4 Vgl. Walter Jaeschke: Das höchste Recht des Subjekts und sein höchstes Unrecht, in: Hegel-Jahrbuch 2014, Berlin u.a. 2014, S. 163–169.

liegt, sondern ein reflektiertes Selbstverhältnis durch die Beziehung auf Andere bzw. Anderes.[5] Diese Auffassung impliziert, unabhängig von der erwähnten Zerrissenheit der Moderne, einen Widerspruch. Wenn die Identität des »Ich« nur in einer Beziehung auf Anderes gedacht werden kann, dann kommt in dieser Reflexionsfigur der spinozistisch inspirierte Grundsatz »*omnis determinatio est negatio*« zum Tragen, dem Hegel »unendliche Wichtigkeit« zuschreibt.[6] Das heißt, dass es zur Bestimmung von etwas nicht ausreicht, dieses in seiner Identität mit sich zu fixieren, wobei die Bestimmung dann gewöhnlich einer Entität als dem logischen Subjekt eines Urteils beigelegt wird. Bestimmtheit ist vielmehr Negation alles Anderen zu dieser Bestimmtheit, das durch eben diese Bestimmtheit ausgeschlossen wird. Diese Beziehung ist wesentlicher Bestandteil der Bestimmtheit und damit der Identität selbst. Das Andere, das negiert wird, negiert aber umgekehrt auch die Bestimmtheit dessen, was es negiert. Wenn also die anfängliche Bestimmtheit die negative Beziehung auf Anderes als wesentlichen Bestandteil ihrer Identität hat, so ist ihr die Beziehung auf dasjenige wesentlich, was sie selbst negiert. Etwas ist also in seiner Bestimmtheit nur mit sich identisch, indem es seine eigene Negation einschließt, oder es ist nur als Widerspruch.

Es ist meines Erachtens offenkundig, dass das Verhältnis von Individuum und Allgemeinheit und damit Individualität überhaupt Hegel zufolge unter der Form des Widerspruchs zu denken ist. Dies dürfte auch mit ein Grund dafür sein, dass vielen dieses Verhältnis uneindeutig zu sein scheint, denn der Widerspruch ist nach Hegel gar nicht aufzulösen, sondern nur zu beherrschen. Das spekulative Denken besteht, der »Wissenschaft der Logik« zufolge, gerade darin, »daß das Denken den Widerspruch und in ihm sich selbst festhält, nicht aber, daß es sich [...] von ihm [dem Widerspruch; A.A.] beherrschen und durch ihn sich seine Bestimmungen nur in andere oder in nichts auflösen läßt.«[7] Das hat Folgen auch für die realphilosophische Problematik. Zum einen bedeutet es, dass das Verhältnis, welche bestimmte Form es auch immer haben mag, in keinem Falle in eine widerspruchsfreie Harmonie übergehen kann, in der das Individuelle bruchlos mit dem Allgemeinen konvergiert. Solche Sozialromantik ist Hegel fremd – und er ist in diesem Punkt realistischer als viele seiner »linken« Kritiker. Zum anderen hat Hegels Auffassung des Widerspruchs die Möglichkeit zur Konsequenz, dass der Widerspruch von den gesellschaftlichen Individuen auch praktisch nicht »festgehalten« werden kann, sondern umgekehrt die Individuen von ihm beherrscht werden. Ein solcher Zustand droht in der bürgerlichen Gesellschaft, deren innere Dynamik nach Hegel sozial destabilisierend wirkt,

5 Vgl. Andreas Arndt: Unmittelbarkeit, 2. Aufl., Berlin 2013, S. 35ff.

6 GW, Bd. 21, S. 101.

7 Ebd., S. 287.

wenn sie sich selbst überlassen bleibt. Bereits in seinem Aufsatz »Über die wissenschaftlichen Behandlungsarten des Naturrechts« von 1802/03 hatte Hegel geäußert, das »System der sogenannten politischen Oekonomie«, sei »ganz in der Negativität und in der Unendlichkeit« befangen und gehe »auf die Quantität und die Bildung zu immer größerer Differenz und Ungleichheit«, weshalb es von der Sittlichkeit im Ganzen »ganz negativ behandelt werden, und seiner Herrschaft unterworfen bleiben muß [...]. Um zu verhindern, daß es sich nicht für sich constituire, und eine unabhängige Macht werde, [...] muß das sittliche Ganze es in dem Gefühl seiner innern Nichtigkeit erhalten.«[8]

Das bedeutet freilich nicht – dies wäre wiederum eine einseitige Auflösung des Widerspruchs überhaupt – die Selbstständigkeit der bürgerlichen Gesellschaft gegenüber dem Staat aufzuheben. Die bürgerliche Gesellschaft nämlich ist als Freiheitssphäre für Hegel unverzichtbar; als aufgehobene Moralität kommt in ihr das Recht der Besonderheit der Individuen zur Geltung. Dem prinzipiellen Gewinn an persönlicher Freiheit steht freilich die Tatsache entgegen, dass die bürgerliche Gesellschaft nicht in der Lage ist, diese Freiheit auch *allen* Individuen zukommen zu lassen.[9] Diese Entwicklung führt zum Verlust der rechtlichen Gesinnung beim armen und beim reichen »Pöbel« und wird damit zur Bedrohung der rechtlichen Grundlagen des Staates.[10] Diese Zuspitzung ist eine mögliche Folge davon, dass das »System der Bedürfnisse« Hegel zufolge nur eine Sphäre der *»formellen Allgemeinheit«* und Äußerlichkeit darstellt.[11] Da diese nur formelle Allgemeinheit aber Ermöglichungsbedingung der in dieser Sphäre auszulebenden individuellen Freiheit ist, muss einerseits das Recht der Besonderheit *gegen* das Allgemeines verteidigt werden, jedoch zugleich auch der Anspruch des Allgemeinen – des politischen Gemeinwesens – gegen die Verselbstständigung der Besonderheit. Wie dieser Widerspruch zu beherrschen sei, dafür hatte Hegel indes keine wirkliche Lösung. Wenn die bürgerliche Gesellschaft gleichsam Spielraum der individuellen Freiheit auf der gesellschaftlichen Ebene sein soll, zugleich aber durch deren Eigendynamik große Teile der Bevölkerung von der Betätigung ihrer Freiheit in dieser Sphäre ausgeschlossen werden, wie Hegel erkannte, dann hat der

8 GW, Bd. 4, S. 451f.

9 Im § 243 der »Grundlinien der Philosophie des Rechts« *heißt es dazu*, es »vermehrt sich die *Anhäufung der Reichthümer* [...] auf der einen Seite, wie auf der andern Seite die *Vereinzelung* und *Beschränktheit* der besondern Arbeit und damit die *Abhängigkeit* und *Noth* der an diese Arbeit gebundenen Classe, womit die Unfähigkeit der Empfindung und des Genusses der weitern Freyheiten und besonders der geistigen Vortheile der bürgerlichen Gesellschaft zusammenhängt.« (GW, Bd. 14,1, S. 193)

10 Frank Ruda (Hegels Pöbel. Eine Untersuchung der »Grundlinien der Philosophie des Rechts«, Konstanz 2011) hat diese Ambivalenz im Verhältnis zur bürgerlichen Gesellschaft herausgearbeitet. Vgl. auch Andreas Arndt: Geschichte und Freiheitsbewusstsein. Zur Dialektik der Freiheit bei Hegel und Marx, Berlin 2015, S. 77ff.

11 GW, Bd. 14,1, S. 143, § 157. Vgl. dazu GW, Bd. 14,2, S. 727: »Reflexion – Recht – Moralitæt – abstracte Momente – Herabfallen in die Besonderheit [...] Dem Particularen (Abstracten –) Form der Allgemeinheit – nur Form«.

Widerspruch eine Form angenommen, in der er nicht mehr beherrscht wird, sondern die gesellschaftlichen Individuen beherrscht.

Birgit Sandkaulen hat darauf verwiesen, dass Hegel die Erhebung des Besonderen zum Allgemeinen dem anvertraut, was er »Bildung« nennt und innerhalb der »Grundlinien der Philosophie des Rechts« zunächst innerhalb der bürgerlichen Gesellschaft verortet.[12] Dabei unterstelle er jedoch, dass die Entzweiung innerhalb der bürgerlichen Gesellschaft bereits aufgehoben sei und gerate schließlich dazu, die Affirmation des Bestehenden an die Stelle einer der Logik des Bildungsprozesses entsprechenden kritischen Reflexion des bestehenden Allgemeinen zu setzen. Bei Hegel heißt es hierzu: »Das einfache Verhalten des unbefangenen Gemüthes ist, sich mit zutrauensvoller Überzeugung an die öffentlich bekannte Wahrheit zu halten, und auf diese feste Grundlage seine Handlungsweise und feste Stellung im Leben zu bauen.«[13] Hegel selbst trägt damit dazu bei, seiner Philosophie den Anschein der Versöhnung mit dem Bestehenden zu geben und die Annahme zu bekräftigen, das absolute Recht der Subjektivität gelte dann doch nur für das absolute Subjekt und seinen irdischen Stellvertreter – den Staat.

(2) Die Entwicklung der nachhegelschen Philosophie, deren Komplexität noch nicht wirklich erforscht ist, arbeitet sich vielfach an dieser Problematik ab, wobei – so meine These – deren eigentliche Grundlage, die Unausweichlichkeit des Widerspruchs, der nur zu beherrschen, nicht aber zu beseitigen ist, aus dem Blick gerät. Dies gilt, wie bereits angedeutet, auch für den jungen Marx, während er ab 1845 in der Kritik der Junghegelianer eine neue Position einnimmt, die ihn nolens volens wiederum in eine größere Nähe zu Hegel bringt, auch wenn Marx selbst seinen neuen Standpunkt als das Ergebnis eines Abschieds von der Philosophie verstehen will. Da es mir hier vor allem um Marx geht, möchte ich die junghegelianischen Debatten nur durch einige Streiflichter so weit verdeutlichen, dass die marxsche Neupositionierung als Resultat eines Prozesses der Kritik (der zugleich Selbstkritik ist) erkennbar wird.

Das Problem des Verhältnisses des Individuellen zum Allgemeinen wird in der Epoche nach Hegel zunächst weniger politisch-gesellschaftlich als vielmehr bewusstseinstheoretisch zum Thema gemacht, wobei im Streit um Hegels Religionsphilosophie zumeist das religiöse Bewusstsein im Zentrum der Aufmerksamkeit steht.[14] Hierfür ist noch einmal auf

12 Birgit Sandkaulen: »Bildung bei Hegel – Entfremdung oder Versöhnung?, in: Hegel-Jahrbuch 2014, Berlin u.a. 2014, S. 434f.

13 GW, Bd. 14,1, S. 7. Vgl. dazu Birgit Sandkaulen: Kommentar zu »Das Ewige, das gegenwärtig ist – Metaphysik und Naturrecht« von Walter Jaeschke, in: Autonomie und Normativität. Zu Hegels Rechtsphilosophie, hg. v. Kurt Seelmann und Benno Zabel, Tübingen 2014, S. 432–436.

14 Vgl. Walter Jaeschke: Hegel-Handbuch. Leben – Werk – Schule, 3. Aufl., Stuttgart 2016, S. 463ff.; zu den politischen Implikaten des Streits um die Religionsphilosophie vgl. ebd., S. 475f.

Hegel zurückzugehen. In den »Vorlesungen über die Geschichte der Philosophie« in der Fassung der sogenannten Freundesvereinsausgabe heißt es: »Es ist eine neue Epoche in der Welt entsprungen. Es scheint, daß es dem Weltgeiste jetzt gelungen ist, alles fremde gegenständliche Wesen sich abzutun und endlich sich als absoluten Geist zu erfassen [...]. Der Kampf des endlichen Selbstbewußtseins mit dem absoluten Selbstbewußtsein, das jenem außer ihm erschien, hört auf.«[15] Das korrespondiert mit Hegels eigenen Worten in der »Vorrede« zur »Phänomenologie des Geistes«: »Der Geist wird aber Gegenstand, denn er ist diese Bewegung, *sich* ein *anderes*, d.h. *Gegenstand seines Selbsts* zu werden, und dieses Andersseyn aufzuheben. Und die Erfahrung wird eben diese Bewegung genannt, worin das Unmittelbare [...] sich entfremdet, und dann aus dieser Entfremdung zu sich zurückgeht, und hiemit itzt erst in seiner Wirklichkeit und Wahrheit dargestellt, wie auch Eigenthum des Bewußtseyns ist.«[16] Wenn das endliche Selbstbewusstsein mit dem allgemeinen Selbstbewusstsein – dem Sich-selbst-Erfassen des Geistes im absoluten Geist – konvergiert, dann ist, zumindest im Bewusstsein, das einzelne Individuum mit dem Allgemeinen versöhnt.

Diese Versöhnung im Bewusstsein wird von Hegel auch als Aufhebung der Entfremdung gedacht, jedoch aus der Perspektive des absoluten Geistes, nicht des endlichen Selbstbewusstseins. Das gibt dem junghegelianischen Diskurs das Thema der Entfremdungsgeschichte vor, wirft aber auch systematische Probleme auf, die in diesem Diskurs nicht zureichend aufgenommen werden. Die Aufhebung der Entfremdung vollzieht der Geist »indem er sich selbst als absoluten Geist weiß; und dies weiß er in der Wissenschaft. Der Geist produziert sich als Natur, als Staat; jenes ist sein *bewußtloses* Tun, worin er sich ein Anderes, nicht als Geist ist; [...] nur in der Wissenschaft weiß er von sich als absolutem Geist, und dies Wissen allein, der Geist, ist seine wahrhafte Existenz.«[17] Hegel denkt offenbar die Aufhebung der Entfremdung deshalb vom absoluten Geist her, weil nur hier – und letztlich nur in der »Wissenschaft der Logik« – so etwas wie eine reine Selbstbezüglichkeit statthat: die Selbstbezüglichkeit des Begriffs im reinen Denken. Für das Verhältnis des subjektiven zum objektiven Geist gilt das aber nicht; hier bleibt eine konstitutive Fremdheit bestehen, weil das endliche Selbstbewusstsein und damit das Individuum sich immer nur in der Beziehung auf Anderes, das es nicht ist, zu konstituieren und zu realisieren vermag. Und auch in Bezug auf den absoluten Geist bleibt ein Moment der Fremdheit insofern bestehen, als das endliche Selbstbewusstsein sich als Moment und Träger des absolu-

15 Georg Wilhelm Friedrich Hegel: Werke. Theorie-Werkausgabe, Frankfurt a. M. 1970, Bd. 20, S. 460.

16 GW, Bd. 9, S. 29.

17 Hegel: Werke, Bd. 20, S. 460.

ten Selbstbewusstseins in ihm wiederfinden, nicht aber schlechthin mit ihm identifizieren kann. An dieser Konstellation wird deutlich, dass aus der konstitutiven Widersprüchlichkeit des Selbstverhältnisses und damit des Selbstbewusstseins der Individuen eine konstitutive Fremdheit folgt, die jeder Romantik einer vollständigen Aufhebung der Entfremdung entgegensteht. Auf der anderen Seite erreicht der Geist die absolute Selbstbezüglichkeit auch nur in der absoluten Idee und ist selbst noch in Kunst und Religion mit Anderem, der Sinnlichkeit, kontaminiert. Er hat aber auch im reinen Denken die ihm entfremdete Realität nicht getilgt, denn der Begriff – in letzter Konsequenz die absolute Idee – hat kein apartes Dasein außerhalb von Natur und Geist. Die absolute Form – die Form des sich als Begriff erfassenden Begriffs in der absoluten Idee – ist eben darum auch *nur formell*.[18] Sie beruht, wie es im § 382 der »Enzyklopädie« heißt, auf der Möglichkeit des Geistes, »von allem Aeußerlichen und seiner eigenen Aeußerlichkeit, seinem Daseyn selbst [zu] abstrahiren«.[19] Das impliziert, wie am Ende der »Wissenschaft der Logik«, die Rücknahme der Abstraktion im Sich-Aufschließen (»Entschließen«) der Idee zur Realität, in der sie sich zu finden hat. Der Bezug der Idee und mit ihr des absoluten Geistes auf die Realität der Natur und des Geistes ist ihr notwendig eingeschrieben.[20] Hierbei kann der absoluten Idee ein kritisches Potenzial gegenüber dem Bestehenden gerade aus der Spannung zur Realität erwachsen.[21]

Der nachhegelsche Diskurs unterläuft diese Komplexität, indem er – wenn auch wiederum nur im Denken, wie Marx spotten wird – jede Ambivalenz tilgen will. Die Entfremdungsgeschichte wird neu erzählt, aber nun aus einer neuen Perspektive, nämlich der der menschlichen Gattung. Dabei wird die Aufhebung der Fremdheit des Geistes vom absoluten in den objektiven Geist verlagert; sie soll jetzt in der Weise real werden, dass die gesellschaftlichen Verhältnisse für die Individuen jede Fremdheit verlieren, Individuelles und Allgemeines auf der gesellschaftlichen Ebene vollkommen zur Deckung kommen. In Anlehnung an die romantische Figur individueller Allgemeinheit[22] ließe sich daher von einer geschichtsphilosophisch begründeten Entfremdungsromantik sprechen. Diese Geschichtsphilosophie bezieht sich nicht mehr auf

18 Vgl. GW, Bd. 12, S. 25.

19 GW, Bd. 19, S. 289.

20 Vgl. Andreas Arndt: Die Vollendung des absoluten Geistes im objektiven Geist. Weltgeschichte, Religion und Staat, in: Objektiver und absoluter Geist nach Hegel. Kunst, Religion und Philosophie innerhalb und außerhalb von Gesellschaft und Geschichte, hg. v. Thomas Oehl und Arthur Kok, Leiden/Boston 2018, S. 709–719.

21 Vgl. Myriam Gerhard: Ein kritisches Potential der absoluten Idee, in: Begriff und Interpretation im Zeichen der Moderne, hg. v. Sarah Schmidt, Dimitris Karydas und Jure Zovko, Berlin/Boston 2015, S. 89–97.

22 Vgl. Andreas Arndt: Dialektik und Reflexion. Zur Rekonstruktion des Vernunftbegriffs, Hamburg 1994, S. 141–144.

Hegels »Vorlesungen über die Philosophie der Weltgeschichte«, die vielmehr zunehmend als defizitär angesehen werden, sondern auf die »Phänomenologie des Geistes«.[23] In der Konsequenz wird dann das Schlusskapitel der *Phänomenologie* über das absolute Wissen als Befreiung vom Gegensatz des Bewusstseins als Antizipation einer nichtentfremdeten, den Individuen vollkommen durchsichtig gewordenen Gesellschaft verstanden. Der junge Marx will in diesem Sinne in den »Ökonomisch-philosophischen Manuskripten« (1844) den »Communismus« als »*wahrhafte* Auflösung allen Widerstreits« verstehen[24] und noch Adorno partizipiert an dem junghegelianischen Missverständnis, wenn er Hegels Absolutes als Utopie in den Dienst nehmen will: »Das Absolute [...] wäre das Nichtidentische, das erst hervorträte, nachdem der Identitätszwang zerging.«[25]

Die gegenüber Hegel in dem nachhegelschen Diskurs erfolgten Verschiebungen konzentrieren sich auf zwei Punkte, die eng miteinander verbunden sind. Das ist zum einen die realphilosophische Transformation des Entfremdungskonzepts. Subjekt der Entfremdung ist nicht mehr der absolute Geist, wie er sich schließlich in der absoluten Idee erfasst und dadurch die Entfremdung in der Wissenschaft als Wissen des Absoluten von sich überwindet, sondern die menschliche Gattung, die in ihrer Entwicklung alle Fremdheit des Allgemeinen gegenüber den Individuen tilgt. Da dieser Vorgang sich auf der realphilosophischen Ebene und nicht mehr nur im Wissen des Absoluten von sich abspielt, wird damit zugleich auch die Widerspruchsproblematik im Endlichen entschärft. Indem die Struktur des Absoluten als absolute Selbstbezüglichkeit in der Selbstentzweiung in die endliche Realität gelegt wird, verliert der Widerspruch im Endlichen die Härte der Unhintergehbarkeit und wird in einer wiederhergestellten Unmittelbarkeit des Individuellen und Allgemeinen entschärft.

Ludwig Feuerbach bezieht in seinem »Wesen des Christentums« (1841) noch eine Position, die sich – entgegen späteren Erinnerungen des alten Friedrich Engels[26] – in großer Nähe zu Hegel bewegt. Er unterscheidet wie Hegel zwischen dem individuellen und dem allgemeinen Selbstbewusstsein, nur dass er Letzteres nicht in die Idee, sondern in die menschliche Gattung setzt. Aber auch das markiert für sich noch keine Differenz zu Hegel, denn der absolute Geist ist, wie Walter Jaeschke zu Recht betont, »Geist von unserem Geist – auch wenn er weit über unsere

23 Vgl. Arndt: Geschichte und Freiheitsbewusstsein, S. 38–59.

24 Karl Marx/Friedrich Engels: Gesamtausgabe, Berlin 1975ff. [MEGA²], Bd. I/2, S. 389.

25 Theodor W. Adorno: Negative Dialektik, Frankfurt a. M. 1970, S. 396.

26 Friedrich Engels: »Ludwig Feuerbach und der Ausgang der klassischen deutschen Philosophie, in: MEGA², Bd. I/30, S. 131: »Da kam Feuerbachs ›Wesen des Christenthums‹. Mit einem Schlag zerstäubte es den Widerspruch, indem es den Materialismus ohne Umschweife wieder auf den Thron erhob. [...] Man muß die befreiende Wirkung dieses Buchs selbst erlebt haben, um sich eine Vorstellung davon zu machen. Die Begeisterung war allgemein: Wir waren alle momentan Feuerbachianer.«

endliche, individuelle Geistigkeit hinausgeht«.[27] Die Differenz zwischen Individuum und Gattung ist für Feuerbach gerade der Einsatzpunkt der Religion: »Kein Individuum ist vollkommen adäquat seiner Gattung, aber nur das menschliche Individuum ist sich bewußt des Bruchs zwischen der Gattung und dem Individuum; im Gefühle dieses Bruches wurzelt die Religion.«[28] Die Unhintergehbarkeit dieses Bruchs bedeutet, dass die Überwindung der Entfremdung durch die Dechiffrierung des religiösen Bewusstseins als menschlichem Selbstbewusstsein die konstitutive Fremdheit des individuellen Selbstbewusstseins nicht tilgt; in diesem Sinne gibt es, wie Feuerbach später schreibt, auch »keinen Egoismus ohne ›Communismus‹«,[29] sondern das Individuum kann ein zureichendes Selbstbewusstsein nur dann gewinnen, wenn es sich zugleich als Moment eines Allgemeinen, der Gattung, versteht. Der entscheidende Unterschied zu Hegel besteht darin, dass Feuerbach das Verhältnis des Individuums zum Allgemeinen *nur* in Bezug auf den absoluten, nicht auf den objektiven Geist zum Thema macht und damit den Eindruck erweckt, mit der Anknüpfung des individuellen Selbstbewusstseins an das der Gattung seien die Probleme im Wesentlichen gelöst. Gegen solche Illusionen wird Marx sich in der »Deutschen Ideologie« richten, aber sie haben mit Hegel nichts zu tun.

Bruno Bauer, und damit beginnt der Aufstieg des romantischen Entfremdungsparadigmas, verschleift dann die Differenz, die Feuerbach für unhintergehbar hielt. Die philosophische Kritik, die Bauer als »Kritik des Bestehenden«[30] versteht, zielt auf die Verwirklichung eines reinen Selbstbewusstseins, in dem Individuelles und Allgemeines ununterscheidbar sind.[31] In der Konsequenz möchte er dann 1844 schließlich auch den Begriff der menschlichen Gattung ganz eliminieren.[32] Max Stirner (i.e. Johann Caspar Schmidt) wird auf dieser Linie in seinem Buch »Der Einzige und sein Eigentum«, das Ende 1844 erschien und sogleich der Zensur zum Opfer fiel, die Konsequenz ziehen, die Individualität gegenüber der Allgemeinheit überhaupt zu verabsolutieren und sich, seinem Selbstverständnis nach, damit von aller Philosophie zu verabschieden: »*Ich* bin weder Gott, noch *der* Mensch, weder das höchste Wesen noch Mein Wesen, und

27 Walter Jaeschke: Wer fürchtet sich vorm absoluten Geist?, in: Die Philosophie des Deutschen Idealismus, hg. v. Hans Feger und Gloria Dell'Eva, Würzburg 2016, S. 284.

28 Ludwig Feuerbach: Gesammelte Werke, hg. von Werner Schuffenhauer, Berlin 1969ff., Bd. 5, S.455 (»Das Wesen des Christentums«, Anhang zur 2. Auflage).

29 Ludwig Feuerbach: Nachgelassene Aphorismen, in: Ludwig Feuerbach: Sämtliche Werke, hg. v. Friedrich Jodl und Wilhelm Bolin, 2. Aufl., Stuttgart-Bad Cannstatt 1970, Bd. 10, S. 300.

30 Ebd., S. 301.

31 Die Verwirklichung dieses reinen Selbstbewusstseins sei »die letzte That einer bestimmten Philosophie, welche sich darin von einer positiven Bestimmtheit, die ihre wahre Allgemeinheit noch beschränkt, befreien muß« (Bruno Bauer: Kritik der evangelischen Geschichte der Synoptiker, Bd. 1, Leipzig 1841, S. XXI).

32 Vgl. Bruno Bauer: Die Gattung und die Masse (1844), in: Feldzüge der reinen Kritik, hg. v. Hans-Martin Saß, Frankfurt a. M. 1968, S. 222f.

darum ist's in der Hauptsache einerlei, ob Ich das Wesen in mir oder außer Mir denke.«[33] Die hegelsche Problematik ist damit völlig beseitigt, aber auch das an den Gattungsbegriff geknüpfte Konzept einer Entfremdungsgeschichte, wie es Moses Hess und Karl Marx 1844 noch vertreten hatten, in seinen Grundfesten erschüttert. Und eine solche Erschütterung hatten die Zeitgenossen durchaus verspürt; so etwa kam Friedrich Engels zu dem positiv gemeinten Urteil, Stirner sei ein »in Materialismus und Empirismus umgeschlagner Idealist«, der mit dem Egoismus als Prinzip zu Recht die Abstraktion des menschlichen Gattungswesens angreife.[34] Marx teilte diese Einschätzung nicht, sah in der Folge aber Klärungsbedarf. Diese Klärung erfolgte in den Manuskripten zu dem unter dem Titel »Deutsche Ideologie« bekannten Publikationsprojekt, das Marx und Engels zwischen Oktober 1845 und September 1847 verfolgten.[35] Im Mittelpunkt der Kritik steht Stirner, dem aber zugestanden wird, dass »Gattung«, aber auch »die Gesellschaft als Subjekt« nur spekulative Abstraktionen seien, während es darauf ankomme, Geschichte auf einer *empirischen*, nichtspekulativen Grundlage zu verstehen.[36] Diese Kritik verbindet sich – auf der Linie der 1845 veröffentlichten Streitschrift von Marx und Engels gegen Bruno Bauer und andere (»Die Heilige Familie. Kritik der kritischen Kritik«[37]) – mit einem stark empiristisch grundierten »Materialismus«, der Denken als Ausfluss und Ausdruck der materiellen Lebensprozesse der gesellschaftlichen Individuen verstehen will. Die Kritik am junghegelianischen Denken, das sich zu diesem Zeitpunkt schon weit von Hegel entfernt hat, verbindet sich auf eine vielfach undurchsichtige Weise mit einer generellen Kritik an »der« Philosophie überhaupt und auch an Hegel. Tatsächlich revidiert und differenziert Marx seine Auffassungen in der Durchführung seines Projekts der Kritik der politischen Ökonomie in den folgenden Jahrzehnten auf vielfache Weise, jedoch nicht die grundsätzliche Kritik an einer von jeder Empirie losgelösten Verselbstständigung des Denkens in der Philosophie, die ursprünglich auf die Junghegelianer gemünzt ist, jedoch auch Hegel treffen soll. Die Möglichkeit der Ausarbeitung und des Einsatzes philosophischer Denkmittel bleibt damit ein blinder Fleck im marxschen Denken.

(3) Der Sache nach stellt Marx gegenüber den junghegelianischen Diskursen die Komplexität der hegelschen Problematik in Bezug auf das Verhältnis des Individuellen zum Allgemeinen in wesentlichen Punkten

33 Max Stirner: Der Einzige und sein Eigentum, Stuttgart 1979, S. 35.

34 Engels an Marx, 19.11.1844, in: MEGA², Bd. III/1, S. 252; in einem nicht überlieferten Brief widersprach Marx, worauf auch Engels sein Urteil revidierte; vgl. Engels an Marx, um den 20.1.1845, in: ebd., S. 259.

35 Vgl. hierzu die »Einführung« in MEGA², Bd. I/5, S. 725–799.

36 Vgl. ebd., S. 43.

37 MEGA², Bd. I/4, S. 2–210.

wieder her, indem er – beginnend mit seinen Manuskripten zur »Kritik des Hegelschen Staatsrechts« von 1843[38] – die Vermittlung in der Sphäre dessen, was Hegel den objektiven Geist nennt, ins Zentrum rückt: Die Kritik der politischen Ökonomie hat weitgehend die Sphären der bürgerlichen Gesellschaft und des Staats bei Hegel zum Gegenstand. Dagegen fällt die Beziehung des objektiven zum absoluten Geist der Kritik an der von Marx behaupteten Verselbstständigung des Denkens und insbesondre des Logischen bei Hegel zum Opfer. Allerdings bleibt dieses Verhältnis, wenn auch weitgehend abgeschattet, anwesend, indem Marx für seine Kritik der politischen Ökonomie mehr und mehr ausdrücklich die dialektische Methode Hegels mobilisiert, die bei Hegel ihre systematische Begründung und Darstellung zum Schluss der »Wissenschaft der Logik« in der absoluten Idee findet.

Der blinde Fleck im Denken von Marx hat Folgen für die Bestimmung des Verhältnisses des Individuums zum Allgemeinen. Dies zeigt sich besonders deutlich im Blick auf die Entfremdungsromantik. In seinem Manuskript »Zur Kritik des Hegelschen Staatsrechts« von 1843 wirft Marx Hegel vor, dass er »das Allgemeine nicht als das wirkliche Wesen des Wirklich Endlichen, d.i. Existirenden, Bestimmten betrachtet oder das wirkliche Ens nicht als das *wahre Subjekt* des Unendlichen.«[39] Damit werde die eigentliche Vermittlung der »Wissenschaft der Logik« aufgebürdet: »Der konkrete Inhalt, die wirkliche Bestimmung erscheint als formell; die ganz abstrakte Formbestimmung erscheint als der konkrete Inhalt. [...] Nicht die Rechtsphilosophie, sondern die Logik ist das wahre Interesse. [...] Nicht die Logik der Sache, sondern die Sache der Logik ist das philosophische Moment.«[40] Die realphilosophische Vermittlung »wirklicher« Extreme werde daher über die inadäquate logische Form des Vernunftschlusses konstruiert. Dies führt zu einem Auseinandertreten von Wesen (Vernunftschluss) und erscheinender Wirklichkeit (realer Gegensatz). Das Begreifen, so markiert Marx seinen Gegensatz zu Hegel, »besteht aber nicht, wie Hegel meint, darin, die Bestimmungen des logischen Begriffes überall wieder zu erkennen, sondern die eigenthümliche Logik des eigenthümlichen Gegenstandes zu fassen«.[41] Offen bleibt, von welchem Allgemeinen oder sogar Unendlichen hier die Rede ist. Die mit Bruno Bauer einsetzende Verschleifung des Individuellen (bzw. Endlichen überhaupt) mit dem Allgemeinen (bzw. Unendlichen) wird dadurch jedenfalls nicht ausgeschlossen und auf dieser Linie erfolgt dann 1844 auch die Ausrufung des »*Communismus*« als Überwindung aller Gegensätze: »er ist die *wahrhafte* Auflösung des Widerstreits des Menschen mit

38 MEGA², Bd. I/2, S. 5–137.

39 Ebd., S. 25.

40 Ebd., S. 18.

41 Ebd., S. 101.

der Natur und mit dem Menschen, die wahre Auflösung des Streits zwischen Existenz und Wesen, zwischen Vergegenständlichung und Selbstbestätigung, zwischen Freiheit und Nothwendigkeit, zwischen Individuum und Gattung.«[42] Dies gilt selbst für das individuelle Bewusstsein: »Mein *allgemeines* Bewußtsein ist nur die *theoretische* Gestalt dessen, wovon das *reelle* Gemeinwesen, gesellschaftliche Wesen, die *lebendige* Gestalt ist«.[43] Dass das allgemeine Bewusstsein als Bewusstsein des Allgemeinen über das gesellschaftliche Allgemeine hinausgehen und dadurch Letzteres, in welcher Form auch immer, als endlich und zugleich sich in Differenz zum Allgemeinen überhaupt begreifen könnte – diese Einsicht bleibt dem jungen Marx verschlossen. Damit entgeht ihm auch, dass die Aufhebung der Entfremdung allein im Selbstverhältnis des Absoluten, die er als scheinbare Vermittlung und Harmonisierung realer Widersprüche versteht, auch ein kritisches Verhältnis zur Realität zumindest ermöglicht, indem sie einen vernünftigen Umgang mit Widersprüchen im Endlichen erfordert, auch wenn diese grundsätzlich nicht abzuschaffen und in rein selbstbezügliche Strukturen aufzuheben sind. Marx' 1844 geäußerte Annahme, dass dies in der Realität möglich sei, ist daran gemessen illusionär.

Auch der spätere Marx bewegt sich noch in der Nähe zur Entfremdungsromantik, wenn er im ersten Band des »Kapital« ein Gegenbild zur kapitalistischen Warenproduktion entwirft: »Stellen wir uns endlich, zur Abwechslung, einen Verein freier Menschen vor, die mit gemeinschaftlichen Produktionsmitteln arbeiten und ihre vielen individuellen Arbeitskräfte selbstbewußt als eine gesellschaftliche Arbeitskraft verausgaben. Alle Bestimmungen von Robinson's Arbeit wiederholen sich hier, nur gesellschaftlich, statt individuell.«[44] Hier wird, entgegen der bereits in der »Deutschen Ideologie« ausgesprochenen Warnung, die Gesellschaft – jedenfalls die postkapitalistische – als *ein* Subjekt betrachtet. Dabei ist jedoch zu unterstreichen, dass hinter solchen fragwürdigen Formulierungen bei Marx keine Prävalenz des gesellschaftlichen Allgemeinen bzw. des »Kollektivs« steht, sondern im Gegenteil eine Prävalenz des Individuellen: Marx denkt Gesellschaft unter den Bedingungen der Moderne, wie Hegel, von den gesellschaftlichen Individuen her. Schon im »Manifest der Kommunistischen Partei« heißt es: »An die Stelle der alten bürgerlichen Gesellschaft mit ihren Klassen und Klassengegensätzen tritt eine Assoziation, worin die freie Entwicklung eines jeden Bedingung für die freie Entwicklung aller ist.«[45] Die Priorität ist deutlich, und in Umkehrung Feuerbachs ließe sich das auf die Formel bringen: »kein Kommu-

42 Ebd., S. 389.

43 Ebd., S. 391.

44 MEGA², Bd. II/10, S. 77.

45 Karl Marx/Friedrich Engels: Werke, Berlin 1956ff. [MEW], Bd. 4, S. 482.

nismus ohne Egoismus«. Hierfür lassen sich bis hin zum späten Marx eindeutige Belege anführen.

Mit Hegel geht Marx davon aus, dass Individualität und Subjektivität sich in der Entwicklung der menschlichen Gesellschaften geschichtlich herausbilden und in der Moderne das Individuum als frei anzusehen sei; in den »Grundrissen der Kritik der politischen Ökonomie« (1857/58) heißt es hierzu: »Je tiefer wir in der Geschichte zurückgehen, je mehr erscheint das Individuum, daher auch das producirende Individuum als unselbstständig, einem grössern Ganzen angehörig. Erst in dem 18t Jhh., in der ›bürgerlichen Gesellschaft‹ treten die verschiednen Formen des gesellschaftlichen Zusammenhangs dem Einzelnen als bloses Mittel für seine Privatzwecke entgegen, als äusserliche Nothwendigkeit. Aber die Epoche, die diesen Standpunkt erzeugt, den des vereinzelten Einzelnen, ist grade die der bisher entwickelsten gesellschaftlichen (allgemeinen von diesem Standpunkt aus) Verhältnisse. Der Mensch ist im wörtlichsten Sinn ein ζῶον πολιτικόν, nicht nur ein geselliges Thier, sondern ein Thier, das nur in der Gesellschaft sich vereinzeln kann.«[46] Marx' Kritik am Kapitalismus richtet sich nicht gegen das Individualitätsprinzip der Moderne, sondern dagegen, dass im Kapitalismus die Freiheit des Individuums aufgrund sachlicher Abhängigkeiten in Unfreiheit umschlage: »Nicht die Individuen sind frei gesezt in der freien Concurrenz; sondern das Capital ist frei gesezt. [...] Diese Art individueller Freiheit ist daher zugleich die völligste Aufhebung aller individuellen Freiheit und die völlige Unterjochung der Individualität unter gesellschaftliche Bedingungen, die die Form von sachlichen Mächten, ja von übermächtigen Sachen – von den sich beziehenden Individuen selbst unabhängigen Sachen annehmen.«[47]

Auch die Rede vom »Verein freier Menschen« im »Kapital« unterstreicht die Priorität individueller Freiheit bei Marx. Marx orientiert sich hierbei wohl vor allem an den »Kooperativfabriken der Arbeiter«, innerhalb derer »der Gegensatz zwischen Kapital und Arbeit« aufgehoben sei, »wenn auch zuerst nur in der Form, daß die Arbeiter als Association ihr eigner Kapitalist sind, d. h. die Produktionsmittel zur Verwerthung ihrer eignen Arbeit verwenden«.[48] Dieses Modell reicht jedoch für die Vermittlung gesellschaftlicher Allgemeinheit in einer »auf individueller Freiheit gegründete[n] gesellschaftliche[n] Production«[49] nicht hin. Unklar bleibt, wie die interne basisdemokratische Struktur (»Association«) der Kooperativen erhalten werden kann, wenn die Kooperativen wiederum im Rahmen einer gesamtgesellschaftlichen Regulierung und Kontrolle der Produktion miteinander zu kooperieren haben, und unklar bleibt weiterhin,

46 MEGA², Bd. II/1,1, S. 22.
47 Ebd., S. 533–537.
48 MEGA², Bd. II/15, S. 431.
49 MEGA², Bd. II/1,2, S. 537.

ob die assoziierten Kooperativen an die Stelle der vormaligen bürgerlichen Gesellschaft treten oder schon Organisationsformen des Staatlichen sind. Hierzu findet sich bei Marx keine wirklich tragfähige Aussage, was nicht nur daran liegt, dass er mit Hegel grundsätzlich auf die Antizipation einer seinsollenden Welt verzichtet und sie das Nähere der Zeit (Hegel[50]) bzw. der wirklichen Bewegung (Marx[51]) überlassen; es liegt auch daran, dass Marx die im Rahmen des Projekts der Kritik der politischen Ökonomie geplante Untersuchung zu den Institutionen des modernen Staates nicht geleistet hat.[52] Gerade deshalb kommt einer wenig beachteten Passage in den Manuskripten zum geplanten dritten Band des »Kapital« besondere Bedeutung zu, in der Marx den assoziierten Individuen einen Eigentumstitel zuspricht. Die Negation des kapitalistischen Privateigentums, so heißt es hier, stelle nicht das individuelle Privateigentum wieder her, »wohl aber das individuelle Eigenthum auf Grundlage der Errungenschaft der kapitalistischen Aera: der Kooperation und des Gemeinbesitzes der Erde und der durch die Arbeit selbst producirten Produktionsmittel«.[53] Leider hat Marx nicht hinreichend präzisiert, was unter individuellem Eigentum zu verstehen sei. Offenbar bezieht sich die Kategorie darauf, dass der einzelne Arbeiter als Individuum ein Eigentumsrecht besitzt, das ihm zwar nicht das Recht der individuellen Aneignung der Produkte, sehr wohl aber der individuellen Mitbestimmung über die Art und Weise der Produktion und Distribution gibt. Es ist der Rechtstitel, der den Vorrang des Individuums gegenüber dem Kollektiv auch auf der Ebene der Produktion und Distribution garantiert, ohne den Gemeinbesitz des Kollektivs anzutasten. Dieses individuelle Eigentum bedeutet also, kurz und zugespitzt formuliert, das Recht der Individuen gegenüber allen kollektiven Organen wirkungsvoll mitbestimmen zu können; es zielt auf demokratische Kontrolle und Arbeiterselbstverwaltung.

(4) Hegel und Marx sind wohl bis heute die herausragendsten und wirkungsmächtigsten Diagnostiker der Moderne. Diagnostiker, denn beide kommen darin überein, auf Entwürfe einer seinsollenden Realität zu

50 Die Philosophie, so Hegel, sei »ein abgesondertes Heiligthum und ihre Diener bilden einen isolirten Priesterstand, der mit der Welt nicht zusammengehen darf und das Besitzthum der Wahrheit zu hüten hat. Wie sich die zeitliche, empirische Gegenwart aus ihrem Zwiespalt herausfinde, wie sie sich gestalte, ist ihr zu überlassen und ist nicht die *unmittelbar* praktische Sache und Angelegenheit der Philosophie.« (Georg Wilhelm Friedrich Hegel, Vorlesungen über die Philosophie der Religion. Nebst einer Schrift über die Beweise vom Daseyn Gottes. Zweiter Theil, hg. v. Philipp Marheineke, Berlin 21840, S. 356)

51 »Der Communismus ist für uns nicht ein *Zustand,* der hergestellt werden soll, ein *Ideal,* wonach die Wirklichkeit sich zu richten haben [wird]. Wir nennen Communismus die *wirkliche* Bewegung, welche den jetzigen Zustand aufhebt. Die Bedingungen dieser Bewegung ergeben sich aus der jetzt bestehenden Voraussetzung.« (MEGA^2, Bd. I/5, S. 37)

52 Einen Versuch, dieses Defizit zu beheben, hat jüngst vorgelegt Márcio Egídio Schäfer: Bürgerliche Gesellschaft und Staat. Zur Rekonstruktion von Marx' Theorie und Kritik des Staates, Würzburg 2018.

53 MEGA^2, Bd. II/10, S. 685.

verzichten, in welcher der Riss, der die modernen Gesellschaften spaltet, überwunden wäre. Das ist ihre Stärke. Beide kommen aber auch darin überein, eine durch das Utopieverbot gar nicht erforderte Zurückhaltung zu üben, wenn es darum geht, das künftig zu lösende Problem klar zu benennen. Hegel, und Marx hat dies zumindest gespürt, bleibt ambivalent in seiner Bestimmung moderner Individualität, indem er – faktisch vielleicht mit Recht – der Ausübung des Rechts der Subjektivität in der Anerkennung des Bestehenden misstraut und eher auf das »Verhalten des unbefangenen Gemüthes« setzt, »sich mit zutrauensvoller Überzeugung an die öffentlich bekannte Wahrheit zu halten«.[54] Nun sollte Marx nicht unterstellt werden, er wolle den Individuen solches Zutrauen an die öffentlich bekannte Wahrheit etwa einer Partei oder Weltanschauung abverlangen. Die Aufgabe jedoch, wie »[f]reie Individualität, gegründet auf die universelle Entwicklung der Individuen«,[55] theoretisch und praktisch zur Geltung zu bringen sei, bleibt bei ihm ungelöst. In der Sache ist in kritischer Anknüpfung an beide, Hegel wie Marx, über sie hinaus zu denken.

54 GW, Bd. 14,1, S. 7.

55 MEGA², Bd. II/1,1, S. 91.

IV — Hegel-Marxismus

Dialektik in Faustformeln

Hegel in Engels' »Anti-Dühring«

FRIEDRICH ENGELS HAT MIT seinem Buch über »Herrn Eugen Dührings Umwälzung der Wissenschaft« einen nachhaltigen Einfluss auf die marxistisch orientierte Arbeiterbewegung gewonnen. Die negative Kritik an dem System des Berliner Privatdozenten Dühring wurde positiv und »schlug«, wie Engels im Vorwort zur zweiten Auflage 1885 schrieb, »um in eine mehr oder minder zusammenhängende Darstellung der von Marx und mir vertretnen dialektischen Methode und kommunistischen Weltanschauung«.[1] Schon das Buch selbst ließe sich damit als dialektischer Umschlag behaupten, nicht nur des Negativen ins Positive, sondern auch von Quantität in Qualität, nämlich als Synthese vieler zerstreuter Hinweise von Marx und Engels zu einer umfassenden »Weltanschauung«. Als solche wurde der Text noch bis kurz vor dem Ende des »real existierenden Sozialismus« plakatiert; in der 1988 erschienenen Edition im Rahmen der MEGA heißt es, der *Anti-Dühring* »widerspiegelt [...] in der Einheit von philosophischen, ökonomischen und sozialistischen Lehren die allgemeine Struktur und innere Logik der wissenschaftlichen Weltanschauung der Arbeiterklasse«.[2] Entsprechend wurde auch großer Wert darauf gelegt, das Buch – trotz des vergleichsweise bescheidenen Beitrags von Marx – als Gemeinschaftswerk der Dioskuren Marx und Engels erscheinen zu lassen.

Es ist dieser in der Rezeption erhobene Anspruch auf eine umfassende wissenschaftliche Weltanschauung, der dazu nötigt, zahlreiche Aussagen des Buches auf die theoretische Goldwaage zu legen. Im polemischen Kontext der Entstehung fällt vieles weniger ins Gewicht, was in der späteren marxistisch-leninistischen Vereinnahmung – in ungewollt ironischer Verkehrung der entsprechenden Kritiken Engels' an Dühring – zu ewigen Wahrheiten letzter Instanz stilisiert wurde. Darüber sollten freilich die Verdienste von Engels' theoretischer Intervention nicht vergessen werden. Mit seinem Angriff auf Dühring hat er in der deutschen Sozialdemokratie den Einfluss einer mehr als fragwürdigen pseudowissenschaftlichen Weltanschauung zurückgedrängt, die zudem zunehmend rassisch-

1 Karl Marx/Friedrich Engels: Gesamtausgabe, Berlin 1975ff. [MEGA^{2}], Bd. I/27, S. 429.

2 Ebd., S. 25*.

antisemitisch grundiert war und mit Recht als Vorläufer der NS-Ideologie angesehen werden kann.[3] Dagegen den Anspruch der Wissenschaft nicht nur aufrechterhalten, sondern auch in vielen Köpfen verankert zu haben, bleibt eine kaum zu überschätzende Leistung von Engels.

Die Notwendigkeit, in diesem Zusammenhang die Philosophie und mit ihr die Dialektik umfassender zur Sprache zu bringen, lag einerseits darin begründet, dass Dühring sich polemisch gegen Hegel wandte, obwohl er – jedenfalls nach Marx' und Engels' Ansicht – Hegel zugleich auf eine seine Philosophie entstellende Weise ausbeutete und sogar plagiierte; andererseits war (und blieb) die Stellung zur Philosophie und besonders zu Hegel bei Marx und Engels vielfach ungeklärt. Das gilt auch für Marx' Ausführungen im Nachwort zur zweiten Auflage des ersten Bandes des »Kapital«. Darin bekennt Marx sich als Schüler Hegels, obwohl seine eigene Methode »der Grundlage nach« das »direkte[] Gegenteil« der hegelschen sei: »Für Hegel ist der Denkproceß, den er sogar unter dem Namen Idee in ein selbständiges Subjekt verwandelt, der Demiurg des Wirklichen, das nur seine äußere Erscheinung bildet. Bei mir ist umgekehrt das Ideelle nichts andres als das im Menschenkopf umgesetzte und übersetzte Materielle.«[4] Und weiter: »Die Mystifikation, welche die Dialektik in Hegel's Händen erleidet, verhindert in keiner Weise, daß er ihre allgemeinen Bewegungsformen zuerst in umfassender und bewußter Weise dargestellt hat. Sie steht bei ihm auf dem Kopf. Man muß sie umstülpen, um den rationellen Kern in der mystischen Hülle zu entdecken.«[5] Diese Bemerkungen klären nichts. Einerseits verweist Marx auf die allgemeinen Bewegungsformen der Dialektik, die Hegel entdeckt habe, ohne zu sagen, was genau darunter zu verstehen ist; andererseits versichert Marx im selben Atemzug, seine dialektische Methode übernehme nur den rationellen Kern dessen, was Hegel dargestellt habe, wiederum, ohne anzugeben, was denn nun dieser rationelle Kern sei und wie er aus der vorgeblichen Mystifikation befreit werden könne. Tatsächlich experimentiert Marx mit hegelschen Denkfiguren, ohne sich darüber Rechenschaft zu geben, wie eine angeblich mystifizierende Philosophie überhaupt in empirisch-wissenschaftlichen Zusammenhängen (der Kritik der politischen Ökonomie) Erkenntnispotenziale haben kann und was das für das Verständnis der Philosophie bedeutet, von der Marx sich schon lange verabschiedet haben will. Auch für Engels gab es selbst nach dem »Anti-Dühring« weiteren Klärungsbedarf, wie aus seiner etliche Jahre später (1886) verfassten Vorbemerkung zu der Schrift »Ludwig

3 Vgl. Mario Keßler: »Sozialismus« und Judenhass: Eugen Dühring, in: Engels' »Anti-Dühriung«. Kontext, Interpretationen, Wirkung. Begleitband zur neuen Studienausgabe, hg. von Rolf Hecker und Ingo Stützle, Berlin 2020, S. 143–156.

4 MEGA^{2}, Bd. II/10, S. 17.

5 Ebd.

Feuerbach und der Ausgang der klassischen deutschen Philosophie« hervorgeht, wo es heißt, ihm erscheine »eine kurze, zusammenhängende Darlegung unsres Verhältnisses zur Hegel'schen Philosophie, unsres Ausgangs wie unsrer Trennung von ihr, mehr und mehr geboten«.[6]

Im Folgenden soll zunächst kurz skizziert werden, wie sich für Engels (und für Marx) das Problem der Philosophie und besonders der Umgang mit Hegel nach dem »Ausgang der klassischen deutschen Philosophie« darstellen (1). In zwei weiteren Schritten sollen anschließend Engels' grundlegende Sicht auf Hegel im »Anti-Dühring« (2) und dann Engels' Begriff der Dialektik näher bestimmt werden (3).

(1) Für Marx und Engels fällt der Abschied von der Philosophie mit ihrer Kritik der nachhegelschen Philosophie zusammen, die sie 1845 bis 1847 ausarbeiteten; die Manuskripte sind unter dem Titel »Deutsche Ideologie« bekannt und inzwischen kritisch ediert worden.[7] Karl Marx erinnert an diese Texte 1859 im Vorwort zum ersten Heft »Zur Kritik der politischen Ökonomie«; es sei darum gegangen, »den Gegensatz unsrer Ansicht gegen die ideologische der deutschen Philosophie gemeinschaftlich auszuarbeiten, in der That mit unserm ehemaligen philosophischen Gewissen abzurechnen. Der Vorsatz ward ausgeführt in der Form einer Kritik der nachhegelschen Philosophie«, die jedoch nicht publiziert werden konnte: »Wir überließen das Manuskript der nagenden Kritik der Mäuse um so williger, als wir unsern Hauptzweck erreicht hatten – Selbstverständigung.«[8] Es fällt auf, dass die Kritik der ideologischen Ansichten der nachhegelschen deutschen Philosophie zugleich eine Selbstkritik als Abrechnung mit dem ehemaligen philosophischen Gewissen sein soll. In Bezug auf die Übernahme der junghegelianischen Entfremdungsromantik noch in den »Ökonomisch-philosophischen Manuskripten« (1844) trifft das ohne Zweifel zu, jedoch legen die Formulierungen in den Manuskripten zur »Deutschen Ideologie« nahe, dass die Philosophie überhaupt verabschiedet werden soll.[9] Dass, wie die Neuedition der »Deutschen Ideologie« belegt, dabei Max Stirner (und nicht so sehr Feuerbach) im Mittelpunkt der Auseinandersetzungen steht, liegt daran, dass er mit seinem Konzept des »Einzigen« – des Individuums *als* Individuum, das weder durch ein Band mit anderen verknüpft noch in Gegensatz zu ihnen steht[10] – darauf zielt, gesellschaftliche Allgemeinheit und Gattungsallgemeinheit als bloße Abstraktionen – als »Sparren«, »Spuk«, »Gespenster« – zu erweisen. Damit

6 MEGA^2, Bd. I/31, S. 122.

7 Vgl. hierzu die »Einführung« in MEGA^2, Bd. I/5, S. 725–799.

8 MEGA^2, Bd. II/2, S. 101f.

9 Vgl. dazu oben das Kapitel »Jenseits der Philosophie. Die Kritik an Bruno Bauer und Hegel«.

10 Vgl. Wolfgang Eßbach: Max Stirner – Geburtshelfer und böse Fee an der Wiege des Marxismus, in: Karl Marx und Friedrich Engels: Die deutsche Ideologie, hg. v. Harald Bluhm, Berlin 2010 (Klassiker Auslegen 36), S. 165–183.

war das an den Gattungsbegriff geknüpfte Konzept einer Entfremdungsgeschichte, wie es Marx 1844 noch vertreten hatte, in seinen Grundfesten erschüttert. Es kam für ihn jetzt vielmehr darauf an, Geschichte auf einer *empirischen*, nichtspekulativen Grundlage zu verstehen.[11] Hierzu wird dann der Begriff der gesellschaftlichen Individuen und ihrer bestimmten historischen Verhältnisse ins Zentrum gerückt, wobei sich dies mit einem stark empiristisch grundierten »Materialismus« verbindet, der Denken als Ausfluss und Ausdruck der materiellen Lebensprozesse der gesellschaftlichen Individuen verstehen will. Trotz aller Differenzierungen zwischen Hegel und den nachhegelschen Ideologen fällt auch Hegel letztlich dieser Kritik anheim, indem er als Idealist angesehen wird.

So verbindet sich die Kritik am junghegelianischen Denken, das sich zu diesem Zeitpunkt schon weit von Hegel entfernt hat, auf eine vielfach undurchsichtige Weise mit einer generellen Kritik an *der* Philosophie überhaupt und auch an Hegel. Tatsächlich revidiert und differenziert Marx seine Auffassungen in der Durchführung seines Projekts der Kritik der politischen Ökonomie in den folgenden Jahrzehnten, indem er Hegel und besonders seine dialektische Methode als Darstellungsmethode wieder ins Spiel bringt. Warum und auf welcher Grundlage er dies tun kann, darüber legt er jedoch keine Rechenschaft ab. Wie, so ist zu fragen, kann eine Methode, die idealistischen Mystifikationen, wie Marx meinte, unterliegt, überhaupt in einzelwissenschaftlichen Zusammenhängen Erkenntnispotenzial entfalten?[12] Ob es Sinn macht, philosophische Denkmittel für sich auszuarbeiten, und wenn ja, wie? Diese Fragen stellt Marx auch später nicht mehr und sie bleiben ein blinder Fleck in seinem Denken.

Damit ist, in aller Kürze, die theoretische Konstellation bestimmt, in der Engels die Fragen nach der Philosophie, der Dialektik, der Logik und der Bedeutung Hegels im »Anti-Dühring« neu aufwirft. Affirmiert wird weiterhin – auf der Linie der Abrechnung mit dem ehemaligen philosophischen Gewissen in der »Deutschen Ideologie« – eine wissenschaftlich begründete Weltanschauung anstelle der Philosophie. Es bleibt aber ein Rest: Dialektik und Logik. Dieser »Rest« hat entscheidend mit Hegel zu tun, dessen Philosophie zugleich aber wiederum als idealistisch gilt. Engels Darlegungen sind ein Versuch, dieses Problemknäuel zu entwirren und den Widerstreit von Affirmation und Kritik aufzulösen.

(2) Für Marx war, trotz aller Kritik, Hegels Dialektik »unbedingt das lezte Wort aller Philosophie«, aber man müsse sie, wie er mehrfach betont, »von dem mystischen Schein, den sie bei Hegel hat […] befreien«.[13] Auch

11 Vgl. MEGA², Bd. I/5, S. 43.

12 Vgl. Andreas Arndt: Geschichte und Freiheitsbewusstsein. Zur Dialektik der Freiheit bei Hegel und Marx, Berlin 2015, S. 124ff. (»Marx und die Hegel'sche Dialektik«).

13 An Lassalle, 23.5.1858, in: MEGA², Bd. III/9, S. 155.

Engels kommt zu einem vergleichbaren Urteil, wenn er in der »Einleitung« zum »Anti-Dühring« schreibt: »Ihren Abschluß fand diese neuere deutsche Philosophie« – gemeint ist die klassische Philosophie seit Kant – »im Hegel'schen System, worin zum ersten Mal – und das ist sein großes Verdienst – die ganze natürliche, geschichtliche und geistige Welt als ein Prozeß [...] dargestellt und der Versuch gemacht wurde, den inneren Zusammenhang in dieser Bewegung und Entwickelung nachzuweisen.«[14] Engels rückt hier, anders als Marx, im Blick auf Hegel die Frage nach dem System in den Mittelpunkt. Dabei knüpft er nicht an dem Systembegriff Hegels an, sofern dieser sich zunächst auf Kants Gedanken eines »Systems der Vernunft« richtet, sondern geht auf einen *objektiven* Systembegriff zurück. Deutlich wird dies in einer Notiz aus den Vorarbeiten zum »Anti-Dühring«: »*Systematik* nach Hegel unmöglich. Daß die Welt ein einheitliches System und daher ein zusammenhängendes Ganzes vorstellt ist klar, aber die Erkenntniß dieses Systems setzt die Erkenntniß der *ganzen* Natur und Geschichte voraus, die die Menschen *nie* erreichen. Wer also Systeme macht, muß die zahllosen Lücken durch *Eigne Erfindung* ausfüllen d. h. *irrationell* phantasiren, ideologisiren.«[15]

Offenbar ist Engels der Ansicht, Hegel habe »die Welt« als ein einheitliches System vorstellen wollen, was dann die Undurchführbarkeit des Vorhabens nahelegt. Tatsächlich verhält es sich komplizierter. Hegels System*grundriss* ist ja kein im Einzelnen ausgeführtes System, das sich über alle Zweige auch des empirischen Wissens erstrecken würde. Es ist *erstens* nur eine allererst auszuführende »Enzyklopädie der philosophischen Wissenschaften im Grundrisse«, die »auf die Anfänge und Grundbegriffe der besondern Wissenschaften« beschränkt ist, und zwar ausdrücklich auch nur auf jene, welche »einen rationellen Grund und Anfang haben; dieser Theil von ihnen gehört der Philosophie an; die *positive Seite* aber bleibt ihnen eigenthümlich. Solcher Art sind die außer der Philosophie für sich bestehenden Wissenschaften überhaupt.«[16] Dies impliziert, darüber wird gleich noch zu sprechen sein, dass das System durch die *Methode* der Philosophie – bei Hegel die Dialektik als absolute Methode – konstituiert wird.[17] Engels dagegen stellt System und dialektische Methode einander entgegen: »Das Hegel'sche System als solches war eine kolossale Fehlgeburt [...] Ein allumfassendes, ein für allemal abschließendes System der Erkenntniß von Natur und Geschichte steht im Widerspruch mit den Grundgesetzen des dialektischen Denkens.«[18]

14 MEGA², Bd. I/27, S. 234.

15 Ebd., S. 68.

16 Georg Wilhelm Friedrich Hegel: Gesammelte Werke, Hamburg 1968ff. [GW], Bd.13, S. 20, § 9 und Erläuterung zu § 10.

17 Vgl. Andreas Arndt: Methoden-Reflexionen, in: Mit und gegen Hegel, hg. v. Andreas Knahl, Jan Müller und Michael Städtler, Lüneburg 2000, S. 236–247.

18 MEGA², Bd. I/27, S. 235.

Hegel hat den Zusammenhang von System und Methode von Kant übernommen, dem zufolge die Wissenschaft erst durch die Methode als »ein Ganzes der Erkenntnis als System und nicht bloss als Aggregat« eingerichtet sei.[19] Diese Auffassung ergibt sich aus Kants Neubegründung des Systembegriffs. Vor Kant wurde ein System als ein der Vernunft gegenüber gleichsam Objektives angesehen, wie es zum Beispiel die Rede vom »System der Natur« deutlich macht.[20] Dieses Verständnis von System hatte Kant im Zusammenhang mit seiner »kopernikanischen Wende« grundlegend verändert. Wenn die Begriffe sich, vereinfacht gesprochen, nicht nach den Gegenständen der Erfahrung, sondern die Gegenstände der Erfahrung nach unseren Begriffen richten, dann bestimmt nicht ein System der »Welt« an sich von außen die Vernunft so, dass sie dieses System abbildet, sondern die Vernunft selbst bildet ein System, das die Systematizität der erscheinenden Wirklichkeit bestimmt. Dass wir die »Welt« systematisch ansehen, ist eine Leistung unserer Vernunft, und zwar eine Leistung, die mit der eigenen Verfasstheit der Vernunft selbst zu tun hat. »Die menschliche Vernunft«, so schreibt Kant, »ist ihrer Natur nach architektonisch, d.i. sie betrachtet alle Erkenntnisse als gehörig zu einem möglichen System und verstattet daher auch nur solche Principien, die eine vorhabende Erkenntniß wenigstens nicht unfähig machen, in irgend einem System mit anderen zusammen zu stehen.«[21] An anderer Stelle heißt es lapidar: »Die Vernunfteinheit ist die Einheit des Systems.«[22] Hegels Systembegriff knüpft daher direkt an Kants Auffassung an, die reine Vernunft bilde ein System.[23]

Vor diesem Hintergrund wird deutlich, dass Engels dem kantischen Systemverständnis und damit dem der Klassischen Deutschen Philosophie ausdrücklich *nicht* folgt. »System« ist für ihn etwas gleichsam Objektives, dessen »Spiegelbild«[24] durch die dialektische Methode erzeugt wird. Aufgrund dieses von Engels zugrunde gelegten Bedingungsverhältnisses – das »Sein« bestimmt das »Bewusstsein« – stellt sich für ihn die Frage nach einem System der Vernunft gar nicht. Besonders deutlich tritt dies in der Polemik gegen Dührings Philosophiebegriff hervor. Nach Dühring hat es die Philosophie mit Prinzipien zu tun, worunter aus dem Denken selbst abgeleitete formale Grundsätze (man könnte auch sagen: Kategorien) zu verstehen seien: »Die logischen Schemata können sich

19 Immanuel Kant: Werke, Berlin 1968, Bd. 9, S. 139, Logik, § 95.

20 Vgl. Christian Strub: System, in: Historisches Wörterbuch der Philosophie, Bd. 10, Darmstadt 1998, Sp. 824–856; ferner Architektonik und System in der Philosophie Kants, hg. von Hans Friedrich Fulda und Jürgen Stolzenberg, Hamburg 2001.

21 Kant, Werke, Bd. 3, S. 329 (B 502).

22 Ebd., S. 448 (B 708).

23 Vgl. Walter Jaeschke/Andreas Arndt: Die Klassische Deutsche Philosophie nach Kant. Systeme der reinen Vernunft und ihre Kritik 1785–1845, München 2012.

24 MEGA², Bd. I/27, S. 234.

nur auf *Denk*formen beziehn, hier aber handelt es sich nur um die Formen des *Seins*, der Außenwelt, und diese Formen kann das Denken niemals aus sich selbst, sondern eben nur aus der Außenwelt schöpfen und ableiten. Damit aber kehrt sich das ganze Verhältniß um: die Prinzipien sind nicht der Ausgangspunkt der Untersuchung, sondern ihr Endergebniß; sie werden nicht auf die Natur und Menschengeschichte angewandt, sondern aus ihnen abstrahirt«.[25] Diese »einzig materialistische Auffassung der Sache« stehe der »idealistisch[en]« Auffassung Dührings entgegen; dieser konstruiere »die wirkliche Welt aus dem Gedanken, aus irgendwo vor der Welt von Ewigkeit bestehenden Schematen, Schemen oder Kategorien ganz wie – *ein Hegel.*«[26] In dieser, allerdings nur in dieser Hinsicht, kommt Dühring für Engels mit Hegel überein.

Indessen verhält es sich bei Hegel anders. Die logische Idee hat kein apartes Dasein vor der »Welt«, da die absolute Idee nicht als Substrat zu denken ist, sondern als Methode, die in *unser* Wissen fällt. Sie hat ihr *Dasein* nicht in einer metaphysischen Hinterwelt, sondern in dem, was Hegel »Geist« nennt, der notwendig auf eine selbstständige Natur bezogen ist: Der Geist ist »*Setzen* der Natur als *seiner* Welt; ein Setzen, das als Reflexion zugleich *Voraussetzen* der Welt als selbständiger Natur ist«.[27] Und für Engels wie für Hegel gilt, dass die Idee (als System der Kategorien unseres theoretischen und praktischen Verhaltens zur »Welt«) nicht »Ausgangspunkt[], sondern *Resultat[]*« ist.[28] Sie ist, näher gesagt, Resultat der Geschichte des Geistes, wobei dieser Geist sich in der Philosophie *als Geist* selbst zu erfassen versucht, was nach Hegel dadurch ermöglicht wird, dass der Geist von allem ihm Äußerlichen abstrahieren kann, wie beim Einstieg in die *Wissenschaft der Logik* als dem »reinen« oder »voraussetzungslosen« Denken – wobei die Voraussetzungslosigkeit eben das Resultat der Abstraktion ist.[29]

Was bleibt, ist die Frage, ob und welchen Sinn es macht, ein solches Programm wie das der »Wissenschaft der Logik« zu verfolgen, das im Kern darauf zielt, einen systematischen Zusammenhang der allgemeinsten Bestimmungen (Kategorien) unseres theoretischen und praktischen Verhaltens zur »Welt« (die Idee ist nach Hegel ebenso theoretisch wie praktisch) im Begreifen des Denkens selbst zu begründen. Wenn diese Kategorien, wie Engels annimmt, gleichsam sedimentierte Erfahrungsgehalte darstellen (was Hegel im Blick auf die Geschichtlichkeit des Geistes ohne Weiteres zugestehen könnte), dann bliebe nur zu klären, ob die

25 Ebd., S. 243.

26 Ebd.

27 GW, Bd. 19, S. 290, § 384.

28 MEGA², Bd. I/27, S. 68.

29 Hegel hat diesen Einstieg in die »Logik« an die Stelle der Hinführung zu ihr durch die »Phänomenologie des Geistes« gesetzt, dabei aber diese Hinführung nicht als falsch deklariert. Insofern ließe sich sagen, das reine Denken der »Logik« abstrahiert auch von seiner geschichtlichen Herkunft.

Kategorien eine Art Aggregat darstellen, das sich im Verlauf der geschichtlichen Entwicklung immer wieder verändert – oder ob sich schließlich die Kategorien in sich zu einem systematischen Ganzen strukturieren, einer Matrix, nach der sich das Allgemeine, das heißt allen Menschen Gemeinsame, unseres theoretischen und praktischen Verhaltens zur »Welt« vollständig beschreiben lässt. Ob diese Annahme Hegels zutrifft, ist hier nicht weiter zu erörtern; sie ist jedenfalls weder von vornherein unsinnig noch »idealistisch« in dem von Engels pejorativ gebrauchten Sinne.

Nach Engels hat das Denken »zum einzigen Inhalt die Welt und die Denkgesetze«.[30] Auch für ihn gibt es demnach in der Konsequenz so etwas wie eine Selbstbezüglichkeit des Denkens, wenn es diesen Denkgesetzen auf die Spur kommen will. Die Doppelung – »Welt« *und* Denkgesetze – legt, ebenso wie die Rede von *Gesetzen*, nahe, dass die Denkgesetze nicht einfach im empirischen (auch empirisch-wissenschaftlichen) Weltbezug aufgehen, sondern auch unabhängig von jeweiligen spezifischen Erkenntnissituationen zu bestimmen sind. Diese Konsequenz, die ihm einen anderen Zugang zu Hegel hätte eröffnen können, zieht Engels freilich nicht ausdrücklich. Der Grund dafür scheint darin zu liegen, dass Engels – wie auch Marx – noch immer unreflektiert an der um 1845 in der Polemik gegen die Junghegelianer eingenommenen Position festhält, Philosophie *per se* mit Ideologie gleichzusetzen. Das objektive System »der Welt« sei »blos *vermittelst* des Kopfs aus der wirklichen Welt« abzuleiten – und hierzu brauchten wir »keine Philosophie, sondern positive Kenntnisse von der Welt und was in ihr vorgeht; und was dabei herauskommt, ist ebenfalls keine Philosophie, sondern positive Wissenschaft«, weshalb »keine Philosophie als solche mehr nöthig« sei.[31] Wir hatten bereits gesehen, dass auch Hegel die positive Erkenntnis der »Welt« den besonderen Wissenschaften überlässt; das *philosophische* Problem liegt aber darin, welche Rolle den »Denkgesetzen« zukommt, wenn wir »*vermittelst* des Kopfs« systematische Strukturen der »Welt« bestimmen. Führt uns ein System der Kategorien als sedimentierte Erfahrungsgehalte auf die systematischen Zusammenhänge der »Welt«? Oder stellen sich diese erst in den positiven Wissenschaften her? Für Engels ist die Sache ausgemacht, denn, »[s]obald an jede einzelne Wissenschaft die Forderung herantritt, über ihre Stellung im Gesamtzusammenhang der Dinge und der Kenntniß von den Dingen sich klar zu werden ist jede besondre Wissenschaft vom Gesamtzusammenhang überflüssig. Was von der ganzen bisherigen Philosophie dann noch selbständig bestehn bleibt, ist die Lehre vom Denken und seinen Gesetzen – die formelle Logik und die Dialektik. Alles andre geht auf in die positive Wissenschaft von Natur und Geschichte.«[32]

30 MEGA², Bd. I/27, S. 68.

31 Ebd., S. 244.

32 Ebd., S. 235.

Was aber ist dieser »Rest« unter der Annahme, dass die Wissenschaften nicht ohne, sondern »*vermittelst*« der Denkgesetze begreifen?

(3) Der von Engels als »dialektisch« apostrophierte Materialismus gehört für ihn in den Bereich der positiven Wissenschaft, nicht der Philosophie; gerade weil er »wesentlich dialektisch« ist, brauche er »keine über den andern Wissenschaften stehende Philosophie mehr«.[33] Was ist dieses »Dialektische«? Und woher bezieht es der »wesentlich dialektische« Materialismus als (positive) Wissenschaft? Die letztere Frage beantwortet Engels bündig im Blick auf die von Dühring kritisierte dialektische Figur der »Negation der Negation«. Er führt zunächst »[e]in paar Beispiele« an, darunter in Anlehnung an das von Hegel in der Vorrede zur »Phänomenologie des Geistes« bemühte Wachstum der Pflanze:[34] Diese sei Negation des Korns, werde dann ebenfalls negiert, habe aber mehr Körner als zuvor zum Resultat. Ferner, aus dem Bereich der Algebra, die Negation von +a durch –a: die Negation der Negation als Multiplikation von –a und –a ergebe dann ein potenziertes Positives, nämlich +a2. Ebenso in der Geschichte der Gesellschaften die Entwicklung vom Gemeineigentum über das Privateigentum (Negation) zum Kommunismus (Negation der Negation). Und schließlich: der »naturwüchsige[] Materialismus« der antiken Philosophie wurde durch Idealismus und Spiritualismus negiert, die wiederum durch den dialektischen Materialismus negiert wurden.[35] Aus diesen Beispielen, die anschließend noch vermehrt werden,[36] schlussfolgert Engels dann verallgemeinernd: »Diese natürlichen und historischen Prozesse haben selbstredend ihren Reflex im denkenden Gehirn, und reproduzieren sich darin«.[37] Über die Art und Weise der Reproduktion und die Funktion der reproduzierten Denk*mittel* sagt Engels weiter nichts, obwohl er die als Beispiele aus »natürlichen und historischen Prozessen« vorgestellten dialektischen Figuren unvermittelt auch als Methode anspricht: »grade die höchsten dialektischen Aufgaben lösen sich nur vermittelst dieser Methode«.[38]

Diese Wendung erklärt sich aus einer quer zum Gegensatz von Idealismus und Materialismus stehenden Opposition, nämlich der von »metaphysischem« und »dialektischem« Denken. Das dialektische Denken, hierauf zielen auch alle von Engels im »Anti-Dühring« angeführten Beispiele, ist wesentlich *historisches Prozessdenken*, naiv ausgesprochen

33 Ebd.

34 Vgl. GW, Bd. 9, S. 10: »Die Knospe verschwindet in dem Hervorbrechen der Blüthe, und man könnte sagen, daß jene von dieser widerlegt wird, eben so wird durch die Frucht die Blüthe für ein falsches Daseyn der Pflanze erklärt, und als ihre Wahrheit tritt jene an die Stelle von dieser.«

35 MEGA², Bd. I/27, S. 88f.

36 Ebd., S. 92f.

37 Ebd., S. 89.

38 Ebd.

schon bei Heraklit: »Alles *fließt*, ist in steter Veränderung, in stetem Werden und Vergehen begriffen.«[39] Dies war aber nach Engels auf bestimmte Weise erst im Detail durch die Natur- und Geschichtsforschung nachzuweisen, die das Ganze der Prozesse analytisch zergliederten und dadurch die »Gewohnheit« hinterließen, »die Naturdinge und Naturvorgänge in ihrer Vereinzelung, außerhalb des großen Gesammtzusammenhangs aufzufassen; daher nicht in ihrer Bewegung, sondern in ihrem Stillstand, nicht als wesentlich veränderliche, sondern als feste Bestände, nicht in ihrem Leben, sondern in ihrem Tod«; indem diese »Anschauungsweise [...] sich in die Philosophie übertrug, schuf sie die spezifische Bornirtheit der letzten Jahrhunderte, die metaphysische Denkweise«.[40] Auch hier ist wieder ein dialektischer Dreischritt zugrunde gelegt: Totaleindruck des Ganzen in der Bewegung (Antike), Analyse des Einzelnen im Stillstand (»Metaphysik«: Negation), Totalität der Momente in der Bewegung (dialektischer Materialismus: Negation der Negation). Dieser Schematismus geht wohl auf Claude-Henri de Rouvroy, Comte de Saint-Simon, und Auguste Comte zurück, die vergleichbare Dreiphasenmodelle der Entwicklung menschlicher Gesellschaften und der Wissenschaften ausgearbeitet hatten – mit der (abstrakten) Metaphysik als dem zweiten Stadium, das durch den wissenschaftlichen Positivismus überwunden werde.[41] Im Blick auf die Überwindung der Philosophie (»Metaphysik«) durch die positiven Wissenschaften kann Engels sein Konzept in diesen Schematismus einschreiben, er verknüpft dabei jedoch um des *dialektischen* Materialismus willen die Metaphysik mit einer Denkfigur, die Hegel als »Verstandesmetaphysik« kritisiert hatte. In dieser Metaphysik erfolge eine »Zersplitterung« des Geistes »in die verschiedenen, gegeneinander selbständig vorgestellten *Vermögen, Kräfte* oder was auf dasselbe hinauskommt, ebenso vorgestellten *Thätigkeiten*«, gegen welche die »*lebendige[]* Einheit des Geistes« geltend zu machen sei.[42] Die Verstandesmetaphysik behandelt Momente einer Totalität als selbstständige Entitäten, die mit sich identisch (und insofern tatsächlich nicht veränderlich) sind. Logisch gesehen handelt es sich um *abstrakte* Identitäten: Identitätsaussagen werden auf fixe Substrate bezogen und dadurch gleichsam verdinglicht. Ihre dialektische Verflüssigung wirft daher zugleich auch das Problem des Verhältnisses von Dialektik und formaler Logik auf.

In der »Wissenschaft der Logik« zeigt Hegel in der »Lehre vom Sein«, dem ersten Buch der »objektiven Logik«, das Scheitern aller Versuche, Sein und Seiendes als unmittelbar gegebene Substrate zu verstehen,

39 Ebd., S. 231.

40 Ebd., S. 232.

41 Vgl. Norbert Schneider: Grundriss Geschichte der Metaphysik. Von den Vorsokratikern bis Sartre, Hamburg 2018, S. 382ff. Zu Bezugnahmen Engels' auf Comte und Saint Simon vgl. MEGA², Bd. I/26, S. 117 u. 173.

42 GW, Bd. 20, S. 380, § 379.

und bereitet so die kritische Auflösung jeder Metaphysik vor. Die »Lehre vom Wesen«, das zweite Buch der »objektiven Logik«, zeigt dann, dass unter der Voraussetzung, dass rein formale Reflexionsbestimmungen (Identität, Unterschied, Gegensatz, Widerspruch) sich *nicht* auf Substrate beziehen, ineinander übergehen und sich nicht gegeneinander fixieren lassen; das Denken der Identität führt notwendig auf das Denken des Widerspruchs.[43] Diesen Zusammenhang hat Engels im Auge, wenn er schreibt: »Vom Sein kommt Hegel zum Wesen, zur Dialektik. Hier handelt er von den Reflexionsbestimmungen, deren innern *Gegensätzen* und Widersprüchen«.[44] Engels hat daher offenbar auch keine Bedenken, Dührings Charakteristik der hegelschen Dialektik als »Widerspruchsdialektik« zu übernehmen und auf das dialektische Denken überhaupt zu beziehen;[45] diese »Widerspruchsdialektik« steht dem metaphysischen Denken entgegen: »Solange wir die Dinge als ruhende und leblose, jedes für sich, neben- und nacheinander, betrachten, stoßen wir allerdings auf keine Widersprüche an ihnen.«[46] Ganz anders verhalte es sich, »sobald wir die Dinge in ihrer Bewegung, ihrer Veränderung, ihrem Leben, in ihrer wechselseitigen Einwirkung auf einander betrachten. Da gerathen wir sofort in Widersprüche. Die Bewegung selbst ist ein Widerspruch«.[47] Zwar bezieht Engels sich nicht auf *Hegels* Darlegung der dialektischen Methode in den Ausführungen zur absoluten Idee, aber auch dort ist ja in der Tat der Begriff des Widerspruchs zentral für die Bestimmung von Dialektik.[48] Für Engels jedenfalls ist die Kategorie des Widerspruchs deshalb von besonderer Bedeutung, weil sie den Gegensatz der dialektischen zur »metaphysischen« Betrachtensweise markiert.

Anders als in seinen Aufzeichnungen zur »Dialektik der Natur« nimmt Engels im »Anti-Dühring« keine ausdrückliche Reduktion auf Haupt- oder Grundgesetze der Dialektik vor.[49] In zwei Abschnitten zur Dialektik behandelt er das Verhältnis von Qualität und Quantität sowie

43 Vgl. hierzu die klassische Studie von Michael Wolff: Der Begriff des Widerspruchs. Eine Studie zur Dialektik Kants und Hegels, 3. Aufl., Berlin 2017; Christian Iber: Metaphysik absoluter Relationalität. Eine Studie zu den beiden ersten Kapiteln von Hegels Wesenslogik, Berlin/New York 1990.

44 MEGA², Bd. I/27, S. 252.

45 Ebd., S. 317f.

46 Ebd., S. 318.

47 Ebd.

48 Vgl. GW, Bd. 12, S. 245f.: Die negative Bestimmung »ist somit *als der Widerspruch*, die *gesetzte Dialektik ihrer selbst*. [...] Das formelle Denken aber macht sich die Identität zum Gesetze, läßt den widersprechenden Inhalt [...] in Raum und Zeit herab fallen, worin das Widersprechende im Neben- und Nach-einander, *ausser einander* gehalten wird, und so ohne die gegenseitige Berührung vor das Bewußtseyn tritt. Es macht sich darüber den bestimmten Grundsatz, daß der Widerspruch nicht denkbar sey; in der That aber ist das Denken des Widerspruchs, das wesentliche Moment des Begriffes.«

49 Vgl. MEGA², Bd. I/26, S. 173 u. 175f. Engels nennt im Wesentlichen drei solcher Gesetze: Umschlag von Quantität in Qualität und vice versa; Durchdringung der Gegensätze; Negation der Negation. Die ersten beiden sollen der Seins- bzw. Wesenslogik entsprechen, das dritte das ganze System beherrschen. Auffällig ist, dass die subjektive bzw. Begriffslogik in diesem Zusammenhang fehlt; vgl. jedoch die Ausführungen zum Urteil, ebd., S. 377f.

die Negation der Negation anhand zahlreicher Beispiele, welche die Allgemeingültigkeit dieser »Gesetze« belegen sollen.[50] Eine Reflexion darauf, wie diese »Gesetze« untereinander (und mit dem Widerspruch der Bewegung) zusammenhängen, findet nicht statt. Der »Rest«, der von der Philosophie nach Engels noch übrig bleibt, die »Lehre vom Denken und seinen Gesetzen«,[51] lässt keine ausgewiesene innere Systematik erkennen. Er erscheint als ein Aggregat anderswo – in den »positiven« Wissenschaften – begründeter und durch empirische Verallgemeinerung gewonnener »Gesetze«. Zugleich aber wird auch behauptet, dass diese Gesetze »für die Bewegung des Denkens« selbst ebenso Gültigkeit hätten wie für die Bewegung »in der Natur und der Menschengeschichte«.[52] Unter dieser Voraussetzung freilich wäre es gar kein abseitiges und »idealistisches« Unterfangen, Hegels Programm folgend, die »Bewegung des Denkens« in einer eigenen Denkbewegung zu bestimmen, welche sich auf den Zusammenhang der Denkbestimmungen untereinander richtet. Das wäre freilich Denken des Denkens oder »reines Denken«, welches Engels aufgrund seines Idealismusverdachts perhorresziert. Tatsächlich thematisiert Engels die Denkbewegung nie als solche, sondern immer nur im Blick auf Entwicklung und Zusammenhang in den positiven Wissenschaften und, ebenfalls in Bezug auf diese Wissenschaften, als heuristisches Denken:[53] »Es ist schon ein totaler Mangel an Einsicht in die Natur der Dialektik, wenn Herr Dühring sie für ein Instrument des bloßen Beweisens hält [...]. Selbst die formelle Logik ist vor Allem Methode zur Auffindung neuer Resultate, zum Fortschreiten vom Bekannten zum Unbekannten, und dasselbe, nur in weit eminenterem Sinne, ist die Dialektik, die zudem, weil sie den engen Horizont der formellen Logik durchbricht, den Keim einer umfassenderen Weltanschauung enthält.«[54] Der enge Horizont der Logik ist hier offenbar mit der »metaphysischen« Weltsicht gleichzusetzen, während die Dialektik eine umfassendere, auf Totalität und Entwicklung gerichtete Weltanschauung begründet.

In diesem Zusammenhang betont Engels, dass etwa die Naturwissenschaft sich hier auf ein Gebiet drängt, »was bisher als Philosophie bezeichnet wurde«: »und hier versagen die Methoden der Empirie, hier kann nur das theoretische Denken helfen.«[55] Was genau Engels hier mit dem »theoretischen Denken« meint, erschließt sich erst aus dem weiteren Kontext. Das »theoretische Denken«, so heißt es zunächst, sei »ein historisches Produkt, das zu verschiednen Zeiten sehr verschiedne Formen und damit

50 MEGA², Bd. I/27, S. 317–338.

51 Ebd., S. 235.

52 Ebd., S. 109.

53 Vgl. Herbert Hörz: Dialektik als Heuristik sowie die Diskussionsbeiträge zu diesem Artikel in: Erwägen – Wissen – Ethik 17 (2006), S. 167–250.

54 MEGA², Bd. I/27, S. 330.

55 Ebd., S. 121.

sehr verschiednen Inhalt annimmt. Die Wissenschaft vom Denken ist [...] eine historische Wissenschaft, die Wissenschaft von der geschichtlichen Entwicklung des menschlichen Denkens.«[56] Das könnte im Sinne einer Wissenschaftsgeschichte aufgefasst werden und ist sicher auch insoweit so gemeint, als die Denkgesetze für Engels im Zusammenhang mit der wissenschaftlichen Erschließung der Realität stehen. Er versteht darunter aber ausdrücklich auch die »Theorie der Denkgesetze« und verweist darauf, dass »die formelle Logik selbst [...] bis heute das Gebiet heftiger Debatte geblieben« und »die Dialektik gar ist bis jetzt erst von zwei Denkern genauer untersucht worden, von Aristoteles und Hegel.«[57] Hier geht es um den »Rest«, der von der Philosophie bleibt, und nicht um das Terrain, das sie ehemals innehatte. Zu fragen wäre freilich, worüber die heftigen Debatten geführt werden: Betreffen sie die grundlegenden logischen Kategorien als solche (also z. B. das Prinzip der Widerspruchsfreiheit) oder deren Reichweite, Grenzen und Begründung?[58] Oder anders gefragt: Zerfällt die Einheit der Vernunft bzw. des Denkens, wenn die Vernunft eine Geschichte hat?

Zugleich betont Engels, dass die »theoretische Naturwissenschaft« oft hinter den Stand philosophischer Reflexion zurückfalle und sich an in der Philosophie überwundenen Modellen und Verfahren orientiere.[59] Die Dialektik, soweit sie in den verbleibenden »Rest« der Philosophie fällt, biete aber »allein das Analogon und damit die Erklärungsmethode [...] für die in der Natur vorkommenden Entwicklungsprozesse, für die Zusammenhänge im Ganzen und Großen, für die Übergänge von einem Untersuchungsgebiet zum andern.«[60] Auffällig ist, dass Engels hier auf eine Modellübertragung durch Analogie zurückgeht. Das wirft eine grundlegende Frage auf, die er freilich nicht beantwortet: Wodurch sind *philosophische* Modelle imstande, Modelle für Entwicklungs- und Strukturzusammenhänge in den positiven Wissenschaften bereitzustellen, wenn diese Modelle *nicht* von demjenigen Entwicklungsstand der Wissenschaften abstrahiert wurden, für den sie eine Erklärungsmethode bereitstellen sollen?

Eine systematische Reflexion darauf, was Dialektik ist, leistet Engels nicht. Er verweist stattdessen auf einige Faustformeln – Umschlag von Quantität in Qualität und umgekehrt, Negation der Negation und Durchdringung der Gegensätze (Widerspruch), die er aus Hegels Denken mehr oder weniger herausbricht, ohne über deren philosophischen Begrün-

56 Ebd.

57 Ebd.

58 Vgl. Michael Wolff: Viele Logiken – Eine Vernunft. Warum der Logische Pluralismus ein Irrtum ist, in: Methodus. International Journal for Modern Philosophy 7 (2013), S. 73–128.

59 MEGA^2, Bd. I/27, S. 122.

60 Ebd., S. 121.

dungszusammenhang nachzudenken, der doch allererst etwas über die Berechtigung des Einsatzes dialektisch-philosophischer Denkfiguren in einzelwissenschaftlichen Zusammenhängen aussagen könnte. Nach Hegel geht es um nicht weniger als den ganzen »Umfang der allgemeinen Denkbestimmungen, gleichsam das diamantene Netz, in das wir allen Stoff bringen und dadurch erst verständlich machen«.[61] Engels nimmt, wie auch Marx, dieses diamantene Netz in Anspruch, um Wissenschaft kritisch treiben zu können; warum das möglich ist, bleibt abgeschattet. So bleibt Hegels Dialektik mit Marx dann doch das letzte Wort aller Philosophie, weil Marx und Engels meinten, philosophische Probleme hinter sich gelassen zu haben und deshalb beschweigen zu können.

61 Georg Wilhelm Friedrich Hegel: Werke. Theorie-Werkausgabe, Frankfurt a. M. 1970, Bd. 9, S. 20, § 246, Zusatz.

Lenin liest Hegel

(1) AM BEGINN DES ERSTEN WELTKRIEGES, inmitten der zusammenbrechenden europäischen Ordnung, mit der zugleich auch die organisierte internationale Arbeiterbewegung – die II. Internationale – zugrunde ging, zog sich der in die Schweiz geflüchtete russische Politiker Wladimir Iljitsch Uljanow, bekannt unter seinem Decknamen Lenin, in die Berner Bibliothek zurück, um dort philosophische Literatur zu studieren. Vom September 1914 bis zum Mai 1915 las er u.a. Ludwig Feuerbachs »Darstellung, Entwicklung und Kritik der Leibnizschen Philosophie«, Hegels »Wissenschaft der Logik« (unter Einbeziehung der »Logik« in der »Enzyklopädie«), Hegels »Vorlesungen über die Geschichte der Philosophie«, Hegels »Vorlesungen über die Philosophie der Weltgeschichte«, Ferdinand Lassalles »Heraklit« sowie die »Metaphysik« des Aristoteles, dazu etliche Sekundärliteratur. Die umfängliche und intensive Lektüre schlug sich in ebenso umfänglichen Exzerpten und kommentierenden Anmerkungen nieder, die im Druck immerhin knapp 300 Seiten füllen, wozu auch ein eigenständiger Entwurf unter dem Titel »Zur Frage der Dialektik« gehört.[1] Letzterer wurde 1925 veröffentlicht, die anderen Texte 1929 und 1930 in den Lenin-Sammelbänden IX und XII, in denen nach Lenins Tod Schriften und Entwürfe aus seinem Nachlass ediert wurden.[2]

Das Programm, das Lenin in einem Dreivierteljahr absolvierte, würde auch heute gewiss jedem, der sich ernsthaft um die hegelsche Philosophie bemüht, zur Ehre gereichen. Warum aber mühte sich der 44-jährige revolutionäre Politiker an Hegels »Wissenschaft der Logik« ab? Offenbar war es nicht der resignative Rückzug in die Stille der Bibliothek, nachdem die revolutionäre internationale Arbeiterbewegung, die ja ihrem Programm nach auch eine internationale Friedensbewegung war, in den Fluten des nationalstaatlichen Chauvinismus untergegangen war. Zwar bekannte Lenin seiner Geliebten Ines Armand: »Ich treibe mich in den Bibliotheken herum: habe mich nach ihnen gesehnt«;[3] zugleich nahm er jedoch

1 Vgl. Wladimir Iljitsch Lenin: Werke, Berlin 1955ff., Bd. 38.

2 Leninski Sbornik, Bd. IX, Moskau/Leningrad 1929; Leninski Sbornik, Bd. XII, Moskau/Leningrad 1930.

3 Wladimir Iljitsch Lenin: Briefe, 10 Bde., Berlin 1967ff., Bd. 4, S. 5f.

auch seine ausgedehnte publizistische und organisatorische Tätigkeit wieder auf, um die internationale Arbeiterbewegung gegen die den Krieg unterstützenden sozialdemokratischen Parteien auf neuer Grundlage zu reorganisieren.[4] Die Zeiten, die Lenin in der Bibliothek verbrachte, sind zunehmend eher den politischen Aktivitäten abgerungen. Warum also liest Lenin Hegel gerade in dieser kritischen Situation? Für Lenin gab es offenbar einen Zusammenhang zwischen dem theoretischen Rüstzeug der Parteien der II. Internationale und ihrem Versagen angesichts des europäischen Krieges. Sie hatten die Grundlagen der marxschen Theorie verdrängt, mit der sie die gesellschaftlichen und politischen Entwicklungen und die Aufgaben der Arbeiterbewegung zu bestimmen versuchten; diese Grundlagen wieder in Erinnerung zu rufen und damit die marxsche Theorie wieder zu einem Instrument politisch-gesellschaftlicher Standort- und Handlungsbestimmung zu machen war – so meine These – Lenins Anliegen, als er sich in Hegels Werke vertiefte. Er konnte sich dabei ohne Weiteres auf Marx selbst stützen, der im Nachwort zur zweiten Auflage des »Kapital« geschrieben hatte, die Dialektik – und gemeint ist hier das, was er als »Kern« der hegelschen Dialektik bezeichnet – sei »ihrem Wesen nach kritisch und revolutionär«.[5]

Lenin kannte dieses Nachwort sehr gut, aber er hatte es bis dahin – dem Mainstream des Marx-Verständnisses in der II. Internationale folgend – ganz anders gelesen. In seiner frühen Schrift von 1894 gegen die *Narodniki*, die »Volksfreunde«, hatte Lenin sich damit und mit anderen Äußerungen von Marx und Engels zur Dialektik relativ ausführlich auseinandergesetzt, um schließlich zu dem Schluss zu kommen, dass es »unsinnig« sei, »dem Marxismus Hegelsche Dialektik vorzuwerfen«.[6] Marx' Dialektik wird dabei – im Gefolge der Theorien des russischen Marxisten Georgi Plechanow – weitgehend mit einem naturhistorisch orientierten Determinismus gleichgesetzt; die dialektische Methode besteht demzufolge darin, »daß die Gesellschaft als ein lebendiger, in ständiger Entwicklung begriffner Organismus betrachtet wird«.[7] Diese nicht eben spektakuläre Würdigung der Dialektik verschwindet indessen in zahlreichen Warnungen, das Instrument der Dialektik könne subjektiv missbraucht werden, was eher an Eduard Bernstein erinnert, der – ich komme darauf gleich zurück – die Dialektik als »Fallstrick« bezeichnet hatte. Lenins Hegel-Lektüre ist also – und das gilt auch für Lenins eigene intellektuelle Biografie – so etwas wie die Wiederentdeckung des hegelschen Erbes in der Theorie von Karl Marx.

4 Vgl. hierzu die Übersicht in Gerda und Hermann Weber: Lenin-Chronik. Daten zu Leben und Werk, München 1974.

5 Karl Marx/Friedrich Engels: Gesamtausgabe, Berlin 1975ff. [MEGA^2], Bd. II/10, S. 17.

6 Lenin: Werke, Bd. 1, S. 167.

7 Ebd., S. 158.

Ich werde zunächst etwas weiter ausholen müssen, um deutlich zu machen, wie die Diskussionslage war, auf die sich Lenin mit seiner Hegel-Lektüre bezog (2). Im Anschluss daran möchte ich zeigen, *wie* Lenin Hegel las (3), um dann darauf einzugehen, welche Folgerungen Lenin aus seiner Lektüre zog (4). Und schließlich möchte ich noch einen kurzen Blick auf die Rezeptions- und Wirkungsgeschichte der leninschen Hegel-Lektüre werfen, die – so meine These – zugleich einen Teil der Wirkungsgeschichte Hegels im 20. Jahrhundert darstellt (5).

(2) Marx' kritischer Umgang mit Hegel hatte bei den Theoretikern der Arbeiterbewegung kaum Spuren hinterlassen.[8] Dabei muss man sich allerdings vergegenwärtigen, dass die hierfür wichtigsten einschlägigen Texte – wie die »Kritik der Hegelschen Rechtsphilosophie«,[9] die »Pariser Manuskripte«[10] und die »Grundrisse der Kritik der politischen Ökonomie«[11] – erst in den dreißiger Jahren des vorigen Jahrhunderts veröffentlicht wurden, übrigens in einem engen zeitlichen Zusammenhang mit Lenins »Philosophischen Heften« und auch mit den Editionen der Jenaer Entwürfe Hegels, in denen die Thematisierung der Arbeit und der Sphäre der politischen Ökonomie ausführlicher und differenzierter als in den späteren Texten hervortritt[12] und die ihrerseits Anlass gegeben haben, das Verhältnis von Marx und Hegel neu zu durchdenken, wie etwa bei Herbert Marcuse und Georg Lukács.[13] Von solchen Diskussionen konnte am Ende des 19. und Anfang des 20. Jahrhunderts noch keine Rede sein. Marx' Aussage in dem bereits erwähnten Nachwort zur zweiten Auflage des »Kapital«, er habe in diesem Buch im Kapitel über die Werttheorie »hier und da« mit der Hegel »eigenthümlichen Ausdrucksweise« »kokettirt«,[14] wurde weitgehend so verstanden, als sei der Bezug bei Hegel bei ihm bloße Arabeske. Max Adler, ein führender Kopf des Austromarxismus, der ein »Marxismus ohne Hegel« war,[15] hat dies auf den Punkt gebracht: »Von den dem Marxismus zugrundeliegenden Denkelementen hat die Dialektik bis jetzt eigentlich nur bei den Gegnern größere

8 Zum weiteren Rahmen vgl. Andreas Arndt: Hegel-Kritik, in: Historisch-kritisches Wörterbuch des Marxismus, hg. von Wolfgang Fritz Haug, Bd. 5, Hamburg 2002, Sp. 1243–1258; Ders.: Lenin – Politik und Philosophie. Zur Entwicklung einer Konzeption materialistischer Dialektik, Bochum 1982, S. 597ff.

9 Karl Marx/Friedrich Engels: Historisch-kritische Gesamtausgabe, Abt. 1, Bd. 1, Berlin 1929.

10 Karl Marx/Friedrich Engels, Historisch-kritische Gesamtausgabe, Abt. 1, Bd. 3, Berlin 1932.

11 Karl Marx: Grundrisse der Kritik der politischen Ökonomie, 2 Bde., Moskau 1939 u. 1941.

12 Georg Wilhelm Friedrich Hegel: Zur Politik und Rechtsphilosophie, hg. von Georg Lasson, Leipzig 1923; Jenenser Realphilosophie, Bd. 1.2, hg. von Johannes Hoffmeister, Leipzig 1931.

13 Herbert Marcuse: Neue Quellen zur Grundlegung des Historischen Materialismus (1932), in: Ders.: Ideen zu einer kritischen Theorie der Gesellschaft, Frankfurt a. M. 1969, S. 7–54; Georg Lukács: Der junge Hegel. Über die Beziehung von Dialektik und Ökonomie, 2 Bde., Frankfurt a. M. 1973 (abgeschlossen 1938; zuerst veröffentlicht 1948).

14 MEGA², Bd. II/10, S. 17.

15 Vgl. Wilhelm Raimund Beyer: Austromarxismus als Marxismus ohne Hegel, in: Ders.: Freibeuter in Hegelschen Gefilden, Frankfurt a. M. 1983, S. 73–86.

Beachtung gefunden. [...] Ja, es scheint fast, als ob auch viele Anhänger der Lehren von Marx und Engels die Meinung ihrer Gegner teilten, daß die Dialektik im Grunde eine unwesentliche Zutat zum System des Marxismus sei, entsprungen nur aus dem historischen Zusammenhang, den seine Begründer als Schüler Hegels mit dessen Philosophie hatten, so daß bei Angriffen auf die Dialektik keine ernste Gefahr für die Unversehrtheit dieses Systems selbst zu befürchten wäre.«[16] So hat Georgi Plechanow – nach Engels' Tod nicht nur in Russland die philosophische Autorität unter den Marxisten – vor allem auf die Kontinuität der *materialistischen* Tradition im Marxismus Wert gelegt und Hegel nur am Rande behandelt; Karl Kautsky, der international anerkannte Gralshüter der marxschen Theorie in der II. Internationale, bekannte: »Philosophie war nie meine starke Seite, und wenn ich auch ganz auf dem Standpunkt des dialektischen Materialismus stehe, so glaube ich doch, daß der ökonomische und historische Standpunkt von Marx und Engels zur Not auch mit dem Neokantianismus vereinbar ist.«[17] Friedrich Engels hatte völlig recht, als er feststellte, sich auf Hegel einzulassen sei. »um die Sache beim Namen zu nennen, [...] weder Kautskys noch Bernsteins' Sache«.[18]

Bernstein selbst ging indessen noch weit über Kautskys Indifferenz hinaus, indem er den Hegelianismus für das Schlechte – und das heißt bei ihm: für die revolutionäre Seite der marxschen Theorie – verantwortlich machte. In seinem Buch »Die Voraussetzungen des Sozialismus und die Aufgaben der Sozialdemokratie«, in dem er 1899 das Programm des »Revisionismus« entwickelte, warnte Bernstein vor den »logischen Purzelbäume[n] des Hegelianismus«, mit denen man »im Sumpfe« lande: »Was Marx und Engels großes geleistet haben, haben sie nicht vermöge der Hegelschen Dialektik, sondern trotz ihrer geleistet«.[19] Dies veranlasste sogar Karl Kautsky zu einer Verteidigung des Hegelianismus, denn, so fragte er in seinem Artikel »Bernstein und die Dialektik«: »Was bleibt [...] vom Marxismus übrig, wenn man ihm die Dialektik nimmt«? Notwendig sei die Dialektik, weil sie allein es erlaube, Entwicklung zu begreifen, denn die »*Triebkraft* aller Entwicklung ist [...] der Kampf der *Gegensätze*«.[20] Hierunter verstand Kautsky allerdings, wie dann in seinen späteren Werken deutlich wurde, eher den *struggle for life* als den dialektischen

16 Max Adler: Marxistische Probleme, 3. Aufl., Stuttgart 1919, S. 18. – Adler selbst rekonstruiert Hegels Dialektik als (den Gegenständen äußerliche) Methode in einem kantianischen Rahmen; vgl. Arndt: Lenin, S. 726f.

17 Zit. in: Marxismus und Ethik, hg. von Hans-Jörg Sandkühler und Rafael de la Vega, Frankfurt a. M. 1974, S. 19.

18 Gespräche mit Marx und Engels, hg. von Hans Magnus Enzensberger, 2 Bde., Frankfurt a. M. 1973, Bd. 2, S. 667.

19 Eduard Bernstein: Die Voraussetzungen des Sozialismus und die Aufgaben der Sozialdemokratie, Berlin u.a. 1975, S. 71.

20 Karl Kautsky: Bernstein und die Dialektik, in: Die Neue Zeit 17 (1899), S. 39.

Widerspruch.[21] Bernstein allerdings beharrte darauf, dass die Dialektik ein »Fallstrick« sei, wobei er letztlich neokantianisch argumentierte: Wir haben alles, was jenseits der (historisch variablen) Grenze der sicheren wissenschaftlichen Erkenntnis liegt, als unerkennbares »Ding an sich« zu behandeln, wodurch wir für das diesseitige Gebiet »den logischen Widerspruch mit all seinen Zweideutigkeiten« los seien; leugnen wir aber die Grenze, »so tragen wir den Widerspruch in unsere ganze Weltauffassung hinein und laufen Gefahr, bei der ersten Gelegenheit das Recht unseres Verstandes einer mysteriösen höheren Vernunft und widerspruchsvollen Dialectik zu opfern«, wodurch die Dialektik »Antrieb und Anleitung zu willkürlicher Construction« werde.[22] Dies sei bei Marx 1848 und danach der Fall gewesen, als er – so Bernstein – mit »terroristischen Anweisungen« Politik machen wollte und damit einer »geschichtlichen Selbsttäuschung« erlegen sei, »die gerade bei einem Manne von dem Wissen und der theoretischen Einsicht eines Marx nur durch irgend welchen Rückfall in eine falsche Dialektik erklärt werden kann«.[23] Aus diesen Debatten zog Chaim Schitlowski, der mit seiner Kritik am Hegelianismus Bernstein wesentlich beeinflußt hatte,[24] den Schluss, man müsse die hegelsche Dialektik, die bereits »tot« sei, nun endgültig auch in Gestalt der »Marx-Hegelschen Metaphysik« totschlagen, um die verhängnisvolle »Verbindung des idealistischen Ziels mit der materialistischen Geschichtsauffassung« – das heißt die revolutionäre Orientierung – aufzulösen.[25]

Insgesamt waren die philosophischen Debatten innerhalb der II. Internationale von den allgemeinen philosophischen Konjunkturen in der zweiten Hälfte des 19. Jahrhunderts geprägt; Neukantianismus, ein spinozistisch eingefärbter Monismus und ein szientifischer Materialismus und Positivismus dominierten wie auch sonst,[26] nur daß im Rahmen der Arbeiterbewegung die Verträglichkeit bzw. Unverträglichkeit dieser Positionen mit den jeweils für wesentlich erachteten sozialistischen Theorien und Programmen zusätzlich erörtert wurde. Der Vollständigkeit halber sei noch erwähnt, daß sich im Spektrum dieser Positionen bei den Anhängern des mit Marx bekannt gewesenen Handwerkerphilosophen Joseph Dietzgen auch ein Hegelianismus behauptete, der die Dialektik als

21 Vgl. v. a. Karl Kautsky: Vermehrung und Entwicklung in Natur und Gesellschaft, Stuttgart 1920.

22 Eduard Bernstein: Zur Geschichte und Theorie des Socialismus. Gesammelte Abhandlungen, Berlin/Bern 1901, S. 344.

23 Ebd., S. 355.

24 Vgl. Chaim Schitlowsky: Beiträge zur Geschichte und Kritik des Marxismus, in: Deutsche Worte 16 (1895), Wien, S. 193–211 u. 337–372.

25 Chaim Schitlowski: Die sogenannte Krise innerhalb des Marxismus, in: Sozialistische Monatshefte 8 (1900), S. 466f. Vgl. Kay Schweigmann-Greve: Chaim Zhitlowsky (1865–1943) und seine Auseinandersetzung mit dem Marxismus, in: JahrBuch für Forschungen zur Geschichte der Arbeiterbewegung, Jg. 2015, Bd. 1, S. 86–112.

26 Vgl. Materialismus und Spiritualismus. Philosophie und Wissenschaften nach 1848, hg. von Andreas Arndt und Walter Jaeschke, Hamburg 2000.

Theorie der Versöhnung von Gegensätzen interpretierte und damit dem Revisionismus einen Unterbau geben wollte.[27]

Lenins Hegel-Lektüre ist allererst vor dem hier angedeuteten Hintergrund zu verstehen; er wendet sich sowohl gegen die revisionistische Verwerfung der Dialektik als Fallstrick als auch gegen die Versöhnungsmetaphysik. Indessen ist damit noch nicht erklärt, weshalb Lenin überhaupt auf die *hegelsche* Dialektik zurückkommt, hatte er bis dahin doch eher die Position vertreten, dass die marxsche Dialektik – die bei ihm indessen ebenso unbestimmt blieb wie bei Kautsky – mit Hegel nichts zu tun habe. Tatsächlich ging der Hegel-Lektüre eine Marx-Lektüre voraus, die Lenin zu einer neuen Einschätzung veranlasste. Im September 1913 war eine vierbändige Auswahl des Briefwechsels zwischen Marx und Engels erschienen, für die August Bebel und Eduard Bernstein als Herausgeber verantwortlich zeichneten.[28] Lenin arbeitete diesen Briefwechsel innerhalb kurzer Zeit durch, wobei er umfangreiche Exzerpte mit kommentierenden Anmerkungen anfertigte.[29] Etwa ein Viertel dieser Anmerkungen bezieht sich auf Fragen der Philosophie und der Dialektik, wobei die hegelsche »Logik« und Marx' Auseinandersetzung mit ihr im »Kapital« im Mittelpunkt stehen.[30] Indem Lenin den Inhalt der Briefe gegen ihre revisionistische Interpretation durch Bernstein wendet, entdeckt er in diesen Briefen zugleich die Bedeutung Hegels für die marxsche Theorie; Lenins Marx-Lektüre bringt einen Hegel-Marxismus hervor, den Lenin dann in Bern aus den Quellen zu studieren unternimmt.

(3) Marx liefert nicht nur das Motiv, sondern auch die Gebrauchsanweisung für Lenins Hegel-Lektüre. Die vieldeutigen marxschen Metaphern aus dem Nachwort zur zweiten Auflage des »Kapital« – »Kern« und »Hülle«, »Umstülpen« etc. – sowie Engels' Rede von dem auf den Kopf gestellten Materialismus Hegels initiieren zunächst eine Lektüre nach dem Aschenputtel-Prinzip: Die »schlechten«, idealistischen Passagen werden getilgt, die »guten«, wo der Materialismus durchzuschimmern scheint, werden notiert. In Lenins Anmerkungen liest sich das dann so: »Blödsinn über das Absolute [...]. Ich bemühe mich im allgemeinen, Hegel materialistisch zu lesen: Hegel ist auf den Kopf gestellter Materialismus (nach Engels) – d. h., ich lasse den lieben Gott, das Absolute, die reine Idee etc. größtenteils beiseite.«[31] Nach dieser Maxime ist die »Seinslogik« rasch bewältigt; die »Wesenslogik« hält dafür mit den Reflexionsbe-

27 Vgl. hierzu Arndt: Lenin, S. 608f.

28 Stuttgart 1913.

29 Wladimir Iljitsch Lenin: Konspekt zum »Briefwechsel zwischen Karl Marx und Friedrich Engels 1844–1883«, Berlin 1963.

30 Vgl. Arndt: Lenin, S. 258ff.

31 Lenin: Werke, Bd. 38, S. 94.

stimmungen einen »Kern« bereit: die Selbstbewegung als innerlich notwendige Bewegung: »wer würde glauben, daß das der Kern der ›Hegelei‹, der abstrakten und abstrusen (schwerfälligen, absurden?) Hegelei ist?? Diesen Kern mußte man entdecken, begreifen, hinüberretten, herausschälen, reinigen, und das eben haben Marx und Engels getan.«[32] Wenig später, noch immer in der »Wesenslogik«, wagt Lenin eine erste Bilanz des Erbsenzählens und spricht von »9/10 Schale, Schutt«.[33] Louis Althusser kommentiert völlig zu Recht: »Was für ein Verlust!«[34] Nach seiner Auffassung ist dieser Verlust jedoch notwendig, um an Hegel das zu retten, was überhaupt zu retten ist: der Gedanke eines nichtteleologischen, subjektlosen Prozesses (den Althusser von Spinoza beziehen möchte).[35]

Tatsächlich beginnt aber gerade nach dieser Bilanz eine einschneidende Veränderung in der leninschen Lektüre. Das Aschenputtel-Verfahren wird ersetzt durch eine kritische Rekonstruktion und Aneignung, die sich auf den hegelschen Zusammenhang einlässt und ihn nicht mehr fragmentiert. Je weiter sich Lenin durch die »subjektive Logik« durcharbeitet, desto umfangreicher und intensiver werden seine Exzerpte und Anmerkungen. Mehr als die Hälfte seiner Notizen beziehen sich auf die »Lehre vom Begriff«, und davon fast zwei Drittel auf den Abschnitt über die Idee.[36] Von Schale und Schutt ist schließlich nicht mehr die Rede; stattdessen heißt es am Schluss der Lektüre: »Bemerkenswert, daß im ganzen Kapitel über die ›absolute Idee‹ fast mit keinem Wort Gott erwähnt ist [...], und außerdem [...] hat das Kapitel fast gar nicht spezifisch den *Idealismus* zum Inhalt, sondern sein Hauptgegenstand ist die *dialektische* Methode. Fazit und Resümee, das letzte Wort und der Kern der Hegelschen Logik ist die *dialektische Methode* [...]. Und noch eins: In diesem *idealistischsten* Werk Hegels ist *am wenigsten* Idealismus, *am meisten* Materialismus. ›Widersprechend‹, aber Tatsache!«[37]

Indem Lenin das Kapitel über die absolute Idee als den eigentlichen »Kern« der »Wissenschaft der Logik« identifiziert, verändert sich seine Sicht auf dieses Werk und auf die hegelsche Philosophie im Ganzen. Nicht mehr der äußerliche Gegensatz von Idealismus und Materialismus ist bestimmend für die Auseinandersetzung, sondern die Struktur der Vermittlung von »Sein« und »Denken« innerhalb der »Logik«, eine Struktur, die die »Logik« durchzieht und die in dem Methodenkapitel ihrerseits auf den Begriff gebracht wird. Damit geht Lenin, ohne sich dessen voll

32 Ebd., S. 131.

33 Ebd., S. 144.

34 Louis Althusser: Lenin und die Philosophie, Reinbek 1974, S. 77.

35 Vgl. Andreas Arndt: Die Stellung der Philosophie Spinozas zur materialistischen Dialektik. Anmerkungen zum Spinozismus in Althussers Marx-Interpretation, in: Zeitschrift für philosophische Forschung 35 (1981), S. 90–110.

36 Vgl. Arndt: Lenin, S. 684f.

37 Lenin: Werke, Bd. 38, S. 226.

bewusst zu sein, in der Tat auf Marx' Konzeption eines »neuen« Materialismus zurück, den jener gerade in Hegels Identitätsphilosophie begründet sah;[38] den Gegensatz dieses »neuen« Materialismus auch zum feuerbachschen hat Lenin jedenfalls wiederholt notiert.

Das veränderte Verständnis Hegels im Verlauf der Lektüre ergibt sich aus einem genuin philosophischen Leitfaden, den Lenin gleich zu Beginn seiner Lektüre ergreift. Nicht zuletzt aufgrund der Verbreitung des Neukantianismus auch unter den Theoretikern der II. Internationale ist er besonders sensibel für Hegels Kant-Kritik. Bereits in »Materialismus und Empiriokritizismus«, seiner politisch-philosophischen Streitschrift von 1909,[39] hatte er sich zum Thema Kant geäußert und Kant der »Halbheit«[40] bezichtigt: Soweit er Dinge an sich anerkenne, sei er Materialist; soweit er ihre Unerkennbarkeit behaupte, sei er Agnostiker, soweit er apriorische Formen des Erkennens für Sinnlichkeit und Verstand annehme, sei er Idealist. Um diese Halbheiten zu beseitigen, forderte Lenin eine Kant-Kritik »von links«.[41] Diese Aufspaltung der kantischen Philosophie in »gute«, materialistische, und »schlechte«, agnostizistische und idealistische Elemente entspricht dem anfänglichen Verfahren der Hegel-Lektüre. Hegel belehrt Lenin aber sogleich – schon in der Vorrede zur zweiten Ausgabe der »Seinslogik« – dass es gerade darauf ankomme, sich nicht in Trennungen und fixen Gegensätzen herumzutreiben, wenn er Kant dahingehend kritisiert, dass das Ansich als Jenseits des Gedankens »nur ein Gedankending [...] der leeren Abstraktion« sei.[42] Was Lenin auf dem Standpunkt von 1909 noch als eine idealistische Kant-Kritik »von rechts« abqualifiziert hätte, beginnt ihm 1914 einzuleuchten.[43] Er hält das »Wesen des Arguments« in zwei Punkten fest: »(1) bei Kant trennt [...] die Erkenntnis Natur und Mensch; in Wirklichkeit schließt sie sie zusammen; (2) bei Kant steht die *›leere Abstraktion‹* des Dinges an sich an Stelle des lebendigen Ganges, der Bewegung unseres sich immer mehr vertiefenden Wissens von den Dingen.«[44] Zweifellos hält Lenin, wie ja auch Marx, weiterhin daran fest, dass die Dinge nicht begrifflicher oder gedanklicher Natur sind; er sieht aber ein, dass auch der Unterschied von Denken und

38 Vgl. Andreas Arndt: Der Begriff des Materialismus bei Karl Marx, in: Weltanschauung, Philosophie und Naturwissenschaft im 19. Jahrhundert. Band 1: Der Materialismus-Streit, hg. von Kurt Bayertz, Myriam Gerhard und Walter Jaeschke, Hamburg 2007, S. 260–274.

39 Vgl. zu dieser Lesart der leninschen Schrift, die sich von den gewöhnlichen Lektüren Lenins abgrenzt, Arndt: Lenin, Kap. 3.

40 Lenin: Werke, Bd. 14, S. 195; zum folgenden ebd., S. 195f.

41 Ebd., S. 196.

42 Georg Wilhelm Friedrich Hegel: Gesammelte Werke, Hamburg 1968ff. [GW], Bd. 21, S. 14; von Lenin zitiert in: Lenin, Werke, Bd. 38, S.83.

43 Vgl. allerdings ebd., S. 158f., wo Lenin notiert, Hegel habe Kants Schwanken zwischen Empirismus und Idealismus vom Standpunkt eines konsequenteren Idealismus aus kritisiert. Geändert hat sich aber der Rahmen der leninschen Argumentation, sofern der Gegensatz des Idealismus und Idealismus sich ihm relativiert hat.

44 Ebd., S. 83f.

Sein vermittelt werden muss und in dieser Vermittlung das eigentliche Problem liegt. Das Dialektische, so zitiert Lenin wenig später, sei »Fassen des Entgegengesetzten in seiner Einheit«, was er jetzt so kommentiert: »Ein Unterschied zwischen dem Subjektiven und dem Objektiven besteht, ABER AUCH ER HAT SEINE GRENZEN.«[45] Auf der Grundlage dieser Einsicht kann Lenin dann sogar den Gedanken der »Verwandlung des Ideellen in das Reale« affirmieren und notiert sich »gegen den Vulgärmaterialismus«: »Der Unterschied des Ideellen vom Materiellen ist ebenfalls nicht unbedingt, nicht überschwenglich.«[46] Lenins Überlegungen münden schließlich in eine massive Selbstkritik: »Die Marxisten kritisierten [...] die Kantianer und die Anhänger Humes mehr auf Feuerbachsche (und Büchnersche) als auf Hegelsche Art.«[47]

Lenins Auseinandersetzung mit Hegels Kant-Kritik macht deutlich, dass die anfängliche Lektürestrategie einer Scheidung von »Hülle« und »Kern« nach den Kriterien »idealistisch« und »materialistisch« daran scheitert, dass diese Entgegensetzung selbst, statt als unmittelbar gegebenes Kriterium gelten zu können, vermittelt werden muss. Indem er dies erkennt, kehrt Lenin der Sache nach zu dem marxschen Konzept eines »neuen«, auf Hegel zurückgehenden Materialismus zurück, der die Form der Vermittlung in den Mittelpunkt stellt, die sich bei Marx als »gegenständliche Vermittlung« nach dem Modell der wirklichen Arbeit darstellt.[48] Lenin setzt hier den Begriff der »Praxis« ein, den er bei Hegel vor allem in den Ausführungen zur Arbeit und zum Werkzeug im Teleologie-Kapitel des Objektivitäts-Abschnitts der *Lehre vom Begriff* wiederfindet.[49] Allerdings gebraucht Lenin den Begriff der Praxis vielfach in einem sehr weiten, theoretisch nicht spezifizierten Sinne, wie zum Beispiel überall dort, wo er auf die »milliardenfache« Wiederholung von Begriffen und logischen Figuren als Grundlage ihres axiomatischen Gebrauchs verweist.[50]

Wichtiger als der Praxis-Begriff, der von vielen Interpreten auch deshalb besonders herausgestellt wurde, weil er einen Gegensatz zum angeblich anschauenden Materialismus von »Materialismus und Empiriokritizismus« zu bezeichnen scheint, ist in Lenins Aufzeichnungen jedoch die Kategorie der Totalität; sie bezeichnet einen allseitigen Vermittlungszusammenhang, in dem auch Natur und Geist, Sein und Denken, Subjektives und Objektives nur Momente sind. Dieser Gedanke geht Lenin im Zusammenhang mit der hegelschen Kant-Kritik schon an der

45 Ebd., S. 90.

46 Ebd., S. 106.

47 Ebd., S. 169.

48 Vgl. Andreas Arndt: Gegenständliche Vermittlung und Arbeit des Begriffs. Marx' Auseinandersetzung mit Hegels Arbeitsbegriff, in: Hegel und das mechanistische Weltbild, hg. von Renate Wahsner. Frankfurt a. M. u.a. 2005 (Hegeliana 19), S. 148–158.

49 Vgl. Lenin: Werke, Bd. 38, S. 177ff.

50 Vgl. ebd., S. 181.

Figur des Übergehens in Anderes in Hegels »Seinslogik« auf. »Allseitige, universelle Elastizität der Begriffe, Elastizität, die bis zur Identität der Gegensätze geht – das ist das wesentliche. Diese Elastizität, subjektiv angewendet, = Eklektizismus und Sophistik. Elastizität, *objektiv* angewendet [...], ist Dialektik, ist die richtige Widerspiegelung der ewigen Entwicklung der Welt.«[51] Dialektik wird demnach im weitesten Sinne verstanden als die Erfassung und Darstellung, als gedankliche Reproduktion einer prozessierenden Totalität.

Dieser Bezug auf die Kategorie der Totalität gibt Lenin nun einen weiteren Leitfaden für das Sich-verständlich-Machen der hegelschen Logik an die Hand, nämlich den Rückbezug auf die »Logik« des marxschen »Kapital«:[52] So wie die einfache Wertform bei Marx bereits alle Widersprüche des Kapitalismus *in nuce* enthalte, so bedeute bei Hegel »schon die einfachste *Verallgemeinerung*, die erste und einfachste Bildung von *Begriffen*« den Beginn der Rekonstruktion des »*objektiven* Weltzusammenhangs durch den Menschen«.[53] Im »Kapital«, so geht Lenin jetzt auf, »kokettiert« Marx nicht nur mit Hegels Ausdrucksweise, sondern er hat »die Dialektik Hegels in ihrer rationellen Form auf die politische Ökonomie *angewendet*«.[54] Hieraus zieht Lenin dann die berühmte und viel zitierte Folgerung: »Man kann das ›Kapital‹ von Marx und besonders das I. Kapitel nicht vollständig begreifen, ohne die *ganze* Logik von Hegel durchstudiert und begriffen zu haben. Folglich hat nach einem halben Jahrhundert nicht ein Marxist Marx begriffen!!«[55] Damit soll sicher nicht gesagt sein, dass sich die Kritik der politischen Ökonomie ohne Studium der hegelschen Logik überhaupt nicht begreifen lasse; wohl aber ist gemeint, dass ein *vollständiges* Begreifen der marxschen Theorie einschließlich ihrer wissenschaftstheoretischen Grundlagen ohne Hegel nicht möglich ist. Lenins Aphorismus ist das Gründungsdokument des Hegelmarxismus, wie er dann vor allem im westlichen Marxismus zur Geltung kam.

(4) Lenins Hegel-Lektüre läuft auf eine Konzeption universeller Vermittlung hinaus; dies hatte – völlig zu Recht – bereits Wilhelm Goerdt in den Mittelpunkt seiner Interpretation der leninschen Dialektik-Konzeption gestellt,[56] wobei allerdings das Verhältnis zu Hegel unterbestimmt blieb. Frank-Alexander Koch hat in seiner von Dieter Henrich inspirierten Münchener Dissertation (1977) den Anknüpfungspunkt darin gesehen, dass

51 Ebd., S. 100.
52 Vgl. ebd., S. 168–170
53 Ebd., S. 168f.
54 Ebd., S. 168.
55 Ebd., S. 170.
56 Wilhelm Goerdt: Die »allseitige universale Wendigkeit« (gibkost') in der Dialektik V.I. Lenins, Wiesbaden 1962.

Lenin vor allem auf Hegels Reflexionstheorie zurückgehe, »die Aufhebung *aller* Unmittelbarkeiten in Reflexion«, wobei er jedoch die Dialektik »in eine autonome Reflexionskompetenz« ummünze, der letztlich jeder Halt fehle.[57] In der Tat führt Lenins Hegel-Lektüre nicht zu einer systematischen Begründung von Dialektik mit und gegen Hegel; die Annotationen zur »Logik« bleiben, wie ich es in meiner Dissertation genannt habe, »Hinweise für eine systematische Darstellung«.[58] Diese Hinweise wären hoffnungslos überfordert, wollte man aus ihnen eine stringente systematische Begründung extrapolieren. Das Ergebnis der leninschen Hegel-Lektüre ist somit kein systematischer Traktat über die dialektische Methode (wie ihn etwa Marx zu schreiben beabsichtigte), sondern die Niederschrift von Merkposten, worauf es beim Gebrauch der dialektischen Methode ankommt. Diese Merkposten finden sich innerhalb der Notizen und Anmerkungen zur »Wissenschaft der Logik« in 16 »Elementen der Dialektik«,[59] die im Zusammenhang mit Hegels Darstellung der absoluten Idee als absoluter Methode niedergeschrieben wurden; sie finden sich weiter in dem Fragment »Zur Frage der Dialektik«, in dem Lenin die Ergebnisse seiner Lektüre zu verdichten suchte. Der Theorietypus, zu dem solche Merkposten gehören, ließe sich am angemessensten als *Topik* beschreiben, die ja ohnehin zu den Beständen dialektischen Denkens gehört.[60]

Lenins Merkposten sind auf den ersten Blick wenig spektakulär. Auf den zweiten Blick wird jedoch erkennbar, dass er – offenbar orientiert an dem marxschen Verfahren im »Kapital« – die Reproduktion einer Totalität als Vermittlungszusammenhang vom Einzelnen, den Elementen der Totalität aus ansetzen will. So bezieht sich die »*Objektivität* der Betrachtung« (1) gerade nicht auf das Allgemeine, sondern auf das einzelne »Ding«, das dann (2) in der »Totalität der mannigfaltigen *Beziehungen*« zu den anderen Dingen sowie in seiner Entwicklung (3) zu betrachten ist. In diesem Zusammenhang treten (4) seine »innerlich widersprechenden *Tendenzen* (*und* Seiten)« hervor, so dass es (5) als »Summe *und Einheit der Gegensätze*« gefasst werden kann, deren Entfaltung zu verfolgen ist (6). Hieran knüpft – mit Hegel – das analytisch-synthetische Verfahren an (7), das Lenin in den folgenden Elementen noch differenziert, ohne freilich – und dies ist eine Konsequenz seines Ansatzes beim Einzelnen – zu einer systematisch gerundeten Totalität als Selbstbezüglichkeit des Begriffs qua Idee zu kommen. Auch hierin kehrt Lenin zur marxschen Hegel-Kritik zurück, wie sie etwa in der »Kritik des Hegelschen Staatsrechts« von 1843 formuliert wurde, die Lenin noch nicht kennen konnte.

57 Frank-Alexander Koch: Dialektik als Strategie. Studie zur materialistischen Erkenntnis- und Revolutionstheorie – am Beispiel Lenins, München 1977.

58 Vgl. Arndt: Lenin, Kap. 6.

59 Lenin: Werke, Bd. 38, S. 212–214; auf die Zählung dieser Elemente beziehen sich im Folgenden die Ziffern im Text.

60 Vgl. Rüdiger Bubner: Dialektik als Topik, Frankfurt a. M. 1991.

In dem Fragment »Zur Frage der Dialektik« wird dann aufgenommen, was Lenin im Anschluss an die »Elemente« notiert hatte: »Die Dialektik kann kurz als die Lehre von der Einheit der Gegensätze bestimmt werden.«[61] Lenin interpretiert das nun als »Spaltung des Einheitlichen«, wobei die »Einheit« nur vorübergehend, der »Kampf« der Gegensätze aber absolut sei.[62] Dies ist indessen keine Gebrauchsanweisung für rücksichtslosen Klassenkampf und Parteisäuberungen, denn Lenin äußert dies im Zusammenhang mit dem Programm, »an Hand der Geschichte der Wissenschaft«[63] die Dialektik zu fundieren, wofür ihm dann – wie könnte es anders sein – wiederum das »Kapital« als ausgezeichnetes Beispiel dient. Das Problem, das Lenin in systematischer Hinsicht berührt, im Rahmen seiner Topik aber weder explizit macht, geschweige denn löst, ließe sich am ehesten in Anlehnung an Adornos Konzeption negativer Dialektik beschreiben als Prävalenz des Nichtidentischen (des »Kampfes« der Gegensätze) und als Kritik der Prävalenz des Allgemeinen bei Hegel (Ausgang beim Einzelnen und Nichtabschließbarkeit des Prozesses). Wem das zu hoch gegriffen ist, der mag sich vergegenwärtigen, dass die Topoi einer von Marx inspirierten Auseinandersetzung mit Hegel nicht unendlich variabel sind.

Der Ertrag der leninschen Hegel-Lektüre besteht demnach weniger in Ansätzen zur systematischen Ausarbeitung derjenigen philosophischen Problematiken, die in den Notizen berührt werden, als vielmehr in der Rückgewinnung einer Problematik, die bereits durch Marx' Verhältnis zu Hegel vorgegeben, die aber im Zuge der auch bis tief in die Arbeiterbewegung hineinreichenden philosophischen Entwicklung des späteren 19. Jahrhunderts geradezu verdrängt worden war. Dass Lenin dies gegen den vorherrschenden Zeitgeist gelingt, überhebt seine Aufzeichnungen der Trivialität, die solchen Aneignungsbemühungen sonst oft anzuhaften pflegt. Indessen: Es ist die *Rück*gewinung einer Problematik und nicht ihre Lösung. Völlig unangemessen war daher die vor 1989 parteioffiziell gepflegte Auffassung, mit Lenin beginne eine neue Etappe der Entwicklung der Dialektik und womöglich der Philosophie insgesamt.[64]

Lenin selbst war sich des vorläufigen Charakters seiner Resultate durchaus bewusst und hat – anknüpfend an sein Fragment »Zur Frage der Dialektik« – später versucht, hierzu ein wissenschaftliches und philosophisches Forschungsprogramm zu initiieren, das er 1922 in einem Aufsatz mit dem Titel »Über die Bedeutung des streitbaren Materialismus« vorschlug. Hierbei ging es ihm einerseits um Aufklärung, um die Vermittlung

61 Lenin: Werke, Bd. 38, S. 214.

62 Ebd., S. 338f.

63 Ebd., S. 338.

64 Vgl. z. B. Geschichte der marxistischen Dialektik. Die Leninsche Etappe, Berlin 1976 (zuerst russ. 1973).

elementaren wissenschaftlichen Wissens an die (zum großen Teil noch analphabetischen) Massen, wobei die Religionskritik im Mittelpunkt stehen sollte, zum anderen aber auch darum, empirische Wissenschaftler und Philosophen durch die Organisation eines »systematische[n] Studium[s] der Dialektik Hegels vom materialistischen Standpunkt aus«[65] zusammenzuführen. Hierzu stellt er sich »eine Art ›Gesellschaft materialistischer Freunde der Hegelschen Dialektik‹« vor.[66]

In seinen eigenen Arbeiten hat Lenin nach 1914 wiederholt von der dialektischen Topik Gebrauch gemacht, die er durch seine Hegel-Lektüre gewonnen hatte. Beispielhaft in dieser Hinsicht ist die Gewerkschaftsdebatte 1921 mit Trotzki und Bucharin, in der Lenin fast wörtlich auf seine »Elemente der Dialektik« zurückkommt, um die »undialektische« Argumentationsweise seiner Kontrahenten deutlich zu machen.[67] Und auch die leninsche Imperialismusschrift lässt sich methodologisch vor dem Hintergrund dieser Topik als der Versuch lesen, die für die politische Praxis entscheidenden »Widersprüche« der gegenwärtigen Totalität des Weltkapitalismus herauszupräparieren.[68]

(5) Auf das von Lenin in dem Aufsatz »Über den streitbaren Materialismus« entwickelte Projekt stützte sich in der sowjetischen Philosophie der 1920er-Jahre die Gruppe um Deborin, als sie die »Mechanizisten« (v. a. Bucharin), aber auch »Hegelianer« (wie Lukács) kritisierte, bevor sie selbst ins Visier Stalins geriet und Ende 1930 einer »formalistische[n] Entstellung der materialistischen Dialektik« für schuldig befunden[69] und Deborin nun vorgeworfen wurde, Marx und Lenin durch »Hegels Brille« gelesen zu haben.[70] Stalin, der »Dschinghis-Khan mit Telefon«, wie Bucharin ihn nannte, war von Anfang an unglücklich über die Veröffentlichung der »Philosophischen Hefte« Lenins, weil darin Verwirrung über die Grenzziehung zwischen Materialismus und Idealismus angerichtet werde. Aus diesem Grunde wehrte er sich bis zu seinem Tod, diese Texte in die als kanonisch geltende Lenin-Gesamtausgabe aufzunehmen.[71] Mit dem (angeblich von Stalin verfassten) Text »Über dialektischen und historischen Materialismus«, der 1938 im »Kurzen Lehrgang der Geschichte der KPdSU (B)«, abgesegnet durch Beschluss des Zentralkomitees, erschien, war Hegel wiederum zum entbehrlichen Ornament der marxschen The-

65 Lenin: Werke, Bd. 33, S. 219.

66 Ebd., S. 220.

67 Vgl. Lenin: »Noch einmal über die Rolle der Gewerkschaften«, in: Ders.: Werke, Bd. 32, bes. S. 73–85. Vgl. Arndt: Lenin, S. 580ff.

68 Vgl. Arndt: Lenin, Kap. 4.

69 Vgl. Abram Deborin/Nikolai Bucharin: Kontroversen über dialektischen und mechanistischen Materialismus, Frankfurt a. M. 1969, S. 318.

70 Laszlo Sziklai: Georg Lukács und seine Zeit, Berlin/Weimar 1990, S. 80.

71 Vgl. Dieter Uhlig/Wladislaw Hedeler: Nachwort, in: Nikolai Bucharin, Philosophische Arabesken, Berlin 2005, S. 425.

orie geworden. Folgerichtig machte dann Stalins Chefideologe Shdanov 1944 die Legende von Hegel als Philosophen der preußischen Reaktion wiederum offiziell zur Richtlinie der Hegel-Kritik.[72] Als dann, nach Stalins Tod, nach dem berühmten Diktum Ernst Blochs wieder Schach, das heißt Dialektik, statt Mühle gespielt werden sollte, verstellte die Konstruktion des Leninismus in der Philosophie erneut den unbefangenen Blick auf die Problematik, die Lenin gerade zurückgewonnen hatte.

Außerhalb der Sowjetunion und vor allem in Westeuropa indessen zündete jedoch das leninsche Projekt eines materialistischen Studiums der hegelschen Dialektik. Die revolutionäre Dialektik wurde zur Chiffre für das theoretische Selbstverständnis einer ganzen Generation von Intellektuellen, die mit der russischen Revolution und mit Lenin sympathisierten. In der Tradition des marxistischen Denkens war dies ohne Beispiel, und so kann auch, wie dies der amerikanische Politologe Kevin Anderson 1995 in seiner Monografie »Lenin, Hegel and Western Marxism«[73] ausführlich begründet hat, die Wirkung Lenins auf den westlichen Hegel-Marxismus kaum hoch genug veranschlagt werden. Allgemein akzeptiert wurde vor allem in den westeuropäischen Diskussionen auch Lenins Vorschlag, die marxsche Auffassung der Dialektik aus der »Logik« des »Kapital« zu rekonstruieren. Zugespitzt formuliert: Der westliche Hegel-Marxismus, der sich dann vielfach dezidiert gegen den Parteimarxismus der Sowjetunion und ihres Einflussbereichs wenden sollte, hat einen wesentlichen Ursprung in Lenins Rückwendung zu Hegel. Dies, eine Hegel-Renaissance im marxistischen Denken mit angestoßen zu haben, ist sicher kein als gering einzuschätzendes Resultat der leninschen Hegel-Lektüre.

Welche Potenzen in Lenins Projekt selbst lagen, lässt sich aus Nikolai Bucharins Gefängnisheften erahnen, die dieser in der Todeszelle schrieb und vor seiner Hinrichtung Stalin übergeben ließ: eine Interpretation, die von Lenins Notizen aus erneut Hegel liest und auf dieser Grundlage das Projekt einer materialistischen Dialektik zu entwickeln versucht. Stalin ließ das Manuskript liegen; sein theoretischer Abgesang auf Bucharin *und* auf Lenin erschien wenig später in Gestalt des berüchtigten Artikels »Über dialektischen und historischen Materialismus«. Damit war die theoretische Allianz der marxschen Theorie mit Hegel aufgekündigt, welche die II. Internationale verdrängt, Lenin wiedergewonnen und die für einen historischen Augenblick Russland und Westeuropa intellektuell einander nähergebracht hatte.

72 Vgl. Sziklai: Georg Lukács, S. 91.

73 Urbana u.a. 1995. – Anderson kommt vielfach zu gleichen Einschätzungen wie ich in meiner Dissertation, die er aber nicht kennt.

Rechtsform gleich Warenform?

Zur Methode in Paschukanis »Allgemeine Rechtslehre und Marxismus«

(1) MARXISTISCHE THEORETIKER HABEN sich mit der Theorie des Rechts immer schwergetan. Marx hat sich zum Thema nur eher beiläufig und verstreut in unterschiedlichen Kontexten geäußert. Das Buch über den Staat, das systematisch auch über Recht hätte handeln müssen, wurde nie geschrieben. Die Rede vom juristischen Überbau – in Wahrheit eine vieldeutige Metapher – schien vielen aber den Fall eindeutig zu machen: Recht gehört irgendwie in den Bereich der Ideologie und Herrschaftstechnik und steht in irgendeiner Entsprechung zur ökonomischen Basis der warenproduzierenden Gesellschaft.[1]

Hier setzten allerlei Bemühungen an, das eine aus dem anderen »abzuleiten«, und in die Reihe dieser Versuche gehört auch Paschukanis' »Allgemeine Rechtslehre und Marxismus«. Rechtskategorien sind, Paschukanis zufolge, »objektive[] Denkformen [...], die den objektiven gesellschaftlichen Verhältnissen entsprechen«, diese aber zugleich – in Analogie zum Warenfetischismus – mythisch verkleiden.[2] Recht, so heißt es, sei »eine in mystische Nebel gehüllte Form irgendeines *spezifischen* gesellschaftlichen Verhältnisses«, welches seine Form – die Rechtsform – auf andere Verhältnisse übertragen könne.[3] Genau genommen haben wir also eine doppelte Übertragung – was immer dies sei und wie immer auch sie zustande kommen möge – vor uns. Das Recht ist die Form spezifischer gesellschaftlicher Verhältnisse, also durch diese selbst in seiner Form bestimmt, überträgt aber wiederum seine spezifische Form – die Rechtsform – auf andere Verhältnisse. Man kann dem wenigstens so viel entnehmen, dass Paschukanis mit dieser doppelten Übertragung, die wohl an Friedrich Engels' berühmte Formulierung von der »Rückwirkung« des Überbaus auf die Basis anknüpft,[4] eine komplexere Struktur an die Stelle eines einfachen Entsprechungsverhältnisses von Ökonomie und Recht setzen will.

1 Vgl. Dirk Purschke: Der Rechtsgedanke bei Marx. Quellenstudien zu einer entwicklungsgeschichtlichen Rekonstruktion seiner Philosophie des Rechts, Berlin/Boston 2022.

2 Eugen Paschukanis: Allgemeine Rechtslehre und Marxismus. Versuch einer Kritik der juristischen Grundbegriffe, 3. Aufl., Frankfurt a. M. 1970 (Archiv sozialistischer Literatur 3), S. 47.

3 Ebd., S. 52.

4 Engels an W. Borgius, 25.01.1894, in: Karl Marx/Friedrich Engels: Werke, Berlin 1956ff. [MEW], Bd. 39, S. 206.

Die These, dass die Rechtsform durch die Warenform bestimmt sei, wird im Ergebnis ergänzt durch die These, dass gesellschaftliche Verhältnisse unter bestimmten Bedingungen einen rechtlichen Charakter annehmen.[5] Eine »grundlegende Voraussetzung« hierfür sei die »Gegensätzlichkeit privater Interessen«, genauer: der Interessen von Privateigentümern: »Diese ist sowohl die logische Voraussetzung der Rechtsform als auch die reale Ursache der Entwicklung des juristischen Überbaus.«[6] Das Einnehmen eines spezifisch juristischen Standpunktes zu gesellschaftlichen Verhältnissen werde überhaupt erst dadurch ermöglicht, »daß sich in der warenproduzierenden Gesellschaft die verschiedensten Verhältnisse dem Typus der Verhältnisse des Handelsumsatzes angleichen und folglich innerhalb der Rechtsform unterbringen lassen«.[7] Das Privatrecht, »in erster Linie« das Vermögensrecht,[8] ist somit der Kern der Rechtsform überhaupt. Damit ist zugleich gesagt, »wo denn jenes gesellschaftliche Verhältnis sui generis zu suchen sei, dessen unausbleiblicher Reflex die Rechtsform ist«: das Verhältnis der privateigentümlichen Warenbesitzer im Warentausch.

Hiermit hat sich für Paschukanis dann auch die Annahme der »bürgerliche[n] Rechtsphilosophie« erledigt, »die das Rechtsverhältnis als ewige und natürliche Form einer jeden menschlichen Beziehung betrachtet«.[9] Paschukanis' alternative Grundthese lässt sich aufgrund des bisher Dargelegten so zusammenfassen: Die Warenform bestimmt die Rechtsform und weil dies so ist, können die gesellschaftlichen Verhältnisse der Warenbesitzer auch rechtsförmig geregelt werden.

(2) Da, wie es Paschukanis bündig formuliert, »die Warenform die Rechtsform hervorbringt«,[10] sieht er sich berechtigt, die von Marx bei der Analyse der Ware im »Kapital« angewandte Methode auf die Analyse des Rechts zu übertragen. Erscheine nach Marx der Reichtum kapitalistischer Gesellschaften als eine ungeheure Warensammlung, so stelle sich analog »die ganze Gesellschaft als eine unendliche Kette von Rechtsverhältnissen dar«, nachdem die Rechtsform die gesellschaftlichen Verhältnisse normierend reguliere, wobei das »juristische Rechtsverhältnis« die »Keimzelle des Rechtsgewebes« sei.

Bereits an diesem Punkt wird allerdings deutlich, dass die Analogie von Warenform und Rechtsform, vorsichtig gesagt, Schwierigkeiten macht. Denn die Warensammlung als Erscheinung des Reichtums kapitalistischer Gesellschaften ist ja zunächst ein bloßes Agglomerat und damit

5 Paschukanis: Allgemeine Rechtslehre, S. 53.
6 Ebd., S. 55.
7 Ebd., S. 56.
8 Ebd., S. 57, auch das folgende Zitat.
9 Ebd., S. 59.
10 Ebd., S. 60, auch die folgenden Zitate.

etwas ganz anderes als eine Kette von Verhältnissen oder ein strukturiertes Gewebe. Das vierte, in methodologischer Hinsicht entscheidende Kapitel des Buches, das »Ware und Subjekt« überschrieben ist, führt dann auch das Subjekt als »Atom der juristischen Theorie« ein, mit dem die Analyse zu beginnen habe.[11] Dies steht in Analogie zur Ware als »Elementarform« des Reichtums, mit der Marx die Analyse beginnt.[12] Der Anfang beim Rechtsverhältnis hingegen im dritten, »Verhältnis und Norm« überschriebenen Kapitel, würde bei Marx der späteren Analyse des Austauschverhältnisses in der Analyse der Wertform entsprechen. Weshalb diese – im Übrigen uneingestandene – Inkongruenz in der Anlehnung an Marx' »Kapital«?

Ich glaube, dass diese Inkongruenz zwingend ist, weil Paschukanis die von ihm vorausgesetzte Analogie nicht durchführen kann. Kurz gesagt: Ihm fehlt eine Entsprechung zum Warenkörper als Ding mit Eigenschaften, welcher eine Ware zum Gebrauchswert macht. Das Subjekt als Atom der juristischen Theorie ist für ihn aber nichts weiter als der »allgemeinste[] Ausdruck« des Eigentumsverhältnisses »als freie Verfügung auf dem Markte«.[13] Dies entspricht der Austauschbarkeit der Waren, ihrer Tauschwert- bzw. Wertseite und nicht ihrer Gebrauchswertseite. Anders gesagt: Paschukanis tut im Blick auf Marx so, als habe die Ware nur Tauschwert und keinen Gebrauchswert. Er tut dies nicht deshalb, weil er Marx' »Kapital« nicht oder schlecht verstanden hätte; er tut dies deshalb, weil sein Begriff des Rechts reduktionistisch ist und er neben der spezifisch gesellschaftlichen Form und Funktion des Rechts als *bürgerlichem* Recht (im doppelten Sinne des Zivilrechts *und* des durch die bürgerliche Gesellschaft geprägten Rechts) nicht die Funktion des Rechts als Konstituens individueller Freiräume kennt, die der Begriff des Rechtssubjekts als Person impliziert.[14] Ich komme hierauf noch zurück und gehe zunächst noch weiter der Analogie von Warenform und Rechtsform nach.

Wenn ich es richtig sehe, konzipiert Paschukanis den Begriff der Norm in Entsprechung zu Marx' Wertbegriff. Wie der Wert Ausdruck eines gesellschaftlichen Verhältnisses ist – der gesellschaftlichen Produktion privater Eigentümer –, keinesfalls aber dieses Verhältnis konstituiert (denn dann wäre der Wert Existenzbedingung des Gesellschaftlichen überhaupt), so ist die Rechtsnorm Ausdruck gesellschaftlich konstituierter Rechtsverhältnisse, aber bringt diese Verhältnisse keineswegs hervor. Unmittelbar bedeutet dies, dass der Staat als normsetzende Gewalt rechtstheoretisch entbehrlich ist.[15] Recht entsteht, so behauptet Paschu-

11 Ebd., S. 87.

12 Karl Marx/Friedrich Engels: Gesamtausgabe, Berlin 1975ff. [MEGA²], Bd. II/8, S. 63.

13 Paschukanis: Allgemeine Rechtslehre, S. 88.

14 Vgl. Andreas Arndt: Frei(heits)räume. Abstrakte und konkrete Allgemeinheit in Hegels Grundlinien der Philosophie des Rechts, in: Aufhebung 5, Salzburg 2014, S. 10–25.

15 Paschukanis: Allgemeine Rechtslehre, S. 68.

kanis es als historische Tatsache, aus einer Interessenkollision von Privateigentümern: »Historisch beginnt das Recht mit dem Streit, d. h. mit der Rechtsklage«.[16] Die Norm sei nichts weiter als die »organisatorische Regel«,[17] nach der solche Kollisionen reguliert werden und ihr Inhalt orientiere sich am »Selbstzweck« der Warenzirkulation.[18]

Um dies plausibel zu machen, muss Paschukanis den Doppelcharakter des Rechts als objektives und subjektives, als äußerliche, autoritäre Regelung einerseits und als »Form der subjektiven privaten Autonomie«[19] andererseits, nivellieren. Er tut dies, indem er beide Seiten nach dem Prinzip von Schuld und Verpflichtung aufeinander bezieht: »Die Schuld der einen Partei ist etwas, was der anderen Partei zukommt und ihr gesichert ist. Was von der Seite des Gläubigers betrachtet Recht ist, ist für den Schuldner Verpflichtung. Die Kategorie des Rechts wird nur dort logisch vollendet, wo sie den Träger und Inhaber des Rechts in sich schließt, dessen Rechte nichts anderes sind als die ihm gegenüber bestehenden Verpflichtungen anderer.«[20] Man muss sich die Konsequenz dieser Aussage ganz klar machen, denn sie ist die Antwort darauf, als was persönliche Autonomie (der von Paschukanis gebrauchte Ausdruck »private« Autonomie ist schon pejorativ) in Wahrheit sei: Verfügung über Privateigentum auf dem Markt. Die Kategorie des Rechts als solchem wird auf Obligationenrecht heruntergebrochen. Damit, so Paschukanis, seien auch die »Eigenheiten des Rechts als logische Kategorie« aufgedeckt,[21] gemeint ist wohl die Vorstellung eines Wechselverhältnisses. In der Folge wird dann behauptet, die »grundlegenden Definitionen des Privatrechts« seien »nichts anderes [...] als die Definition des Rechts überhaupt«.[22] Auf dieser Grundlage kann es kaum erstaunen, dass in den Ausführungen zum Subjekt in dem Kapitel »Ware und Subjekt« das Rechtssubjekt nicht mehr ist als der Warenbesitzer. Die Kategorie des Rechtssubjekts, so dekretiert Paschukanis, werde »selbstverständlich aus dem auf dem Markte vor sich gehenden Tauschakt abstrahiert«.[23] Und weiter: »Das juristische Subjekt ist [...] ein in den Wolkenhimmel versetzter, abstrakter Warenbesitzer. Sein Wille im juristischen Sinn hat seine reale Grundlage in dem Wunsch, zu veräußern im Erwerben und zu erwerben in der Veräußerung.«[24]

16 Ebd., S. 69.
17 Ebd., S. 81.
18 Ebd., S. 77.
19 Ebd., S. 73.
20 Ebd., S. 76.
21 Ebd., S. 77.
22 Ebd., S. 83.
23 Ebd., S. 95.
24 Ebd., S. 100.

(3) Mit solchen Formulierungen grenzt Paschukanis sich ausdrücklich von »idealistischen Rechtstheorien« ab, welche »den Begriff des Subjekts aus dieser oder jener allgemeinen Idee, d. h. auf rein spekulativem Wege« entwickeln.[25] Hierbei verweist er auf so unterschiedliche Theoretiker wie Georg Friedrich Puchta als Vertreter der historischen Rechtsschule im Sinne Karl Friedrich von Savignys und auf Hegel, die jedoch in den angeführten Zitaten beide den Begriff des Subjekts nicht »aus dieser oder jener Idee« – Paschukanis meint offenbar: willkürlich – ableiten, sondern hier darin übereinkommen, dass sie Freiheit als Grundbegriff des Rechts bestimmen. Nun haben wir bereits gesehen, dass Paschukanis mit diesem Begriff gar nichts anzufangen weiß, sondern Freiheit nur als freie Verfügung über das Privateigentum versteht; alles andere hält er offenbar für ideologische Nebelbildungen, welche die Grundlage des Rechtsverhältnisses mystifizieren. »Träger der Freiheit« ist ihm zufolge das Subjekt nur hinsichtlich »der Freiheit, anzueignen und zu veräußern«.[26]

Paschukanis zitiert unter anderem Hegels »Rechtsgebot« im § 36 der »Grundlinien der Philosophie des Rechts« (»*sey eine Person und respectire die andern als Personen*«[27]). Es besteht kein Zweifel, dass die Person als rechtsfähiges Subjekt dabei auch als Eigentümer und vertragsfähiges Subjekt gedacht wird. Ebenso wenig ist jedoch zu bezweifeln, dass der Begriff der Person sich darin nicht erschöpft. Der Rechtsbegriff der Person begründet die Sphäre des abstrakten Rechts, die gerade deshalb, weil von den Besonderheiten der Individuen abstrahiert wird, nicht rechtlich normierte Freiräume eröffnet; sie begründet damit das »Recht der *Besonderheit* des Subjects, sich befriedigt zu finden, oder, was dasselbe ist, das Recht der *subjectiven Freyheit«, welches* »den Wende- und Mittelpunkt in dem Unterschiede des *Altertums* und der *modernen* Zeit« ausmacht.[28] Die Abstraktion, die der Begriff der Rechtsperson vollzieht, ermöglicht es nach Hegel erst, die Menschen als Menschen (und keinesfalls nur als Warenbesitzer) in gleiche Rechte zu setzen; sie ist insofern eine verständige Abstraktion. »*Der Mensch gilt so, weil er Mensch ist,* nicht weil er Jude, Katholik, Protestant, Deutscher, Italiener usf. ist, – dies Bewußtseyn, dem der *Gedanke* gilt, ist von unendlicher Wichtigkeit.«[29] Menschsein bekommt damit eine rechtliche Qualität.[30] Diese Qualität haftet dem Menschen aber nicht von Natur an, sondern ist geschichtliches, gesellschaftlich vermitteltes Produkt: Erst in der Moderne wird Menschsein zur Rechtsbestimmung.

25 Ebd., S. 88.

26 Ebd., S. 135.

27 Georg Wilhelm Friedrich Hegel: Gesammelte Werke, Hamburg 1968ff. [GW], Bd. 14,1, S. 52.

28 Ebd., S. 110, § 124, Erläuterung.

29 Ebd., S., 175, § 209, Erläuterung.

30 Ebd., S. 217 (Anm. 1 zur Erläuterung).

Paschukanis dagegen sieht hierin eine schlechte Abstraktion, vergleichbar der Wertabstraktion, die von der Gebrauchswertseite der Ware absieht: Es »lösen sich alle konkreten Besonderheiten, die den einen Vertreter der Gattung homo sapiens von dem anderen unterscheiden, in der Abstraktion des Menschen überhaupt, des Menschen als juristischen Subjekts auf«.[31] Übersehen wird, dass die Abstraktion nicht nur zu einem negativen Resultat führt, sondern Freiräume eröffnet, in denen die unterschiedlichen Qualitäten der Individuen zur Geltung gebracht werden können. Beides ist voneinander nicht zu trennen, weshalb für Hegel das »Princip der Besonderheit« auch »ein Moment des Gegensatzes« aufweist »und zunächst wenigstens *eben so wohl* identisch mit dem Allgemeinen, als unterschieden von ihm« ist.[32] Es ist identisch mit dem Allgemeinen, indem es als allgemeines Recht eingefordert und anerkannt wird; es ist unterschieden von ihm, indem es gerade die Besonderheit zur Geltung bringt.

Paschukanis nimmt von Hegel nur beiläufig Notiz und scheint ihn wenig zu kennen; so ist ihm auch die Pointe entgangen, dass das Rechtssubjekt bei Hegel keineswegs als atomare Einheit gilt, sondern im Gegenteil historisches Resultat gesellschaftlicher Vermittlung ist. Hierin kommt Hegel mit Marx überein, für den der Mensch »im wörtlichsten Sinn ein ζῶον πολιτικόν, nicht nur ein geselliges Thier, sondern ein Thier, das nur in der Gesellschaft sich vereinzeln kann«, ist.[33] Paschukanis dagegen rekurriert auf den negativen Freiheitsbegriff naturrechtlicher Vergesellschaftungstheorien, für den er sich vor allem auf Fichte beruft,[34] und tut dabei so, als hätte es eine Kritik dieses Modells erst mit Marx gegeben.

Paschukanis reduziert die widersprüchliche Natur des notwendig abstrakt-allgemeinen Rechts[35] auf die Abstraktion, die er mit der Wertabstraktion gleichsetzt. Er abstrahiert dabei aber selbst von der Kehrseite der rechtlichen Abstraktion, die das Recht der Besonderheit positiv zur Geltung bringt. Die aufgezeigte Inkongruenz zur marxschen Methode im »Kapital« hat hierin ihren Grund. Wie Marx den Gebrauchswert als den wahren Reichtum jeder Gesellschaft bestimmt und insofern als ein potenziell die kapitalistische Ökonomie überschießendes Element in die Analyse einführt, so wäre das Recht der Besonderheit im Recht ein solches überschießendes Moment über den Rahmen der spezifisch bürgerlichen Rechtsordnung hinaus. Dass dieses Recht der Besonderheit, in welcher Form auch immer, auch in einer postkapitalistischen Gesell-

31 Paschukanis, Allgemeine Rechtslehre, S. 91.

32 GW, Bd. 14,1, S., 110, § 124, Erläuterung.

33 MEGA², Bd. II/1,1, S. 22

34 Paschukanis: Allgemeine Rechtslehre, S. 92f.

35 Die auch Marx anerkennt; vgl. Debatten über die Preßfreiheit (1842), MEGA², Bd. I/1, S. 154: »Das Gesetz ist allgemein. Der Fall, der nach dem Gesetze bestimmt werden soll, ist einzeln.«

schaft zur Geltung zu bringen ist, hat Marx im ersten Band des »Kapital« deutlich gemacht. Er unterscheidet dort zwischen dem »individuellen, auf eigne Arbeit gegründeten« Eigentum sowie dem kapitalistischen Privateigentum an Produktionsmitteln. Ersteres, das individuelle Eigentum, wäre »auf Grundlage der Errungenschaft der kapitalistischen Aera: der Kooperation und des Gemeinbesitzes der Erde und der durch die Arbeit selbst producierten Produktionsmittel«,[36] allererst wiederherzustellen. Als individuelles ist dieses Eigentum gemäß der Logik des Rechts der Besonderheit gemäß unterschieden vom Allgemeinen als Gemeinbesitz und doch selbst allgemein. Zu regeln wäre ein solcher Gegensatz wohl auch nur rechtlich, aber das ist ein anderes Kapitel.

(4) Die soeben zitierte Äußerung Marx' verweist auf eine Alternative zur kapitalistischen Gesellschaft, damit sicher auch auf eine Alternative zum Recht im engeren Sinne des bürgerlichen Rechts, aber nicht unbedingt zur Rechtsform überhaupt. Eine Abschaffung des Rechts, so meine These, ließe sich nur aus der Perspektive eines schlechten Romantizismus denken, in dem das Individuelle und das Allgemeine unmittelbar zusammenfallen. Geschieht dies nicht, so ist ein Moment der Abstraktion eingeführt, das die Individuen voneinander sondert. Ihre Vermittlung zur Gemeinschaftlichkeit kann dann nur unter Anerkennung und Sicherung derjenigen Freiräume erfolgen, in denen sie ihre Besonderheit und Individualität zur Geltung bringen können. Dies leistet die von Paschukanis unterschlagene Seite der Rechtsform. Sie müsste in dieser Hinsicht auch in einer postkapitalistischen Gesellschaft ein Äquivalent finden (was ich mir nur auf einer rechtlichen Ebene vorstellen kann). Alles andere wäre totalitär, die Herrschaft eines verselbstständigten abstrakten Allgemeinen gegen die Individuen. Wer, wie Paschukanis, den »Rechtsstaat« per se für »eine fata morgana« hält,[37] ist – wenn auch vielleicht nolens volens auf dem Wege hierzu. Die Grundlage hierfür ist in der Tat ein Romantizismus, der blind ist für die Notwendigkeit der Vermittlung des Individuellen und Allgemeinen.

Ausdrücklich behauptet Paschukanis, dass mit dem »Absterben der Kategorien des bürgerlichen Rechts« auch das Recht überhaupt absterben werde.[38] Die »reale Voraussetzung für eine solche Aufhebung der Rechtsform und der Rechtsideologie ist jedoch ein Zustand der Gesellschaft, in dem der Widerspruch zwischen individuellen und gesellschaftlichen Interessen überwunden ist.«[39] Damit ist nun freilich mehr gemeint als bloß die Vermeidung eines Antagonismus, was an sich harmlos wäre.

36 MEGA², Bd. II/8, S. 713.
37 Paschukanis: Allgemeine Rechtslehre, S. 127.
38 Ebd., S. 34.
39 Ebd., S. 81.

Gemeint ist, dass die Individuen sich der Herrschaft einer allgemein gewordenen instrumentellen Vernunft unterwerfen, deren Ankunft Paschukanis martialisch beschwört: »Der Endsieg der Planwirtschaft wird ihre [der Produzenten; A.A.] Verbindung untereinander zu einer ausschließlich technisch-zweckmäßigen machen und wird damit ihre ›juristische Persönlichkeit‹ töten.«[40]

Wer nun meint, die Rechtsform solle künftig in eine Sphäre der Moralität als gelebter Sittlichkeit im Verhältnis der Individuen aufgehoben werden, hat sich geirrt. Das Kapitel über »Recht und Sittlichkeit« belehrt uns darüber, dass »der Mensch als moralisches Subjekt, d. h. als gleichwertige Persönlichkeit« im Prinzip nichts weiter sei als das Rechtssubjekt; in Paschukanis' Worten: »nichts weiter als die Vorbedingung für den Tausch nach dem Wertgesetz«.[41] Wenn, so folgert er, »die moralische Persönlichkeit nichts anders ist als das Subjekt der warenproduzierenden Gesellschaft, so muß sich das moralische Gesetz als Regel des Verkehrs zwischen Warenbesitzern offenbaren«.[42] Der »Universalismus der ethischen Form (und folglich auch der Rechtsform): alle Leute sind gleich, alle besitzen ein und dieselbe ›Seele‹, alle können Rechtssubjekte sein usw.« ist nun zwar, was Paschukanis anerkennt, älter als die warenproduzierende Gesellschaft, sei aber, so wird uns gesagt, »den Römern durch die Praxis des Handelsverkehrs mit Ausländern, d. h. mit Leuten fremder Bräuche, fremder Sprache, fremder Religion aufgezwungen worden«.[43]

Solcher Vulgärmaterialismus wird ergänzt durch einen ebensolchen Romantizismus in Bezug auf die zukünftige Gesellschaft, in der, wie Paschukanis mehrfach betont, »die Grenzen des Ichs [...] verwischt« werden, sodass Individuum und Klasse »verschmelzen«[44] bzw. in der der Mensch der Zukunft »sein Ich im Kollektiv aufgehen läßt und darin die größte Genugtuung und den Sinn des Lebens findet«.[45] Es ist dies eine Gesellschaft, in der »alles auf den Menschen selbst reduziert ist«.[46] Diese Reduktion ist aber im Kern nichts anderes als die Abstraktion von der Individualität, dem Ich, der Persönlichkeit zugunsten eines sozial funktionalen Wesens, als welches der neue Mensch ausgerufen wird, eine Abstraktion, welche viel weitreichender ist als die zuvor kritisierte Wertabstraktion. Mit Marx' Vision eines Vereins freier Menschen hat das alles nichts zu tun.

Für diejenigen, die ihr Ich noch nicht im Säurebad des Kollektivs aufgelöst haben, hält Paschukanis übergangsweise einen neuen katego-

40 Ebd., S. 114.
41 Ebd., S. 132.
42 Ebd., S. 135.
43 Ebd., S. 138.
44 Ebd., S. 141.
45 Ebd., S. 142.
46 Ebd., S. 141.

rischen Imperativ bereit: »Handle so, dass Du Deiner Klasse den größtmöglichen Nutzen bringst«, den er allen Ernstes als im Gleichklang mit Kants Formulierung stehend ansieht.[47] Nicht gesehen oder verschwiegen hat er dabei, dass dieser neue kategorische Imperativ sich nicht nur auf die Maxime des Willens, wie bei Kant, sondern auf die Handlung selbst bezieht. Diese aber kann, im Unterschied zur Gesinnung, rechtsrelevant sein, wenn der Nutzen des Kollektivs entsprechend zur Norm erhoben wird. Da es der Sinn dieser Norm ist, die Persönlichkeit auszuschalten, setzt sie dem nichts entgegen, sie so auch zu exekutieren, wie es in der stalinistischen Sowjetunion an Millionen vollzogen wurde und schließlich auch Paschukanis selbst traf. Seine Tragik besteht darin, dass er einem Rechtsnihilismus vorgearbeitet hat, dem er schließlich selbst zum Opfer fiel.[48] Seine methodologisch wie inhaltlich mehr als fragwürdige Theorie lässt sich aber dadurch nicht rehabilitieren.

47 Ebd.

48 Vgl. Daria Bayer: Tragödie des Rechts, Berlin 2021 (Recht und Philosophie, Bd. 8).

Die »Logik der Sache« und die Sache der Logik

Zur Hegel-Kritik in Adornos »Fragen der Dialektik« (1963/64)

ADORNOS VORLESUNGEN AUS DEM Wintersemester 1963/64 zielen nicht auf eine »Einleitung« in das dialektische Denken, sondern auf »Fragen, die offen sind«, in Bezug auf eine Theorie der Dialektik[1] und die im Blick auf einen »veränderten Begriff von Dialektik« beantwortet werden sollen.[2] Es handelt sich insoweit um eine Grundlegung seiner »Negativen Dialektik«, die 1966 publiziert wurde. Dabei arbeitet sich Adorno vor allem an Hegel ab, denn Marx' »Kritik der politischen Ökonomie« gilt ihm zwar als eine herausragende dialektische »Denkpraxis«,[3] jedoch habe Marx die Dialektik »nicht durchreflektiert«,[4] sodass bei ihm »gar nicht so sehr eine adäquate Theorie der Dialektik« vorliege: »Die philosophische Reflexion über Dialektik, wie sie bei Marx gegeben ist, ist zum Teil primitiv und zum Teil nicht ganz ernsthaft und bleibt insofern hinter der Hegelschen zurück.«[5] So deutlich war dies bei Adorno bisher sonst nirgends zu lesen.

Obwohl die Vorlesungen nicht als Einführung gedacht sind, möchte Adorno doch an den »eigenen Vorstellungen« der Hörerinnen und Hörer anknüpfen.[6] Dies geschieht vornehmlich *ex negativo*, indem Missverständnisse über die Dialektik thematisiert werden. Das betrifft vor allem und immer wieder, durch die gesamte Vorlesung hindurch, die Auffassung, Dialektik sei eine äußerliche Methode, während Adorno von vornherein einschärft, sie bringe, »indem sie das widersprechende Moment zur Geltung bringt, immer auch das zur Geltung [...], was ihr selbst als Methode widerspricht«,[7] nämlich die Sache selbst. Zum zweiten ist es die Auffassung der Dialektik als *dialegesthai*, als Gesprächführung (etwa im Sinne der dialogischen Philosophie Martin Bubers). Zugleich verweist Adorno (wie später auch in der »Negativen Dialektik«) auf das rhetorische Element der Dialektik, welches dieser Kritik nicht geopfert werden dürfe;

1 Theodor W. Adorno: Fragen der Dialektik (1963/64), hg. v. Christoph Ziermann, Berlin 2021, S. 9.
2 Ebd., S. 17.
3 Ebd., S. 174.
4 Ebd., S. 258.
5 Ebd., S. 174.
6 Ebd., S. 6.
7 Ebd., S. 26.

es gelte, »das Moment des Ausdrucks in den Begriff selber hineinzunehmen, den Begriff also so zu fassen, daß er ebenso rationaler Begriff ist wie Ausdruck der Sache selbst, die er unter sich enthält«.[8]

Adorno nennt dies auch »geistige[] Erfahrung«,[9] »Ausdruck« und »Erfahrung« stehen dabei in Spannung zu dem anderen Moment dialektischer Philosophie, »der Stringenz, der Bündigkeit, der Notwendigkeit«.[10] Letzteres bezeichnet die Allgemeinheit, die logisch-begriffliche Ebene, das rhetorische Moment hingegen das Überlassen an das Einzelne, das im Begriff – dem Allgemeinen – nicht aufgeht. In diesem Sinne stehe die Dialektik dafür, »die Sache selbst zu begreifen, anstatt sie durch Begriffe bloß zuzurüsten«.[11] Daraus folgt für Adorno auch, dass die Dialektik die wissenschaftliche Arbeitsteilung tendenziell unterläuft, weil sie (ohne dass dies endgültig gelingen könne) versuchen müsse, »die qualitative Fülle und die Bündigkeit des Zusammenhangs in eins zu setzen«.[12] Hegel habe dieses »Darstellungsproblem« vernachlässigt,[13] trotz seines Insistierens darauf, dass Methode und Sache sich nicht trennen lassen. Kurz: Man müsse »die Dinge selber in ihrem Begriff zum Sprechen [...] bringen, anstatt sie durch die Begriffe bloß zu ordnen«.[14] Die Schwierigkeit des von Adorno skizzierten Konzepts ist offenkundig: Es geht um ein Begreifen, in dem sich der Begriff zugleich selbst verleugnet, und um eine Rhetorik des Ausdrucks, die sich zugleich dem Begriff verpflichtet.

Den Leerlauf einer der Sache äußerlich bleibenden, nur scheinbar dialektischen Methode illustriert Adorno am Beispiel der sogenannten Triplizität, des bekannten, Hegel in dieser Form irrig zugeschriebenen Dreischritts von These, Antithese und Synthese. Er imaginiert eine Stammtischrunde von drei Honoratioren: einem Ingenieur, einem Studienrat für Latein und Griechisch und Mitglied des Philologenverbandes sowie einem Juristen.[15] Der Ingenieur vertritt die These, es gebe einen technisch-wissenschaftlichen Fortschritt, der nicht geleugnet werden könne. Der Altphilologe erwidert mit der Antithese, es gebe in der Geschichte der Menschheit auch immer wieder kulturellen und selbst technischen Rückschritt. Der Jurist schließlich wägt beide Argumentationen gegeneinander ab und formuliert eine Synthese: Es gebe keinen geradlinigen Fortschritt, da es ja auch Rückschritte gebe, sodass man sich die Geschichte am besten als eine spiralförmige Bewegung denken müsse. These und Antithese seien hier einander äußerlich – wie zwei Meinungen, die sich

8 Ebd., S. 39.
9 Ebd., S. 41.
10 Ebd., S. 52.
11 Ebd., S. 57.
12 Ebd., S. 62.
13 Ebd., S. 64f.
14 Ebd., S. 73.
15 Ebd., S. 79ff.

entgegenstehen. Entsprechend erscheine die Synthese, ebenso äußerlich, als ein Mittleres oder ein Kompromiss. Dagegen komme es in der Dialektik darauf an, der These nicht einfach etwas entgegenzusetzen, sondern durch ihre Selbstreflexion deren innere Widersprüchlichkeit aus der These selbst heraus zu entwickeln. So basiere der wissenschaftlich-technische Fortschritt auf Naturbeherrschung, die Mittel des menschlichen Selbsterhalts sei, sich gegen diesen Zweck aber verselbstständigt habe und Selbstzweck geworden sei. Damit unterdrücke dieser Fortschritt die menschliche Natur und führe, im Sinne Freuds, zu einem »Unbehagen an der Kultur« durch wachsenden Triebverzicht.[16] Wie steht es aber mit der Synthesis? Adorno macht hier die überraschende Unterscheidung zwischen theoretischer und realer Synthesis; Erstere wäre »der Satz, daß mit dem Fortschritt in der Entfaltung der Produktivkräfte die Antagonismen innerhalb der Gesellschaft anwachsen, und die reale Synthesis wäre [...] schließlich ein Ganzes, das zugleich Eines und ein Vieles ist, in dem die Antagonismen nicht länger bestünden.«[17]

Gegenüber der Stammtischdialektik, aber auch gegenüber dem Vorwurf an Hegel, er überspiele mit seinen Synthesen letztlich die tiefgreifenden Antagonismen, macht Adorno zu Recht geltend, dass bei Hegel die Triplizität eigentlich kaum vorkomme und Identität bei ihm immer »als die Totalität aller widersprechenden Momente sei«, wodurch Hegel »als eine Art Grundkategorie seiner Dialektik viel eher das einander widersprechende, Nicht-ineinander-Aufgehende, das Nichtidentische also hat denn die sogenannte ›Synthesis‹«.[18] Auch der Anti-Utopismus des späten Hegel[19] habe dazu geführt, dieses negative Moment der Dialektik gegenüber dem konservativen der Synthesis bzw. Versöhnung zu stärken, worauf es gerade heute ankomme, denn man könne »der Versöhnung eigentlich heute nur dadurch dienen, daß man das Unversöhnte des Zustands hervorhebt«, auch im Begriff. Dies – und hier fällt der Ausdruck in den Vorlesungen zum ersten Mal – sei der Rahmen »für das Programm einer sogenannten negativen Dialektik«,[20] die sich damit als Radikalisierung der hegelschen positioniert.

Im Folgenden geht Adorno dazu über, »eine Reihe von Momenten« dieser Dialektik näher zu entwickeln. An erster Stelle geht es um das schon mehrfach angesprochene Verhältnis von Identität und Nichtidentität, denn in der Dialektik gehe es »um den paradoxen Versuch, daß man mit den Mitteln der Identität, also mit den Mitteln des Begriffs, das

16 Ebd., S. 84.
17 Ebd., S. 86.
18 Ebd., S. 92.
19 Ebd., S. 93.
20 Ebd., S. 95.

ergreift, was selber in dem Begriff nicht aufgeht«.[21] Hierbei allerdings gerate die negative Dialektik in einen Gegensatz zu Hegel, weil bei ihm »eben doch dieses Nichtidentische schließlich in seiner Totalität identisch wird«. Adorno variiert sowohl den Gegensatz des Identischen und Nichtidentischen als auch den der Rationalität des Begriffs auf der einen und der Irrationalität der Sache auf der anderen Seite, die sich dem Begriff nicht fügt. Hegel verschleife letztlich beides miteinander, indem er die Vernünftigkeit des Wirklichen nachweisen, das heißt das Seiende »aus dem Begriff [...] konstruieren«[22] wolle und dadurch das Einzelne dem Begriff eingemeinde, was nur unter der Voraussetzung einer »insgeheim waltenden und sich durchsetzenden Weltvernunft« möglich sei.[23] Demgegenüber, so erklärt Adorno, wolle er auf die »Logik der Sache« hinaus.[24] Er nimmt dabei, ohne es zu sagen, Bezug auf den jungen Marx, der Hegel vorgeworfen hatte, es gehe ihm nur um die »Sache der Logik«, nicht um die »Logik der Sache« als Logik eines eigentümlichen Gegenstandes. Nach Adorno vollzieht Hegel um dieses Interesses willen eine »Verschiebung gerade im Begriff des Nichtidentischen«,[25] indem das Nichtidentische Mittel dazu wird, »das Subjekt seiner Unzulänglichkeit zu überführen«, statt sie dem ihm gegenüberstehenden Objekt zuzuschreiben.[26] Es gehe letztlich um die Anpassung des Subjekts an das, was ist. Auf der anderen Seite betont Adorno jedoch, dass gegen den Irrationalismus am Begriff festzuhalten sei; die Dialektik sei »dem Irrationalismus entgegen, bringt aber die Unangemessenheit der Begriffe an das, was die Begriffe ausdrücken, die Irrationalität selber zur Sprache«.[27]

Mit dem Irrationalismus zielt Adorno vor allem auf die Lebensphilosophie, welche den Fluss des Lebens (wie etwa Wilhelm Dilthey) dem Begriff als ein »*ineffabile*« gegenübergestellt hatte. Damit ist als zweites Moment der negativen Dialektik das Verhältnis von Dynamik und Statik bzw. insbesondere von Form und Inhalt angesprochen.[28] In diesem Zusammenhang rekurriert Adorno auf die transzendentale Ästhetik bei Kant (Zeit und Raum als reine Anschauungsformen ohne Bezug auf Zeitlichkeit bzw. Räumlichkeit) und Hegels Kant-Kritik, die darauf insistiere, dass Inhalt und Form miteinander vermittelt seien, weshalb Hegels Philosophie auch »ein materialistisches Implikat« habe.[29] Bei Hegel könne deshalb auch das Nichtidentische »ebenso der Motor der Dialektik sein«

21 Ebd., S. 101, auch das folgende Zitat.
22 Ebd., S. 109.
23 Ebd., S. 111.
24 Ebd., S. 112.
25 Ebd., S. 114.
26 Ebd., S. 116.
27 Ebd., S. 132.
28 Ebd., S. 142.
29 Ebd., S. 154.

wie die Identität, aber nur, weil »implizit schon vorausgesetzt ist, daß dieses Nichtidentische selber auch dialektisch ist«.[30] Zur Geltung gebracht werde das Nichtidentische auf der Ebene der Logik dadurch, dass in prädikativen Urteilen das Einzelding gegenüber dem Begriff ein »Mehr an Bestimmungen« hat, wodurch der Begriff selbst »nicht ganz rein« ist, weil er weniger als das unter ihm Befasste ist. Dies gelte nun aber auch umgekehrt: gegenüber dem Begriff selbst »immer auch ein Weniger«, weil es aus seinem Begriff herausfalle.[31] Gerade weil das Denken identifizierend sei, das heißt die Identität von Begriff und Sache anstrebe, bringe es somit das Moment der Nichtidentität zur Geltung. Hegels Versuch, in seinem System Statik und Dynamik zu verschränken, indem die Begriffe selbst beweglich gemacht oder verflüssigt werden, hat für Adorno grundsätzlich ein Wahrheitsmoment, jedoch treibe die Dynamik dabei immer wieder über die »Geschlossenheit«[32] des Systems hinaus. Hegel selbst sei hier ambivalent geblieben und habe das Verhältnis von statischer »Kategorienlehre« und »Entwicklungstheorem« nicht wirklich »durchreflektiert«.[33]

Im Anschluss an diese »Momente« der Dialektik geht Adorno dann dazu über, »Postulate« an eine negative Dialektik zu entwickeln.[34] An erster Stelle steht dabei die Restriktion der Dialektik auf »das Bewußtsein vom Endlichen« und damit ihre Verpflichtung auf eine »antitotalitäre« Perspektive, die bereits Schelling geltend gemacht habe.[35] Wenn, so Adorno, »das Unendliche nicht positiv zu denken« sei, dann sei auch »das Nichtidentische [...] nicht in Identität aufzulösen«.[36] Das »systematische Vermögen« habe sich daher nicht auf die Totalität, das Ganze, zu richten, sondern müsse »in die Bestimmung der Einzelmomente durch die Konstellation der Begriffe einwandern«.[37] Damit sei auch das Verhältnis des Allgemeinen und Besonderen neu zu durchdenken. Im Rückgriff vor allem auf Max Webers Theorie der Idealtypen erörtert Adorno hier das Verhältnis von Induktion und Deduktion: Weder sei »von oben« her auf das reine Faktum noch »von unten« her auf den reinen Begriff zu kommen.[38] Die Philosophie – nach Adornos Einschätzung von jeher durch eine »Geringschätzung der Erfahrung als einer Quelle von Erkenntnis« belastet[39] – habe dieses Problem auch bei Kant, der Rationalismus und Empirismus zu vermitteln suche, nicht lösen können, weshalb auch synthetische Urteile

30 Ebd., S. 164f.
31 Ebd., S. 170.
32 Ebd., S. 183.
33 Ebd., S. 186.
34 Ebd., S. 187.
35 Ebd., S. 191.
36 Ebd., S. 194.
37 Ebd., S. 198.
38 Ebd., S. 215.
39 Ebd., S. 218.

a priori nicht konstruierbar seien.[40] Auf der anderen Seite könne die Dialektik ohne »Konstruktion aus dem Begriff« nicht auskommen,[41] weshalb sie wesentlich »Einheit von Apriori und Aposteriori, Methode und Inhalt, [...] formal und material zugleich« sein müsse.[42] Dabei sei allerdings die idealistische »Reduktion auf das Subjekt« bzw. den Geist zu kritisieren[43] und der »Vorrang« des Objekts zur Geltung zu bringen.[44]

In diesem Zusammenhang wendet sich Adorno der marxschen Kritik der politischen Ökonomie als »der materialistischen Gestalt der Dialektik« zu.[45] In ihr gebe es in der Warenform als Einheit von Gebrauchswert und Tauschwert einen Widerspruch zwischen »dem System als einem Negativen«, wie es durch den Tauschwert konstituiert werde, und »dem Gebrauchswert, der lebendigen Erfahrung als Grund der Gesellschaft«. Marx, so kritisiert Adorno, ziele aber auf eine rational organisierte Gesellschaft als Alternative, die »nichts anderes wäre als die zu sich selbst gekommene bürgerliche Gesellschaft, als die Gesellschaft, deren bloß partikulare und beschränkte Rationalität dann eben wirklich die uneingeschränkte wäre«.[46] Marx vertrete damit »in völliger Identität mit der idealistischen Hegelschen Dialektik eine Art Theodizee der Geschichte«.[47] Naturbeherrschung und Zentralismus – kurz: Identitätszwang trete damit an die Stelle einer möglichen »anarchisch[en]« »Planung des Überflusses und der Abundanz«,[48] wobei Marx ausblende, dass »rationale Planung ihrem eigenen Wesen nach mit der Herrschaft verbunden ist«.[49] Zu fragen sei daher, »wie und ob überhaupt eine Dialektik möglich sei ohne die Identitätsthese«.

In Abweichung von seinem ursprünglichen Plan, die dialektische Denkstruktur zu beschreiben,[50] geht Adorno daher in den restlichen fünf Vorlesungen auf das Problem des »dialektischen« Widerspruchs ein. Das Identitätsprinzip, so erläutert Adorno unter Rückgriff auf seinen akademischen Lehrer Hans Cornelius, sei »nicht ein sogenannter logischer Grundsatz [...], sondern eine Forderung«,[51] das heißt eine Verfahrensweise des Denkens. Dies gelte ebenso vom Widerspruch: Er sei »nicht, wozu Hegels absoluter Idealismus unvermeidlich ihn erklären

40 Ebd., S. 230.
41 Ebd., S. 241.
42 Ebd., S. 242.
43 Ebd., S. 255.
44 Ebd., S. 257.
45 Ebd., S. 261, auch das folgende Zitat.
46 Ebd., S. 262.
47 Ebd., S. 263.
48 Ebd., S. 265f.
49 Ebd., S. 269, auch das folgende Zitat.
50 Ebd., S. 273.
51 Ebd., S. 287.

mußte, ein Herakliteisches Urprinzip«.[52] Denken, so Adornos bekannte These, »heißt identifizieren«,[53] das heißt etwas unter einen Begriff bzw. zum begrifflichen Ausdruck bringen. Dies trifft auch das Nichtidentische, denn es handelt sich um einen Begriff und »kann anders als durch Identifikation überhaupt nicht gedacht werden«.[54] Widerspruch ist somit Form des Nichtidentischen nach dem Maß der Identität.[55]

Die Dialektik sei aber nicht nur, wie in dieser Ableitung des Widerspruchs, vom Begriff, sondern ebenso von der Realität her zu entwickeln. In dieser sei Identität »Herrschaft, auf ihren Begriff gebracht«.[56] Da Dialektik das Nichtidentische nach dem Maßstab der Identität zur Sprache bringt, endet Dialektik auch mit der Herrschaft: »Ein Reich der Freiheit, das wäre auch befreit von der Dialektik«;[57] Identität und damit auch die Dialektik sei nur ein Mittel, um »dem allgemeinen Zwang sich zu entwinden«[58] und dies sei auch die Intention des dialektischen Widerspruchs, den Hegel, vor allem in seiner »Wissenschaft der Logik«, »gleichsam vergegenständlicht« und nicht mehr von dieser Intention her gedacht habe.[59]

Zum Abschluss wendet Adorno sich den logischen Hegel-Kritiken bei Trendelenburg und Croce zu, wobei er eine »merkwürdige[]« und ihn selbst »überraschende[]« Übereinstimmung mit Trendelenburg konstatiert.[60] Diese bezieht sich nicht auf Trendelenburgs Einwand, der Zusammenhang der Denkbestimmungen in Hegels »Logik«, die Selbstbewegung des Begriffs beruhe auf der Abstraktion von einer zugrunde liegenden Anschauung. Einen solchen Einwand hatte auch Marx erhoben; Adorno hebt aber vor allem darauf ab, dass Trendelenburg nach seiner Auffassung die logische Negation »eine Funktion selber ist der Nichtidentität von Denken und Sein, sobald Sein mit Denken konfrontiert, nach Denken gemessen wird«.[61]

***

Adornos Vorlesungen machen deutlich, dass er sich mit seiner Konzeption einer negativen Dialektik gleichermaßen mit Hegel von Hegel wie mit Marx von Marx abzustoßen versucht. Marx erscheint einerseits als unkritisch gegenüber Hegel, andererseits als unreflektiert, was seinen

52 Ebd., S. 295.
53 Ebd., S. 269.
54 Ebd., S. 298.
55 Ebd., S. 301.
56 Ebd., S. 303.
57 Ebd., S. 304.
58 Ebd., S. 309.
59 Ebd., S. 311.
60 Ebd., S. 314.
61 Ebd., S. 321.

Gebrauch dialektischer Denkfiguren in der Ausarbeitung seiner Kritik der politischen Ökonomie angeht. Diese Kritik ist insoweit völlig berechtigt, als Marx ja tatsächlich in seinen Briefen immer wieder einen Abriss der Dialektik angekündigt, ihn jedoch nie ausgeführt hat. Seine Hegel-Kritik bleibt weitgehend bei der Versicherung stehen, Hegel sei Idealist, er Materialist und seine – Marx' – Dialektik daher der Grundlage nach das gerade Gegenteil der hegelschen. Weshalb er dennoch auf Hegels Dialektik zurückgreifen kann, obwohl diese auf einer falschen Grundlage beruht, bleibt bei Marx im Dunklen. Schon aus diesem Grund ist das Nachdenken darüber, was Dialektik sei und leisten könne, auf ein adäquates Verständnis der hegelschen Philosophie angewiesen, weshalb die Auseinandersetzung mit Hegel bei Adorno auch im Mittelpunkt steht. Hierbei, so scheint mir, erliegt Adorno jedoch einigen grundlegenden Missverständnissen, was im Folgenden wenigstens kurz benannt werden soll.

Das grundlegende Missverständnis, das Adorno im Übrigen mit Marx teilt, besteht darin, dass die fundamentale Unterscheidung von Logik und Realphilosophie in Hegels Philosophie durchgehend ignoriert wird. Adornos Kritik lautet, wie bereits gesagt, Hegel wolle die Vernünftigkeit des Wirklichen nachweisen, das heißt das Seiende »aus dem Begriff [...] konstruieren«,[62] wodurch er genötigt werde, eine »insgeheim waltende[] und sich durchsetzende[] Weltvernunft« vorauszusetzen.[63] Im Ergebnis werde Hegel dann gezwungen, die Weltgeschichte im preußischen Staat kulminieren zu lassen.[64] Das sind alte und noch immer weit verbreitete Stereotype der Hegel-Kritik, die jedoch einer näheren Prüfung nicht standhalten. Wirklich und damit vernünftig ist für Hegel nicht die Realität schlechthin, sondern nur das, was dem Begriff entspricht, also letztlich der logischen Idee. Wirklichkeit *ist* das Sein der Vernunft. Daneben aber gibt es Zufälliges, bloß Existierendes, eine Realität, die nicht der Vernunft entspricht. Dies ergibt sich schon aus der »Wissenschaft der Logik«, wo die Kategorie der *Realität* in die Logik des Daseins fällt und letztlich das endliche und damit noch äußerliche Verhältnis von Etwas und Anderem bezeichnet. Die Kategorie der *Wirklichkeit* dagegen fällt in die Logik des Wesens und bezeichnet eine Modalität des Absoluten im Übergang zum Begriff. Anders gesagt: Wirklich ist eine Realität dann und nur dann, wenn und insoweit sie dem Begriff entspricht.

Diese Entsprechung stellt sich in der endlichen Realität prinzipiell nie ein; in der »Wissenschaft der Logik«, und zwar in der »Lehre vom Begriff«, heißt es hierzu ausdrücklich: »Die endlichen Dinge sind darum endlich, indem sie die Realität ihres Begriffs nicht vollständig an ihnen selbst haben, sondern dazu anderer bedürfen; – oder umgekehrt, inso-

62 Ebd., S. 109.

63 Ebd., S. 111.

64 Ebd., S. 184; eine Behauptung, der schon Marx vehement widersprochen hatte.

fern sie als Objecte vorausgesetzt sind, somit den Begriff als eine äusserliche Bestimmung an ihnen haben.«[65] Der reale Gegenstand ist daher nie *a limine* mit dem Begriff identisch und daher lässt sich Realität weder aus dem Begriff einfach ableiten noch ohne Weiteres in den Begriff überführen. Der zentrale, das Projekt einer negativen Dialektik motivierende und begründende Einwand Adornos, es gelte, die »Sache selbst« als das Nichtidentische zum Ausdruck zu bringen, trifft Hegel nicht, da er genau diese Nichtidentität von Begriff und Realität für die Realphilosophie als konstitutiv zugrunde legt. In der Vorrede zur zweiten Auflage der »Seinslogik« wird daher (schon fast in adornoscher Diktion) die Zurichtung der Dinge durch den Begriff zurückgewiesen; das Denken müsse sich nach den Dingen »beschränken und unsere Willkühr oder Freyheit soll sie nicht nach sich zurichten wollen«, denn wir können nicht »über die Natur der Dinge hinaus«.[66]

Von dorther sticht auch der Einwand mit der insgeheim waltenden Weltvernunft nicht. Weltgeschichte ist für Hegel ausdrücklich Fortschritt im *Bewusstsein* der Freiheit und weder Fortschritt schlechthin noch Fortschritt in der Realisierung von Freiheit. Das besagt: Im Verlauf der Weltgeschichte (in ihrem weitesten Umfang, d. h. einschließlich der Geschichten der Kunst, Religion und Philosophie) entsteht das Bewusstsein der Freiheit und wird als Selbstbewusstsein der Vernunft auf den Begriff gebracht und insofern vollendet, durchdringt deshalb aber nicht die Realität *in toto*, denn diese bleibt spröde gegenüber dem Begriff – oder, mit Adorno zu sprechen, nichtidentisch. Die hegelsche »Logik« ist daher auch keineswegs, wie Adorno unter Berufung auf Bruno Liebrucks zu wissen meint, »gleichzeitig die Hegelsche Geschichtsphilosophie«.[67] Dem steht nicht nur die Differenz von Logik und Realphilosophie entgegen, sondern auch, dass Raum und Zeit keine Kategorien der »Logik« sind, Geschichtlichkeit mithin *innerhalb* der Logik gar nicht gedacht werden kann.

Welche Rolle spielt dann aber die »Logik« im Blick auf die Realphilosophie? Die Sache der »Logik« ist das Sich-Begreifen des Begriffs. Dieses Begreifen vollendet sich in dem, was Hegel die absolute Idee nennt, die mit der absoluten, das heißt dialektischen Methode identisch ist. Nur hier und nirgends sonst in der hegelschen Philosophie sind Begriff und Gegenstand vollkommen identisch, weil der Gegenstand des Begriffs der Begriff selbst ist. Diese logische Idee ist das wahrhafte oder in sich konkrete Allgemeine als Identität der entgegengesetzten Bestimmungen des Einzelnen, Besonderen und Allgemeinen. Das besagt, dass die Allgemeinheit (die Idee) in sich unterschieden ist und nur in der Bewegung durch diese unterschiedenen Momente besteht. Dies ist das gerade Gegenteil

65 Georg Wilhelm Friedrich Hegel: Gesammelte Werke, Hamburg 1968ff. [GW], Bd. 12, S. 175.

66 GW, Bd. 21, S. 14.

67 Adorno: Fragen der Dialektik, S. 166.

eines »herrschenden Allgemeinen«, wie Adorno es mit dem »Identitätszwang« beschwört. Traditionell sind »allgemein« diejenigen Merkmale bzw. Eigenschaften, die allem darunter subsumierten Besonderen bzw. Einzelnen gemeinsam sind. Das Allgemeine ist das Wesentliche gegenüber den sonstigen Bestimmungen; das Wesen des Besonderen bzw. Einzelnen tritt ihm somit äußerlich als ein Allgemeines entgegen, und zwar so, dass es durch das Allgemeine wesentlich bestimmt wird. Hierbei handelt sich in der Tat um eine hierarchische Struktur bzw. um ein Herrschaftsverhältnis. Hegels absolute Idee ist indessen gerade nicht hierarchisch strukturiert. Sie bezeichnet kein Herrschaftsverhältnis, sondern ein Modell der Freiheit und Gleichheit – das auf den Begriff gebrachte Bewusstsein der Freiheit.

In der gesellschaftlichen und politischen Realität ist dieses Modell, das die Selbstbezüglichkeit des Begriffs voraussetzt, nicht bruchlos zu realisieren. Es ist aber der normative Bezugspunkt einer Kritik der bestehenden Verhältnisse, ohne dass es einen seinsollenden Zustand bezeichnet. Der kritische Gebrauch der Methode – der absoluten Idee – misst das Bestehende an der Idee. Der Maßstab ist aber nicht, wie Adorno es kritisiert, Identität, sondern die in sich unterschiedene, konkrete Totalität. Sie kommt dem nahe, was Adorno als herrschaftsloses Reich der Freiheit imaginiert. Hegels Dialektik denkt dieses Reich der Freiheit jedoch nicht jenseits des Begriffs und der Dialektik, wie Adorno, sondern im und durch den Begriff. Der dialektische Widerspruch, als den die Idee sich darstellt, ist nicht Ausdruck von Herrschaftsverhältnissen, sondern Mittel ihrer Kritik.[68] Das Begreifen dessen, was ist, kritisiert es zugleich, indem es hinsichtlich des geschichtlichen Bildungsstandes des Geistes danach fragt, ob ein Bestehendes hinter dem objektiv Möglichen zurückbleibt oder nicht. In diesem Sinne ist die Kritik immanent und fällt mit dem Begreifen selbst zusammen, denn die Differenz von objektiver Möglichkeit und bestehender Realität ist eine in der Realität selbst.

Die grundsätzliche Differenz zwischen »Logik« und Realphilosophie verbietet es Hegel freilich, einen Zustand zu imaginieren, den Adorno mit seiner Vorstellung einer Freiheit jenseits aller Zwänge heraufbeschwört. Hier liegt der eigentliche Gegensatz beider Konzeptionen, der hegelschen und der negativen Dialektik. Mir scheint, dass Hegel hier realistischer ist als Adorno – antiutopisch, wie Adorno anmerkt –, aber in keiner Weise unkritisch und affirmativ gegenüber dem Bestehenden.

68 Vgl. oben das Kapitel »Begreifen als Kritik«.

Anhang

Nachweise

Unmittelbarkeit. Zur Karriere eines Begriffs in Feuerbachs und Marx' Bruch mit der Spekulation, zuerst in: Ludwig Feuerbach und die Philosophie der Zukunft, hg. v. Hans-Jörg Braun, Hans-Martin Sass, Werner Schuffenhauer, Francesco Tomasoni., Berlin: Akademie-Verlag o.J. [1990], S. 503–527.

Religion bei Hegel und Marx, zuerst unter dem Titel »Die Verortung des Geistes in der Moderne. Hegel und Marx«, in: Orte der europäischen Religionsgeschichte, hg. v. Adrian Hermann und Jürgen Mohn, Würzburg: Ergon 2015 (Diskurs Religion 6), S. 447–461.

Jenseits der Philosophie. Die Kritik an Bruno Bauer und Hegel, zuerst in: Klassiker auslegen. Karl Marx/Friedrich Engels: Die deutsche Ideologie, hg. v. Harald Bluhm, Berlin: Akademie-Verlag 2009, S. 151–164.

»Ein Gegensatz ohne Bedeutung«: Idealismus und Materialismus bei Hegel und Marx, zuerst in: Aufhebung. Jahrbuch der Gesellschaft für dialektische Philosophie 17, 2022, S. 13–25.

»... wie halten wir es nun mit der hegel'schen Dialektik?« Marx' Lektüre der »Phänomenologie« 1844, zuerst in: Hegels ›Phänomenologie des Geistes‹ heute, hg. v. Ernst Müller und Andreas Arndt, Berlin: Akademie-Verlag 2004, S. 245–255.

Hegels Wesenslogik und ihre Rezeption und Deutung durch Karl Marx, zuerst in: Hegels »Lehre vom Wesen«, hg. v. Andreas Arndt und Günter Kruck, Berlin und Boston: De Gruyter 2016, S. 181–194.

Hegels Begriff des Begriffs und der Begriff des Wertes in Marx' »Kapital«, zuerst in: Zeitschrift für kritische Sozialtheorie und Philosophie, Berlin: De Gruyter 2017, Heft 1/2, S. 3–22.

Begreifen als Kritik: Anmerkungen zu Hegel und Marx, zuerst in: Hegel-Studien 53/54, Hamburg: Meiner 2020, S. 209–224.

Das Problem der Dialektik, unveröffentlicht.

Zum Problem der Menschenrechte bei Hegel und Marx, zuerst in: Menschenrechte: Rechte und Pflichten in Ost und West, hg. v. Konrad Wegmann u.a., Münster: LIT 2001, S. 213–236.

Das Reich der Freiheit bei Marx, unveröffentlicht.

»... eine Assoziation, worin die freie Entwicklung eines jeden die Bedingung für die freie Entwicklung aller ist«. Individualität und Freiheit bei Marx, zuerst in: »Ein Gespenst geht um in Europa ...«. Der Kommunismus im 20. Jahrhundert. Fachtagung der Landesbeauftragten für Mecklenburg-Vorpommern für die Stasi-Unterlagen. Schwerin, 16. November 2017, Schwerin: Die Landesbeauftragte für Mecklenburg-Vorpommern für die Stasi-Unterlagen 2018, S. 11–27.

Individualität bei Hegel und Marx, zuerst in: Subjekt und Person. Beiträge zu einem Schlüsselproblem der klassischen deutschen Philosophie, hg. v. Oliver Koch und Johannes-Georg Schülein, Hamburg: Meiner 2019 (Hegel-Studien, Beiheft 68), S. 225–239.

Dialektik in Faustformeln, zuerst in: Engels' »Anti-Düring«. Kontext, Interpretationen, wirkung. Begleitband zur neuen Studienausgabe, hg. v. Rolf Hecker und Ingo Stützle, Berlin: Dietz 2020, S. 39–53.

Lenin liest Hegel, zuerst in: Hegel in der neueren Philosophie, hg. v. Thomas Wyrwich, Hamburg 2011 (Hegel-Studien. Beiheft 55), S. 275–290.

Rechtsform gleich Warenform? Zur Methode in Paschukanis ›Allgemeine Rechtslehre und Marxismus‹, zuerst in: Recht – Staat – Kritik 1. Rechts- und Staatskritik nach Marx und Paschukanis, hg. AG Rechtskritik, Berlin: Bertz und Fischer 2017, S. 42–50.

Die »Logik der Sache« und die Sache der Logik. Zur Hegel-Kritik in Adornos »Fragen der Dialektik (1963/64)«, zuerst in: Soziopolis, https://www.soziopolis.de/die-logik-der-sache-und-die-sache-der-logik.html.

Literatur

Siglen

FGW = Feuerbach, Gesammelte Werke.
GW = Hegel, Gesammelte Werke.
MEGA^2 = Marx und Engels, Gesamtausgabe.
MEW = Marx und Engels, Werke.

Monografien und Aufsätze

Adler, Max: Marxistische Probleme, 3. Aufl., Stuttgart 1919.

Adorno, Theodor W.: Negative Dialektik, Frankfurt a. M. 1970.

Adorno, Theodor W.: Fragen der Dialektik (1963/64), hg. v. Christoph Ziermann, Berlin 2021.

Althusser, Louis: Lenin und die Philosophie, Reinbek 1974.

Amengual, Gabriel: Gattungswesen als Solidarität. Die Auffassung vom Menschen in der Bestimmung des Gattungswesens als Begriff und Grundlegung der Solidarität, in: Ludwig Feuerbach und die Philosophie der Zukunft, hg. v. Hans-Jörg Braun, Hans-Martin Sass, Werner Schuffenhauer u. Francesco Tomasoni, Berlin 1990, S. 345–367.

Anderson: Die heilige Familie oder Kritik der kritischen Kritik. Gegen Br. Bauer und Consorten von F. Engels und K. Marx. Frankfurt 1845, in: Das Westphälische Dampfboot 1 (1845), S. 206–214.

Anderson, Kevin: Lenin, Hegel, and Western Marxism, Urbana u.a. 1995.

Anderson, Perry: Über den westlichen Marxismus, Berlin 2023.

Aragüés, Rafael: Das Problem des Absoluten in der Philosophie Hegels. Entwicklungsgeschichtliche und systematische Untersuchungen zur Hegelschen Metaphysik, Paderborn u.a. 2018.

Architektonik und System in der Philosophie Kants, hg. von Hans Friedrich Fulda und Jürgen Stolzenberg, Hamburg 2001.

Aristoteles: Elemente der aristotelischen Logik, hg. v. Adolf Trendelenburg, o.O. [Reinbek] 1967.

Arndt, Andreas: Die Stellung der Philosophie Spinozas zur materialistischen Dialektik. Anmerkungen zum Spinozismus in Althussers Marx-Interpretation, in: Zeitschrift für philosophische Forschung 35 (1981), S. 90–110.

Arndt, Andreas: Lenin – Politik und Philosophie, Bochum 1982.

Arndt, Andreas: Karl Marx. Versuch über den Zusammenhang seiner Theorie, Bochum 1985 (2. Aufl., Berlin 2012).

Arndt, Andreas: Zwischen Enttäuschung und Versöhnung: Hegel, die deutsche Misere und die Französische Revolution, in: Tijdschrift voor de Studie van de Verlichting en van het vrije Denken, Brüssel 1989, S. 249–263.

Arndt, Andreas: Dialektik und Reflexion. Zur Rekonstruktion des Vernunftbegriffs, Hamburg 1994.

Arndt, Andreas: »Nicht-Selbst und Selbst«. Bestimmtes Sein, Widerspruch und das Problem der Dialektik bei Ludwig Feuerbach, in: Solidarität oder Egoismus. Studien zu einer Ethik bei und nach Ludwig Feuerbach, hg. v. Hans-Jürg Braun, Berlin 1994, S. 58–80.

Arndt, Andreas: Methoden-Reflexionen, in: Mit und gegen Hegel, hg. v. Andreas Knahl, Jan Müller und Michael Städtler, Lüneburg 2000, S. 236–247.

Arndt, Andreas: Hegel-Kritik, in: Historisch-kritisches Wörterbuch des Marxismus, hg. v. Wolfgang Fritz Haug, Bd. 5, Hamburg 2002, Sp. 1243–1258.

Arndt, Andreas: Die Arbeit der Philosophie, Berlin 2003.

Arndt, Andreas: Feuerbach und der Bruch in der Philosophie des 19. Jahrhunderts, in: Humanismus aktuell 9 (2005), Heft 16, S. 32–39.

Arndt, Andreas: Gegenständliche Vermittlung und Arbeit des Begriffs. Marx' Auseinandersetzung mit Hegels Arbeitsbegriff, in: Hegel und das mechanistische Weltbild, hg. von Renate Wahsner, Frankfurt a. M. u.a. 2005 (Hegeliana 19), S. 148–158.

Arndt, Andreas: »Die ungeheure Arbeit der Weltgeschichte«. Anmerkungen zur historischen Perspektive in der »Phänomenologie des Geistes«, in: Synthesis Philosophica 22 (2007), S. 9–17.

Arndt, Andreas: Der Begriff des Materialismus bei Karl Marx, in: Weltanschauung, Philosophie und Naturwissenschaft im 19. Jahrhundert. Bd. 1: Der Materialismus-Streit, hg. von Kurt Bayertz, Myriam Gerhard und Walter Jaeschke, Hamburg 2007, S. 260–274.

Arndt, Andreas: Wer denkt absolut? Die absolute Idee in Hegels »Wissenschaft der Logik«,in: Revista Eletrônica Estudos Hegelianos 16 (2012), S. 22–33, http://ojs.hegelbrasil.org/index.php/reh/article/view/93/76.

Arndt, Andreas: Metafizik ve metafizik Eleştirisi. Ludwig Feuerbach'ın Mantık ve Metafizik Üzerine Erlangen'da Verdiği Dersler Hakkında Notlar/Metaphysik und Metaphysikkritik. Anmerkungen zu Ludwig Feuerbachs Erlanger Vorlesungen über Logik und Metaphysik, in: Bir Arada. Das Zwischen. In-Between. Festschrift für Önay Sözer Armağanı, Istanbul 2013, S. 463–492.

Arndt, Andreas: Unmittelbarkeit, 2. Aufl., Berlin 2013.

Arndt, Andreas: »... unbedingt das letzte Wort aller Philosophie«. Marx und die hegelsche Dialektik, in: Karl Marx – Perspektiven der Gesellschaftskritik, hg. v. Rahel Jaeggi und Daniel Loick, Berlin 2013 (Deutsche Zeitschrift für Philosophie, Sonderband 34), S. 27–37.

Arndt, Andreas: Frei(heits)räume. Abstrakte und konkrete Allgemeinheit in Hegels Grundlinien der Philosophie des Rechts, in: Aufhebung 5, Salzburg 2014, S. 10–25.

Arndt, Andreas: Geschichte und Freiheitsbewusstsein. Zur Dialektik der Freiheit bei Hegel und Marx, Berlin 2015.

Arndt, Andreas: Grenzen der Arbeit, in: Arbeit, Gerechtigkeit und Inklusion. Wege zu gleichberechtigter gesellschaftlicher Teilhabe, hg. v. Catrin Misselhorn und Hauke Behrendt, Stuttgart 2017, S. 10–18.

Arndt, Andreas: Die Vollendung des absoluten Geistes im objektiven Geist. Weltgeschichte, Religion und Staat, in: Objektiver und absoluter Geist nach Hegel. Kunst, Religion und Philosophie innerhalb und außerhalb von Gesellschaft und Geschichte, hg. v. Thomas Oehl und Arthur Kok, Leiden/Boston 2018, S. 709–719.

Arndt, Andreas: Freiheit, Köln 2019.

Arndt, Andreas: Individuelle Freiheit und Recht bei Marx, in: Karl Marx im 21. Jahrhundert. Bilanz und Perspektiven, hg. v. Martin Endreß und Christian Jansen, Frankfurt a. M./New York 2020, S. 233–242.

Arndt, Andreas: Philosophie der Tat. »Praxis« bei Hegel und in nachhegelschen Diskursen, in: Ethics in Progress 12 (2021), Nr. 2, S. 112–123.

Arndt, Andreas: Das Verhältnis der Wissenschaft der Logik zur Realphilosophie bei Hegel, in: Philosophie als Wissenschaft, hg. v. Nora Schleich mit Simone Cavallini, Erik Eschmann, Yukiko Hayashi-Baeken, Nina Lott, Alexander Sattar, Hildesheim u.a. 2021, S. 199–209.

Arndt, Andreas: Die Sache der Logik. Begriff und Realität bei Hegel, Hamburg 2023.

Balabanoff, Angelica: Lenin, oder: Der Zweck heiligt die Mittel, Berlin 2013.

Barišic, Pavo: Freiheit und Menschenrechte bei Hegel, in: Hegel-Jahrbuch 2000, Berlin 2000, S. 139–148.

Bauer, Bruno: Kritik der evangelischen Geschichte der Synoptiker, 2 Bde., Leipzig 1841.

Bauer, Bruno: Charakteristik Ludwig Feuerbachs, in: Wigand's Vierteljahresschrift 1845, Bd. 3, Leipzig, S. 86–146.

Bauer, Bruno: Feldzüge der reinen Kritik. Nachwort von Hans-Martin Saß, Frankfurt a. M. 1968.

Bayer, Daria: Tragödie des Rechts, Berlin 2021 (Recht und Philosophie, Bd. 8).

Behre, Jürgen/Nadja Rakowitz: Automatisches Subjekt? Zur Bedeutung des Kapitalbegriffs bei Marx, https://www.rote-ruhr-uni.com/cms/texte/Automatisches-Subjekt.

Benjamin, Walter: Über den Begriff der Geschichte, hg. v. Gérard Raulet, Berlin 2010.

Bernstein, Eduard: Zur Geschichte und Theorie des Socialismus. Gesammelte Abhandlungen, Berlin/Bern 1901.

Bernstein, Eduard: Die Voraussetzungen des Sozialismus und die Aufgaben der Sozialdemokratie, Berlin u.a. 1975.

Beyer, Wilhelm Raimund: Austromarxismus als Marxismus ohne Hegel, in: Ders., Freibeuter in Hegelschen Gefilden, Frankfurt a. M. 1983, S. 73–86.

Die Bibliotheken von Karl Marx und Friedrich Engels. Annotiertes Verzeichnis des ermittelten Bestandes, bearb. v. Hans-Peter Harstick u.a., MEGA², Bd. IV/32.

Bluhm Harald: Freiheit in Marx' Therorien, in: Karl Marx' kommunistischer Individualismus, hg. v. Ingo Pies und Martin Leschke, Tübingen 2005, S. 57–80.

Brecht, Bertolt: Gesammelte Werke, Bd. 2: Stücke 2, Frankfurt a. M. 1967.

Brie, Michael: Wer ist Eigentümer im Sozialismus, Berlin 1989.

Bubner, Rüdiger: Dialektik als Topik, Frankfurt a. M. 1991.

Bucharin, Nikolai: Philosophische Arabesken. Dialektische Skizzen, hg. v. Dieter Uhlig und Wladislaw Hedeler, Berlin 2005.

Burkhardt, Bernd: Hegels »Wissenschaft der Logik« im Spannungsverhältnis der Kritik, Hildesheim 1993.

Cherbuliez, Antoine: Richesse ou pauvreté. Exposition des causes et des effets de la distribution actuelle des richesses sociales, Paris 1841.

Cieszkowski, August von: Prolegomena zur Historiosophie, mit einer Einleitung v. Rüdiger Bubner und einem Anhang von Jan Garewicz, Hamburg 1981.

Dämpfling, Björn: Arbeit und Wertschöpfung bei Marx. Eine kritische Studie über produktive und unproduktive Arbeit, Hamburg 2000.

Deborin, Abram/Nikolai Bucharin: Kontroversen über dialektischen und mechanistischen Materialismus, Frankfurt a. M. 1969.

De Vriese, Herbert: De Roes van de Kritiek. Bruno Bauer en »Die Freien«, Brüssel 2011.

Elbe, Ingo: Marx im Westen. Die neue Marx-Lektüre in der Bundesrepublik seit 1965, Berlin 2008.

Eßbach, Wolfgang: Max Stirner – Geburtshelfer und böse Fee an der Wiege des Marxismus, in: Karl Marx und Friedrich Engels: Die deutsche Ideologie, hg. v. Harald Bluhm, Berlin 2010 (Klassiker Auslegen 36), S. 165–183.

Feuerbach, Ludwig: Gesammelte Werke, hg. v. Werner Schuffenhauer, Berlin 1969ff. (= FGW).

Feuerbach, Ludwig: Sämtliche Werke, hg. v. Friedrich Jodl und Wilhelm Bolin, 2. Aufl., Stuttgart-Bad Cannstatt 1970.

Fritzsche, Karl-Peter: Menschenrechte. Eine Einführung mit Dokumenten, 3. Aufl., Paderborn 2016.

Fulda, Hans Friedrich: Dialektik als Darstellungsmethode im »Kapital« von Marx, in: Ajatus, Helsinki 1978, S. 180–216.

Fulda, Hans Friedrich: Georg Wilhelm Friedrich Hegel, München 2003.

Furth, Peter: Phänomenologie der Enttäuschungen. Ideologiekritik nachtotalitär, Frankfurt a. M. 1991.

Gadamer, Hans-Georg: Wahrheit und Methode, Tübingen 1960.

Gerhard, Myriam: Ein kritisches Potential der absoluten Idee, in: Begriff und Interpretation im Zeichen der Moderne, hg. v. Sarah Schmidt, Dimitris Karydas und Jure Zovko, Berlin/Boston 2015, S. 89–97.

Geschichte der marxistischen Dialektik. Die Leninsche Etappe, Berlin 1976.

Gespräche mit Marx und Engels, hg. v. Hans Magnus Enzensberger, 2 Bde., Frankfurt a. M. 1973.

Göhler, Gerhard: Dialektik und Politik in Hegels frühen politischen Systemen, in: Georg Wilhelm Friedrich Hegel, Frühe politische Systeme, hg. v. Gerhard Göhler, Frankfurt a. M. u.a. 1972, S. 337–610.

Goerdt, Wilhelm: Die »allseitige universale Wendigkeit« (gibkost') in der Dialektik V.I. Lenins, Wiesbaden 1962.

Hada, Yuichiro: Dialektische Auflösung des Logos und Rhythmus des Begriffs. Auseinandersetzung mit Hegels Wissenschaft der Logik, Würzburg 2014.

Haug, Wolfgang Fritz: Die Bedeutung von Standpunkt und sozialistischer Perspektive für die Bedeutung der Kritik der politischen Ökonomie, in: Das Argument 74 (1972), S. 561–585.

Haug, Wolfgang Fritz: Grenzen der Dialektik, in: Historisch-kritisches Wörterbuch des Marxismus, hg. v. Wolfgang Fritz Haug, Bd. 5, Hamburg 2001, Sp. 957–962

Haug, Wolfgang Fritz: Kapitallogik, in: Historisch-kritisches Wörterbuch des Marxismus, hg. v. Wolfgang Fritz Haug, Bd. 7.1, Hamburg 2007, Sp. 348–357.

Hayer, Andreas: Die Hegel-Debatte in der frühen DDR-Philosophie und ihre Ursprünge, in: Wolfgang Harich: An der ideologischen Front. Hegel zwischen Feuerbach und Marx, hg. v. Andreas Hayer, Marburg 2013, S. 11–118.

Hegel, Georg Wilhelm Friedrich: Gesammelte Werke, Hamburg 1968ff. (= GW).

Hegel, Georg Wilhelm Friedrich: Werke. Theorie-Werkausgabe, Frankfurt a. M. 1970.

Hegel, Georg Wilhelm Friedrich: Briefe, 4 Bde., hg. v. Friedhelm Nicolin, Hamburg 1981.

Hegel, Georg Wilhelm Friedrich: Encyklopädie der philosophischen Wissenschaften im Grundrisse. Erster Theil. Die Logik, hg. v. Leopold von Henning, Berlin 1840.

Hegel, Georg Wilhelm Friedrich: Vorlesungen über die Philosophie der Religion. Nebst einer Schrift über die Beweise vom Daseyn Gottes. Zweiter Theil, hg. v. Philipp Marheineke, 2. Aufl., Berlin 1840.

Hegel, Georg Wilhelm Friedrich: Zur Politik und Rechtsphilosophie, hg. von Georg Lasson, Leipzig 1923.

Hegel, Georg Wilhelm Friedrich: Jenenser Realphilosophie, Bd. 1.2, hg. von Johannes Hoffmeister, Leipzig 1931.

Hegel, Georg Wilhelm Friedrich: Grundlinien der Philosophie des Rechts oder Naturrecht und Staatswissenschaft im Grundrisse, nach der Ausgabe von Eduard Gans hg. v. Hermann Klenner, Berlin 1981.

Die Hegelsche Linke. Dokumente zu Philosophie und Politik im deutschen Vormärz, hg. von Heinz und Ingrid Pepperle, Leipzig 1985.

Hegels Lehre vom Begriff, Urteil und Schluss, hg. v. Andreas Arndt, Christian Iber und Günter Kruck, Berlin 2006.

Heine, Heinrich: Neue Gedichte, Hamburg 1844.

Henrich, Dieter: Hegels Theorie über den Zufall, in: Ders., Hegel im Kontext, Frankfurt a. M. 1971, S. 157–186.

Hess, Moses: Philosophische und sozialistische Schriften. Eine Auswahl, hg. v. Wolfgang Mönke, Berlin 1980.

Hirschman, Albert O.: Leidenschaften und Interessen. Politische Begründungen des Kapitalismus vor seinem Sieg, Frankfurt a. M. 1987.

Hörz, Herbert: Dialektik als Heuristik, in: Erwägen – Wissen – Ethik 17 (2006), S. 167–250.

Hoff, Jan: Marx global. Zur Entwicklung des internationalen Marx-Diskurses seit 1965, Berlin 2009.

d'Hondt, Jacques: Hegel in seiner Zeit, Berlin 1984.

Iber, Christian: Metaphysik absoluter Relationalität. Eine Studie zu den beiden ersten Kapiteln von Hegels Wesenslogik, Berlin/New York 1990.

Iber, Christian: Hegels Konzeption des Begriffs, in: G.W.F. Hegel. Wissenschaft der Logik, hg. v. Anton Friedrich Koch und Friedrike Schick, Berlin 2002, S. 181–201.

Iber, Christian: Grundzüge der Marx'schen Kapitalismustheorie, Berlin 2005.

Jaeschke, Walter: Hegel-Handbuch. Leben – Werk – Schule, Stuttgart/ Weimar 2003 (3. Aufl., 2016).

Jaeschkc, Walter: Das Ewige, das gegenwärtig ist – Metaphysik und Naturrecht, in: Autonomie und Normativität. Zu Hegels Rechtsphilosophie, hg. v. Kurt Seelmann und Benno Zabel, Tübingen 2014, S. 423–431.

Jaeschke, Walter: Das höchste Recht des Subjekts und sein höchstes Unrecht, in: Hegel-Jahrbuch 2014, Berlin u.a. 2014, S. 163–169.

Jaeschke, Walter: Wer fürchtet sich vorm absoluten Geist?, in: Die Philosophie des Deutschen Idealismus, hg. v. Hans Feger und Gloria Dell'Eva, Würzburg 2016, S. 263–285.

Jaeschke, Walter/Andreas Arndt: Die Klassische Deutsche Philosophie nach Kant. Systeme der reinen Vernunft und ihre Kritik 1785–1845, München 2012.

Jünger, Ernst: Der Arbeiter, Stuttgart 1981.

Kanda, Junji: Die Gleichzeitigkeit des Ungleichzeitigen und die Philosophie. Studien zum radikalen Hegelianismus im Vormärz, Frankfurt a. M. 2003.

Kant, Immanuel: Werke. Akademie-Textausgabe, Berlin 1968.

Karl Marx' kommunistischer Individualismus, hg. v. Ingo Pies und Martin Leschke, Tübingen 2005.

Kautsky, Karl: Bernstein und die Dialektik, in: Die Neue Zeit 17 (1899), S. 36–50.

Kautsky, Karl: Vermehrung und Entwicklung in Natur und Gesellschaft, Stuttgart 1920.

Keßler, Mario: »Sozialismus« und Judenhass: Eugen Dühring, in: Engels' »Anti-Dühriung«. Kontext, Interpretationen, Wirkung. Begleitband zur neuen Studienausgabe, hg. v. Rolf Hecker und Ingo Stützle, Berlin 2020, S. 143–156.

Kimmerle, Heinz: Die Staatsverfassung als »Konstituierung der absoluten sittlichen Identität« in der Jenaer Konzeption des »Naturrechts«. Der spekulative Charakter von Hegels politischer Philosophie, in: Hegels Rechtsphilosophie im Zusammenhang der europäischen Verfassungsgeschichte, hg. v. Hans-Christian Lucas und Otto Pöggeler, Stuttgart-Bad Cannstatt 1986, S. 129–147.

Kittsteiner, Heinz-Dieter: Mit Marx für Heidegger. Mit Heidegger für Marx, München 2004.

Koch, Frank-Alexander: Dialektik als Strategie. Studie zur materialistischen Erkenntnis- und Revolutionstheorie – am Beispiel Lenins, München 1977.

Köppen, Karl Friedrich: Ausgewählte Schriften in zwei Bänden, hg. v. Heinz Pepperle, Berlin 2003.

Kratz, Steffen: Philosophie und Wirklichkeit. Die jungehelianische Programmatik einer Verwirklichung der Philosophie und ihre Bedeutung für die Konstituierung der Marxschen Theorie, Phil. Diss., Bielefeld 1979.

Krug, Wilhelm Traugott: Elementarphilosophie oder urwissenschaftliche Grundlehre, Züllichau/Freistadt 1819.

Kuhne, Frank: Marx und Kant. Die normativen Grundlagen des »Kapitals«, Weilerswist 2022.

Lafargue, Paul: Das Recht auf Faulheit und andere Satiren, Berlin 1991.

Lenin, Wladimir Iljitsch: Werke, Berlin 1955ff.

Lenin, Wladimir Iljitsch: Briefe, 10 Bde., Berlin 1967ff.

Lenin, Wladimir Iljitsch: Leninski Sbornik, Bd. IX, Moskau/Leningrad 1929.

Lenin, Wladimir Iljitsch: Leninski Sbornik, Bd. XII, Moskau/Leningrad 1930.

Lenin, Wladimir Iljitsch: Konspekt zum »Briefwechsel zwischen Karl Marx und Friedrich Engels 1844–1883«, Berlin 1963.

Lessing, Gotthold Ephraim: Sämtliche Werke, hg. v. Karl Lachmann und Franz Muncker, Berlin/New York 1979.

Löwith, Karl: Vermittlung und Unmittelbarkeit bei Hegel, Marx und Feuerbach, in: Ludwig Feuerbach, hg. v. Erich Thies, Darmstadt 1976, S. 135–164.

Löwith, Karl: Menschenrechte und Bürgerrechte bei Rousseau, Hegel und Marx, in: Ders., Werke, Bd. 5, Stuttgart 1988, S. 174–185.

Losurdo, Domenico: Zwischen Hegel und Bismarck. Die achtundvierziger Revolution und die Krise der deutschen Kultur, Berlin 1993.

Lucas, Hans-Christian: Philosophie und Wirklichkeit. Einige Bemerkungen wider die Legende von Hegel als »preußischem Staatsphilosophen«, in: Zeitschrift für Didaktik der Philosophie 9 (1987), S. 154–161.

Lübbe-Wolff, Gertrude: Über das Fehlen von Grundrechten in Hegels Rechtsphilosophie. Zugleich ein Beitrag zum Verständnis der historischen Grundlagen des Hegelschen Staatsbegriffs, in: Hegels Rechtsphilosophie im Zusammenhang der europäischen Verfassungsgeschichte, hg. v. Hans-Christian Lucas und Otto Pöggeler, Stuttgart-Bad Cannstatt 1986, S. 421–446.

Lukács, Georg: Geschichte und Klassenbewußtsein, Neuwied/Berlin 1968 (Werke, Bd. 2).

Lukács, Georg: Der junge Hegel. Über die Beziehung von Dialektik und Ökonomie, 2 Bde., Frankfurt a. M. 1973.

Marcuse, Herbert: Neue Quellen zur Grundlegung des Historischen Materialismus (1932), in: Ders.: Ideen zu einer kritischen Theorie der Gesellschaft, Frankfurt a. M. 1969, S. 7–54.

Marx, Karl/Friedrich Engels: Historisch-kritische Gesamtausgabe, Frankfurt a. M., Berlin/Moskau 1927–1935.

Marx, Karl/Friedrich Engels: Werke, Berlin 1956ff. (= MEW)

Marx, Karl/Friedrich Engels: Gesamtausgabe, Berlin u.a. 1975ff. (= $MEGA^2$)

Marx, Karl/Friedrich Engels: Marx-Engels-Gesamtausgabe digital, hg. von der Internationalen Marx-Engels-Stiftung. Berlin-Brandenburgische Akademie der Wissenschaften, Berlin, http://megadigital.bbaw.de/

Marx, Karl/Friedrich Engels: Grundrisse der Kritik der politischen Ökonomie, 2 Bde., Moskau 1939 u. 1941.

Marx, Karl/Friedrich Engels/Joseph Weydemeyer: Die deutsche Ideologie. Artikel, Druckvorlagen, Entwürfe, Reinschriftfragmente und Notizen zu I. Feuerbach und II. Sankt Bruno, bearb. v. Inge Taubert und Hans Pelger unter Mitwirkung von Margret Dietzen, Gerald Hubmann und Claudia Reichel, 2 Teilbde., Berlin 2004 (Marx-Engels-Jahrbuch 2003).

Marxismus und Ethik, hg. von Hans-Jörg Sandkühler und Rafael de la Vega, Frankfurt a. M. 1974.

Materialismus und Spiritualismus. Philosophie und Wissenschaften nach 1848, hg. von Andreas Arndt und Walter Jaeschke, Hamburg 2000.

McLellan, David: The Young Hegelians and Karl Marx, London 1969.

Menke, Christoph: Kritik der Rechte, Berlin 2015.

Mönke, Wolfgang: Die heilige Familie. Zur ersten Gemeinschaftsarbeit von Karl Marx und Friedrich Engels, Berlin 1972.

O'Malley, Joseph/Fred E. Schrader: Marx's Précis of Hegel's Doctrine of Being in the Minor Logic, in: International Review of Social History 24 (1977), S. 423–431.

Oppitz, Florian: Zerfall und Integration. Eine Studie zur Sozialphilosophie Hegels, Diss. jur., Wien 1999.

Ottmann, Henning: Individuum und Gemeinschaft bei Hegel, Bd. 1: Hegel im Spiegel der Interpretationen, Berlin/New York 1977.

Pagel, Ulrich: Der Einzige und die Deutsche Ideologie. Transformationen des aufklärerischen Diskurses im Vormärz, Berlin/Boston 2022.

Paschukanis, Eugen: Allgemeine Rechtslehre und Marxismus. Versuch einer Kritik der juristischen Grundbegriffe, 3. Aufl., Frankfurt a. M. 1970 (Archiv sozialistischer Literatur 3).

Popper, Karl Raimund: Die offene Gesellschaft und ihre Feinde, Bd. 2: Falsche Propheten. Hegel, Marx und die Folgen, 4. Aufl., München 1975.

Purschke, Dirk: Der Rechtsgedanke bei Marx. Quellenstudien zu einer entwicklungsgeschichtlichen Rekonstruktion seiner Philosophie des Rechts, Berlin/Boston 2022.

Ritter, Joachim: Hegel und die Französische Revolution, in: Ders.: Metaphysik und Politik, Frankfurt a. M. 1977, S. 183–255.

Röttgers, Kurt: Kritik und Praxis. zur Geschichte des Kritikbegriffs von Kant bis Marx, Berlin/New York 1975.

Rohbeck, Johannes: Die Fortschrittstheorie der Aufklärung, Frankfurt a. M./New York 1987.

Rosen, Zwi: Bruno Bauer and Karl Marx. The Influence of Bruno Bauer on Marx's Thought, Den Haag 1977.

Rousseau, Jean-Jacques: Der Gesellschaftsvertrag, Frankfurt a. M. 1978.

Rózsa, Erzsébet: Hegels Konzeption praktischer Individualität: Von der »Phänomenologie des Geistes« zum enzyklopädischen System, Münster 2007.

Rózsa, Erzsébet: Über Hegels Konzeption der modernen Individualität. Zehn Thesen, in: Hegel-Jahrbuch 2012, Berlin 2012, S. 68–76.

Ruben, Peter: Was ist Sozialismus? Zum Verhältnis von Gemein- und Personeneigentum an Produktionsmitteln (zuerst 1990), http://www.peter-ruben.de/schriften/Gesellschaft/Ruben%20-%20Was%20ist%20Sozialismus.pdf.

Ruda, Frank: Hegels Pöbel. Eine Untersuchung der »Grundlinien der Philosophie des Rechts«, Konstanz 2011.

Saito, Kohei: Natur gegen Kapital. Marx' Ökologie in seiner unvollendeten Kritik des Kapitalismus, Frankfurt a. M. 2016.

Saito, Kohei: Marx in the Anthropocene. Towards the Idea of Degrowth Communism, Cambridge 2023.

Sandkaulen, Birgit: Bildung bei Hegel – Entfremdung oder Versöhnung?, in: Hegel-Jahrbuch 2014, Berlin u.a. 2014, S. 430–438.

Sandkaulen, Birgit: Kommentar zu »Das Ewige, das gegenwärtig ist – Metaphysik und Naturrecht« von Walter Jaeschke, in: Autonomie und Normativität. Zu Hegels Rechtsphilosophie, hg. v. Kurt Seelmann und Benno Zabel, Tübingen 2014, S. 432–436.

Sans, Georg: Die Realisierung des Begriffs. Eine Untersuchung zu Hegels Schlusslehre, Berlin 2004.

Schäfer, Márcio Egídio: Bürgerliche Gesellschaft und Staat. Zur Rekonstruktion von Marx' Theorie und Kritik des Staates, Würzburg 2018.

Schild, Wolfgang: Menschenrechtsethos und Weltgeist. Eine Hegel-Interpretation, in: Würde und Recht des Menschen. Festschrift für Johannes Schwartländer zum 70. Geburtstag, hg. v. Heiner Bielefeldt, Winfried Brugger und Klaus Dicke, Würzburg 1992, S. 199–222.

Schitlowsky, Chaim: Beiträge zur Geschichte und Kritik des Marxismus, in: Deutsche Worte 16 (1895), Wien, S. 193–211 u. 337–372.

Schitlowsky, Chaim: Die sogenannte Krise innerhalb des Marxismus, in: Sozialistische Monatshefte 8 (1900), S. 465–470.

Schlegel, Friedrich: Werke. Kritische Ausgabe, Paderborn u.a. 1958ff.

Schmidt, Alfred: Emanzipatorische Sinnlichkeit, München/Zürich 1988.

Schmidt, Thomas M.: Grundrechte einer Weltverfassung? Die Verwirklichung der Menschenrechte in der Perspektive der Hegelschen Rechtsphilosophie, in: Recht auf Menschenrechte. Menschenrechte, Demokratie und internationale Politik, hg. v. Hauke Brunkhorst, Wolfgang R. Köhler und Matthias Lutz-Bachmann, Frankfurt a. M. 1999, S. 293–313.

Schmitz, Hermann: Hegel als Denker der Individualität, Meisenheim 1957.

Schneider, Norbert: Grundriss Geschichte der Metaphysik. Von den Vorsokratikern bis Sartre, Hamburg 2018.

Schrader, Fred E.: Restauration und Revolution. Die Vorarbeiten zum »Kapital« von Karl Marx in seinen Studienheften 1850–1858, Hildesheim 1980.

Schürmann, Volker: Muße, Bielefeld 2003.

Schuffenhauer, Werner: Feuerbach und der junge Marx, Berlin 1972.

Schweigmann-Greve, Kay: Chaim Zhitlowsky (1865–1943) und seine Auseinandersetzung mit dem Marxismus, in: JahrBuch für Forschungen zur Geschichte der Arbeiterbewegung, Jg. 2015, Bd. 1, S. 86–112.

Siep, Ludwig: Verfassung, Grundrechte und soziales Wohl in Hegels Philosophie des Rechts, in: Praktische Philosophie im Deutschen Idealismus, Frankfurt a. M. 1992, S. 285–306.

Siep, Ludwig: Anerkennung als Prinzip der praktischen Philosophie, 2. Aufl., Hamburg 2014.

Siep, Ludwig: Der Staat als irdischer Gott. Genese und Relevanz einer Hegelschen Idee, Tübingen 2015.

Sommer, Michael/Dieter Wolf: Das Kapital als »automatisches Subjekt« und die Einheit von Darstellung und Kritik, http://www.dieterwolf.net/pdf/Automatisches_Subjekt.pdf.

Stekeler-Weithofer, Pirmin: Hegels Analytische Philosophie. Die Wissenschaft der Logik als kritische Theorie der Bedeutung, Paderborn u.a. 1992.

Stirner, Max: Der Einzige und sein Eigentum, Stuttgart 1981.

Strub, Christian: System, in: Historisches Wörterbuch der Philosophie, Bd. 10, Darmstadt 1998, Sp. 824–856.

Stuke, Horst: Philosophie der Tat. Studien zur Verwirklichung der Philosophie bei den Junghegelianern und den wahren Sozialisten, Stuttgart 1974.

Sziklai, Laszlo: Georg Lukács und seine Zeit, Berlin/Weimar 1990.

Thies, Erich: Philosophie und Wirklichkeit, in: Feuerbach, hg. v. Erich Thies, S. 431–482.

Tomba, Massimiliano: Krise und Kritik bei Bruno Bauer: Kategorien des Politischen im nachhegelschen Denken, Frankfurt a. M. u.a. 2005.

Trendelenburg, Friedrich Adolf: Logische Untersuchungen, Bd. 1, 2. Aufl., Leipzig 1862.

Tugendhat, Ernst: Die Kontroverse um die Menschenrechte, in: Philosophie der Menschenrechte, hg. v. Stefan Gosepath und Georg Lohmann, Frankfurt a. M. 1999, S. 48–61.

Wagenknecht, Sahra: Vom Kopf auf die Füße? Zur Hegelkritik des jungen Marx oder das Problem einer dialektisch-materialistischen Wissenschaftsmethode, Bonn 1997.

Waser, Ruedi: Autonomie des Selbstbewusstseins: Eine Untersuchung zum Verhältnis von Bruno Bauer und Karl Marx (1835–1843), Bern 1995.

Weber, Gerda/Hermann Weber: Lenin-Chronik. Daten zu Leben und Werk, München 1974.

Weber, Max: Die protestantische Ethik, hg. v. Johannes Winckelmann, München/Hamburg 1965.

Winkler, Heinrich August: Zur Wiederholung nicht empfohlen, http://www.faz.net/aktuell/feuilleton/gastbeitrag-was-marx-und-engels-uebersahen-15278570.html.

Wolf, Frieder Otto: Marx' Konzept der »Grenzen der dialektischen Darstellung«, in: Das Kapital neu lesen. Beiträge zur radikalen Philosophie, hg. v. Jan Hoff, Alexis Petrioli, Ingo Stützle, Frieder Otto Wolf, Münster 2006, S. 159–188.

Wolff, Michael: Viele Logiken – Eine Vernunft. Warum der Logische Pluralismus ein Irrtum ist, in: Methodus. International Journal for Modern Philosophy 7 (2013), S. 73–128.

Wolff, Michael: Der Begriff des Widerspruchs. Eine Studie zur Dialektik Kants und Hegels, 3. Aufl., Berlin 2017.